인천 교통공사

통합기본서

시대에듀

2026 최신판 시대에듀 인천교통공사 통합기본서

Always **with you**

사람의 인연은 길에서 우연하게 만나거나 함께 살아가는 것만을 의미하지는 않습니다.
책을 펴내는 출판사와 그 책을 읽는 독자의 만남도 소중한 인연입니다.
시대에듀는 항상 독자의 마음을 헤아리기 위해 노력하고 있습니다. 늘 독자와 함께하겠습니다.

머리말 PREFACE

'시민 안전'과 '도시교통 발전'을 경영 최우선 가치로 삼는 인천교통공사는 2026년에 신입사원을 채용할 예정이다. 인천교통공사의 채용절차는 「입사지원서 접수 및 서류 전형 → 필기시험 → 인성검사 및 면접시험 → 최종 합격자 발표」 순서로 이루어진다. 지원 자격 충족 시 적격자 전원을 선발하여 필기시험에 응시하게 되므로 필기시험에서 고득점을 받는 것이 중요하다. 필기시험은 직업기초능력평가와 직무수행능력평가로 진행되며, 직업기초능력평가의 경우 2025년에는 모듈형 문제의 비중이 높은 피듈형으로 출제되었다. 따라서 다양한 유형에 대한 연습과 문제해결능력을 높이는 등 철저한 준비가 필요하다.

인천교통공사 필기시험 합격을 위해 시대에듀에서는 인천교통공사 판매량 1위의 출간 경험을 토대로 다음과 같은 특징을 가진 도서를 출간하였다.

도서의 특징

❶ 기출복원문제를 통한 출제 유형 파악!

- 2025년 인천교통공사 및 주요 공기업 NCS 기출복원문제를 수록하여 공기업별 NCS 필기 유형을 확인할 수 있도록 하였다.

❷ 인천교통공사 필기시험 출제 영역별 맞춤 문제로 실력 상승!

- 직업기초능력평가 대표기출유형&기출응용문제를 수록하여 NCS 필기시험에 완벽히 대비할 수 있도록 하였다.

❸ 최종점검 모의고사로 완벽한 실전 대비!

- 철저한 분석을 통해 실제 유형과 유사한 최종점검 모의고사를 수록하여 자신의 실력을 점검할 수 있도록 하였다.

❹ 다양한 콘텐츠로 최종 합격까지!

- 인천교통공사 채용 가이드와 면접 기출질문을 수록하여 채용 전반에 대비할 수 있도록 하였다.
- 온라인 모의고사 응시 쿠폰을 무료로 제공하여 필기시험을 준비하는 데 부족함이 없도록 하였다.

끝으로 본 도서를 통해 인천교통공사 채용을 준비하는 모든 수험생 여러분이 합격의 기쁨을 누리기를 진심으로 기원한다.

SDC(Sidae Data Center) 씀

인천교통공사 기업분석 INTRODUCE

◇ 미션

최고의 교통서비스 제공으로 시민의 안전과 도시교통 발전 추구

◇ 비전

고객 안전과 행복을 책임지는 선진교통 전문기관

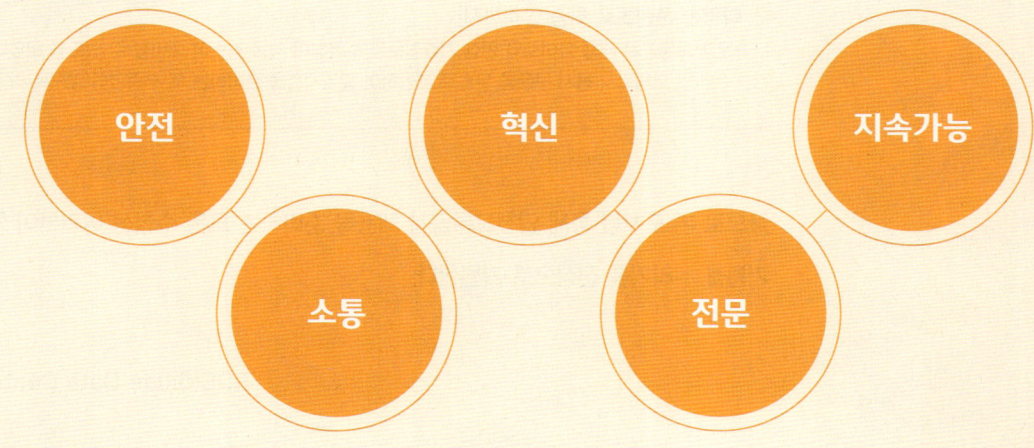

◇ 핵심가치

- 안전
- 소통
- 혁신
- 전문
- 지속가능

◇ 경영목표

안전사고 ZERO	고객만족도 최고등급
수용인원 217,912천 명	기관평가 최고등급

◇ 경영전략 & 전략과제

경영전략	전략과제
안전 중심 경영	• 예방적 안전관리 시스템 고도화 • 노후 전동차 시설 · 설비 개선 • DT 기반 안전역량 강화
고객 가치 경영	• 고객감동 제고 • 고객만족 열린 환경 조성 • 교통서비스 품질 개선
미래 혁신 경영	• 적자규모 축소 • 조직역량 강화 • 경영효율 달성
ESG 책임 경영	• 소통과 공감의 조직문화 구축 • 상생과 협력의 동반성장 • ESG 책임 경영 강화

신입 채용 안내 INFORMATION

◇ 지원자격(공통)

❶ 연령 : 18세 이상자, 공사 정년 범위 내

❷ 학력 : 제한 없음

❸ 모집 단위 : 「인천」과 「전국」 단위로 구분하여 응모

인천지역을 대상으로 지원하는 응시자는 다음 중 어느 하나를 충족하는 경우 응시 가능

- 2025.1.1. 이전부터 면접시험 최종일까지 계속하여 인천광역시에 주민등록상 주소지를 갖고 있는 자
- 2025.1.1. 이전까지 인천광역시에 주민등록상 주소지를 두고 있었던 기간을 모두 합산하여 3년 이상인 자

유의사항

※ 거주지 요건의 확인은 "개인별주민등록표"를 기준으로 함

※ 행정구역의 통 · 폐합 등으로 주민등록상 시 · 도, 시 · 군의 변경이 있는 경우 현재 행정구역을 기준으로 함

※ 과거 거주 사실의 합산은 연속하지 않더라도 총 거주한 기간을 월(月) 단위로 계산하여 36개월 이상이면 충족함 [월(月) 단위 계산방법 : 1월을 모두 거주한 경우 해당 월의 일수에 관계없이 1개월 인정, 1월 미만의 일수는 따로 합산하여 30일을 1개월로 환산하며 잔여일수는 불인정]

❹ 주 · 야간 교대(교번) 근무 가능자

❺ 인천교통공사 인사규정 제11조에 해당하는 결격사유가 없는 사람(면접시험 최종일 기준)

❻ 철도안전법 제11조에 해당하는 결격사유가 없는 사람

◇ 필기시험

구분	내용
직업기초능력평가	• 사무직 : 의사소통능력, 문제해결능력, 대인관계능력, 정보능력 • 승무직 : 의사소통능력, 문제해결능력, 대인관계능력, 기술능력 • 전기전자 · 시설환경 · 차량직 : 의사소통능력, 수리능력, 문제해결능력, 기술능력
직무수행능력평가	채용 분야별 관련 전공

◇ 면접시험

구분	내용
1차 면접(집단 대면면접)	품행, 예의, 전문지식, 발표력 등 평가
2차 면접(PT면접)	지원분야 직무능력과 관련된 지식 등 평가

❖ 위 채용 안내는 2025년 채용공고를 기준으로 작성하였으므로 세부사항은 확정된 채용공고를 확인하기 바랍니다.

2025년 기출분석 ANALYSIS

총평

인천교통공사의 필기시험은 시간이 오래 걸리거나 어려운 문제가 없어서 난이도가 평이했다는 후기가 많았다. NCS는 모듈형 문제의 비율이 높은 피듈형으로 출제되었으며, 전체적으로 지문이 긴 편이었고, 응용 수리에서 계산식의 난이도가 예년에 비해 높아져 많은 연습이 필요해 보인다. 또한 기술능력과 대인관계능력은 다른 영역보다 모듈형의 비율이 높게 출제되었으므로 평소 모듈형 문제에 대한 준비를 꼼꼼하게 해두는 것이 좋다.

◇ 영역별 출제 비중

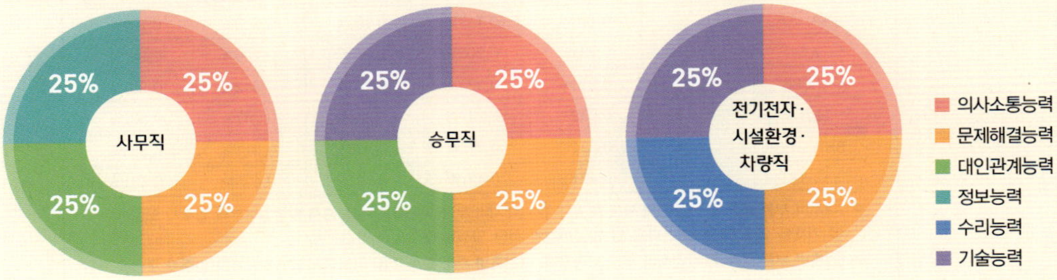

구분	출제 특징	출제 키워드
의사소통능력	• 한자성어 문제가 출제됨 • 어휘 문제가 출제됨 • 문단 나열 문제가 출제됨	• 돌다리도 두드려 보고 건너라, 메가도스 등
수리능력	• 응용 수리 문제가 출제됨 • 수열 문제가 출제됨 • 자료(그래프) 문제가 출제됨	• 그림자의 크기, 캐쉬백, 원가 구하기 등
문제해결능력	• 명제 추론 문제가 출제됨 • 참/거짓 문제가 출제됨 • 자료 해석 문제가 출제됨	• 파스타, 탄소배출량, 사원번호 등
정보능력	• 엑셀 함수 문제가 출제됨 • 정보 이해 문제가 출제됨	• AI, SSD/HDD, 스푸핑 등
기술능력	• 모듈형 문제가 출제됨 • 기술 이해 문제가 출제됨	• 기술관리자의 능력, 지식재산권 등
대인관계능력	• 팀워크 문제가 출제됨 • 리더십 문제가 출제됨	• 임파워먼트, 팔로우십 유형 등

NCS 문제 유형 소개 NCS TYPES

PSAT형

❙ 수리능력

04 다음은 신용등급에 따른 아파트 보증률에 대한 사항이다. 자료와 상황에 근거할 때, 갑(甲)과 을(乙)의 보증료의 차이는 얼마인가?(단, 두 명 모두 대지비 보증금액은 5억 원, 건축비 보증금액은 3억 원이며, 보증서 발급일로부터 입주자 모집공고 안에 기재된 입주 예정 월의 다음 달 말일까지의 해당 일수는 365일이다)

- (신용등급별 보증료)=(대지비 부분 보증료)+(건축비 부분 보증료)
- 신용평가 등급별 보증료율

구분	대지비 부분	건축비 부분				
		1등급	2등급	3등급	4등급	5등급
AAA, AA	0.138%	0.178%	0.185%	0.192%	0.203%	0.221%
A^+		0.194%	0.208%	0.215%	0.226%	0.236%
A^-, BBB^+		0.216%	0.225%	0.231%	0.242%	0.261%
BBB^-		0.232%	0.247%	0.255%	0.267%	0.301%
BB^+ ~ CC		0.254%	0.276%	0.296%	0.314%	0.335%
C, D		0.404%	0.427%	0.461%	0.495%	0.531%

※ (대지비 부분 보증료)=(대지비 부분 보증금액)×(대지비 부분 보증료율)×(보증서 발급일로부터 입주자 모집공고 안에 기재된 입주 예정 월의 다음 달 말일까지의 해당 일수)÷365

※ (건축비 부분 보증료)=(건축비 부분 보증금액)×(건축비 부분 보증료율)×(보증서 발급일로부터 입주자 모집공고 안에 기재된 입주 예정 월의 다음 달 말일까지의 해당 일수)÷365

- 기여고객 할인율 : 보증료, 거래기간 등을 기준으로 기여도에 따라 6개 군으로 분류하며, 건축비 부분 요율에서 할인 가능

구분	1군	2군	3군	4군	5군	6군
차감률	0.058%	0.050%	0.042%	0.033%	0.025%	0.017%

〈상황〉

- 갑 : 신용등급은 A^+이며, 3등급 아파트 보증금을 내야 한다. 기여고객 할인율에서는 2군으로 선정되었다.
- 을 : 신용등급은 C이며, 1등급 아파트 보증금을 내야 한다. 기여고객 할인율은 3군으로 선정되었다.

① 554,000원
② 566,000원
③ 582,000원
④ 591,000원
⑤ 623,000원

특징
- ▸ 대부분 의사소통능력, 수리능력, 문제해결능력을 중심으로 출제(일부 기업의 경우 자원관리능력, 조직이해능력을 출제)
- ▸ 자료에 대한 추론 및 해석 능력을 요구

대행사
- ▸ 엑스퍼트컨설팅, 커리어넷, 태드솔루션, 한국행동과학연구소(행과연), 휴노 등

모듈형

| 문제해결능력

41 문제해결절차의 문제 도출 단계는 (가)와 (나)의 절차를 거쳐 수행된다. 다음 중 (가)에 대한 설명으로 적절하지 않은 것은?

(가)	→	(나)
전체 문제를 개별화된 이슈들로 세분화		문제에 영향력이 큰 핵심이슈를 선정

① 문제의 내용 및 영향 등을 파악하여 문제의 구조를 도출한다.
② 본래 문제가 발생한 배경이나 문제를 일으키는 메커니즘을 분명히 해야 한다.
③ 현상에 얽매이지 말고 문제의 본질과 실제를 봐야 한다.
④ 눈앞의 결과를 중심으로 문제를 바라봐야 한다.
⑤ 문제 구조 파악을 위해서 Logic Tree 방법이 주로 사용된다.

특징
- ▶ 이론 및 개념을 활용하여 푸는 유형
- ▶ 채용 기업 및 직무에 따라 NCS 직업기초능력평가 10개 영역 중 선발하여 출제
- ▶ 기업의 특성을 고려한 직무 관련 문제를 출제
- ▶ 주어진 상황에 대한 판단 및 이론 적용을 요구

대행사
- ▶ 인트로맨, 휴스테이션, ORP연구소 등

피듈형(PSAT형 + 모듈형)

| 자원관리능력

07 다음 자료를 근거로 판단할 때, 연구모임 A ~ E 중 세 번째로 많은 지원금을 받는 모임은?

〈지원계획〉

- 지원을 받기 위해서는 한 모임당 5명 이상 9명 미만으로 구성되어야 한다.
- 기본지원금은 모임당 1,500천 원을 기본으로 지원한다. 단, 상품개발을 위한 모임의 경우는 2,000천 원을 지원한다.
- 추가지원금

등급	상	중	하
추가지원금(천 원/명)	120	100	70

※ 추가지원금은 연구 계획 사전평가결과에 따라 달라진다.

- 협업 장려를 위해 협업이 인정되는 모임에는 위의 두 지원금을 합한 금액의 30%를 별도로 지원한다.

〈연구모임 현황 및 평가결과〉

특징
- ▶ 기초 및 응용 모듈을 구분하여 푸는 유형
- ▶ 기초인지모듈과 응용업무모듈로 구분하여 출제
- ▶ PSAT형보다 난도가 낮은 편
- ▶ 유형이 정형화되어 있고, 유사한 유형의 문제를 세트로 출제

대행사
- ▶ 사람인, 스카우트, 인크루트, 커리어케어, 트리피, 한국사회능력개발원 등

주요 공기업 적중 문제 TEST CHECK

인천교통공사

문단 나열 ▶ 유형

2025년 적중

07 다음 문단을 논리적 순서대로 바르게 나열한 것은?

(가) 점차 우리의 생활에서 집단이 차지하는 비중이 커지고, 사회가 조직화되어 가는 현대 사회에서는 개인의 윤리 못지않게 집단의 윤리, 즉 사회 윤리의 중요성도 커지고 있다.
(나) 따라서 우리는 현대 사회의 특성에 맞는 사회 윤리의 정립을 통해 올바른 사회를 지향하는 노력을 계속해야 할 것이다.
(다) 그러나 이러한 사회 윤리가 단순히 개개인의 도덕성이나 윤리 의식의 강화에 의해서만 이루어지는 것은 아니다.
(라) 물론 그것은 인격을 지니고 있는 개인과는 달리 전체의 이익을 합리적으로 추구하는 사회의 본질적 특성에서 연유하는 것이기도 하다.
(마) 그것은 개개인이 도덕적이라는 것과 그들로 이루어진 사회가 도덕적이라는 것은 별개의 문제이기 때문이다.

① (가) – (나) – (다) – (라) – (마)
② (가) – (나) – (라) – (다) – (마)
③ (가) – (나) – (마) – (라) – (다)
④ (가) – (다) – (나) – (라) – (마)
⑤ (가) – (다) – (마) – (라) – (나)

참 / 거짓 ▶ 유형

2025년 적중

11 **6명의 학생이 아침, 점심, 저녁을 먹는데, 메뉴는 김치찌개와 된장찌개뿐이다. 주어진 〈조건〉이 모두 참일 때, 다음 중 옳지 않은 것은?**

조건

- 아침과 저녁은 다른 메뉴를 먹는다.
- 점심과 저녁에 같은 메뉴를 먹은 사람은 4명이다.
- 아침에 된장찌개를 먹은 사람은 3명이다.
- 하루에 된장찌개를 한 번만 먹은 사람은 3명이다.

① 김치찌개는 총 10그릇이 필요하다.
② 된장찌개는 총 9그릇이 필요하다.
③ 아침에 된장찌개를 먹은 사람은 모두 저녁에 김치찌개를 먹었다.
④ 저녁에 된장찌개를 먹은 사람들은 모두 아침에 김치찌개를 먹었다.
⑤ 점심에 된장찌개를 먹은 사람은 아침이나 저녁 중 한 번은 된장찌개를 먹었다.

코레일 한국철도공사

신재생에너지 ▶ 키워드

2025년 적중

02 다음은 2024년 신재생에너지 산업통계에 대한 자료이다. 이를 토대로 작성한 그래프로 옳지 않은 것은?

〈신재생에너지원별 산업 현황〉

(단위 : 억 원)

구분	기업체 수(개)	고용인원(명)	매출액	내수	수출액	해외공장매출	투자액
태양광	127	8,698	75,637	22,975	33,892	18,770	5,324
태양열	21	228	290	290	0	0	1
풍력	37	2,369	14,571	5,123	5,639	3,809	583
연료전지	15	802	2,837	2,143	693	0	47
지열	26	541	1,430	1,430	0	0	251
수열	3	46	29	29	0	0	0
수력	4	83	129	116	13	0	0
바이오	128	1,511	12,390	11,884	506	0	221
폐기물	132	1,899	5,763	5,763	0	0	1,539
합계	493	16,177	113,076	49,753	40,743	22,579	7,966

① 신재생에너지원별 기업체 수(단위 : 개)

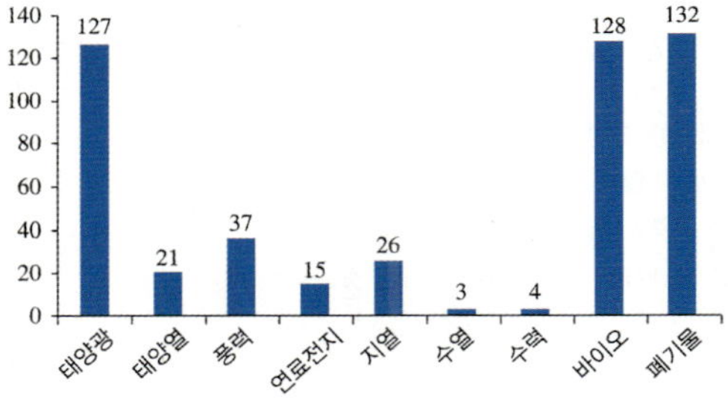

② 신재생에너지원별 고용인원(단위 : 명)

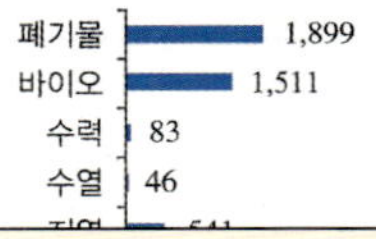

띄어쓰기 ▶ 유형

2025년 적중

02 다음 중 밑줄 친 부분의 띄어쓰기가 옳지 않은 것은?

① 휴가철 비행기 값이 너무 비싼데 그냥 헤엄쳐 갈까 보다.

② 그 문제를 깊이 파고들어보면 다양한 조건들이 얽혀 있음을 알 수 있다.

③ 감독은 처음부터 그 선수를 마음에 들어 했다.

④ 지나가는 사람을 붙잡고 그를 보았는지 물어도 보았다.

⑤ 모르는 것을 아는체하지 말고, 아는 것에 만족해하지 마라.

주요 공기업 적중 문제 TEST CHECK

TS한국교통안전공단

2025년 적중

빈칸 삽입 ▶ 유형

※ 다음 글의 빈칸에 들어갈 내용으로 가장 적절한 것을 고르시오. [1~4]

01

MZ세대 직장인을 중심으로 '조용한 사직'이 유행하고 있다. '조용한 사직'이라는 신조어는 2022년 7월 한 미국인이 SNS에 소개하면서 큰 호응을 얻은 것으로, 실제로 퇴사하진 않지만 최소한의 일만 하는 업무 태도를 말한다. 실제로 MZ세대 직장인은 적당히 하자라는 생각으로 주어진 업무는 하되 더 찾아서 하거나 스트레스 받을 수준으로 많은 일을 맡지 않고, 사내 행사도 꼭 필요할 때만 참여해 일과 삶을 철저히 분리하고 있다.
한 채용플랫폼의 설문조사 결과에 따르면 직장인 10명 중 7명이 '월급받는 만큼만 일하면 끝'이라고 답했고, 20대 응답자 중 78.5%, 30대 응답자 중 77.1%가 '받은 만큼만 일한다.'라고 답했다. 설문조사 결과 연령대가 높아질수록 그 비율은 감소해 젊은 층을 중심으로 이와 같은 인식이 확산하고 있음을 짐작할 수 있다.
이러한 인식이 확산하는 데는 인플레이션으로 인한 임금 감소, '돈을 많이 모아도 집 한 채를 살 수 있을까?' 등 전반적인 경제적 불만이 기저에 있다고 전문가들은 말했다. 또한 MZ세대가 '노력에 상응하는 보상을 받고 있는지'에 민감하게 반응하는 특성을 가지고 있는 것도 한몫하고 있다.
문제점은 이러한 '조용한 사직' 분위기가 기업의 전반적인 생산성 저하로 이어지고 있는 것이다. 이에 맞서 기업도 '조용한 사직'에 대응해 게으른 직원에게 업무를 주지 않는 '조용한 해고'를 하는 상황이 발생하고 있다. 이에 전문가들은 MZ세대 직장인을 나태하다고 구분 짓는 사고방식은 잘못되었다고 지적하며, 기업 차원에서는 "____________________"이, 개인 차원에서는 "스스로 일과 삶을 잘 조율하는 현명함을 만드는 것"이 필요하다고 언급했다.

① 직원이 일한 만큼 급여를 올려주는 것
② 직원이 스트레스를 받지 않게 적당량의 업무를 배당하는 것
③ 젊은 세대의 채용을 신중히 하는 것
④ 젊은 세대의 특성을 이해하고 온전히 받아들이는 것
⑤ 젊은 세대가 함께할 수 있도록 분위기를 만드는 것

2025년 적중

벤치마킹 ▶ 키워드

01 다음 중 D씨가 하고 있는 것은 무엇인가?

D씨는 하이베드 딸기 재배 기법을 배우기 위해 네덜란드 PTC+에서 교육을 받았다. 한국에 돌아온 D씨는 네덜란드 PTC+에서 배워온 딸기 재배 기법을 단순 적용한 것이 아니라 우리나라 실정에 맞게 변형한 재배 기법을 실시함으로써 고수익을 올릴 수 있었다. D씨는 수개월간의 시행착오 끝에 네덜란드의 기후, 토양의 질 등과는 다른 우리나라 환경에 적합한 딸기를 재배하기 위해 배양액의 농도, 토질, 조도시간, 생육기간과 당도까지 최적의 기술을 연구함으로써 국내 최고의 질을 자랑하는 딸기를 출하할 수 있게 되었다.

① 벤치마크
② 벤치마킹
③ 표절
④ 모방
⑤ 차용

인천국제공항공사

비행기 ▶ 키워드

2025년 적중

03 다음은 B조가 연수를 다녀와야 할 달의 달력이다. 02번 문제에서 구한 연수기간과 비행기 시간표를 참고할 때, 출국일과 귀국일이 바르게 연결된 것은?

일요일	월요일	화요일	수요일	목요일	금요일	토요일
	1	2	3	4	5	6
7	8	9	10	11	12	13
14	15	16	17	18	19	20
21	22	23	24	25	26	27
28	29	30				

※ 연수 일정은 주말도 포함함
※ 귀국 다음 날 연수 과정을 정리하여 상사에게 보고해야 함(주 5일, 토·일요일 휴무)
※ 연수원은 공항에서 1시간 거리에 있음
※ 5일, 9일은 회사 행사로 연수가 불가능함

비용 계산 ▶ 유형

2025년 적중

02 I기업은 창고업체를 통해 A ~ C 세 제품군을 보관하고 있다. 각 제품군에 대한 정보와 〈조건〉을 참고할 때 I기업이 보관료로 지급해야 할 총금액은 얼마인가?

〈제품군별 보관 정보〉

제품군	매출액(억 원)	용량	
		용적(CUBIC)	무게(톤)
A	300	3,000	200
B	200	2,000	300
C	100	5,000	500

조건

- A제품군은 매출액의 1%를 보관료로 지급한다.
- B제품군은 1CUBIC당 20,000원의 보관료를 지급한다.
- C제품군은 1톤당 80,000원의 보관료를 지급한다.

① 3억 2천만 원
② 3억 4천만 원
③ 3억 6천만 원
④ 3억 8천만 원
⑤ 4억 원

도서 200% 활용하기 STRUCTURES

1 기출복원문제로 출제경향 파악

2025년 주요 공기업 NCS 기출복원문제

정답 및 해설 p.002

| 인천교통공사 / 의사소통능력

01 다음 중 글의 내용으로 가장 적절한 것은?

> 근대 산업 문명은 사람들의 정신을 병들게 하고, 끊임없이 이기심을 자극하여, 금전과 물건의 노예로 타락시킬 뿐만 아니라, 내면적인 평화와 명상의 생활을 불가능하게 만든다. 그로 인하여 유럽의 노동 계급과 빈민에게 사회는 지옥이 되고, 비서구 지역의 수많은 민중은 제국주의의 침탈 밑에서 허덕이게 되었다. 여기에서 간디 사상 속 물레가 갖는 상징적인 의미가 드러난다. 간디는 모든 인도 사람들이 매일 한두 시간 만이라도 물레질을 할 것을 권유하였다. 물레질의 가치는 경제적 필요 이상의 것이라고 생각한 것이다.
> 물레는 무엇보다 인간의 노역에 도움을 주면서 결코 인간을 소외시키지 않는 인간적 규모의 기계의 전형이다. 간디는 기계 자체에 대해 반대한 적은 없지만, 거대 기계에는 필연적으로 복잡하고 위계적인 사회 조직, 지배와 피지배의 구조, 도시화, 낭비적 소비가 수반된다는 것을 주목했다. 생산 수단이 민중 자신의 손에 있을 때 비로소 착취 구조가 종식되는 반면, 복잡하고 거대한 기계는 그 자체로 비인간화와 억압의 구조를 강화하기 때문이다.
> 간디는 산업화의 확대, 또는 경제 성장이 참다운 인간의 행복에 기여한다고는 결코 생각할 수 없었다. 간디가 구상했던 이상적인 사회는 자기 충족적인 소농촌 공동체를 기본 단위로 하면서 궁극적으로는 중앙 집권적인 국가 기구의 소멸과 더불어 마을 민주주의에 의한 자치가 실현되는 공간이다. 거기에서는 인간을 도외시한 이윤 추구도, 물건과 권력에 대한 맹목적인 탐욕도 있을 수가 없다. 이것은 비폭력과 사랑과 유대 속에 어울려 살 때에 사람은 가장 행복하고 자기완성이 가능하다고 믿는 사상에 매우 적합한 정치 공동체라 할 수 있다.
> 물레는 간디에게 그러한 공동체의 건설에 필요한 인간 심성 교육에 알맞은 수단이기도 하였다. 물레질과 같은 단순하지만, 생산적인 작업의 경험은 정신노동과 육체노동의 분리 위에 기초하는 모든 불평등 사상의 문화적·심리적 토대의 소멸에 기여할 것이다.

① 거대 기계는 억압의 구조를 제거해 준다.
② 간디는 기계 자체를 반대하였다.
③ 근대 산업 문명은 인간의 내면적 평화를 가져왔다.

| 인천교통공사 / 수리능력

02 다음은 일정한 규칙에 따라 나열한 수열이다. 이때, (A)+(B)의 값은?

(A)	2	−6	6	−18	(B)	−54	14

① 8 ② 10
③ 12 ④ 14
⑤ 16

| 인천교통공사 / 수리능력

03 종욱이는 25,000원짜리 피자 두 판과 8,000원짜리 샐러드 세 개를 주문했다. 통신사 멤버십 혜택으로 피자는 15%, 샐러드는 25%를 할인받을 수 있고, 이벤트로 총금액의 10%를 추가 할인받았다고 한다. 종욱이가 할인받은 금액은 얼마인가?

① 12,150원 ② 13,500원
③ 18,600원 ④ 19,550원
⑤ 20,850원

| 인천교통공사 / 수리능력

04 올해의 매출액과 순이익에 대한 진술이 다음과 같을 때, 올해의 매출액은 얼마인가?(단, 순이익)

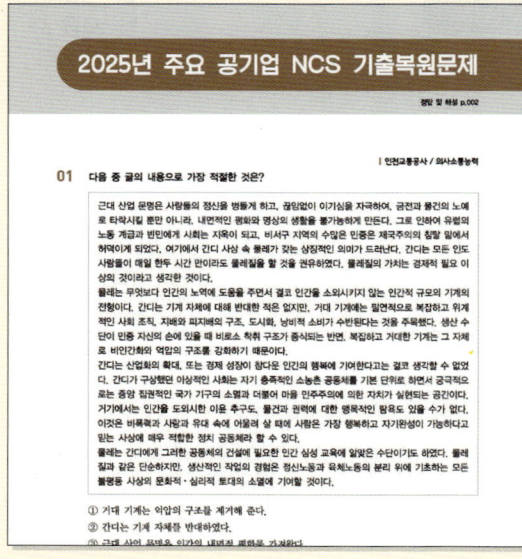

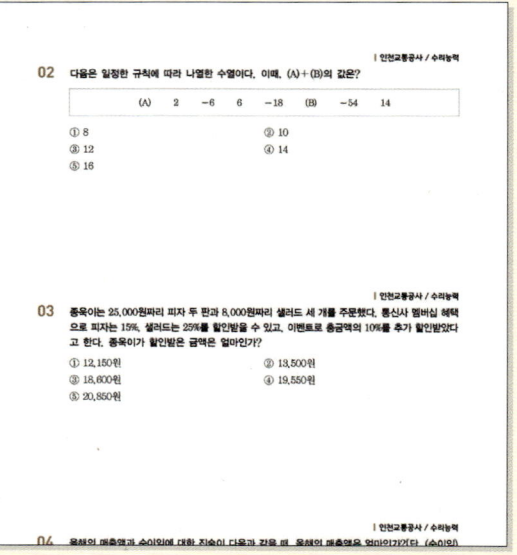

▸ 2025년 인천교통공사 및 주요 공기업 NCS 기출문제를 복원하여 공기업별 출제경향을 파악할 수 있도록 하였다.

2 대표기출유형 + 기출응용문제로 필기시험 완벽 대비

대표기출유형

01 문서 내용 이해

| 유형분석 |

- 주어진 지문을 읽고 선택지를 고르는 전형적인 독해 문제이다.
- 지문은 주로 신문기사(보도자료 등)나 업무 보고서, 시사 등이 제시된다.
- 공사공단에 따라 자사와 관련된 내용의 기사나 법조문, 보고서 등이 출제되기도 한다.

G씨는 성장기인 아들의 수면습관을 바로 잡기 위해 수면습관에 관련된 글을 찾아보았다. 다음 글을 읽고 이해한 내용으로 적절하지 않은 것은?

> 수면은 비렘(non-REM)수면과 렘수면으로 이뤄진 사이클이 반복되면서 이뤄지는 복잡한 신경계의 상호작용이며, 좋은 수면이란 이 사이클이 끊어지지 않고 충분한 시간 동안 유지되도록 하는 것이다. 수면 패턴은 일정한 것이 좋으며, 깨는 시간을 지키는 것이 중요하다. 그리고 수면 패턴은 휴일과 평일 모두 일정하게 지키는 것이 성장하는 아이들의 수면 리듬을 유지하는 데 좋다. 수면 상태에서 깨어날 때 영향을 주는 자극들은 '빛, 식사 시간, 운동, 사회 활동' 등이 있으며, 이 중 가장 강한 자극은 '빛'이다. 침실을 밝게 하는 것은 적절한 수면 자극을 방해하는 것이다. 반대로 깨어날 때 강한 빛 자극을 주면 수면 상태에서 빠르게 벗어날 수 있다. 이는 뇌의 신경 전달 물질인 멜라토닌의 농도와 연관되어 나타나는 현상이다. 수면 중 최대치로 올라간 멜라토닌은 시신경이 강한 빛에 노출되면 빠르게 줄어들게 되는데, 이때 수면 상태에서 벗어나게 된다. 아침 일찍 일어나 커튼을 젖히고 밝은 빛이 침실 안으로 들어오게 하는 것은 매우 효과적인 각성 방법인 것이다.

① 잠에서 깨는 데 가장 강력한 자극을 주는 것은 빛이었구나.
② 멜라토닌의 농도에 따라 수면과 각성이 영향을 받는군.
③ 평일에 잠이 모자란 우리 아들은 잠을 보충해 줘야 하니까 휴일에 늦게까지 자도록 둬야겠다.
④ 좋은 수면은 비렘수면과 렘수면의 사이클이 충분한 시간 동안 유지되도록 하는 것이구나.
⑤ 우리 아들 침실이 좀 밝은 편이니 충분한 수면을 위해 암막커튼을 달아줘야겠어.

대표기출유형 01 **기출응용문제**

※ 다음 글의 내용으로 적절하지 않은 것을 고르시오. [1~3]

01

> 경제학에서는 가격이 '한계 비용'과 일치할 때를 가장 이상적인 상태라고 본다. 한계 비용이란 재화의 생산량을 한 단위 증가시킬 때 추가되는 비용을 말한다. 한계 비용 곡선과 수요 곡선이 만나는 점에서 가격이 정해지면 재화의 생산 과정에 들어가는 자원이 낭비 없이 효율적으로 배분되며, 이때 사회 전체의 만족도가 가장 커진다. 가격이 한계 비용보다 높아지면 상대적으로 높은 가격으로 인해 수요량이 줄면서 거래량이 따라 줄고, 결과적으로 생산량도 감소한다. 이는 사회 전체의 관점에서 볼 때 자원이 효율적으로 배분되지 못하는 상황이므로 사회 전체의 만족도가 떨어지는 결과를 낳는다.
> 위에서 설명한 일반 재화와 마찬가지로 수도, 전기, 철도와 같은 공익 서비스도 자원배분의 효율성을 생각하면 한계 비용 수준으로 가격(공공요금)을 결정하는 것이 바람직하다. 대부분의 공익 서비스는 초기 시설 투자 비용은 막대한 반면 한계 비용은 매우 적다. 이러한 경우, 한계 비용으로 공공요금을 결정하면 공익 서비스를 제공하는 기업은 손실을 볼 수 있다.
> 예컨대 초기 시설 투자 비용이 6억 달러이고, 톤당 1달러의 한계 비용으로 수돗물을 생산하는 상수도 서비스를 가정해 보자. 이때 수돗물 생산량을 '1톤, 2톤, 3톤, …'으로 늘리면 총비용은 '6억 1달러, 6억 2달러, 6억 3달러, …'로 늘어나고, 톤당 평균 비용은 '6억 1달러, 3억 1달러, 2억 1달러, …'로 지속적으로 줄어든다. 그렇지만 평균 비용이 계속 줄어들더라도 한계 비용 아래로는 결코 내려가지 않는다. 따라서 한계 비용으로 수도 요금을 결정하면 총비용보다 총수입이 적으므로 수도 사업자는 손실을 보게 된다.
> 이를 해결하는 방법에는 크게 두 가지가 있다. 하나는 정부가 공익 서비스 제공 기업에 손실분만큼 보조금을 주는 것이고, 다른 하나는 공공요금을 평균 비용 수준으로 정하는 것이다. 전자의 경우 보조금을 세금으로 충당한다면 다른 부문에 들어갈 재원이 줄어드는 문제가 있다. 평균 비용 곡선과 수요 곡선이 교차하는 점에서 요금을 정하는 후자의 경우에는 총수입과 총비용이 같아져 기업이 손실을 보지는 않는다. 그러나 요금이 한계 비용보다 많이 들기 때문에 사회 전체의 관점에서 자원의 효율적 배분에 문제가 생긴다.

① 자원이 효율적으로 배분될 때 사회 전체의 만족도가 극대화된다.
② 정부는 공공요금을 한계 비용 수준으로 유지하기 위하여 보조금 정책을 펼 수 있다.
③ 공익 서비스와 일반 재화의 생산 과정에서 자원을 효율적으로 배분하기 위한 조건은 서로 같다.
④ 가격이 한계 비용보다 높은 경우에는 한계 비용과 같은 경우에 비해 결국 그 재화의 생산량이 줄어든다.

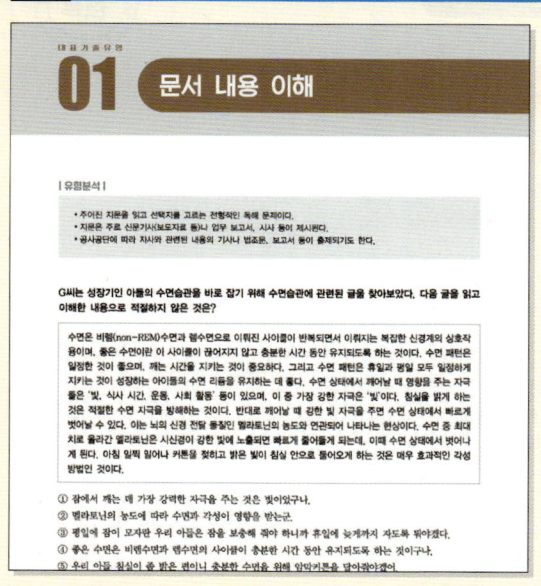

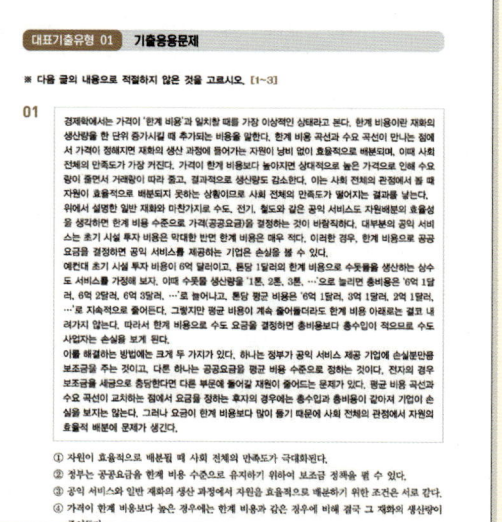

▸ NCS 출제 영역에 대한 대표기출유형과 기출응용문제를 수록하여 NCS 문제에 대한 접근 전략을 익히고 점검할 수 있도록 하였다.

3 최종점검 모의고사 + OMR을 활용한 실전 연습

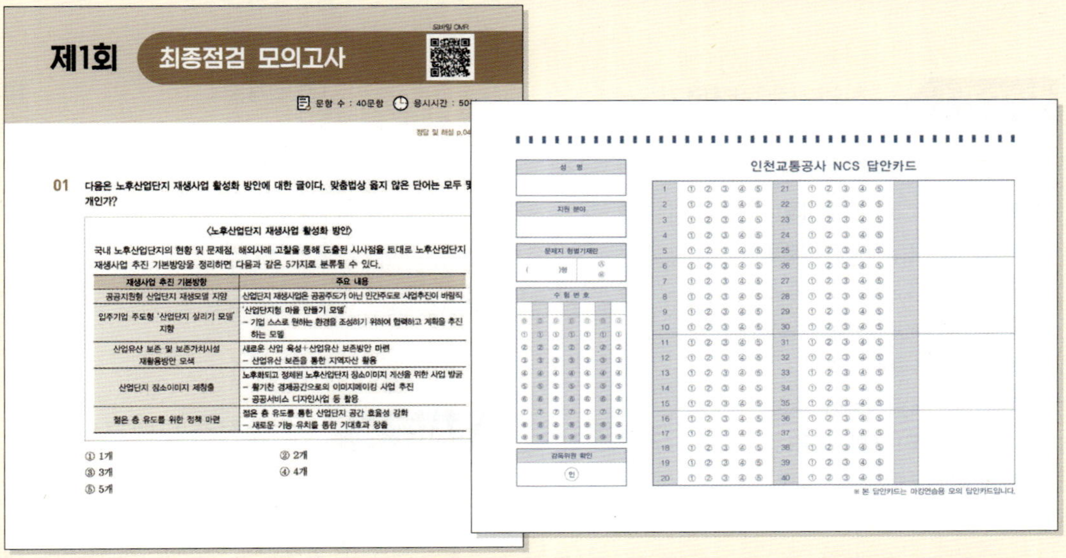
온라인 OMR

제1회 최종점검 모의고사

문항 수 : 40문항 응시시간 : 50

정답 및 해설 p.04

01 다음은 노후산업단지 재생사업 활성화 방안에 대한 글이다. 맞춤법상 옳지 않은 단어는 모두 몇 개인가?

<노후산업단지 재생사업 활성화 방안>

국내 노후산업단지의 현황 및 문제점, 해외사례 고찰을 통해 도출된 시사점을 토대로 노후산업단지 재생사업 추진 기본방향을 정리하면 다음과 같은 5가지로 분류될 수 있다.

재생사업 추진 기본방향	주요 내용
공공지원형 산업단지 재생모델 지양	산업단지 재생사업은 공공주도가 아닌 민간주도로 사업추진이 바람직
입주기업 주도형 '산업단지 살리기 모델' 지향	'산업단지형 마을 만들기 모델' – 기업 스스로 원하는 환경을 조성하기 위하여 협력하고 계획을 추진하는 모델
산업유산 보존 및 보존가치시설 재활용방안 모색	새로운 산업 육성+산업유산 보존방안 마련 – 산업유산 보존을 통한 지역자산 활용
산업단지 침소이미지 제청출	노후화되고 정체된 노후산업단지 침소이미지 개선을 위한 사업 발굴 – 활기찬 경제공간으로의 이미지메이킹 사업 추진 – 공공서비스 디자인사업 등 활용
젊은 층 유도를 위한 정책 마련	젊은 층 유도를 통한 산업단지 공간 효율성 강화 – 새로운 기능 유치를 통한 기대효과 창출

① 1개 ② 2개
③ 3개 ④ 4개
⑤ 5개

인천교통공사 NCS 답안카드

성명 / 지원 분야 / 문제지 형별기재란 / 수험번호 / 감독위원 확인

※ 본 답안카드는 마킹연습용 모의 답안카드입니다.

- 최종점검 모의고사와 OMR 답안카드를 수록하여 실제로 시험을 보는 것처럼 마무리 연습을 할 수 있도록 하였다.
- 모바일 OMR 답안채점/성적분석 서비스를 통해 필기시험에 대비할 수 있도록 하였다.

4 인성검사부터 면접까지 한 권으로 최종 마무리

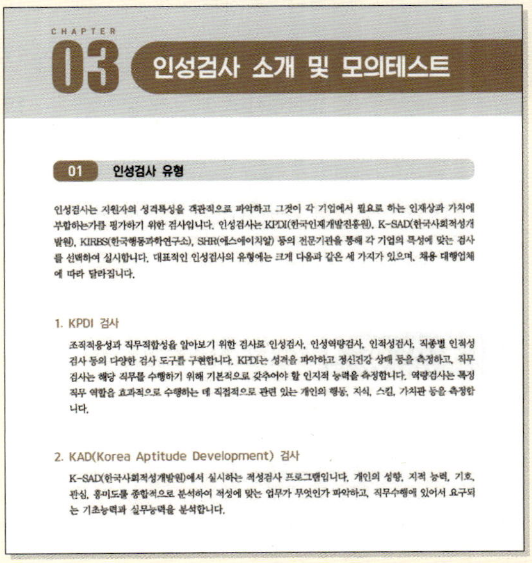
CHAPTER 03 인성검사 소개 및 모의테스트

01 인성검사 유형

인성검사는 지원자의 성격특성을 객관적으로 파악하고 그것이 각 기업에서 필요로 하는 인재상과 가치에 부합하는가를 평가하기 위한 검사입니다. 인성검사는 KPDI(한국인재개발진흥원), K-SAD(한국사회적성개발원), KIRBS(한국행동과학연구소), SHR(에스에이치알) 등의 전문기관을 통해 각 기업의 특성에 맞는 검사를 선택하여 실시합니다. 대표적인 인성검사의 유형에는 크게 다음과 같은 세 가지가 있으며, 채용 대행업체에 따라 달라집니다.

1. KPDI 검사

조직적응성과 직무적합성을 알아보기 위한 검사로 인성검사, 인성역량검사, 인적성검사, 직종별 인적성검사 등의 다양한 검사 도구를 구현합니다. KPDI는 성격을 파악하고 정신건강 상태 등을 측정하고, 직무검사는 해당 직무를 수행하기 위해 기본적으로 갖추어야 할 인지적 능력을 측정합니다. 역량검사는 특정 직무 역할을 효과적으로 수행하는 데 직접적으로 관련 있는 개인의 행동, 지식, 스킬, 가치관 등을 측정합니다.

2. KAD(Korea Aptitude Development) 검사

K-SAD(한국사회적성개발원)에서 실시하는 적성검사 프로그램입니다. 개인의 성향, 지적 능력, 기호, 관심, 흥미도를 종합적으로 분석하여 적성에 맞는 업무가 무엇인가 파악하고, 직무수행에 있어서 요구되는 기초능력과 실무능력을 분석합니다.

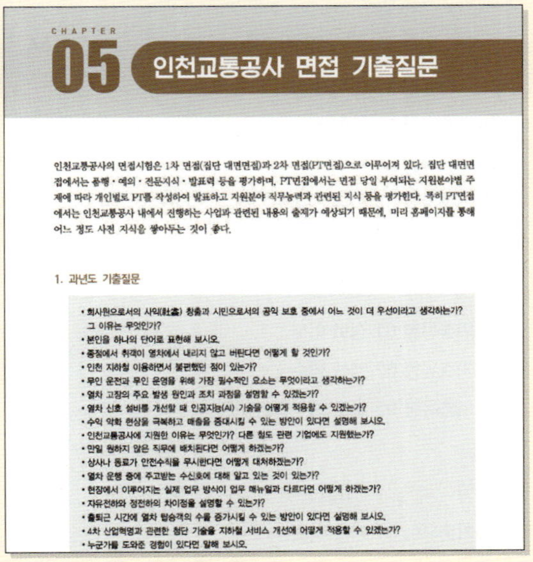
CHAPTER 05 인천교통공사 면접 기출질문

인천교통공사의 면접시험은 1차 면접(집단 대면면접)과 2차 면접(PT면접)으로 이루어져 있다. 집단 대면면접에서는 통행·예의·전문지식·발표력 등을 평가하며, PT면접에서는 면접 당일 부여되는 지원분야별 주제에 따라 개인별로 PT를 작성하여 발표하고 지원분야 직무능력과 관련된 지식 등을 평가한다. 특히 PT면접에서는 인천교통공사 내에서 진행하는 사업과 관련된 내용의 출제가 예상되기 때문에, 미리 홈페이지를 통해 어느 정도 사전 지식을 쌓아두는 것이 좋다.

1. 과년도 기출질문

- 회사원으로서의 사익(私益) 창출과 시민으로서의 공익 보호 중에서 어느 것이 더 우선이라고 생각하는가? 그 이유는 무엇인가?
- 본인을 하나의 단어로 표현해 보시오.
- 종점에서 취객이 열차에서 내리지 않고 버틴다면 어떻게 할 것인가?
- 인천 지하철 이용하면서 불편했던 점이 있는가?
- 무인 운전과 무인 운영을 위해 가장 필수적인 요소는 무엇이라고 생각하는가?
- 열차 고장의 주요 발생 원인과 조치 과정을 설명할 수 있겠는가?
- 열차 신호 설비를 개선할 때 인공지능(AI) 기술을 어떻게 적용할 수 있겠는가?
- 수익 악화 현상을 극복하고 매출을 증대시킬 수 있는 방안이 있다면 설명해 보시오.
- 인천교통공사에 지원한 이유는 무엇인가? 다른 철도 관련 기업에도 지원했는가?
- 만일 원하지 않은 직무에 배치된다면 어떻게 하겠는가?
- 상사나 동료가 안전수칙을 무시한다면 어떻게 대처하겠는가?
- 열차 운행 중에 주고받는 수신호에 대해 알고 있는 것이 있는가?
- 현장에서 이루어지는 실제 업무 방식이 업무 매뉴얼과 다르다면 어떻게 하겠는가?
- 자유전하와 정전하의 차이점을 설명할 수 있는가?
- 출퇴근 시간에 열차 탑승객의 수를 증가시킬 수 있는 방안이 있다면 설명해 보시오.
- 4차 산업혁명과 관련한 첨단 기술을 지하철 서비스 개선에 어떻게 적용할 수 있겠는가?
- 누군가를 도와준 경험이 있다면 말해 보시오.

- 인성검사 모의테스트를 수록하여 인성검사 유형 및 문항을 확인할 수 있도록 하였다.
- 인천교통공사 면접 기출질문을 통해 실제 면접에서 나오는 질문을 미리 파악하고 연습할 수 있도록 하였다.

이 책의 차례 CONTENTS

Add+

2025년 주요 공기업 NCS 기출복원문제

※ 기출복원문제는 수험생들의 후기를 통해 시대에듀에서 복원한 문제로 실제 문제와 다소 차이가 있을 수 있으며, 본 저작물의 무단전재 및 복제를 금합니다.

2025년 주요 공기업 NCS 기출복원문제

정답 및 해설 p.002

| 인천교통공사 / 의사소통능력

01 다음 중 글의 내용으로 가장 적절한 것은?

> 근대 산업 문명은 사람들의 정신을 병들게 하고, 끊임없이 이기심을 자극하여, 금전과 물건의 노예로 타락시킬 뿐만 아니라, 내면적인 평화와 명상의 생활을 불가능하게 만든다. 그로 인하여 유럽의 노동 계급과 빈민에게 사회는 지옥이 되고, 비서구 지역의 수많은 민중은 제국주의의 침탈 밑에서 허덕이게 되었다. 여기에서 간디 사상 속 물레가 갖는 상징적인 의미가 드러난다. 간디는 모든 인도 사람들이 매일 한두 시간 만이라도 물레질을 할 것을 권유하였다. 물레질의 가치는 경제적 필요 이상의 것이라고 생각한 것이다.
>
> 물레는 무엇보다 인간의 노역에 도움을 주면서 결코 인간을 소외시키지 않는 인간적 규모의 기계의 전형이다. 간디는 기계 자체에 대해 반대한 적은 없지만, 거대 기계에는 필연적으로 복잡하고 위계적인 사회 조직, 지배와 피지배의 구조, 도시화, 낭비적 소비가 수반된다는 것을 주목했다. 생산 수단이 민중 자신의 손에 있을 때 비로소 착취 구조가 종식되는 반면, 복잡하고 거대한 기계는 그 자체로 비인간화와 억압의 구조를 강화하기 때문이다.
>
> 간디는 산업화의 확대, 또는 경제 성장이 참다운 인간의 행복에 기여한다고는 결코 생각할 수 없었다. 간디가 구상했던 이상적인 사회는 자기 충족적인 소농촌 공동체를 기본 단위로 하면서 궁극적으로는 중앙 집권적인 국가 기구의 소멸과 더불어 마을 민주주의에 의한 자치가 실현되는 공간이다. 거기에서는 인간을 도외시한 이윤 추구도, 물건과 권력에 대한 맹목적인 탐욕도 있을 수가 없다. 이것은 비폭력과 사랑과 유대 속에 어울려 살 때에 사람은 가장 행복하고 자기완성이 가능하다고 믿는 사상에 매우 적합한 정치 공동체라 할 수 있다.
>
> 물레는 간디에게 그러한 공동체의 건설에 필요한 인간 심성 교육에 알맞은 수단이기도 하였다. 물레질과 같은 단순하지만, 생산적인 작업의 경험은 정신노동과 육체노동의 분리 위에 기초하는 모든 불평등 사상의 문화적·심리적 토대의 소멸에 기여할 것이다.

① 거대 기계는 억압의 구조를 제거해 준다.

② 간디는 기계 자체를 반대하였다.

③ 근대 산업 문명은 인간의 내면적 평화를 가져왔다.

④ 간디는 경제 성장이 인간의 행복에 기여한다고 생각했다.

⑤ 물레는 노역에 도움을 주면서 인간을 소외시키지 않는다.

| 인천교통공사 / 수리능력

02 다음은 일정한 규칙에 따라 나열한 수열이다. 이때, (A)+(B)의 값은?

(A)	2	−6	6	−18	(B)	−54	14

① 8
② 10
③ 12
④ 14
⑤ 16

| 인천교통공사 / 수리능력

03 종욱이는 25,000원짜리 피자 두 판과 8,000원짜리 샐러드 세 개를 주문했다. 통신사 멤버십 혜택으로 피자는 15%, 샐러드는 25%를 할인받을 수 있고, 이벤트로 총금액의 10%를 추가 할인받았다고 한다. 종욱이가 할인받은 총금액은 얼마인가?

① 12,150원
② 13,500원
③ 18,600원
④ 19,550원
⑤ 20,850원

| 인천교통공사 / 수리능력

04 올해의 매출액과 순이익에 대한 진술이 다음과 같을 때, 올해의 매출액은 얼마인가?[단, (순이익)=(매출액)−(원가)이다]

- 작년의 매출액보다 올해의 매출액은 120% 증가했다.
- 올해의 원가는 작년과 같고, 올해의 순이익은 1억 4천만 원이다.
- 작년의 원가는 작년 매출액의 50%이다.

① 2억 원
② 2억 4천만 원
③ 2억 8천만 원
④ 3억 원
⑤ 3억 2천만 원

※ 다음은 A ~ D사원의 5월 근태 현황 중 일부를 나타낸 자료이다. 이어지는 질문에 답하시오. **[5~6]**

〈5월 근태 현황〉

(단위 : 회)

구분	A사원	B사원	C사원	D사원
지각	1			1
결근				
야근				2
근태 총 점수(점)	0	−4	−2	0

〈5월 근태 정보〉

- 근태는 지각(−1), 결근(−1), 야근(+1)으로 이루어져 있다.
- A, B, C, D사원의 근태 총 점수는 각각 0점, −4점, −2점이다.
- A, B, C사원은 지각, 결근, 야근을 각각 최소 1회, 최대 3회 하였고 각 근태 횟수는 모두 달랐다.
- A사원은 지각을 1회 하였다.
- 근태 중 야근은 A사원이 가장 많이 했다.
- 지각은 B사원이 C사원보다 적게 했다.

| 인천교통공사 / 문제해결능력

05 다음 중 항상 옳은 것은?

① A사원은 결근을 3회 했다.
② B사원은 결근을 2회 했다.
③ C사원은 야근을 1회 했다.
④ 야근은 가장 적게 한 사람은 A사원이다.
⑤ 지각을 제일 많이 한 사람은 C사원이다.

| 인천교통공사 / 문제해결능력

06 다음 중 지각보다 결근을 많이 한 사람은?

① A사원, B사원
② A사원, C사원
③ B사원, C사원
④ B사원, D사원
⑤ C사원, D사원

| 인천교통공사 / 정보능력

07 다음 중 함수식의 실행 결과가 옳지 않은 것은?

① =INT(−5.2) → −6
② =MOD(17, −5) → 2
③ =ROUND(6.29,0) → 6
④ =PRODUCT(7,2,2) → 28
⑤ =PRODUCT(2,8,9) → 144

| 인천교통공사 / 기술능력

08 다음 자료를 참고할 때, 〈보기〉에서 설명하는 지식재산권으로 가장 적절한 것은?

> 지식재산권이란 인간의 창조적 활동 또는 경험 등을 통해 창출하거나 발견한 지식・정보・기술이나 표현, 표시 그밖에 무형적인 것으로서, 재산적 가치가 실현될 수 있는 지적 창작물에 부여된 권리를 말하며, 이는 지적소유권이라고 불리기도 한다. 이러한 지식재산권은 산업재산권으로 타인에게 그 권리를 양도하여 판매수입이나 로열티를 받을 수 있게 하고, 실체가 없는 기술상품인 무형의 재산이기 때문에 수출입이 자유로워 국가 간의 장벽을 허물어 다국적 기업화를 이끌고 있다. 또한 이러한 기술상품을 사용함으로써 더 나은 기술개발을 촉진할 계기를 만들어주고 있다.

> **보기**
> 이것은 지식재산권 중 산업재산권에 해당하며, 심미성을 가진 고안으로 물품의 외관에 미적인 감각을 느낄 수 있도록 하게 하는 것이다. 이것은 물품 자체에 표현되는 것으로 물품을 떠나서는 존재할 수 없기에 물품이 다르면 동일한 형상의 디자인이라 하더라도 별개의 것이 된다.

① 특허
② 실용신안
③ 의장
④ 상표
⑤ 영업비밀

| 인천교통공사 / 기술능력

09 **다음 중 기술관리자의 능력에 대한 설명으로 옳지 않은 것은?**

① 시스템적인 관점이 필요하다.
② 추세에 대한 이해 능력은 필요하지 않다.
③ 혁신적인 환경을 조성할 수 있는 능력이 필요하다.
④ 기술팀을 통합할 수 있는 능력이 필요하다.
⑤ 공학적 도구나 지원방식에 대한 이해 능력이 필요하다.

| 인천교통공사 / 대인관계능력

10 **다음 〈보기〉에서 조직의 원활한 목표 달성을 위해 임파워먼트를 수행한 사례로 적절하지 않은 것을 모두 고르면?**

보기

ㄱ. 김팀장은 이주임에게 기안문서 양식 검토 업무를 지시하였다.
ㄴ. 정팀장은 박차장에게 차기 추진사업에 대한 업무를 실무진과 논의하여 결정하도록 지시하였다.
ㄷ. 홍부장은 예산안 검토 업무에 관한 권한을 실무자인 강대리에게 위임하였다.
ㄹ. 김부장은 단순 서류철 제작 업무를 부서 내 사원들에게 배분하였다.

① ㄱ, ㄴ
② ㄱ, ㄹ
③ ㄴ, ㄷ
④ ㄴ, ㄹ
⑤ ㄷ, ㄹ

| 인천교통공사 / 대인관계능력

11 **다음 중 불만족 고객에 대한 설명으로 옳지 않은 것은?**

① 고객의 불평은 서비스를 개선하는 데 중요한 정보를 제공하기도 한다.
② 빨리빨리 유형을 상대할 경우 잠자코 고객의 의견을 경청한 뒤 사과한다.
③ 거만형 유형을 상대할 경우 정중하게 대하는 것이 좋다.
④ 의심형 유형을 상대할 경우 분명한 증거나 근거를 제시한다.
⑤ 트집형 유형을 상대할 경우 이야기를 경청하고 맞장구치며 상대를 설득해간다.

12 다음 글의 내용으로 적절하지 않은 것은?

> 민족의 대명절인 설날과 추석은 가족과 친지를 만나기 위해 전국 각지로 이동하는 사람들이 급증하는 시기다. 이때 코레일의 기차 이용률은 평소보다 훨씬 높아진다. 예매가 시작되면 몇 분 만에 전 노선의 승차권이 매진되고, 예매 경쟁률이 수십 배에 달하는 경우도 흔하다. 그만큼 명절 기간 기차는 국민의 중요한 이동 수단으로 자리 잡았지만, 최근에는 '노쇼' 문제로 인해 심각한 어려움을 겪고 있다. 이 문제는 명절 기간에 더욱 두드러지며, 해마다 노쇼 비율이 증가하는 추세이다.
>
> 2024년 설 연휴 기간 코레일이 판매한 승차권은 약 408만 매에 이른다. 추석 연휴 역시 약 120만 매가 판매되어 명절에 기차 이용 수요가 얼마나 폭발적인지 알 수 있다. 하지만 이 중 상당수가 실제 탑승하지 않아 공석으로 남는 일이 반복되고 있다. 2024년 설날 노쇼 비율은 무려 46%에 달했으며, 이 중 약 19만 매 이상의 좌석이 재판매되지 못해 빈 좌석으로 운행되었다. 추석 연휴에도 비슷한 수준의 노쇼와 공석 운행 문제가 발생했다. 이는 단순히 좌석이 비어 있는 것 이상의 심각한 문제를 야기한다.
>
> 공석 운행은 여러 측면에서 부정적인 영향을 끼친다. 우선, 실제로 기차를 타고자 하는 실수요자들이 좌석을 구하지 못하는 상황이 발생한다. 예매 경쟁이 매우 치열한 명절 기간에 노쇼로 인해 좌석이 비어 있음에도 불구하고, 다른 승객들이 그 좌석을 이용하지 못하는 것은 매우 불합리하다. 결국 노쇼는 국민들의 이동권을 제한하는 결과를 낳는다. 두 번째로, 공석 운행은 철도 운영의 효율성을 떨어뜨린다. 빈 좌석을 채우지 못한 채 열차를 운행하는 것은 불필요한 에너지와 인력, 비용 낭비로 이어진다. 이는 코레일뿐 아니라 국가적으로도 큰 손실이다. 세 번째로, 노쇼 문제는 사회적 비용 증가로 연결된다. 노쇼를 줄이기 위한 정책 마련과 시스템 개선에 투입되는 비용, 그리고 이에 따른 환불 정책 변경 등은 모두 국민의 부담으로 돌아올 수밖에 없다.
>
> 이러한 문제를 해결하기 위해 코레일은 다양한 대책을 시행하고 있다. 2025년부터 명절 특별수송기간에 출발 후 20분까지의 위약금을 기존 15%에서 30%로 상향 조정하는 등 노쇼 억제에 나서고 있으며, 취소·반환 기준 시점을 앞당겨 승객들이 불필요한 예약을 조기에 취소할 수 있도록 유도하고 있다. 이와 함께 좌석 재판매율을 높이기 위한 시스템 개선 작업도 진행 중이다.
>
> 하지만 노쇼 문제는 단순히 코레일의 노력만으로 해결되기 어렵다. 근본적인 제도 개선과 국민 인식 변화가 함께 이루어져야 한다. 예매 시스템의 투명성 강화, 노쇼에 대한 법적 제재 강화, 그리고 국민의 책임감 있는 예약 문화 정착이 필요하다. 또한 실수요자 중심의 예약 정책과 더불어, 노쇼 발생 시 불이익을 명확히 하는 제도적 장치도 마련되어야 한다. 이러한 종합적인 접근이 이루어질 때 비로소 명절 노쇼 문제를 효과적으로 줄이고, 국민 모두가 편리하고 공정하게 기차를 이용할 수 있을 것이다.

① 명절에는 승차권 예매 경쟁이 평소보다 수십 배에 달한다.

② 노쇼로 인해 발생하는 비용은 결국 국민의 부담으로 돌아온다.

③ 2024년 설날에 판매된 승차권 중 46%는 노쇼로 인해 공석으로 운행되었다.

④ 2025년부터 명절 특별수송기간에는 승차권 취소 위약금이 평소보다 높아진다.

⑤ 노쇼 문제를 해결하기 위해서는 코레일의 노력뿐만 아니라 국민 의식 변화와 정부의 제도 개선이 필요하다.

13 K시의 전철 요금은 1회 탑승 시 1,500원이며, 오전 6시 30분 이전에 탑승할 경우 20%의 할인이 적용된다. K시에 사는 A씨는 전철을 이용하여 한 달간 총 22일의 출근과 퇴근을 할 예정이다. 한 달 전철 요금을 62,000원 이하로 유지하려면 A씨가 할인을 받아야 하는 날은 최소 며칠이어야 하는가?(단, A씨는 오후 6시에 회사에서 퇴근한다)

① 12일 ② 13일
③ 14일 ④ 15일
⑤ 16일

14 다음은 한국철도공사의 문제해결 사례이다. 〈보기〉의 사례와 문제해결 방법을 바르게 연결한 것은?

보기

ㄱ. 한국철도공사는 65세 이상의 노인을 위한 복지 정책으로 노인 무임승차제도를 실시하고 있다. 그러나 한국철도공사의 재정문제와 더불어 이용자 세대별 형평성 문제로 인해 무임승차 혜택에 대해 이용자들의 갈등이 첨예해졌다. 이 문제를 해결하기 위해 A차장은 노인 이용자 대표를 한국철도공사에 초청하여 노인 무임승차제도 혜택 축소를 목적으로 합의점을 찾기 위한 토론회를 개최하였다.

ㄴ. 최근 한국철도공사의 고객센터에는 노인들이 매표 키오스크를 사용하기 불편하다는 불만이 자주 들어오고 있다. A센터장은 직원들에게 이 사실을 알리고, 노인 이용자가 편하게 키오스크를 사용할 수 있는 방법을 모색하기 위해 노인 역할극 및 브레인스토밍을 통해 아이디어를 모으도록 유도하였다. 그 결과 직원들의 아이디어를 결합하여 키오스크를 조작하는 동안 잠시 기대어 앉을 수 있는 간이 의자와 주요 기능을 크게 강조하는 방안이 채택되어 노인 이용자들이 편하게 이용할 수 있게 되었다.

ㄷ. 신입사원 B는 철도회사 업무에 익숙하지 않아 발생하는 실수로 팀 내부에서 갈등을 일으키고 있다. 이를 해결하기 위해 A팀장은 B사원에게 철도업무에서 실수가 있을 때, 어떤 상황이 일어날 수 있는지 넌지시 이야기하며 헷갈리는 일이 있을 때는 팀원들의 도움을 받는 것이 좋다고 조언하였고, 다른 팀원들에게는 신입사원 시절에는 모두가 실수가 많았다며 B사원이 업무에 빨리 적응할 수 있도록 도와달라고 격려하였다. 이후 B사원과 다른 팀원들의 노력으로 B사원은 빠르게 업무에 적응하게 되었다.

	ㄱ	ㄴ	ㄷ
①	소프트 어프로치	하드 어프로치	퍼실리테이션
②	소프트 어프로치	퍼실리테이션	하드 어프로치
③	하드 어프로치	소프트 어프로치	퍼실리테이션
④	하드 어프로치	퍼실리테이션	소프트 어프로치
⑤	퍼실리테이션	소프트 어프로치	하드 어프로치

15 다음 글의 주제로 가장 적절한 것은?

온실가스를 적게 배출하면서도 높은 경제성을 가진 원자력 발전소는 원전에서 나오는 방사성 물질의 차단이나, 외부 오염물질의 유입을 방지하기 위한 강력한 공기조화시스템(공조시스템)이 필요하다. 특히 공기 중으로 떠다닐 수 있는 에어로졸 형태의 방사성 물질 크기는 1 ~ 10μm 정도의 아주 작은 물질이지만, 높은 밀도의 방사성 기체는 인체에 치명적일 수 있으며, 환경 오염문제 또한 발생할 수 있다. 따라서 원자력 발전소의 공조시스템에는 이러한 미립자를 걸러내기 위하여 헤파필터(HEPA Filter)를 사용하고 있다.

헤파필터는 'High Efficiency Particulate Air Filter'의 약자로, 공기 중의 아주 미세한 입자까지 효과적으로 걸러내는 고성능 필터이다. 일상 생활에서는 주로 공기청정기, 진공청소기, 에어컨 등에 사용되며, 0.3μm 크기의 입자(MPPS; Most Penetrating Particle Size)를 99.97% 이상 포획할 수 있는 고성능 필터이다. 헤파필터는 주로 유리섬유나 폴리프로필렌 같은 합성섬유로 만들어지는데, 0.5 ~ 2.0μm의 섬유가 불규칙하게 얽혀 있는 거미줄 구조로 구성되어 있다. 오염물질이 포함된 공기가 헤파필터를 통과할 때, 헤파필터의 간격보다 큰 오염물질은 걸러지고 그보다 작은 오염물질은 공기 흐름을 따라 진행하다 섬유에 닿아 달라붙게 된다. 헤파필터는 등급에 따라 E10(85%), E11(95%), E12(99.5%), H13(99.75%), H14(99.975%) 등으로 나뉘며, 등급이 높을수록 더 작은 입자까지 더 많이 걸러낼 수 있다. 특히 H13 이상을 트루 헤파필터라고 부르며 원자력 발전소의 경우 H13 이상의 트루 헤파필터를 사용하는 등 일반적인 산업용 필터보다 더욱 엄격한 기준을 충족해야 한다.

이처럼 헤파필터는 원자력 발전소의 안전을 지키는 핵심 장치로, 방사성 입자와 미세먼지, 바이러스까지도 효과적으로 제거하는 중요한 역할을 한다. 특히 헤파필터의 정화 성능을 보장하기 위하여 ASME AG-1이나 KEPIC-MH 등 국내외에서 기술기준을 정해 시설, 유지, 보수 등 관리법의 기준을 제시하고 있으며, 엄격한 안전관리가 필요한 원자력 발전소 특성상 없어서는 안 될 중요한 안전 설비이다.

① 헤파필터의 여과 원리
② 헤파필터의 등급별 성능
③ 방사성 물질의 위험과 대처 방법
④ 원자력 발전소에서의 헤파필터의 역할
⑤ 원자력 발전소의 발전 효율과 미래 전망

| 한국전력공사 / 의사소통능력

16 다음 중 빈칸에 들어갈 단어로 가장 적절한 것은?

> 정조는 애민주의를 ______하며 백성들을 위한 정책을 펼쳤다.

① 표징(表徵)
② 표집(標集)
③ 표방(標榜)
④ 표류(漂流)
⑤ 표리(表裏)

| 한국전력공사 / 수리능력

17 다음은 J식당의 메뉴에 따른 판매가격과 재료비 및 고정비용에 대한 정보이다. 손익분기점을 넘기 위해 필요한 판매량이 가장 많은 메뉴는?

〈J식당 메뉴의 판매가격 · 재료비 · 고정비용〉

(단위 : 원)

구분	판매가격	재료비	고정비용
제육볶음	10,000	2,000	2,800,000
오징어볶음	12,000	2,000	3,300,000
돈가스	9,000	1,500	2,600,000
라면	6,000	800	1,800,000
고등어구이	11,000	2,000	3,100,000

※ 판매가격과 재료비는 1인분당 비용임
※ 손익분기점을 넘기 위해서는 순이익[(판매가격)−(재료비)]이 고정비용을 초과해야 함

① 제육볶음
② 오징어볶음
③ 돈가스
④ 라면
⑤ 고등어구이

18 K주임이 다음 〈조건〉에 따라 출장을 갈 때, K주임이 C지점에 도착한 시각과 A지점에서 C지점까지 이동할 때의 평균 속력이 바르게 연결된 것은?(단, 평균 속력에는 B지점에서의 업무 시간을 포함하지 않으며, 가속 · 정차 등 제시된 조건 이외의 사항은 고려하지 않는다)

조건

- K주임은 A지점에서 정오에 회사 차량을 이용하여 출장을 간다.
- K주임의 이동 경로는 A지점 → B지점 → C지점 순서이다.
- A지점에서 B지점까지 시속 100km로 이동하였다.
- B지점에서 C까지는 시속 80km로 이동하였다.
- A지점에서 C지점까지의 거리는 190km이다.
- A지점에서 B지점까지의 거리는 B지점에서 C지점까지의 거리보다 110km 길다.
- K주임은 B지점에 도착하여 1시간 동안 업무를 수행하였다.

	도착 시각	평균 속력
①	오후 2시	90km/h
②	오후 2시	92km/h
③	오후 2시	95km/h
④	오후 3시	90km/h
⑤	오후 3시	95km/h

| 한국전력공사 / 문제해결능력

19 다음 중 J공사 직원들이 본회의를 시작할 수 있는 가장 빠른 시각은?

J공사의 직원들은 프로젝트 회의를 1시간 동안 진행하려고 한다. 회의 시작 30분 전에는 반드시 회의실에서 회의 준비를 해야 하며, 본회의 이후 30분 동안 회의록을 작성해야 한다. 회의 준비, 본회의, 회의록 작성은 다음 조건에 따라 연속적으로 이루어져야 한다.

- 회의실은 오전 9시부터 오후 6시 사이에 사용할 수 있다.
- J공사의 점심시간은 12:00 ~ 13:00로 이 시간에는 회의 및 준비, 회의록 작성이 불가능하다.
- 참석자 중 1명이 15:00 ~ 16:00에 외부 미팅이 있어 이 시간에는 회의 및 준비, 회의록 작성이 불가능하다.
- 현재 회의실은 10:00 ~ 10:30, 14:00 ~ 14:30에 이미 예약되어 사용할 수 없다.

① 오전 9시 30분
② 오전 11시
③ 오후 1시
④ 오후 4시
⑤ 오후 4시 30분

| 한국전력공사 / 자원관리능력

20 다음은 J국가자격 필기시험 결과이다. 이를 토대로 할 때 합격한 사람은 모두 몇 명인가?

〈J국가자격 필기시험 결과〉

(단위 : 점)

구분	필기시험				가점
	객관식 1과목	객관식 2과목	논술형	약술형	
A	85	52	61	57	6
B	75	71	67	81	–
C	67	81	72	54	2
D	87	72	57	48	5
E	66	82	58	78	–

※ 한 과목이라도 50점 이하 득점 시 과락 처리
※ 전체 평균 점수에 가점을 합하여 70점 이상 득점 시 합격

① 1명
② 2명
③ 3명
④ 4명
⑤ 5명

| 한국전력공사 / 정보능력

21 다음 중 SSD와 비교했을 때 HDD의 특징으로 옳은 것은?

① 무게가 가볍다.

② 전력 소모가 적다.

③ 가격이 저렴하다.

④ 데이터 접근 속도가 빠르다.

⑤ 외부 충격에 대한 내구력이 높다.

| 한국전력공사 / 정보능력

22 다음 중 점수(참조 대상)가 90점 이상이면 '합격'을, 그렇지 않으면 '불합격'을 출력하는 엑셀 함수식으로 옳은 것은?

① =IF(참조 대상>90,"합격","불합격")

② =IF(참조 대상>=90,"불합격","합격")

③ =IF(참조 대상>=90,"합격","불합격")

④ =CHOOSE(참조 대상<=90,"불합격","합격")

⑤ =CHOOSE(참조 대상>=90,"합격","불합격")

23 다음 글의 주제로 가장 적절한 것은?

> 일생에 한 번쯤 누구나 경험할 수 있는 건강 문제인 허리 통증은 다양한 원인으로 인해 발생한다. 허리 통증은 나이 증가에 따른 허리 근력 약화, 허리에 무리를 주는 취미생활, 임신과 출산을 경험한 여성 등 개인적 요인으로 인해 발생할 수 있지만, 가장 큰 원인은 바로 직업적 요인이다.
> 첫 번째 직업적 요인은 중량물 취급이다. 중량물을 한 번만 들어도 급성 요통이나 추간판탈출증이 발생할 수 있으며, 이러한 작업을 반복하면 허리 통증의 위험이 더욱 높아질 뿐 아니라 척추와 추간판의 퇴행성 변화가 촉진되어 추간판탈출증과 척추협착증의 위험도 증가한다. 특히 10kg 이상의 물건을 들어야 할 때는 허리를 구부려 드는 것이 아니라, 물건을 몸에 밀착시키고 다리의 힘으로 들어 올려야 한다는 점에 유의해야 한다.
> 두 번째 직업적 요인은 허리의 자세이다. 허리를 앞으로 혹은 옆으로 구부리거나 비트는 동작은 허리가 구부러지는 각도가 커질수록 추간판에 가해지는 압력이 증가해 허리 부상의 위험이 높아진다. 특히 구부린 자세로 장시간 작업할 경우 허리 통증과 추간판탈출증이 유발될 수 있다. 실제로 건설 노동자나 조선업 노동자처럼 허리 구부림이 많은 업종에서 타 업종보다 허리 통증 관련 산재 신청률과 승인율이 높은 것으로 알려져 있다.
> 마지막 직업적 요인은 전신 진동이다. 전신 진동은 몸 전체가 상하로 흔들리는 상태로 주로 버스, 트럭, 건설용 차량 운전자가 경험한다. 이러한 진동은 척추와 추간판에 자극을 가해 퇴행성 변화를 일으키고, 결국 추간판탈출증과 척추협착증의 위험을 높인다. 최근 도로 노면이 개선되고 버스 운전석 의자에 진동 흡수 기능이 도입되면서 위험성이 줄었으나, 트럭이나 건설장비 운전자는 여전히 허리 질환에 노출되어 있다.

① 허리 통증의 직업적 요인
② 허리 질환별 통증 관리 방법
③ 직업에 따라 다르게 유발되는 허리 질환
④ 직업 환경에 따라 다른 허리 통증 관련 산재 신청 빈도

24 다음은 보건의료 빅데이터 심포지엄의 발표 순서이다. 이를 참고할 때, 각 발표자의 자료 준비로 적절하지 않은 것은?

〈2024년 보건의료 빅데이터 활용 성과공유 심포지엄〉

1부 : 빅데이터 · AI 기반 건강보험 서비스 혁신

1. 인공지능(AI) 기술을 통해 공단이 어떻게 데이터 기반의 가입자 맞춤형 서비스를 제공하고, 보험자의 역할을 보다 강화할 수 있을지에 대한 비전
   – ○○대병원 A교수
2. 'sLLM(소형 언어 모델)을 활용한 건강보험 내 · 외부 서비스 향상'을 주제로 인공지능(AI) 기술을 통한 고객 서비스와 업무 효율성 증대 사례
   – ○○대 B교수
3. 공단이 보유한 방대한 건강보험 데이터를 어떻게 인공지능(AI)을 통해 분석하고 활용할 수 있는지에 대한 방안
   – 공단 C실장(빅데이터연구개발실)

2부 : 건강보험 빅데이터를 활용한 우수 연구 성과

1. 야간 인공조명이 인간의 건강에 미치는 영향에 대한 분석 결과
   – ○○대 D교수
2. 결핵 빅데이터인 국가결핵통합자료원(K–TB–N Cohort) 구축을 통해 국가 결핵 관리 정책 · 사업의 효과를 평가, 정책을 수립 · 보완할 근거를 생산
   – ○○청 E과장
3. 병원 내에서 발생하는 폐렴 데이터의 분석을 통해, 이를 예방하기 위한 실효성 있는 병원 내 감염관리 체계 마련 필요성 제시
   – 공단 F팀장(빅데이터연구개발실)

① A교수 : 사람과의 직접 대면이 아닌 인공지능 기술로 대체할 수 있는 공단의 서비스에 대한 자료가 필요하겠군.

② B교수 : 인공지능 기술을 활용해 건강보험 서비스를 이용한 고객과 공단 근로자에게 편리성 및 효율성에 대한 설문조사를 진행해야겠군.

③ D교수 : 자연광에만 주로 노출된 사람과 자연광과 더불어 인공조명에 많이 노출된 사람의 건강 상태를 비교할 수 있는 자료가 필요하겠군.

④ F팀장 : 병원 내 병동별 폐렴 발생 현황과 주로 발병하는 연령대에 대한 조사가 필요하겠군.

25 다음 글을 읽고 추론한 내용으로 적절하지 않은 것은?

> 만성질환이란 증상이 극심하지는 않지만 오래 지속되는 질환인 탓에 삶의 질을 저하시키고, 관리를 소홀히 할 경우 합병증의 발생으로 사망까지 이를 수 있어, 운동이나 식이 등 꾸준한 관리가 필요한 질환을 말한다.
> 만성질환에는 당뇨·천식·심장병·허리 통증 등이 있으며, 만성질환이라 하더라도 모든 운동이 좋은 것은 아니며, 질환별로 또 환자의 상태에 따라 맞는 운동 방법과 강도는 천차만별이다.
> 당뇨병의 경우 인슐린 분비량이 없거나 또는 적어 인슐린이 혈당을 낮추는 기능을 정상적으로 수행할 수 없는 상태를 말한다. 따라서 혈당 조절에 효과적인 유산소 운동을 통해 인슐린이 더 효율적으로 사용되도록 하여 혈당 수치를 낮출 수 있다. 또한 규칙적인 유산소 운동은 심혈관계를 향상시켜 심장 건강을 개선시킬 수 있다.
> 운동 중 또는 운동 후에 호흡곤란과 반복적이고 발작적인 기침이 나타날 수 있는 천식의 경우 운동 시 각별히 주의하여야 한다. 특히 건조하거나 찬 공기가 있는 환경에서 운동하거나, 갑작스레 격렬한 운동을 할 경우 천식 발작이 일어날 수 있다. 따라서 수영과 같이 건조하지 않고, 심장 박동이나 호흡수가 급격히 증가하지 않는 환경에서 운동하는 것이 도움이 될 수 있다.
> 허리 통증의 경우는 유산소 운동보다는 코어 운동이 도움이 된다. 코어 운동을 통해 척추 주위의 근육이 강화되면서 척추를 지지하는 힘이 늘어나 허리 통증이 감소되는 것이다.

① 당뇨 환자는 달리기나 등산, 수영과 같은 운동을 하는 것이 혈당 개선에 도움이 된다.

② 규칙적인 걷기 운동은 당뇨 환자와 심장병 환자의 질환을 개선시킬 수 있다.

③ 천식 환자는 심장박동 및 호흡수를 증가시키는 달리기나 줄넘기보다는 등산이 좋다.

④ 허리 통증을 겪고 있는 환자에게는 허리의 중심 부위를 강화시키는 플랭크나 브릿지와 같은 운동이 좋다.

26 다음 문단을 논리적 순서대로 바르게 나열한 것은?

국민건강보험공단은 담배 소송 제12차 변론에서 직접 손해배상 청구권을 포함해 지금까지의 주요 쟁점에 관련한 전반적 입장을 적극적으로 표명했다.

(가) 또한 흡연과 암 발생의 인과관계를 과학적 근거에 따라 분명히 하기 위해 대상 암종을 소세포암과 편평세포암으로 흡연 기간이 30년 이상이고, 하루 한 갑의 담배를 20년 이상 흡연한 대상자로 구분하였기에 이번 변론에서는 흡연과 암 발생의 인과관계를 의학적으로 또 국민 상식에 부합하도록 인정하여야 한다고 강조했다.

(나) 공단은 담배 회사들이 담배라는 제품에 대한 중독성과 건강 위해성을 인지하고 있음에도 수십 년 동안 이를 소비자에게 정확히 알리지 않고 막대한 이득을 취한 것은 소비자를 기만한 것이자 기업의 사회적 책임을 다하지 않은 중대한 문제임을 지적하며, 특히 담배 회사가 흡연 중독 피해를 개인의 선택으로 치부한 것은 소비자를 두 번 기만한 것이라며 비판했다.

(다) 마지막으로 공단은 이번 변론을 준비하면서 국민들의 보험료가 주요 재원인 건강보험 재정이 담배로 인해 발생되는 질병으로 재산상 손해가 발생한 점에 대해 당연히 담배 회사에 법적으로 책임을 물어야 한다고 주장하며, 이에 대한 국민들의 관심과 지지가 필요하다고 호소했다.

(라) 아울러 공단은 이 주장을 입증하기 위한 뒷받침 자료로 대한폐암학회와 호흡기내과 전문의 의견서, 담배 중독에 대한 한국중독정신의학회와 정신건강의학과 전문의 의견서, 대한금연학회에서 실시한 담배 중독 감정서와 이들 중 일부에 대한 흡연 경험 심층 사례 분석 결과, 공단 내부 연구 결과 등을 추가 증거로 제출하였다.

① (가) – (나) – (라) – (다)
② (가) – (라) – (나) – (다)
③ (나) – (가) – (라) – (다)
④ (나) – (라) – (가) – (다)

※ 다음은 K국의 지역별 및 5대 업종별 기업 현황이다. 이어지는 질문에 답하시오. [27~28]

〈K국의 조사 지역별 기업 현황〉

(단위 : 개소)

구분	대기업	중소기업	5인 미만	법인			기타	합계
					사단법인	재단법인		
수도권	5,000	10,000	200,000	60,000	50,000	( )	5,000	( )
강원권	500	2,000	10,000	1,000	500	( )	500	( )
충청권	2,000	3,000	30,000	2,500	( )	800	500	( )
호남권	3,000	5,000	30,000	3,000	( )	1,000	1,000	( )
영남권	3,000	5,000	20,000	2,500	1,500	( )	500	( )
전체	13,500	25,000	290,000	69,000	55,700	13,300	7,500	405,000

※ 조사 기업 종류는 대기업, 중소기업, 5인 미만, 법인, 기타만 존재함

※ 조사 지역은 수도권, 강원권, 충청권, 호남권, 영남권으로만 구성함

〈K국의 5대 업종별 기업 현황〉

(단위 : 개소)

구분	대기업	중소기업	5인 미만	법인			기타
					사단법인	재단법인	
IT업	6,000	5,000	30,000	3,000	2,000	1,000	500
건설업	2,000	5,000	70,000	4,000	3,000	1,000	300
운송업	1,000	9,000	100,000	7,000	5,000	2,000	200
마케팅업	1,000	1,000	30,000	7,000	5,000	2,000	500
제조업	1,000	2,000	5,000	8,000	5,000	3,000	500
합계	11,000	22,000	235,000	29,000	20,000	9,000	2,000

27 **다음 중 자료에 대한 설명으로 옳지 않은 것은?**

① 조사 지역별 법인 기업에서 사단법인이 차지하는 비율이 세 번째로 높은 지역은 영남권이다.
② 5대 업종의 대기업 중 IT업에 속하지 않는 기업의 수는 수도권 지역 기타 기업의 수와 같다.
③ 조사 지역에서 대기업이 20% 증가하고, 중소기업이 10% 감소한다면 전체 기업 수는 증가한다.
④ 조사 지역의 재단법인 중 강원권 재단법인이 차지하는 비율은 조사 지역의 대기업 중 강원권 대기업이 차지하는 비율보다 크다.

28 **다음은 자료를 토대로 작성한 보고서이다. 이에 대한 내용으로 옳지 않은 것은?**

〈기업 현황 보고서〉

① 조사 지역의 전체 기업 중 5인 미만인 기업은 70% 이상을 차지하고 있으며, 이는 중소기업 수의 10배 이상이다. 특히, 5인 미만인 기업은 수도권에 밀집되어 있는데 ② 조사 지역의 5인 미만 기업 중 수도권이 차지하는 비율 또한 60% 이상이다.
모든 지역에 걸쳐 대기업보단 중소기업이, 중소기업보단 5인 미만 기업의 수가 많았는데, 5인 미만 기업 수 대비 대기업의 수는 영남권이 가장 높았다. 5대 업종만을 분석했을 때 대기업보단 중소기업이, 중소기업보단 5인 미만 기업이 많았으며, 사단법인이 재단법인보다 많았다. ③ 이에 따라 조사 지역의 전체 기업 중 5대 업종에 해당하지 않는 기업도 앞선 순서와 동일하였다. 또한 ④ 조사 지역의 전체 기업 중 운송업에 해당하는 기업의 비율은 5인 미만 기업이 중소기업보다 높았다.

※ 다음은 K국의 연도별 7대 주요 범죄 발생 현황과 교도소별 복역자 현황에 대한 자료이다. 이어지는 질문에 답하시오. **[29~30]**

〈K국의 연도별 7대 주요 범죄 발생 현황〉

(단위 : 건)

구분	살인	사기	폭행	강도	절도	성범죄	방화
1989년	500	2,000	5,000	4,000	25,000	3,000	500
1990년	600	2,500	7,000	8,000	20,000	2,500	600
1991년	700	3,000	10,000	5,000	23,000	2,000	800
1992년	800	2,000	15,000	8,000	18,000	2,500	700
1993년	900	3,000	10,000	10,000	20,000	3,000	1,000
1994년	1,000	2,000	20,000	10,000	27,000	5,000	900
1995년	1,100	3,500	17,000	9,000	34,000	2,000	1,100

※ 현 시점은 2025년임

〈K국 교도소의 잔여 형량별 복역자 수〉

(단위 : 명)

구분	A교도소	B교도소	C교도소	D교도소	E교도소	F교도소
1년 미만	3,000	4,000	5,000	6,000	7,000	8,000
1년 이상 3년 미만	1,500	1,000	2,000	3,000	2,000	2,500
3년 이상 5년 미만	400	400	500	600	800	1,000
5년 이상 10년 미만	350	250	250	300	400	50
10년 이상 20년 미만	30	35	40	60	55	35
20년 이상	20	15	10	40	45	15
합계	5,300	5,700	7,800	10,000	10,300	11,600

※ K국의 교도소는 A ~ F 6개만 존재함

29 다음 중 자료에 대한 설명으로 옳지 않은 것은?

① 살인이 가장 많이 발생한 해에는 절도 역시 가장 많이 발생하였다.
② 모든 교도소에서 잔여 형량이 많을수록 복역자 수는 감소한다.
③ 범죄가 가장 많이 발생한 해는 폭행도 가장 많이 발생하였다.
④ 잔여 형량이 1년 미만인 경우가 가장 많은 교도소는 전체 복역자 수가 가장 많다.

30 다음 중 자료를 계산하여 해석한 내용으로 옳지 않은 것은?

① 1990년부터 1995년까지 전년 대비 살인 사건 발생 변화율은 매년 감소한다.
② K국 전체 교도소 복역자 수 중 D교도소 복역자 수의 비율은 20% 이하이다.
③ 1993년부터 1995년까지 7대 주요 범죄 중 절도가 차지하는 비율은 45% 이하이다.
④ 교도소별 잔여 형량이 1년 미만인 복역자 수 대비 3년 이상 5년 미만인 복역자 수의 비율은 F교도소가 가장 높다.

※ 다음은 2025년 2월 10일 기준 국내 월평균 식재료 가격이다. 이어지는 질문에 답하시오. **[31~32]**

〈월평균 식재료 가격(2025.02.10 기준)〉

구분	세부항목	2024년						2025년
		7월	8월	9월	10월	11월	12월	1월
곡류	쌀 (원/kg)	1,992	1,083	1,970	1,895	1,850	1,809	1,805
채소류	양파 (원/kg)	1,385	1,409	1,437	1,476	1,504	1,548	1,759
	배추 (원/포기)	2,967	4,556	7,401	4,793	3,108	3,546	3,634
	무 (원/개)	1,653	1,829	2,761	3,166	2,245	2,474	2,543
수산물	물오징어 (원/마리)	2,286	2,207	2,267	2,375	2,678	2,784	2,796
	건멸치 (원/kg)	23,760	23,760	24,100	24,140	24,870	25,320	25,200
축산물	계란 (원/30개)	5,272	5,332	5,590	5,581	5,545	6,621	9,096
	닭 (원/kg)	5,436	5,337	5,582	5,716	5,579	5,266	5,062
	돼지 (원/kg)	16,200	15,485	15,695	15,260	15,105	15,090	15,025
	소_국산 (원/kg)	52,004	52,220	52,608	52,396	51,918	51,632	51,668
	소_미국산 (원/kg)	21,828	22,500	23,216	21,726	23,747	22,697	21,432
	소_호주산 (원/kg)	23,760	23,777	24,122	23,570	23,047	23,815	24,227

※ 주요 식재료 소매가격 : 물오징어는 냉동과 생물의 평균 가격, 계란은 특란의 평균 가격, 돼지는 국내 냉장과 수입 냉동의 평균 가격, 국산 소고기는 갈비, 등심, 불고기의 평균 가격, 미국산 소고기는 갈비, 갈빗살, 불고기의 평균 가격, 호주산 소고기는 갈비, 등심, 불고기의 평균 가격

※ 표시 가격은 주요 재료의 월평균 가격이며, 조사 주기는 일별로 조사함

31 **다음 중 자료를 이해한 내용으로 옳지 않은 것은?**

① 2024년 8월 대비 9월 쌀 가격의 증가율은 2024년 11월 대비 12월 무 가격의 증가율보다 크다.
② 소의 가격은 국산, 미국산, 호주산 모두 2024년 7월부터 9월까지 증가하다가 10월에 감소한다.
③ 계란 가격은 2024년 7월부터 2025년 1월까지 꾸준히 증가하고 있다.
④ 쌀 가격은 2024년 8월에 감소했다가 9월에 증가한 후 그 후로 계속 감소하고 있다.

32 **K식품회사에 재직 중인 A사원은 국내 농수산물의 동향과 관련한 보고서를 쓰기 위해 자료를 토대로 2024년 12월 대비 2025년 1월 식재료별 가격의 증감률을 구하고 있으며, 다음은 A사원이 작성한 보고서의 일부이다. 다음 중 증감률이 가장 큰 재료는?(단, 소수점 셋째 자리에서 버림한다)**

〈국내 농수산물 가격 동향에 따른 보고서〉

식품개발팀 A사원

저희 개발팀에서 올해 기획하고 있는 신제품 출시를 위하여 국내 농수산물 가격 동향을 조사하였습니다. 하단에 월평균 식재료 증감률을 첨부하였으니 신제품 개발 일정을 수립하는 데 참고하시면 될 것 같습니다. 자세한 사항은 식품개발팀 B과장님께 문의하십시오.

〈월평균 식재료 증감률(2025.02.10 기준)〉

구분	세부항목	2024년 12월	2025년 1월	증감률(%)
곡류	쌀(원/kg)	1,809	1,805	
채소류	양파(원/kg)	1,548	1,759	
	무(원/개)	2,474	2,543	
수산물	건멸치(원/kg)	25,320	25,200	
… 생략 …				

① 쌀
② 양파
③ 무
④ 건멸치

33 다음은 K사의 신입사원 선발 조건이다. 〈보기〉의 지원자 중 최고득점자와 최저득점자를 바르게 연결한 것은?

〈K사 신입사원 선발 조건〉

• 다음과 같은 항목에 따른 점수를 합산하여 최종점수(100점 만점)을 산정하여 점수가 가장 높은 지원자 2명을 신입사원으로 선발한다.

– 학위점수(30점 만점)

학위	학사	석사	박사
점수(점)	18	25	30

– 어학점수(20점 만점)

어학시험점수(300점 만점)	0점 이상 50점 미만	50점 이상 150점 미만	150점 이상 220점 미만	220점 이상
점수(점)	8	14	17	20

– 면접점수(30점 만점)

면접	미흡	보통	우수
점수(점)	18	24	30

– 실무경험점수(20점 만점)

총 인턴근무 기간	4개월 미만	4개월 이상 8개월 미만	8개월 이상 12개월 미만	12개월 이상
점수(점)	12	16	18	20

보기

구분	학위	어학시험점수	면접	총 인턴근무 기간
A	학사	228	우수	8개월
B	석사	204	보통	11개월
C	학사	198	보통	9개월
D	박사	124	미흡	3개월

	최고득점자	최저득점자
①	A	B
②	A	D
③	B	C
④	C	D

| 한국중부발전 / 의사소통능력

34 다음 글과 가장 관련 있는 한자성어는?

> A씨는 대학 졸업 후 창업에 도전하기로 결심했다. 그는 자신의 아이디어에 확신을 가지고 작은 카페를 열었지만, 예상치 못한 문제들이 끊임없이 발생했다. 위치 선정이 잘못되었고, 경쟁이 치열했으며, 운영 경험 부족으로 인해 손님을 끌어들이지 못했다. 결국 1년 만에 카페는 문을 닫아야 했고, A씨는 큰 빚과 좌절감 속에서 실패를 받아들여야 했다.
> 하지만 A씨는 실패를 통해 얻은 교훈을 놓치지 않았다. 그는 자신이 부족했던 점들을 분석하며 경영과 마케팅에 대해 더 깊이 공부하기 시작했다. 또한 카페를 운영하며 쌓은 고객 관리 경험과 식음료 산업에 대한 이해를 바탕으로 새로운 방향을 모색했다. 그러던 중, 그는 소규모 카페 운영자들이 겪는 어려움 해소를 돕기 위해 전문 컨설팅 서비스를 제공하는 사업 아이디어를 떠올렸다.
> A씨는 이전의 실패를 발판 삼아 철저히 준비한 끝에 컨설팅 회사를 설립했다. 그의 서비스는 소규모 카페 운영자들에게 실질적인 도움을 제공하며 빠르게 입소문을 탔고, 사업은 성공적으로 성장했다.

① 전화위복(轉禍爲福)
② 사필귀정(事必歸正)
③ 일취월장(日就月將)
④ 우공이산(愚公移山)

| 한국중부발전 / 의사소통능력

35 다음 중 밑줄 친 단어의 의미가 다른 것은?

① 인간은 네 번째 <u>차원</u>인 시간을 인식하며 살아간다.
② 그의 능력은 취미의 <u>차원</u>을 넘어 예술의 경지로 나아갔다.
③ 과도한 사탕발림이 예의의 <u>차원</u>을 넘어 불편하게 다가왔다.
④ 독창적인 아이디어가 한 <u>차원</u> 높은 수준의 품질을 이끌어 내었다.

36 다음 글에 대한 설명으로 적절하지 않은 것은?

> 큐비트(Qubit)는 양자 컴퓨터에서 정보를 저장하고 처리하는 기본 단위다. 기존의 컴퓨터가 정보를 0과 1로 이루어진 비트(Bit)로 표현하는 것과 달리, 큐비트는 양자역학의 특성을 활용해 더 복잡하고 강력한 방식으로 정보를 다룬다.
> 큐비트는 0과 1의 상태를 동시에 가질 수 있는 양자 중첩 특성을 가지고 있다. 양자 중첩이란 빛이 입자와 파동 2가지 상태를 가진 것과 마찬가지로 미시적 세계에서 여러 양자 상태가 동시에 존재할 수 있는 현상을 뜻하며, 측정하기 전까지는 양자 상태를 정확히 파악할 수 없고 관측과 동시에 상태가 결정되는 것을 의미한다. 이처럼 큐비트 또한 측정하기 전까지 0과 1의 상태를 동시에 가진 중첩 상태가 유지되며 측정 시에는 0 또는 1 중 하나의 값으로 확정된다. 이를 통해 큐비트는 병렬 계산을 가능하게 만들어 복잡한 문제를 빠르게 해결할 수 있다.
> 또한 두 개 이상의 큐비트가 양자 얽힘 상태에 있으면, 한 큐비트의 상태가 다른 큐비트의 상태와 즉각적으로 연결된다. 이에 따라 한 큐비트가 측정되면 얽혀 있는 다른 큐비트의 상태 또한 자동으로 결정되므로 큐비트 간의 빠른 정보 전달과 협력 계산을 가능하게 한다.
> 양자 컴퓨터에 사용되는 큐비트는 다양한 방식으로 개발되고 있으며 대표적인 방식은 초전도 회로, 이온 트랩, 광자, 스핀 등이 있다. 초전도 회로는 전기적 초전도체를 활용해 양자 상태를 생성하고, 이온 트랩은 전기장으로 이온을 가두고 조작한다. 광자는 빛 입자를 이용한 정보 저장 및 전송에 사용되며, 스핀은 전자의 스핀 상태를 활용한다.
> 큐비트는 기존 컴퓨터보다 훨씬 더 많은 정보를 처리할 수 있다. 예를 들어, 20개의 큐비트를 활용하면 2^{20}, 즉 약 100만 개의 상태를 동시에 표현할 수 있다. 이는 암호 해독이나 복잡한 시뮬레이션 같은 문제에서 기존 컴퓨터보다 월등히 빠른 성능을 발휘한다. 하지만 현재 기술로는 큐비트를 안정적으로 유지하고 제어하는 데 한계가 있다. 환경적 요인으로 인해 양자 상태가 쉽게 붕괴되기 때문에 이를 극복하기 위한 연구가 활발히 진행 중이다.
> 큐비트는 양자역학의 원리를 기반으로 기존 컴퓨터와는 완전히 다른 방식으로 정보를 처리한다. 중첩과 얽힘 같은 특성 덕분에 복잡한 계산 문제를 해결하는 데 강력한 도구가 될 수 있지만, 기술적 도전 과제도 많다. 앞으로 양자 컴퓨팅 기술이 발전하면 큐비트를 활용한 혁신적인 응용이 더욱 확대될 것으로 기대된다.

① 큐비트의 값은 측정과 동시에 정해진다.
② 큐비트는 정보를 0와 1의 2진수로 나타내는 것이다.
③ 큐비트는 측정하기 전까지는 양자 중첩 상태로 존재한다.
④ 4개의 큐비트를 활용하면 16번의 상태를 동시에 표현할 수 있다.

37 다음 글에 대한 설명으로 가장 적절한 것은?

소형 모듈 원전(SMR; Small Modular Reactor)은 기존 대형 원자로와는 다른 설계와 운영 방식을 가진 차세대 원자력 발전 기술이다. SMR은 전기 출력이 300MWe 이하로 소형화된 원자로를 의미하며, 크기가 작고 유연한 설계 덕분에 다양한 환경에서 활용 가능하다. 주요 특징 중 하나는 모듈화된 설계로, 주요 기기를 모듈화하여 공장에서 제작한 뒤 현장으로 운송해 조립한다. 이로 인해 건설 기간이 단축되고 초기 투자 비용을 줄일 수 있다.
SMR은 기존 원전에 비해 안정성 또한 높다. 자연 순환 냉각 방식을 채택해 전력 공급 없이도 중력과 밀도 차, 자연 대류를 활용해 원자로를 냉각할 수 있다. 이는 사고 발생 시 노심 용융 가능성을 낮추며, 방사성 물질의 저장 및 관리 측면에서도 유리하다. 또한 다양한 입지 조건에서 설치가 가능하여 전력망이 없는 지역이나 해상에서도 활용할 수 있다. 이는 탄소 배출이 적은 에너지원으로서 기후 변화 대응에도 기여할 수 있다.
SMR의 경제성도 강점이다. 공장에서 미리 제작된 모듈을 현장에서 조립하는 방식은 전통적인 대형 원전보다 건설 비용과 기간을 줄인다. 그러나 단위 출력당 건설 비용이 높아질 수 있어 대량 생산과 표준화를 통해 비용을 절감해야 한다. 기술적 검증도 중요한 과제로, 안전성과 경제성을 동시에 만족시켜야 한다. 기후 변화에 따른 환경적 취약성도 고려해야 하며, 이를 극복하기 위해 각국 정부와 민간 기업들은 협력하여 연구 개발에 투자하고 있다.
SMR은 탄소 중립 시대를 맞아 중요한 에너지원으로 주목받고 있으며, 다양한 분야에서 활용 가능성이 높다. 한국을 포함한 여러 국가가 SMR 개발에 적극적으로 나서고 있으며, 이를 통해 글로벌 에너지 시장에서 새로운 패러다임을 제시할 것으로 보인다. SMR은 단순히 기존 원전을 대체하는 것을 넘어 안전하고 지속 가능한 에너지 시스템 구축에 기여할 핵심 기술로 자리 잡아가고 있다.

① SMR은 방사성 폐기물이 발생하지 않는다.
② SMR은 기존의 원전보다 다양한 환경에서 건설이 가능하다.
③ SMR은 원전 부지에서 모듈을 생산하여 조립하는 방식으로 건설된다.
④ 선진국에서는 기존 원전 대부분이 SMR로 전환되어 탄소 중립을 실천하고 있다.

| 한국중부발전 / 문제해결능력

38 **다음은 J공사의 컴퓨터 비밀번호 규칙에 대한 글이다. 〈보기〉 중 J공사 비밀번호 규칙에 맞지 않는 것은 모두 몇 개인가?**

> J공사의 직원들은 업무를 시작하기 위해 컴퓨터에 직원별 비밀번호를 입력해야 한다. 직원들의 비밀번호는 9자리의 숫자와 문자로 구성되어 있다. 첫 번째 자리는 직원 종류별 코드로 정직원은 1, 계약직은 2, 파견직은 3이 부여된다. 두 번째 자리부터는 직원별 입사일이 YYMMDD 방식으로 부여된다. 이후 데이터의 진위 여부를 확인하기 위해 체크데이터로 앞의 숫자를 모두 더한 뒤, 2를 뺀 값에 해당하는 알파벳이 대문자로 부여된다. 마지막으로 비밀번호 식별의 용이성을 위해 첫 번째 자리의 숫자와 동일한 숫자가 부여된다.

보기

- 3011210F3
- 2981111U2
- 3051231M3
- 1241215N2
- 4200817T4
- 1942131S1
- 1840624W1
- 1211014H1
- 2210830P2
- 2191229Z2

① 2개 ② 3개
③ 4개 ④ 5개

| 한국중부발전 / 문제해결능력

39 **다음 사례에서 나타나는 논리적 오류로 가장 적절한 것은?**

> A씨는 오랜만에 고향 친구를 만났다. 약속 장소에서 A씨는 고향 친구가 말끔한 정장을 입고 나온 것을 보고, 그가 부자일 확률보다 부자이면서 좋은 차를 끌고 다닐 확률이 높다고 생각하였다.

① 결합의 오류 ② 무지의 오류
③ 연역법의 오류 ④ 과대 해석의 오류

※ 다음은 J기업의 본사와 부속 공장 간의 도로에 대한 자료이다. 이어지는 질문에 답하시오. [40~41]

〈본사와 부속 공장 간 도로〉

(단위 : km)

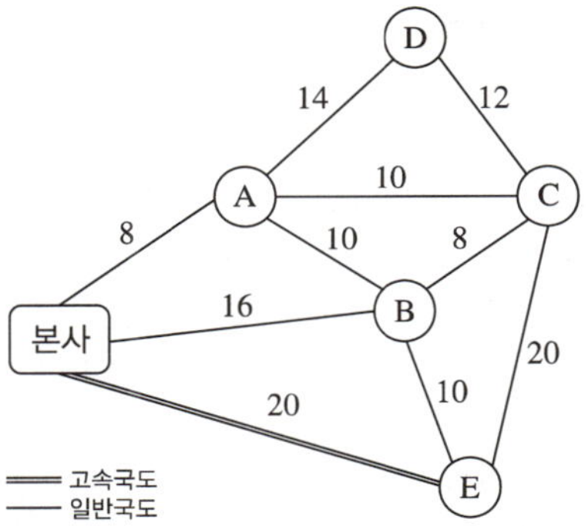

| 한국중부발전 / 자원관리능력

40 S대리는 본사에서 출발하여 모든 부속 공장을 방문한 뒤, 본사로 복귀하려고 한다. S대리가 일반국도만을 이용한다면, 최단거리는 몇 km인가?(단, 한 번 방문한 공장은 다시 방문하지 않는다)

① 72km
② 76km
③ 80km
④ 84km

| 한국중부발전 / 자원관리능력

41 S대리는 회사로부터 교통비를 지원받아 고속국도를 이용할 수 있게 되었다. S대리가 고속국도를 이용하여 모든 부속 공장을 방문한 뒤, 본사로 복귀할 때의 최단거리는 고속국도를 이용하지 않을 때의 최단거리와 몇 km 차이가 나는가?(단, 한 번 방문한 공장은 다시 방문하지 않는다)

① 6km
② 8km
③ 10km
④ 12km

42 **다음은 J기업 종합관리 시스템의 발전 단계를 나타낸 글이다. 기술시스템의 발전 단계에 따라 (가) ~ (라) 문단을 순서대로 나열한 것은?**

> (가) 종합관리 시스템 납품 경쟁에서 승리한 J기업의 종합관리 시스템은 정부기관에서도 사용하게 되었으며, 기술표준으로 확립되어 여러 산업 기술이 J기업의 종합관리 시스템에 맞춰져 개발되기에 이르렀다.
> (나) J기업이 개발한 종합관리 시스템은 탄소배출권 거래에서 실무적 안정성을 인정받아 J기업 내 다른 부서뿐만 아니라 다른 분야의 회사에서도 차용하기 시작하였다.
> (다) 정부의 탄소중립 정책 강화로 인해 탄소배출권 거래에 대한 국책 사업이 활발해졌고, 국가적 관리 시스템이 필요해지자, J기업을 비롯한 여러 탄소배출권 거래 기업이 자사의 종합관리 시스템을 납품하기 위해 경쟁하였다.
> (라) 탄소배출권을 거래하는 J기업은 거래 내역을 일괄적으로 관리하는 종합관리 시스템을 자체 개발하여 사용하였고, 실무적 여건에 따라 유연하게 발전시켰다.

① (다) – (가) – (나) – (라)
② (다) – (라) – (나) – (가)
③ (라) – (나) – (다) – (가)
④ (라) – (다) – (나) – (가)

43 **다음은 A주임의 상사가 평소 엑셀을 능숙하게 다루는 A주임에게 요청한 내용이다. A주임이 상사의 요청을 수행하면서 사용한 엑셀 단축키가 아닌 것은?**

> A주임. 지금 회사 거래 내역이 담긴 엑셀 파일을 수정해야 하는데, 제 컴퓨터의 마우스가 고장이 나서 단축키로만 작업을 해야 합니다. A주임이 엑셀을 능숙하게 쓴다고 들어서 도와주셨으면 합니다. [F12] 셀에서 왼쪽에 있는 값을 모두 선택하여 차트를 만들고, [F13] 셀에는 오늘 날짜를 입력해 주세요.

① 〈Ctrl〉+〈1〉
② 〈Ctrl〉+〈;〉
③ 〈Alt〉+〈F1〉
④ 〈Shift〉+〈Home〉

| K-water 한국수자원공사 / 의사소통능력

44 다음 중 단어의 뜻이 나머지와 다른 것은?

① 호도(糊塗) ② 맹아(萌芽)
③ 무마(撫摩) ④ 은폐(隱蔽)

| K-water 한국수자원공사 / 의사소통능력

45 다음 중 밑줄 친 어휘가 나머지와 다른 의미로 사용된 것은?

① 건조한 환경으로 인해 쉽게 불이 붙었다.
② 새로운 소재로 불이 붙는 것을 방지하였다.
③ 토론은 양측이 첨예하게 대립해 불이 붙었다.
④ 들판에 불이 붙자 걷잡을 수 없이 퍼져 나갔다.

| K-water 한국수자원공사 / 수리능력

46 K고등학교의 운동장은 윗변이 20m, 밑변이 50m, 높이가 20m인 등변 사다리꼴 형태이다. 운동장의 가장자리에 2m마다 의자를 놓고 학생을 앉힐 때, 의자에 앉을 수 있는 학생의 수는?

① 59명 ② 60명
③ 61명 ④ 62명

47 다음 중 제시된 자료를 그래프로 바르게 변환한 것은?

〈K-water 한강유역 대수력 발전소 연간 발전량〉

(단위 : GWh)

구분	2019년	2020년	2021년	2022년	2023년	2024년
소양강댐	347	551	314	600	430	490
충주댐	484	769	574	680	706	759

①
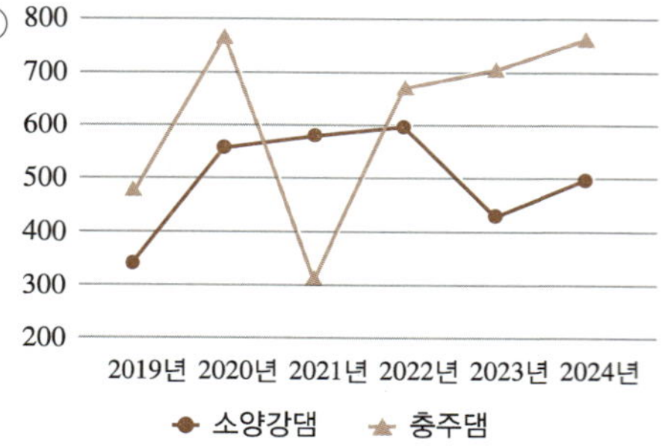

②
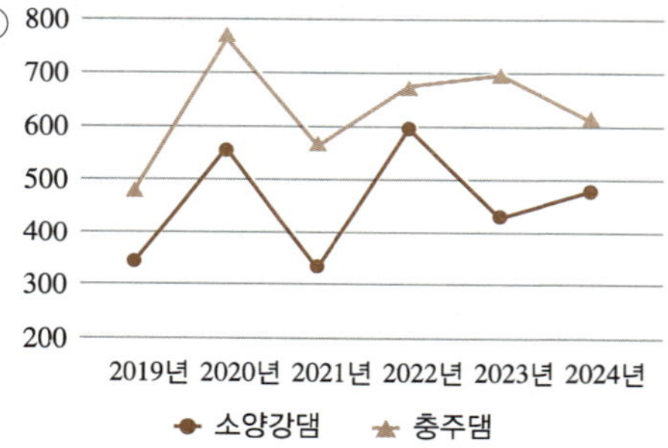

③
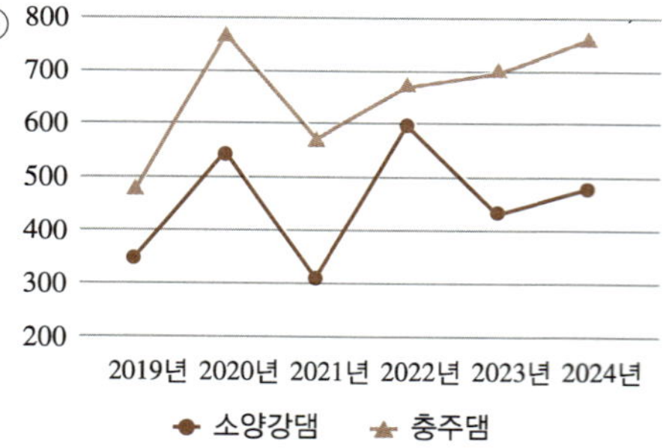

④
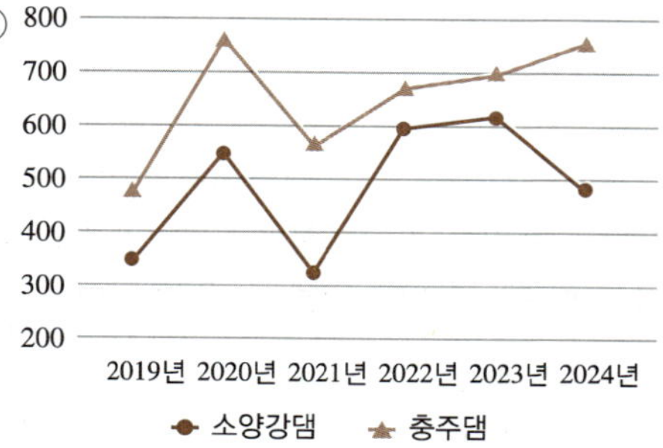

| K-water 한국수자원공사 / 자원관리능력

48 다음 중 효과적인 시간관리를 통하여 빠르고 효율적인 생산으로 작업 소요 시간을 단축시켰을 때, 기업의 입장에서 나타나는 효과로 옳지 않은 것은?

① 가격 인상
② 위험 감소
③ 정확한 예산 분배
④ 시장 점유율 증가

| K-water 한국수자원공사 / 자원관리능력

49 다음 중 효율적이고 합리적인 인사관리 원칙 중 해당 직무 수행에 가장 적합한 인재를 배치해야 한다는 원칙으로 옳은 것은?

① 단결의 원칙
② 공정 인사의 원칙
③ 종업원 안정의 원칙
④ 적재적소 배치의 원칙

| K-water 한국수자원공사 / 자원관리능력

50 다음 사례에서 나타나는 물적자원관리의 원칙으로 옳은 것은?

> 편의점 점장인 A씨는 상품의 판매량과 입고량을 파악하여 많이 팔리고, 많이 들어오는 상품은 출입구에 가깝게 위치시켰으며, 적게 팔려서 주문할 양이 적은 상품은 매장 안쪽에 배치하여 상품의 입·출하가 원활하게 이루어지도록 하였다.

① 동일성의 원칙
② 유사성의 원칙
③ 회전대응의 원칙
④ 기호화의 원칙

M E M O

PART 1

직업기초능력평가

CHAPTER 01
의사소통능력

합격 CHEAT KEY

의사소통능력은 평가하지 않는 공사 · 공단이 없을 만큼 필기시험에서 중요도가 높은 영역으로, 세부 유형은 문서 이해, 문서 작성, 의사 표현, 경청, 기초 외국어로 나눌 수 있다. 문서 이해 · 문서 작성과 같은 지문에 대한 주제 찾기, 내용 일치 문제의 출제 비중이 높으며, 문서의 특성을 파악하는 문제도 출제되고 있다.

01 문제에서 요구하는 바를 먼저 파악하라!

의사소통능력에서 가장 중요한 것은 제한된 시간 안에 빠르고 정확하게 답을 찾아내는 것이다. 의사소통능력에서는 지문이 아니라 문제가 주인공이므로 지문을 보기 전에 문제를 먼저 파악해야 하며, 문제에 따라 전략적으로 빠르게 풀어내는 연습을 해야 한다.

02 잠재되어 있는 언어 능력을 발휘하라!

세상에 글은 많고 우리가 학습할 수 있는 시간은 한정적이다. 이를 극복할 수 있는 방법은 다양한 글을 접하는 것이다. 실제 시험장에서 어떤 내용의 지문이 나올지 아무도 예측할 수 없으므로 평소에 신문, 소설, 보고서 등 여러 글을 접하는 것이 필요하다.

03 상황을 가정하라!

업무 수행에 있어 상황에 따른 언어 표현은 중요하다. 같은 말이라도 상황에 따라 다르게 해석될 수 있기 때문이다. 그런 의미에서 자신의 의견을 효과적으로 전달할 수 있는 능력을 평가하는 것이다. 업무를 수행하면서 발생할 수 있는 여러 상황을 가정하고 그에 따른 올바른 언어표현을 정리하는 것이 필요하다.

04 말하는 이의 입장에서 생각하라!

잘 듣는 것 또한 하나의 능력이다. 상대방의 이야기에 귀 기울이고 공감하는 태도는 업무를 수행하는 관계 속에서 필요한 요소이다. 그런 의미에서 다양한 상황에서 듣는 능력을 평가하는 것이다. 말하는 이가 요구하는 듣는 이의 태도를 파악하고, 이에 따른 판단을 할 수 있도록 언제나 말하는 사람의 입장이 되는 연습이 필요하다.

01 문서 내용 이해

| 유형분석 |

- 주어진 지문을 읽고 선택지를 고르는 전형적인 독해 문제이다.
- 지문은 주로 신문기사(보도자료 등)나 업무 보고서, 시사 등이 제시된다.
- 공사공단에 따라 자사와 관련된 내용의 기사나 법조문, 보고서 등이 출제되기도 한다.

G씨는 성장기인 아들의 수면습관을 바로 잡기 위해 수면습관에 관련된 글을 찾아보았다. 다음 글을 읽고 이해한 내용으로 적절하지 않은 것은?

수면은 비렘(non-REM)수면과 렘수면으로 이뤄진 사이클이 반복되면서 이뤄지는 복잡한 신경계의 상호작용이며, 좋은 수면이란 이 사이클이 끊어지지 않고 충분한 시간 동안 유지되도록 하는 것이다. 수면 패턴은 일정한 것이 좋으며, 깨는 시간을 지키는 것이 중요하다. 그리고 수면 패턴은 휴일과 평일 모두 일정하게 지키는 것이 성장하는 아이들의 수면 리듬을 유지하는 데 좋다. 수면 상태에서 깨어날 때 영향을 주는 자극들은 '빛, 식사 시간, 운동, 사회 활동' 등이 있으며, 이 중 가장 강한 자극은 '빛'이다. 침실을 밝게 하는 것은 적절한 수면 자극을 방해하는 것이다. 반대로 깨어날 때 강한 빛 자극을 주면 수면 상태에서 빠르게 벗어날 수 있다. 이는 뇌의 신경 전달 물질인 멜라토닌의 농도와 연관되어 나타나는 현상이다. 수면 중 최대치로 올라간 멜라토닌은 시신경이 강한 빛에 노출되면 빠르게 줄어들게 되는데, 이때 수면 상태에서 벗어나게 된다. 아침 일찍 일어나 커튼을 젖히고 밝은 빛이 침실 안으로 들어오게 하는 것은 매우 효과적인 각성 방법인 것이다.

① 잠에서 깨는 데 가장 강력한 자극을 주는 것은 빛이었구나.
② 멜라토닌의 농도에 따라 수면과 각성이 영향을 받는군.
③ 평일에 잠이 모자란 우리 아들은 잠을 보충해 줘야 하니까 휴일에 늦게까지 자도록 둬야겠다.
④ 좋은 수면은 비렘수면과 렘수면의 사이클이 충분한 시간 동안 유지되도록 하는 것이구나.
⑤ 우리 아들 침실이 좀 밝은 편이니 충분한 수면을 위해 암막커튼을 달아줘야겠어.

정답 ③

수면 패턴은 휴일과 평일 모두 일정하게 지키는 것이 성장하는 아이들의 수면 리듬을 유지하는 데 좋다. 따라서 휴일에 늦잠을 자는 것은 적절하지 않다.

풀이 전략!

지문을 읽기 전에 문제와 선택지를 먼저 읽는 습관을 들여야 한다. 이를 통해 지문 속에서 알아내야 할 정보가 무엇인지를 먼저 인지한 후 지문을 읽어야 문제 푸는 시간을 단축할 수 있다. 대부분의 공사공단 필기시험은 짧은 시간 내에 많은 문제를 풀어야 하므로, 한 지문을 두세 번 읽으면 그만큼 다른 문제의 풀이 시간에 손해가 생긴다.

대표기출유형 01 기출응용문제

※ 다음 글의 내용으로 적절하지 않은 것을 고르시오. [1~3]

01

경제학에서는 가격이 '한계 비용'과 일치할 때를 가장 이상적인 상태라고 본다. 한계 비용이란 재화의 생산량을 한 단위 증가시킬 때 추가되는 비용을 말한다. 한계 비용 곡선과 수요 곡선이 만나는 점에서 가격이 정해지면 재화의 생산 과정에 들어가는 자원이 낭비 없이 효율적으로 배분되며, 이때 사회 전체의 만족도가 가장 커진다. 가격이 한계 비용보다 높아지면 상대적으로 높은 가격으로 인해 수요량이 줄면서 거래량이 따라 줄고, 결과적으로 생산량도 감소한다. 이는 사회 전체의 관점에서 볼 때 자원이 효율적으로 배분되지 못하는 상황이므로 사회 전체의 만족도가 떨어지는 결과를 낳는다.

위에서 설명한 일반 재화와 마찬가지로 수도, 전기, 철도와 같은 공익 서비스도 자원배분의 효율성을 생각하면 한계 비용 수준으로 가격(공공요금)을 결정하는 것이 바람직하다. 대부분의 공익 서비스는 초기 시설 투자 비용은 막대한 반면 한계 비용은 매우 적다. 이러한 경우, 한계 비용으로 공공요금을 결정하면 공익 서비스를 제공하는 기업은 손실을 볼 수 있다.

예컨대 초기 시설 투자 비용이 6억 달러이고, 톤당 1달러의 한계 비용으로 수돗물을 생산하는 상수도 서비스를 가정해 보자. 이때 수돗물 생산량을 '1톤, 2톤, 3톤, …'으로 늘리면 총비용은 '6억 1달러, 6억 2달러, 6억 3달러, …'로 늘어나고, 톤당 평균 비용은 '6억 1달러, 3억 1달러, 2억 1달러, …'로 지속적으로 줄어든다. 그렇지만 평균 비용이 계속 줄어들더라도 한계 비용 아래로는 결코 내려가지 않는다. 따라서 한계 비용으로 수도 요금을 결정하면 총비용보다 총수입이 적으므로 수도 사업자는 손실을 보게 된다.

이를 해결하는 방법에는 크게 두 가지가 있다. 하나는 정부가 공익 서비스 제공 기업에 손실분만큼 보조금을 주는 것이고, 다른 하나는 공공요금을 평균 비용 수준으로 정하는 것이다. 전자의 경우 보조금을 세금으로 충당한다면 다른 부문에 들어갈 재원이 줄어드는 문제가 있다. 평균 비용 곡선과 수요 곡선이 교차하는 점에서 요금을 정하는 후자의 경우에는 총수입과 총비용이 같아져 기업이 손실을 보지는 않는다. 그러나 요금이 한계 비용보다 많이 들기 때문에 사회 전체의 관점에서 자원의 효율적 배분에 문제가 생긴다.

① 자원이 효율적으로 배분될 때 사회 전체의 만족도가 극대화된다.
② 정부는 공공요금을 한계 비용 수준으로 유지하기 위하여 보조금 정책을 펼 수 있다.
③ 공익 서비스와 일반 재화의 생산 과정에서 자원을 효율적으로 배분하기 위한 조건은 서로 같다.
④ 가격이 한계 비용보다 높은 경우에는 한계 비용과 같은 경우에 비해 결국 그 재화의 생산량이 줄어든다.
⑤ 평균 비용이 한계 비용보다 큰 경우, 공공요금을 평균 비용 수준에서 결정하면 자원의 낭비를 방지할 수 있다.

02

연방준비제도(이하 '연준')가 고용 증대에 주안점을 둔 정책을 입안한다 해도 정책이 분배에 미치는 영향을 고려하지 않는다면, 그 정책은 거품과 불평등만 조장할 것이다. 기술 산업의 거품 붕괴로 인한 경기 침체에 대응하여 2000년대 초에 연준이 시행한 저금리 정책이 이를 잘 보여준다.
특정한 상황에서는 금리 변동이 투자와 소비의 변화를 통해 경기와 고용에 영향을 줄 수 있다. 하지만 다른 수단이 훨씬 더 효과적인 상황도 많다. 가령 부동산 거품에 대한 대응책으로는 금리 인상보다 주택 담보 대출에 대한 규제가 더 합리적이다. 생산적 투자를 위축시키지 않으면서 부동산 거품을 가라앉힐 수 있기 때문이다.
경기 침체기라 하더라도, 금리 인하는 은행의 비용을 줄여주는 것 말고는 경기 회복에 별다른 도움이 되지 않을 수 있다. 대부분의 부문에서 설비 가동률이 낮은 상황이라면, 대출 금리가 낮아져도 생산적인 투자가 별로 증대하지 않는다. 2000년대 초가 바로 그런 상황이었기 때문에 당시의 저금리 정책은 생산적인 투자 증가 대신에 주택 시장의 거품만 초래한 것이다.
금리 인하는 국공채에 투자했던 퇴직자들의 소득을 감소시켰다. 노년층에서 정부로, 정부에서 금융업으로 부의 대규모 이동이 이루어져 불평등이 심화되었다. 이에 따라 금리 인하는 다양한 경로로 소비를 위축시켰다. 은퇴 후의 소득을 확보하기 위해, 혹은 자녀의 학자금을 확보하기 위해 사람들은 저축을 늘렸다. 연준은 금리 인하가 주가 상승으로 이어질 것이므로 소비가 늘어날 것이라고 주장했다. 하지만 2000년대 초 연준의 금리 인하 이후 주가 상승에 따라 발생한 이득은 대체로 부유층에 집중되었으므로 대대적인 소비 증가로 이어지지 않았다.
2000년대 초 고용 증대를 기대하고 시행한 연준의 저금리 정책은 노동을 자본으로 대체하는 투자를 증대시켰다. 인위적인 저금리로 자본 비용이 낮아지자 이런 기회를 이용하려는 유인이 생겨났다. 노동력이 풍부한 상황인데도 노동을 절약하는 방향의 혁신이 강화되었고, 미숙련 노동자들의 실업률이 높은 상황인데도 가게들은 계산원을 해고하고 자동화 기계를 들여놓았다. 경기가 회복되더라도 실업률이 떨어지지 않는 구조가 만들어진 것이다.

① 금리 인상은 부동산 거품 대응 정책 가운데 가장 효과적인 정책이 아닐 수 있다.
② 2000년대 초 연준이 금리 인하 정책을 시행한 후 주택 가격과 주식 가격은 상승하였다.
③ 2000년대 초 기술 산업 거품의 붕괴로 인한 경기 침체기에 설비 가동률은 대부분의 부문에서 낮은 상태였다.
④ 2000년대 초 연준은 고용 증대를 기대하고 금리를 인하했지만, 결과적으로 고용 증대가 더 어려워지도록 만들었다.
⑤ 2000년대 초 연준의 금리 인하로 국공채에 투자한 퇴직자의 소득이 줄어들어 금융업으로부터 정부로 부가 이동하였다.

03

모든 동물들은 생리적 장치들이 제대로 작동하기 위해서 체액의 농도를 어느 정도 일정하게 유지해야 한다. 이를 위해 수분의 획득과 손실의 균형을 조절하는 작용을 삼투 조절이라 한다. 동물은 서식지와 체액의 농도, 특히 염도 차이가 있을 경우, 삼투 현상에 따라 체내 수분의 획득과 손실이 발생하기 때문에, 이러한 상황에서 체액의 농도를 일정하게 유지하는 것이 중요한 생존 과제이다.

삼투 현상이란 반(半)투과성 막을 사이에 두고 농도가 다른 양쪽의 용액 중, 농도가 낮은 쪽의 용매가 농도가 높은 쪽으로 옮겨 가는 현상이다. 소금물에서는 물에 녹아 있는 소금을 용질, 그 물을 용매라고 할 수 있는데, 반투과성 막의 양쪽에 농도가 다른 소금물이 있다면, 농도가 낮은 쪽의 물이 높은 쪽으로 이동하게 된다. 이때 양쪽의 농도가 같다면, 용매의 순 이동은 없다고 한다.

동물들은 이러한 삼투 현상에 대응하여 수분 균형을 어떻게 유지하느냐에 따라 삼투 순응형과 삼투 조절형으로 분류된다. 먼저 삼투 순응형 동물은 모두 해수(海水) 동물로 체액과 해수의 염분 농도, 즉 염도가 같기 때문에 수분의 순 이동은 없다. 게나 홍합, 갯지네 등이 여기에 해당한다. 이와 달리 삼투 조절형 동물은 체액의 염도와 서식지의 염도가 달라, 체액의 염도가 변하지 않도록 삼투 조절을 하며 살아간다.

삼투 조절형 동물 중 해수에 사는 대다수 어류의 체액은 해수에 비해 염도가 낮기 때문에 체액의 수분이 빠져나갈 수 있다. 그래서 표피는 비투과성이지만, 아가미의 상피세포를 통해 물을 쉽게 빼앗긴다. 이렇게 삼투 현상에 의해 빼앗긴 수분을 보충하기 위하여 이들은 계속 바닷물을 마시게 된다. 이로 인해 이들의 창자에서 바닷물의 70 ~ 80%가 혈관 속으로 흡수되는데, 이때 염분도 혈관 속으로 들어간다. 그러면 아가미의 상피 세포에 있는 염분 분비 세포를 작동시켜 과도해진 염분을 밖으로 내보낸다.

담수에 사는 동물들이 직면한 삼투 조절의 문제는 해수 동물과 정반대이다. 담수 동물의 체액은 담수에 비해 염도가 높기 때문에 아가미를 통해 수분이 계속 유입될 수 있다. 그래서 담수 동물들은 물을 거의 마시지 않고 많은 양의 오줌을 배출하여 문제를 해결하고 있다. 이들의 비투과성 표피는 수분의 유입을 막기 위한 것이다.

한편, 육상에 사는 동물들 또한 다양한 경로를 통해 수분이 밖으로 빠져나간다. 오줌, 대변, 피부, 가스 교환 기관의 습한 표면 등을 통해 수분을 잃기 때문이다. 그래서 육상 동물들은 물을 마시거나 음식을 통해, 그리고 세포호흡으로 물을 생성하여 부족한 수분을 보충한다.

① 동물들은 체액의 농도가 크게 달라지면 생존하기 어렵다.
② 동물들이 삼투 현상에 대응하는 방법은 서로 다를 수 있다.
③ 육상 동물들은 세포호흡을 통해서도 수분을 보충할 수 있다.
④ 동물의 체액과 서식지 물의 농도가 같으면 삼투 현상에 의한 수분의 순 이동은 없다.
⑤ 담수 동물은 육상 동물과 마찬가지로 많은 양의 오줌을 배출하여 체내 수분을 일정하게 유지한다.

※ 다음 글의 내용으로 가장 적절한 것을 고르시오. [4~5]

04

조선 후기의 대표적인 관료 선발 제도 개혁론인 유형원의 공거제 구상은 능력주의적, 결과주의적 인재 선발의 약점을 극복하려는 의도와 함께 신분적 세습의 문제점도 의식한 것이었다. 중국에서는 17세기 무렵 관료 선발에서 세습과 같은 봉건적인 요소를 부분적으로 재도입하려는 개혁론이 등장했다. 고염무는 관료제의 상층에는 능력주의적 제도를 유지하되, 지방관인 지현들은 어느 정도의 검증 기간을 거친 이후 그 지위를 평생 유지시켜 주고 세습의 길까지 열어 놓는 방안을 제안했다. 황종희는 지방의 관료가 자체적으로 관리를 초빙해서 시험한 후에 추천하는 '벽소'와 같은 옛 제도를 되살리는 방법으로 과거제를 보완하자고 주장했다.

이러한 개혁론은 갑작스럽게 등장한 것이 아니었다. 과거제를 시행했던 국가들에서는 수백 년에 걸쳐 과거제를 개선하라는 압력이 있었다. 시험 방식이 가져오는 부작용들은 과거제의 중요한 문제였다. 치열한 경쟁은 학문에 대한 깊이 있는 학습이 아니라 합격만을 목적으로 하는 형식적 학습을 하게 만들었고, 많은 인재들이 수험 생활에 장기간 매달리면서 재능을 낭비하는 현상도 낳았다. 또한 학습 능력 이외의 인성이나 실무 능력을 평가할 수 없다는 이유로 시험의 익명성에 대한 회의도 있었다.

과거제의 부작용에 대한 인식은 과거제를 통해 임용된 관리들의 활동에 대한 비판적 시각으로 연결되었다. 능력주의적 태도는 시험뿐 아니라 관리의 업무에 대한 평가에도 적용되었다. 세습적이지 않으면서 몇 년의 임기마다 다른 지역으로 이동하는 관리들은 승진을 위해서 빨리 성과를 낼 필요가 있었기에, 지역 사회를 위해 장기적인 전망을 가지고 정책을 추진하기보다 가시적이고 단기적인 결과만을 중시하는 부작용을 가져왔다. 개인적 동기가 공공성과 상충되는 현상이 나타났던 것이다. 공동체 의식의 약화 역시 과거제의 부정적 결과로 인식되었다. 과거제 출신의 관리들이 공동체에 대한 소속감이 낮고 출세 지향적이기 때문에 세습 엘리트나 지역에서 천거된 관리에 비해 공동체에 대한 충성심이 약했던 것이다.

① '벽소'는 과거제를 없애고자 등장한 새로운 제도이다.
② 과거제 출신의 관리들은 공동체에 대한 소속감이 낮고 출세 지향적이었다.
③ 과거제는 학습 능력 이외의 인성이나 실무 능력까지 정확하게 평가할 수 있는 제도였다.
④ 과거제를 통해 임용된 관리들은 지역 사회를 위해 장기적인 전망을 가지고 정책을 추진하였다.
⑤ 고염무는 관료제의 상층에는 세습제를 실시하고, 지방관에게는 능력주의적 제도를 실시하자는 방안을 제안했다.

05

미디어 플랫폼의 다변화로 콘텐츠 이용에 관한 선택권이 다양해졌지만 장애인은 OTT로 콘텐츠 하나 보기가 어려운 현실이다.
지난 2022 장애인 미디어 접근 콘퍼런스에서 최선호 한국시각장애인연합회 정책팀장은 "올해 한 기사를 보니 한 시각장애인 분이 OTT는 넷플릭스나 유튜브로 보고 있다고 돼 있었는데, 두 가지가 다 외국 플랫폼이었다는 것이 마음이 아팠다. 외국과 우리나라에서 장애인을 바라보는 시각의 차이가 바로 이런 것이구나 생각했다."라며 "장애인을 소비자로 보느냐 시혜 대상으로 보느냐 사업자가 어떤 생각을 갖고 있느냐에 따라 콘텐츠를 어떻게 제작할 것인가의 차이가 있다고 본다."라고 말했다.
실제 시각장애인은 OTT의 기본 기능도 이용하기 어렵다. 국내 OTT에서는 동영상 재생 버튼을 설명하는 대체 텍스트(문구)가 제공되지 않아 시각장애인들이 재생 버튼을 선택할 수 없었으며 동영상 시청 중에는 일시 정지할 수 있는 버튼, 음량 조정 버튼, 설정 버튼 등이 화면에서 사라졌다. 재생 버튼에 대한 설명이 제공되는 넷플릭스도 영상 재생 시점을 10초 앞으로, 또는 뒤로 이동하는 버튼은 이용하기 어렵다.
이에 국내 OTT 업계의 경우 장애인 이용을 위한 기술을 개발·확대한다는 계획을 밝히며 정부 지원이 필요하다고 덧붙였다. 정부도 규제와 의무보다는 사업자의 자율적인 부분을 인정해 주고 사업자를 위한 지원책을 마련하여야 한다. 이는 OTT 시장이 철저한 자본에 의한 경쟁시장이며, 자본이 있는 만큼 서비스가 고도화되고, 고도화를 통해 이용자 편의성을 높일 수 있기 때문이다.

① 외국 OTT 플랫폼은 장애인을 위한 서비스를 활발히 제공하고 있다.
② 국내 OTT 플랫폼은 장애인을 위한 서비스를 제공하고 있지 않다.
③ 외국 OTT 플랫폼은 국내 플랫폼보다 장애인을 시혜 대상으로 바라보고 있다.
④ 우리나라 장애인은 외국인보다 상대적으로 OTT 플랫폼의 이용이 어렵다.
⑤ 정부는 OTT 플랫폼에 장애인 편의 기능을 마련할 것을 촉구했지만 지원책은 미비했다.

대표기출유형

02 글의 주제 · 제목

| 유형분석 |

- 주어진 지문을 파악하여 전달하고자 하는 핵심 주제를 고르는 문제이다.
- 정보를 종합하고 중요한 내용을 구별하는 능력이 필요하다.
- 설명문부터 주장, 반박문까지 다양한 성격의 지문이 제시되므로 글의 성격별 특징을 알아두는 것이 좋다.

다음 글의 주제로 가장 적절한 것은?

> 표준화된 언어는 의사소통을 효과적으로 하기 위하여 의도적으로 선택해야 할 공용어로서의 가치가 있다. 반면에 방언은 지역이나 계층의 언어와 문화를 보존하고 드러냄으로써 국가 전체의 언어와 문화를 다양하게 발전시키는 토대로서의 가치가 있다. 이러한 의미에서 표준화된 언어와 방언은 상호 보완적인 관계에 있다. 표준화된 언어가 있기에 정확한 의사소통이 가능하며, 방언이 있기에 개인의 언어생활에서나 언어 예술 활동에서 자유롭고 창의적인 표현이 가능하다. 결국 우리는 표준화된 언어와 방언 둘 다의 가치를 인정해야 하며, 발화(發話) 상황(狀況)을 잘 고려해서 표준화된 언어와 방언을 잘 가려서 사용할 줄 아는 능력을 길러야 한다.

① 창의적인 예술 활동에서는 방언의 기능이 중요하다.
② 표준화된 언어와 방언에는 각각 독자적인 가치와 역할이 있다.
③ 정확한 의사소통을 위해서는 표준화된 언어가 꼭 필요하다.
④ 표준화된 언어와 방언을 구분할 줄 아는 능력을 길러야 한다.
⑤ 표준화된 언어는 방언보다 효용가치가 있다.

정답 ②

마지막 문장의 '표준화된 언어와 방언 둘 다의 가치를 인정'하고, '잘 가려서 사용할 줄 아는 능력을 길러야 한다.'는 내용을 바탕으로 ②와 같은 주제를 이끌어 낼 수 있다.

풀이 전략!

- 선택지 중 세부적인 내용을 다루고 있는 것은 정답에서 제외시킨다.
- 주제가 되는 글 또는 문단의 앞과 뒤에 핵심어가 오는 경우가 있으므로 먼저 글을 읽어 핵심어를 잡아낸 뒤 중심 내용을 파악할 수 있도록 한다.
- 글의 전체적인 진행 중에 반전이 되는 내용이나 '그런데', '그러나' 등의 접속어가 나온다면 그 다음 내용이 중심 내용인 경우가 많다. 따라서 글의 분위기가 반전되는 경우 이에 집중하여 독해한다.

대표기출유형 02 기출응용문제

※ 다음 글의 주제로 가장 적절한 것을 고르시오. [1~2]

01

최근에 사이버공동체를 중심으로 한 시민의 자발적 정치 참여 현상이 많은 관심을 끌고 있다. 이러한 현상과 관련하여 A의 연구가 새삼 주목받고 있다. A의 연구에 따르면 공동체의 구성원이 됨으로써 얻게 되는 '사회적 자본'이 시민사회의 성숙과 민주주의 발전을 가져오는 원동력이다. A의 이론에서는 공동체에 대한 자발적 참여를 통해 사회 구성원 간의 상호 의무감과 신뢰, 구성원들이 공유하는 규칙과 관행, 사회적 유대 관계와 같은 사회적 자본이 늘어나면 사회 구성원 간의 협조적인 행위가 가능하게 된다고 보았다. 더 나아가 A는 자원봉사자와 같이 공동체 참여도가 높은 사람이 투표할 가능성이 높고 정부 정책에 대한 의견 개진도 활발해지는 등 정치 참여도가 높아진다고 주장하였다.
몇몇 학자들은 A의 이론을 적용하여 면대면 접촉에 따른 인간관계의 산물인 사회적 자본이 사이버공동체에서도 충분히 형성될 수 있다고 보았다. 그리고 사이버공동체에서 사회적 자본의 증가가 정치 참여도 활성화할 것으로 기대했다. 하지만 이러한 기대와는 달리 정치 참여는 활성화되지 않았다. 요즘 젊은이들을 보면 각종 사이버공동체에 자발적으로 참여하는 수준은 높지만, 투표나 다른 정치 활동에는 무관심하거나 심지어 정치를 혐오하기도 한다. 이런 측면에서 A의 주장은 사이버공동체가 활성화된 오늘날에는 잘 맞지 않는다.
이러한 이유로 오늘날 사이버공동체를 중심으로 한 정치 참여를 더 잘 이해하기 위해서 '정치적 자본' 개념의 도입이 필요하다. 정치적 자본은 사회적 자본의 구성 요소와는 달리 정치 정보의 습득과 이용, 정치적 토론과 대화, 정치적 효능감 등으로 구성된다. 정치적 자본은 사회적 자본과 마찬가지로 공동체 참여를 통해서 획득되지만, 정치 과정에의 관여를 촉진한다는 점에서 사회적 자본과는 구분될 필요가 있다. 사회적 자본만으로는 정치 참여를 기대하기 어렵고, 사회적 자본과 정치 참여 사이를 정치적 자본이 매개할 때 비로소 정치 참여가 활성화된다.

① 사이버공동체를 통해 축적된 사회적 자본에 정치적 자본이 더해질 때 정치 참여가 활성화된다.
② 사회적 자본은 정치적 자본을 포함하기 때문에 그 자체로 정치 참여의 활성화를 가져온다.
③ 사회적 자본이 많은 사회는 정치 참여가 활발하기 때문에 민주주의가 실현된다.
④ 사이버공동체의 특수성으로 인해 시민들의 정치 참여가 어렵게 되었다.
⑤ 사이버공동체에의 자발적 참여 증가는 정치 참여를 활성화시킨다.

02

2023년 6월부터 민법과 행정 분야에서 나이를 따질 때 기존 계산하는 방식에 따라 1 ~ 2살까지 차이가 났던 우리나라 특유의 나이 계산법이 국제적으로 통용되는 '만 나이'로 일원화되었다. 이는 태어난 해를 0살로 보고 정확하게 1년이 지날 때마다 한 살씩 더하는 방식을 말한다.
이에 대해 여론은 대체적으로 긍정적이나, 다만 일각에서는 모두에게 익숙한 관습을 벗어나 새로운 방식에 적응해야 한다는 점을 우려하고 있다. 특히 지금 받고 있는 행정 서비스에 급격한 변화가 일어나 혹시라도 손해를 보거나 미리 따져봐야 할 부분이 있는 것은 아닌지, 또 다른 혼선이 야기되는 것은 아닌지 하는 지적들이 이에 해당한다.
이처럼 국회가 법적 나이 규정을 만 나이로 정비한 이유는 한국의 나이 기준이 우리가 관습적으로 쓰는 '나이'와 민법 등에서 법적으로 규정한 '만 나이', 일부 법령이 적용하고 있는 '연 나이' 등 세 가지로 되어 있기 때문에 한 사람의 나이가 계산 방식에 따라 최대 2살이 달라져 이러한 '나이 불일치'로 각종 행정 서비스 이용과 계약 체결 과정에서 혼선과 법적 다툼이 발생했기 때문이다.
더군다나 법적 나이를 규정한 민법에서조차 표현상으로 만 나이와 일반 나이가 혼재되어 있어 문구를 통일해야 한다는 지적이 나왔다. 표현상 '만 ○○세'로 되어 있지 않아도 기본적으로 만 나이로 보는 게 관례이지만 법적 분쟁 발생 시 이는 해석의 여지를 줄 수 있기 때문이다. 다른 법에서 특별히 나이의 기준을 따로 두지 않았다면 민법의 나이 규정을 따르도록 되어 있는데, 실상은 민법도 명확하지 않았던 것이다.
정부는 개정된 법이 시행되면 우선 그동안 문제로 지적됐던 법적·사회적 분쟁이 크게 줄어들 것으로 기대하고 있지만, 국민 전체가 일상적으로 체감하는 변화는 크지 않을 것으로 보고 있다. 이번 법 개정의 취지 자체가 나이 계산법 혼용에 따른 분쟁을 해소하는 데 맞춰져 있고, 오랜 세월 확립된 나이에 대한 사회적 인식이 법 개정으로 단번에 바뀔 수 있는 건 아니기 때문이다.
또한 여야와 정부는 연 나이를 채택해 또래 집단과 동일한 기준을 적용하는 것이 오히려 혼선을 막을 수 있고 법 집행의 효율성이 담보된다고 합의한 병역법, 청소년보호법, 민방위기본법 등 52개 법령에 대해서는 연 나이 규정 필요성이 크다면 굳이 만 나이 적용을 하지 않겠다고 밝혔다.

① 연 나이 계산법 유지의 필요성
② 기존 나이 계산법 개정의 필요성
③ 우리나라 나이 계산법의 문제점
④ 나이 계산법 혼용에 따른 분쟁 해소 방안
⑤ 나이 계산법의 변화로 달라지는 행정 서비스

03 다음 글의 제목으로 가장 적절한 것은?

우리 고유의 발효식품이자 한식 제1의 반찬인 김치는 천년이 넘는 역사를 함께해 온 우리 삶의 일부이다. 채소를 오래 보관하여 먹기 위한 절임 음식으로 시작된 김치는 양념을 버무리고 숙성하는 우리만의 발효 과학 식품으로 변신하였고, 김장은 우리 민족의 중요한 행사 중 하나가 되었다. 다른 나라에도 소금 등에 채소를 절인 절임 음식이 존재하지만, 절임 후 양념으로 2차 발효시키는 음식으로는 우리 김치가 유일하다. 김치는 발효과정을 통해 원재료보다 영양이 한층 더 풍부하게 변신하며, 암과 노화, 비만 등의 예방과 억제에 효과적인 기능성을 보유한 슈퍼 발효 음식으로 탄생한다.

김치는 지역마다, 철마다, 또 특별한 의미를 담아 다양하게 변신하여 300가지가 넘는 종류로 탄생하는데, 기후와 지역 등에 따라서 다채로운 맛을 담은 김치들이 있으며, 주재료로 채소뿐만 아니라 수산물이나 육류를 이용한 독특한 김치도 있고, 같은 김치라도 사람에 따라 특별한 김치로 재탄생되기도 한다. 지역과 집안마다 저마다의 비법으로 담그기 때문에 유서 깊은 종가마다 비법으로 만든 특별한 김치가 전해오며, 김치를 담그고 먹는 일도 수행의 연속이라 여기는 사찰에서는 오신채를 사용하지 않은 김치가 존재한다.

우리 문화의 정수이자 자존심인 김치는 현대에 들어서는 문화와 전통이 결합한 복합 산업으로 펼쳐지고 있다. 김치에 들어가는 수많은 재료에 관련된 산업의 생산액은 3.3조 원이 넘으며, 주로 배추김치로 형성된 김치 생산은 약 2.3조 원의 시장을 형성하고 있고, 시판 김치의 경우 대기업의 시장 주도력이 증가하고 있다. 소비자 요구에 맞춘 다양한 포장김치가 등장하고, 김치냉장고는 1.1조 원의 시장을 형성하고 있으며, 정성과 기다림을 상징하는 김치는 문화산업의 소재로 활용되며, 김치문화는 관광 관련 산업으로 활성화되고 있다. 김치의 영양 기능성과 김치 유산균을 활용한 여러 기능성 제품이 개발되고, 부식뿐 아니라 새로운 요리의 식재료로서 김치는 39조 원의 외식산업 시장을 뒷받침하고 있다.

① 김치의 탄생
② 김치산업의 활성화 방안
③ 우리 민족의 축제, 김장
④ 지역마다 다양한 종류의 김치
⑤ 우리 민족의 전통이자 자존심, 김치

04 다음 기사를 읽고 '한국인의 수면'에 대한 글을 쓴다고 할 때, 글의 주제로 적절하지 않은 것은?

> 인간은 평생 3분의 1 정도를 잠으로 보낸다. 잠은 낮에 사용한 에너지를 보충하고, 피로를 회복하는 중요한 과정이다. 하지만 한국인은 잠이 부족하다. 한국인의 수면 시간은 7시간 41분밖에 되지 않으며, 2016년 기준 경제협력개발기구(OECD) 회원국 가운데 꼴찌를 차지했다.
> 한 조사에 따르면, 전 국민의 17% 정도가 주 3회 이상 불면 증상을 갖고 있으며, 이는 연령이 높아짐에 따라 늘어났다. 이에 따라 불면증, 기면증, 수면무호흡증 등 수면장애로 병원을 찾는 사람은 2016년 기준 291만 8,976명으로 5년 새 13% 증가했다. 수면장애를 방치하면 삶의 질 저하는 물론 만성 두통, 심혈관계질환 등이 발생할 수 있다.
> 불면증은 수면 질환의 대명사로, 가장 흔하고 복합적인 질환이다. 불면증은 면역기능 저하, 인지감퇴뿐만 아니라 일상생활에 장애를 초래할 수 있으며, 우울증, 인지장애 등을 유발할 수 있다. 코를 골며 자다가 몇 초에서 몇 분 동안 호흡을 멈추는 수면무호흡증도 있다. 이 역시 인지기능 저하와 심혈관계질환 등 합병증을 일으킨다. 특히 수면무호흡증은 비만과 관계가 깊고, 졸음운전의 원인이 되기도 한다.
> 최근 고령 인구 증가로 뇌 퇴행성 질환인 렘수면행동장애(RBD; Rem Sleep Behavior Disorder)도 늘고 있다. 이 병은 잠자는 동안 악몽을 꾸면서 소리를 지르고, 팔다리를 움직이고, 벽을 치고, 침대에서 뛰어내리는 등 난폭한 행동을 한다. 이 병을 앓는 상당수는 파킨슨병, 치매 환자로 이어진다. 또한 잠들기 전에 다리에 이상 감각이나 통증이 생기는 하지불안증후군도 수면의 질을 떨어뜨리는 병이다. 낮 동안 졸리는 기면증(嗜眠症) 역시 일상생활에 심각한 장애를 초래한다.
> 한 정신건강의학과 교수는 "수면 문제는 결국 심혈관계질환, 치매와 파킨슨병 등의 퇴행성 질환, 우울증, 졸음운전의 원인이 되므로 전문적인 치료를 받아야 한다."라고 했다.

① 한국인의 부족한 수면 시간
② 수면 마취제의 부작용
③ 수면장애의 종류
④ 수면장애의 심각성
⑤ 전문 치료가 필요한 수면장애

05 다음 글에서 필자가 주장하는 핵심 내용으로 가장 적절한 것은?

현대 사회는 대중 매체의 영향을 많이 받는 사회이며, 그중에서도 텔레비전의 영향은 거의 절대적입니다. 언어 또한 텔레비전의 영향을 많이 받습니다. 그런데, 텔레비전의 언어는 우리의 언어 습관을 부정적인 방향으로 흐르게 하고 있습니다.

텔레비전은 시청자들의 깊이 있는 사고보다는 감각적 자극에 호소하는 전달 방식을 사용하고 있습니다. 또 현대 자본주의 사회에서의 텔레비전 방송은 상업주의에 편승하여 대중을 붙잡기 위한 방편으로 쾌락과 흥미 위주의 언어를 무분별하게 사용합니다. 결국 텔레비전은 대중의 이성적 사고 과정을 마비시켜 오염된 언어 습관을 무비판적으로 수용하게 합니다. 그렇기 때문에 언어 사용을 통해 발전시킬 수 있는 상상적 사고를 기대하기 어렵게 하며, 창조적인 언어 습관보다는 단편적인 언어 습관을 갖게 만듭니다.

따라서 좋은 말 습관의 형성을 위해서는 또 다른 문화 매체가 필요합니다. 이러한 문제의 대안으로 문학 작품의 독서를 제시하려고 합니다. 문학은 작가적 현실을 언어로 형상화한 예술입니다. 작가적 현실을 작품으로 형상화하기 위해서는 작가의 복잡한 사고 과정을 거치듯이, 작품을 바르게 이해·해석·평가하기 위해서는 독자의 상상적 사고를 거치게 됩니다. 또한 문학은 아름다움을 지향하는 언어 예술로서 정제된 언어를 사용하므로 문학 작품의 감상을 통해 습득된 언어 습관은 아름답고 건전하리라 믿습니다.

① 쾌락과 흥미 위주의 언어 습관을 지양하고 사고 능력을 기를 수 있는 언어 습관을 길러야 한다.
② 사고 능력을 기르고 건전한 언어 습관을 길들이기 위해서 문학 작품의 독서가 필요하다.
③ 바른 언어 습관의 형성과 건전하고 창의적인 사고를 위해 텔레비전을 멀리 해야 한다.
④ 언어는 자신의 사상을 표현하는 매체일 뿐만 아니라 그것을 사용하는 사람의 인격을 가늠하는 척도이므로 바른 언어 습관이 중요하다.
⑤ 대중 매체가 개인의 언어 습관과 사고 과정에 미치는 영향이 절대적이므로 대중 매체에서 문학작품을 다뤄야 한다.

대표기출유형

03 문단 나열

| 유형분석 |

- 각 문단의 내용을 파악하고 논리적 순서에 맞게 배열하는 복합적인 문제이다.
- 전체적인 글의 흐름을 이해하는 것이 중요하며, 각 문장의 지시어나 접속어에 주의한다.

다음 문단을 논리적 순서대로 바르게 나열한 것은?

(가) 오류가 발견된 교과서들은 편향적 내용을 검증 없이 인용하거나 부실한 통계를 일반화하는 등의 문제점을 보였다. 대표적으로 교과서 대부분이 대도시의 온도 상승 평균값만을 보고 한반도의 기온 상승이 세계 평균보다 2배 높다고 과장한 것으로 나타났다.

(나) 환경 관련 교과서 대부분이 표면적으로 드러나는 사실을 검증하지 않고 그대로 싣는 문제점을 보였다. 고등학생들이 보는 교과서인 만큼 객관적 사실에 기반을 둬 균형 있는 내용을 실어야 한다.

(다) 고등학교 환경 관련 교과서 대부분이 특정 주장을 검증 없이 게재하는 등 많은 오류가 존재한다는 보수 환경·시민단체의 지적이 제기됐다. 환경정보평가원이 고등학교 환경 관련 교과서 23종을 분석한 결과 총 1,175개의 오류가 발견됐다.

(라) 또한 우리나라 전력 생산의 상당 부분을 차지하는 원자력 발전의 경우 단점만을 자세히 기술하고 경제성과 효율성이 낮은 신재생 에너지는 장점만 언급한 교과서도 있었다.

① (가) – (라) – (나) – (다)
② (나) – (가) – (라) – (다)
③ (나) – (다) – (가) – (라)
④ (다) – (가) – (라) – (나)
⑤ (다) – (라) – (나) – (가)

정답 ④

제시문은 교과서에서 많은 오류가 발견된 사실을 제시하고 오류의 유형과 예시를 차례로 언급하며 문제 해결에 대한 요구를 제시하고 있는 글이다. 따라서 (다) 교과서에서 많은 오류가 발견됨 – (가) 교과서에서 나타나는 오류의 유형과 예시 – (라) 편향된 내용을 담은 교과서의 또 다른 예시 – (나) 교과서의 문제 지적과 해결 촉구의 순으로 나열해야 한다.

풀이 전략!

- 각 문단에 위치한 지시어와 접속어를 살펴본다. 문두에 접속어가 오거나 문장 중간에 지시어가 나오는 경우 첫 번째 문단이 될 수 없다.
- 각 문단의 첫 문장과 마지막 문장에 집중하면서 글의 순서를 하나씩 맞춰 나간다.
- 선택지를 참고하여 문단의 순서를 생각해 보는 것도 시간을 단축하는 좋은 방법이 될 수 있다.

대표기출유형 03 기출응용문제

※ 다음 문단을 논리적 순서대로 바르게 나열한 것을 고르시오. [1~5]

01

(가) 보통 라면은 일본에서 유래된 것으로 알려져 있다. 그러나 우리가 좋아하는 라면과 일본의 라멘은 다르다. 일본의 라멘은 하나의 요리로서 위치하고 있으며, 처음에 인스턴트 라면이 발명된 것은 라멘을 휴대하고 다니면서 어떻게 하면 쉽게 먹을 수 있을까 하는 발상에서 기인한다. 그러나 한국의 라면은 그렇지 않다.

(나) 일본의 라멘이 고기 육수를 통한 맛을 추구한다면, 한국의 인스턴트 라면에서 가장 중요한 특징은 매운맛이다. 한국의 라면은 매운맛을 좋아하는 한국 소비자의 입맛에 맞춰 변화되었다.

(다) 이렇게 한국의 라면이 일본 라멘과 전혀 다른 모습을 보이면서, 라멘과 한국의 라면은 독자적인 영역을 만들어내기 시작했고, 당연히 해외에서도 한국의 라면은 라멘과 달리 나름대로 마니아층을 만들어내고 있다.

(라) 한국의 라면은 요리라기보다는 일종의 간식으로서 취급되며, '일본 라멘의 간소화'로 인스턴트 라면과는 그 맛도 다르다. 이는 일본의 라멘이 어떠한 맛을 추구하고 있는지에 대해서 생각해 보면 알 수 있다.

① (가) – (다) – (나) – (라)
② (가) – (라) – (나) – (다)
③ (가) – (라) – (다) – (나)
④ (라) – (가) – (나) – (다)
⑤ (라) – (가) – (다) – (나)

02

(가) 인간의 도덕적 자각과 사회적 실천을 강조한 개인 윤리로 '충서(忠恕)'가 있다. 충서는 공자의 모든 사상을 꿰뚫고 있는 도리로서, 인간 개인의 자아 확립과 이를 통한 만물일체의 실현을 위한 것이다.

(나) 또한 '서(恕)'란 '여심(如心)'이다. '내 마음과 같이 한다.'는 말이다. 공자는 "내가 하고자 하지 않는 것을 남에게 베풀지 말라 내가 서고자 하면 남도 서게 하고 내가 이루고자 하면 남도 이루게 하라."라고 하였다.

(다) 이때, '충(忠)'이란 '중심'이다. 주희는 충을 '자기의 마음을 다하는 것'이라고 설명하였다. 이것은 자신의 내면에 대한 충실을 의미한다. 이는 자아의 확립이며 본성에 대한 깨달음이다.

(라) 즉, 역지사지(易地思之)의 마음을 지닌 상태가 '서'의 상태인 것이며 인간의 자연스러운 마음이라는 것이다.

① (가) – (다) – (나) – (라)
② (가) – (라) – (나) – (다)
③ (나) – (가) – (다) – (라)
④ (나) – (가) – (라) – (다)
⑤ (다) – (가) – (나) – (라)

03

(가) 그런데 자연의 일양성은 선험적으로 알 수 있는 것이 아니라 경험에 기대어야 알 수 있는 것이다. 즉, '귀납이 정당한 추론이다.'라는 주장은 '자연은 일양적이다.'라는 다른 지식을 전제로 하는데, 그 지식은 다시 귀납에 의해 정당화되어야 하는 경험 지식이므로 귀납의 정당화는 순환 논리에 빠져 버린다는 것이다. 이것이 귀납의 정당화 문제이다. (나) 귀납은 논리학에서 연역이 아닌 모든 추론, 즉 전제가 결론을 개연적으로 뒷받침하는 모든 추론을 가리킨다. 귀납은 기존의 정보나 관찰 증거 등을 근거로 새로운 사실을 추가하는 지식 확장적 특성을 지닌다. (다) 이와 관련하여 흄은 과거의 경험을 근거로 미래를 예측하는 귀납이 정당한 추론이 되려면 미래의 세계가 과거에 우리가 경험해 온 세계와 동일하다는 자연의 일양성, 곧 한결같음이 가정되어야 한다고 보았다. (라) 이 특성으로 인해 귀납은 근대 과학 발전의 방법적 토대가 되었지만, 한편으로 귀납 자체의 논리 한계를 지적하는 문제들에 부딪히기도 한다.

① (나) – (가) – (다) – (라)
② (나) – (가) – (라) – (다)
③ (나) – (다) – (가) – (라)
④ (나) – (다) – (라) – (가)
⑤ (나) – (라) – (다) – (가)

04

(가) 상품의 가격은 기본적으로 수요와 공급의 힘으로 결정된다. 시장에 참여하고 있는 경제 주체들은 자신이 가진 정보를 기초로 하여 수요와 공급을 결정한다. (나) 이런 경우에는 상품의 가격이 우리의 상식으로는 도저히 이해하기 힘든 수준까지 일시적으로 뛰어오르는 현상이 나타날 가능성이 있다. 이런 현상은 특히 투기의 대상이 되는 자산의 경우 자주 나타나는데, 우리는 이를 '거품 현상'이라고 부른다. (다) 그러나 현실에서는 사람들이 서로 다른 정보를 갖고 시장에 참여하는 경우가 많다. 어떤 사람은 특정한 정보를 갖고 있는데 거래 상대방은 그 정보를 갖고 있지 못한 경우도 있다. (라) 일반적으로 거품 현상이란 것은 어떤 상품, 특히 자산의 가격이 지속해서 급격히 상승하는 현상을 가리킨다. 이와 같은 지속적인 가격 상승이 일어나는 이유는 애초에 발생한 가격 상승이 추가적인 가격 상승의 기대로 이어져 투기 바람이 형성되기 때문이다. (마) 이들이 똑같은 정보를 함께 갖고 있으며 이 정보가 아주 틀린 것이 아닌 한, 상품의 가격은 어떤 기본적인 수준에서 크게 벗어나지 않을 것이라고 예상할 수 있다.

① (가) – (다) – (나) – (라) – (마)
② (가) – (마) – (다) – (나) – (라)
③ (라) – (가) – (다) – (나) – (마)
④ (라) – (다) – (가) – (나) – (마)
⑤ (마) – (가) – (다) – (라) – (나)

05

(가) '인력이 필요해서 노동력을 불렀더니 사람이 왔더라.'라는 말이 있다. 인간을 경제적 요소로만 단순하게 생각했으나, 이에 따른 인권 문제, 복지 문제, 내국인과 이민자와의 갈등 등이 수반된다는 말이다. 프랑스처럼 우선 급하다고 이민자를 선별하지 않고 받으면 인종 갈등과 이민자의 빈곤화 등 많은 사회비용이 발생한다.

(나) 이제 다문화정책의 패러다임을 전환해야 한다. 한국에 들어온 다문화가족을 적극적으로 지원해야 한다. 다문화가족과 더불어 살면서 다양성과 개방성을 바탕으로 상생의 발전을 도모해야 한다. 그리고 결혼이민자만 다문화가족으로 볼 것이 아니라 외국인 근로자와 유학생, 북한이탈주민까지 큰 틀에서 함께 보는 것도 필요하다.

(다) 다문화정책의 핵심은 두 가지이다. 첫째, 새로운 사회에 적응하려는 의지가 강해서 언어 배우기, 일자리, 문화 이해에 매우 적극적인 태도를 지닌 좋은 인력을 선별해서 입국하도록 하는 것이다. 둘째, 이민자가 새로운 사회에 잘 정착할 수 있도록 사회통합에 주력해야 하는 것이다. 해외 인구 유입 초기부터 사회 비용을 절약할 수 있는 사람들을 들어오게 하는 것이 중요하기 때문이다.

(라) 또한, 이미 들어온 이민자에게는 적극적인 지원을 해야 한다. 언어와 문화, 환경이 모두 낯선 이민자에게는 이민 초기에 세심한 배려가 필요하다. 특히 중요한 것은 다문화가족이 그들이 가지고 있는 강점을 활용하여 취약 계층이 아닌 주류층으로 설 수 있도록 지원해야 한다. 뿐만 아니라 이민자에 대한 지원 시기를 놓치거나 차별과 편견으로 내국인에게 증오감을 갖게 해서는 안 된다.

① (가) – (나) – (다) – (라)
② (가) – (다) – (라) – (나)
③ (다) – (가) – (나) – (라)
④ (다) – (가) – (라) – (나)
⑤ (다) – (나) – (라) – (가)

대표기출유형

04 내용 추론

| 유형분석 |

- 주어진 지문을 바탕으로 도출할 수 있는 내용을 찾는 문제이다.
- 선택지의 내용을 정확하게 확인하고 지문의 정보와 비교하여 추론하는 능력이 필요하다.

다음 글을 토대로 한 추론으로 적절하지 않은 것은?

> 제약 연구원이란 제약 회사에서 약을 만드는 과정에 참여하는 사람을 말한다. 제약 연구원은 이러한 모든 단계에 참여하지만, 특히 신약 개발 단계와 임상 시험 단계에서 가장 중점적인 역할을 한다. 일반적으로 약을 만드는 과정은 새로운 약품을 개발하는 신약 개발 단계, 임상 시험을 통해 개발된 신약의 약효를 확인하는 임상 시험 단계, 식약처에 신약이 판매될 수 있도록 허가를 요청하는 약품 허가 요청 단계, 마지막으로 의료진과 환자를 대상으로 신약에 대해 홍보하는 영업 및 마케팅의 단계로 나눈다.
> 제약 연구원이 되기 위해서는 일반적으로 약학을 전공해야 한다고 생각하기 쉽지만, 약학 전공자 이외에도 생명 공학, 화학 공학, 유전 공학 전공자들이 제약 연구원으로 활발하게 참여하고 있다. 만일 신약 개발의 전문가가 되고 싶다면 해당 분야에서 오랫동안 연구한 경험이 필요하기 때문에 대학원에서 석사나 박사 학위를 취득하는 것이 유리하다.
> 제약 연구원이 되기 위해서는 전문적인 지식도 중요하지만, 사람의 생명과 관련된 일인 만큼 무엇보다도 꼼꼼함과 신중함, 책임 의식이 필요하다. 또한 제약 회사라는 공동체 안에서 일을 하는 것이므로 원만한 일의 진행을 위해서 의사소통능력도 필수적으로 요구된다. 오늘날 제약 분야가 빠르게 성장하고 있다는 점을 고려할 때, 일에 대한 도전 의식, 호기심과 탐구심 등도 제약 연구원에게 필요한 능력으로 꼽을 수 있다.

① 제약 연구원은 약품 허가 요청 단계에 참여한다.

② 오늘날 제약 연구원에게 요구되는 능력이 많아졌다.

③ 생명이나 유전 공학 전공자도 제약 연구원으로 일할 수 있다.

④ 신약 개발 전문가가 되려면 반드시 석사나 박사를 취득해야 한다.

⑤ 제약 연구원과 관련된 정보가 부족하다면 약학을 전공해야만 제약 연구원이 될 수 있다고 생각할 수 있다.

정답 ④

제시문에 따르면 신약 개발의 전문가가 되기 위해서는 해당 분야에서 오랫동안 연구한 경험이 필요하므로 석사나 박사 학위를 취득하는 것이 유리하다고 하였다. 그러나 석사나 박사 학위가 신약 개발 전문가가 되는 데 도움을 준다는 것일 뿐이므로 반드시 필요한 필수 조건인지는 알 수 없다. 따라서 ④는 제시문을 통해 추론할 수 없다.

풀이 전략!

위 문제와 같이 세부적인 내용을 추론하는 유형의 경우, 주어진 선택지를 먼저 읽고 지문을 읽으면서 답이 아닌 선택지를 지워나가는 방법이 효율적이다.

01 다음 글을 읽은 독자의 반응으로 가장 적절한 것은?

> 국가 간의 경제 거래 가운데 가장 기본적이고 중요한 거래는 국제무역이다. 각 나라의 정부는 무역 활동에 개입하지 않고 자유방임의 입장을 취할 수도 있고, 자국의 산업을 보호하고 육성하기 위하여 수입을 규제하거나 수출을 지원하는 등 무역에 개입할 수도 있다. 그렇다면 정부는 어떤 방법으로 수입을 규제할 수 있을까?
>
> 수입 규제 수단 가운데 대표적인 것은 관세와 수입 수량 할당이다. 관세란 수입 상품에 부과하는 세금을 말한다. 관세가 부과되면 해당 상품의 국내 가격이 상승하여 수요가 감소하게 되고 그렇게 되면 수입량도 감소한다. 예를 들어 우리나라가 농산물을 관세 없이 자유롭게 수입하다가 정부에서 농산물에 관세를 부과하였다고 하자. 그러면 수입 농산물의 국내 가격은 관세를 더한 만큼 높아져 소비자들의 수요량은 감소한다.
>
> 수입 수량 할당은 일정 기간의 수입량을 일정 수준으로 제한하는 것이다. 자유무역에서는 국내 생산이 수요를 충족시키지 못할 경우 부족한 만큼을 수입할 수 있다. 이때의 시장가격은 수요와 공급이 만나는 지점에서 형성되고 시장 거래량은 수요량과 일치한다. 그런데 수입 수량을 제한할 경우에는 수입이 자유로운 경우보다 수입량이 감소하게 된다. 예를 들어 포도주의 국내 생산이 수요를 충족시키지 못한다면 생산량을 늘리거나 초과수요만큼 수입을 해야 한다. 그런데 국내 생산량에 변함이 없고 수입도 일정량만 할 수 있다면 수요에 비해 공급이 부족한 상황이 된다. 그러면 국내에서의 포도주 가격이 상승하게 되고 이것은 수요량 감소로 이어지게 된다.
>
> 수입 수량 할당이 적용되거나 관세가 부과되면 수입 상품의 국내 가격이 상승하면서 수입 상품에 대한 소비를 억제하는 한편 해당 품목의 국내 생산을 촉진하는 효과가 있다. 이때 수입 상품의 가격 상승분은 관세를 부과하는 경우에는 정부의 수입이 되는 반면에 수입 수량을 할당하는 경우에는 수입업자의 이윤이 된다.
>
> 한편, 현실 경제에서는 관세를 인하하고 수입 수량 할당을 완화하는 경우가 많다. 가계나 기업의 경우는 소득이 지출보다 많은 것이 바람직하지만 국가 경제에서는 무역수지가 균형을 이루는 것이 바람직하기 때문이다. 물론 단기적으로 보면 국제 거래에서도 흑자가 바람직하다. 수출이 잘되어 생산이 늘면 고용이 증가하고 소득이 증대되는 효과가 있기 때문이다. 그러나 장기적인 흑자는 국내 경기를 과열시키고 물가를 상승시킬 우려가 있고 거래 상대국과의 마찰을 초래할 수 있다. 따라서 한 국가의 물가 안정과 경제 성장을 위해서는 무역수지가 균형을 이루는 것이 바람직하다.

① 수출에 대해서는 자유방임의 입장을 취하는 나라가 더 많겠군.

② 무역 활동 가운데 정부가 수출을 지원할 수 있는 품목은 미리 정해져 있겠군.

③ 국제 거래에서 장기적인 흑자를 기록한다면 국내 상품의 수출이 활발해지면서 물가가 안정되겠군.

④ 정부가 수입을 규제하고 수출을 지원하는 정책을 늘린다면 국제 거래 상대국과의 마찰을 없앨 수 있겠군.

⑤ 정부가 수입을 규제하는 정책을 펼 경우에 수입 상품의 가격 상승은 국내 생산자와 소비자 모두에게 영향을 끼치겠군.

02 다음 글을 읽고 추론할 수 있는 내용으로 가장 적절한 것은?

> 우리는 도구를 사용하고, 다양한 종류의 음식을 먹는 본능과 소화력을 갖췄다. 어떤 동물은 한 가지 음식만 먹는다. 이렇게 음식 하나에 모든 것을 거는 '단일 식품 식생활'은 도박이다. 그 음식의 공급이 끊기면 그 동물도 끝이기 때문이다.
>
> 400만 년 전, 우리 인류의 전 주자였던 오스트랄로피테쿠스는 고기를 먹었다. 한때 오스트랄로피테쿠스가 과일만 먹었을 것이라고 믿은 적도 있었다. 따라서 오스트랄로피테쿠스속(屬)과 사람속을 가르는 선을 고기를 먹는지 여부로 정했었다. 그러나 남아프리카공화국의 한 동굴에서 발견된 200만 년 된 유골 4구의 치아에서는 이와 다른 증거가 발견됐다. 인류학자 맷 스폰하이머와 줄리아 리소프는 이 유골의 치아사기질의 탄소 동위 원소 구성 중 ^{13}C의 비율이 과일만 먹은 치아보다 열대 목초를 먹은 치아와 훨씬 더 가깝다는 것을 발견했다. 식생활 동위 원소는 체내 조직에 기록되기 때문에 이 발견은 오스트랄로피테쿠스가 상당히 많은 양의 풀을 먹었거나 이 풀을 먹은 동물을 먹었다는 추측을 가능하게 한다. 그런데 같은 치아에서 풀을 씹어 먹을 때 생기는 마모는 전혀 보이지 않았기 때문에 오스트랄로피테쿠스 식단에서 풀을 먹는 동물이 큰 부분을 차지했다는 결론을 내릴 수 있다.
>
> 오래 전에 멸종되어 260만 년이라는 긴 시간을 땅속에 묻혀 있던 동물의 뼈 옆에서는 석기들이 함께 발견되기도 한다. 이 뼈와 석기가 들려주는 이야기는 곧 우리의 이야기다. 어떤 뼈에는 이로 씹은 흔적 위에 도구로 자른 흔적이 겹쳐 있다. 그 반대의 흔적이 남은 뼈들도 있다. 도구로 자른 흔적 다음에 날카로운 이빨 자국이 남은 경우다. 이런 것은 무기를 가진 인간이 먼저 먹고 동물이 이빨로 뜯어 먹은 것이다.

① 오스트랄로피테쿠스는 풀은 전혀 먹지 않았다.

② 육식 여부는 오스트랄로피테쿠스의 진화 과정을 보여주는 중요한 기준이다.

③ 단일 식품 섭취의 위험성 때문에 단일 식품을 섭취하는 동물은 없다.

④ 오스트랄로피테쿠스는 날카로운 이빨을 이용하여 초식동물을 사냥하였다.

⑤ 맷 스폰하이머와 줄리아 리소프의 연구는 육식 여부로 오스트랄로피테쿠스와 사람을 구분하던 방법이 잘못되었음을 보여준다.

03 다음 글에서 추론할 수 있는 것을 〈보기〉에서 모두 고르면?

독재형 어머니는 아이가 실제로 어떠한 욕망을 지니고 있는지에 무관심하며, 자신의 욕망을 아이에게 공격적으로 강요한다. 독재형 어머니는 자신의 규칙과 지시에 아이가 순응하기를 기대하며, 그것을 따르지 않을 경우 폭력을 행사하는 경우가 많다. 독재형 어머니 밑에서 자란 아이들은 공격적 성향과 파괴적 성향을 많이 보이는 것이 특징이다. 또한 어린 시절 받은 학대로 인해 상상이나 판타지 속에 머무르는 시간이 많고, 이것은 심각한 망상으로 나타나기도 한다.
허용형 어머니는 오로지 아이의 욕망에만 관심을 지니면서, '아이의 욕망을 내가 채워 주고 싶다.'는 식으로 자기 욕망을 형성한다. 허용형 어머니는 자녀가 요구하는 것은 무엇이든 해주기 때문에 이런 어머니 밑에서 양육된 아이들은 자아 통제가 부족하기 쉽다. 따라서 이 아이들은 충동적이고 즉흥적인 성향이 강하며, 도덕적 책임 의식이 결여된 경우가 많다.
한편, 방임형 어머니의 경우 아이와 정서적으로 차단되어 있기 때문에 아이의 욕망에 무관심할 뿐만 아니라, 아이 입장에서도 어머니의 욕망을 전혀 파악할 수 없다. 방치된 아이들은 자신의 욕망도 모르고 어머니의 욕망도 파악하지 못하기 때문에, 어떤 방식으로든 오직 어머니의 관심을 끄는 것만이 아이의 유일한 욕망이 된다. 이 아이들은 "엄마, 제발 나를 봐주세요.", "엄마, 내가 나쁜 짓을 해야 나를 볼 것인가요?", "엄마, 내가 정말 잔인한 짓을 할지도 몰라요."라면서 어머니의 관심을 끊임없이 요구한다.

보기

ㄱ. 허용형 어머니는 방임형 어머니에 비해 아이의 욕망에 높은 관심을 갖는다.
ㄴ. 허용형 어머니의 아이는 독재형 어머니의 아이보다 도덕적 의식이 높은 경우가 많다.
ㄷ. 방임형 어머니의 아이는 독재형 어머니의 아이보다 어머니의 욕망을 더 잘 파악한다.

① ㄱ
② ㄴ
③ ㄱ, ㄷ
④ ㄴ, ㄷ
⑤ ㄱ, ㄴ, ㄷ

04 다음 글을 읽고 추론할 수 있는 내용으로 가장 적절한 것은?

EU는 1995년부터 철제 다리 덫으로 잡은 동물 모피의 수입을 금지하기로 했다. 모피가 이런 덫으로 잡은 동물의 것인지, 아니면 상대적으로 덜 잔혹한 방법으로 잡은 동물의 것인지 구별하는 것은 불가능하다. 그렇기 때문에 EU는 철제 다리 덫 사용을 금지하는 나라의 모피만 수입하기로 결정했다. 이런 수입 금지 조치에 대해 미국, 캐나다, 러시아는 WTO에 제소하겠다고 위협했다. 결국 EU는 WTO가 내릴 결정을 예상하여, 철제 다리 덫으로 잡은 동물의 모피를 계속 수입하도록 허용했다. 또한 1998년부터 EU는 화장품 실험에 동물을 이용하는 것을 금지했을 뿐만 아니라, 동물실험을 거친 화장품의 판매조차 금지하는 법령을 채택했다. 그러나 동물실험을 거친 화장품의 판매 금지는 WTO 규정 위반이 될 것이라는 유엔의 권고를 받았다. 결국 EU의 판매 금지는 실행되지 못했다. 한편 그 외에도 EU는 성장 촉진 호르몬이 투여된 쇠고기의 판매 금지 조치를 시행하기도 했다. 동물복지를 옹호하는 단체들이 소의 건강에 미치는 영향을 우려해 호르몬 투여 금지를 요구했지만, EU가 쇠고기 판매를 금지한 것은 주로 사람의 건강에 대한 염려 때문이었다. 미국은 이러한 판매 금지 조치에 반대하며 EU를 WTO에 제소했고, 결국 WTO 분쟁패널로부터 호르몬 사용이 사람의 건강을 위협한다고 믿을 만한 충분한 과학적 근거가 없다는 판정을 이끌어 내는 데 성공했다. EU는 항소했다. 그러나 WTO의 상소 기구는 미국의 손을 들어주었다. 그럼에도 불구하고 EU는 금지 조치를 철회하지 않았다. 이에 미국은 1억 1,600만 달러에 해당하는 EU의 농업 생산물에 100% 관세를 물리는 보복 조치를 발동했고 WTO는 이를 승인했다.

① EU는 환경의 문제를 통상 조건에서 최우선적으로 고려한다.

② WTO는 WTO 상소기구의 결정에 불복하는 경우 적극적인 제재조치를 취한다.

③ WTO는 사람의 건강에 대한 위협을 방지하는 것보다 국가 간 통상의 자유를 더 존중한다.

④ WTO는 제품의 생산과정에서 동물의 권리를 침해한다는 이유로 해당 제품 수입을 금지하는 것을 허용하지 않는다.

⑤ WTO 규정에 의하면 각 국가는 타국의 환경, 보건, 사회 정책 등이 자국과 다르다는 이유로 타국의 특정 제품의 수입을 금지할 수 있다.

05 다음 글을 토대로 〈보기〉에서 추론할 수 있는 내용으로 가장 적절한 것은?

독립신문은 우리나라 최초의 민간 신문이다. 사장 겸 주필(신문의 최고 책임자)은 서재필 선생이, 국문판 편집과 교정은 최고의 국어학자로 유명한 주시경 선생이, 그리고 영문판 편집은 선교사 호머 헐버트가 맡았다. 창간 당시 독립신문은 이들 세 명에 기자 두 명과 몇몇 인쇄공들이 합쳐 단출하게 시작했다.

신문은 우리가 흔히 사용하는 'A4 용지'보다 약간 큰 '국배판(218×304mm)' 크기로 제작됐고, 총 4면 중 3면은 순 한글판으로, 나머지 1면은 영문판으로 발행했다. 제1호는 '독닙신문'이고 영문판은 'Independent(독립)'로 조판했고, 내용을 살펴보면 제1면에는 대체로 논설과 광고가 실렸으며, 제2면에는 관보·외국통신·잡보가, 제3면에는 물가·우체시간표·제물포 기선 출입항 시간표와 광고가 게재됐다.

독립신문은 민중을 개화시키고 교육하기 위해 발간된 것이지만, 그 이름에서부터 알 수 있듯 스스로 우뚝 서는 독립국을 만들고자 자주적 근대화 사상을 강조했다. 창간호 표지에는 '뎨일권 뎨일호. 조선 서울 건양 원년 사월 초칠일 금요일'이라고 표기했는데, '건양(建陽)'은 조선의 연호이고, 한성 대신 서울을 표기한 점과 음력 대신 양력을 쓴 점 모두 중국 사대주의에서 벗어난 자주독립을 꾀한 것으로 볼 수 있다.

독립신문이 발행되자 사람들은 모두 깜짝 놀랄 수밖에 없었다. 순 한글로 만들어진 것은 물론 유려한 편집 솜씨에 조판과 내용까지 완벽했기 때문이다. 무엇보다 제4면을 영어로 발행해 국내 사정을 외국에 알린다는 점은 호시탐탐 한반도를 노리던 일본 당국에 큰 부담을 안겨주었고, 더는 자기네들 마음대로 조선의 사정을 왜곡 보도할 수 없게 되었다.

날이 갈수록 독립신문을 구독하려는 사람은 늘어났고, 처음 300부씩 인쇄되던 신문이 곧 500부로, 나중에는 3,000부까지 확대된다. 오늘날에는 한 사람이 신문 한 부를 읽으면 폐지 처리하지만, 과거에는 돌려가며 읽는 경우가 많았고 시장이나 광장에서 글을 아는 사람이 낭독해주는 일도 빈번했기에 한 부의 독자 수는 50명에서 100명에 달했다. 이런 점을 감안해 보면 실제 독립신문의 독자 수는 10만 명을 넘어섰다고 가늠해 볼 수 있다.

보기

우리 신문이 한문은 아니 쓰고 다만 국문으로만 쓰는 것은 상하귀천이 다 보게 함이라. 또 국문을 이렇게 구절을 떼어 쓴즉 아무라도 이 신문을 보기가 쉽고 신문 속에 있는 말을 자세히 알아보게 함이라.

① 교통이 발달하지 않던 과거에는 활자 매체인 신문이 소식 전달에 있어 절대적인 역할을 차지했다.
② 민중을 개화시키고 교육하기 위해 발간된 것으로 역사적·정치적으로 큰 의의를 가진다.
③ 한글을 사용해야 누구나 읽을 수 있다는 점을 인식해 한문우월주의에 영향을 받지 않고, 소신 있는 행보를 했다.
④ 일본이 한반도를 집어삼키려 하던 혼란기에 우리만의 신문을 펴낼 수 있었음에 큰 의의가 있다.
⑤ 중국의 지배에서 벗어나 자주독립을 꾀하고 스스로 우뚝 서는 독립국을 만들고자 자주적 사상을 강조했다.

05 빈칸 삽입

| 유형분석 |

- 주어진 지문을 바탕으로 빈칸에 들어갈 내용을 찾는 문제이다.
- 선택지의 내용을 정확하게 확인하고 빈칸 앞뒤 문맥을 파악하는 능력이 필요하다.

다음 중 글의 빈칸에 들어갈 내용으로 가장 적절한 것은?

미세먼지와 황사는 여러모로 비슷하면서도 뚜렷한 차이점을 지니고 있다. 삼국사기에도 기록되어 있는 황사는 중국 내륙 내몽골 사막에 강풍이 불면서 날아오는 모래와 흙먼지를 일컫는데, 장단점이 존재했던 과거와 달리 중국 공업지대를 지난 황사에 미세먼지와 중금속 물질이 더해지며 심각한 환경문제로 대두되었다. 이와 달리 미세먼지는 일반적으로는 대기오염물질이 공기 중에 반응하여 형성된 황산염이나 질산염 등 이온 성분, 석탄・석유 등에서 발생한 탄소화합물과 검댕, 흙먼지 등 금속화합물의 유해성분으로 구성된다.
미세먼지의 경우 통념적으로는 먼지를 미세먼지와 초미세먼지로 구분하고 있지만, 대기환경과 환경 보전을 목적으로 하는 환경정책기본법에서는 미세먼지를 PM(Particulate Matter)이라는 단위로 구분한다. 즉, 미세먼지(PM_{10})의 경우 입자의 크기가 $10\mu m$ 이하인 먼지이고, 미세먼지($PM_{2.5}$)는 입자의 크기가 $2.5\mu m$ 이하인 먼지로 정의하고 있다. 이에 비해 황사는 통념적으로는 입자 크기로 구분하지 않으나 주로 지름 $20\mu m$ 이하의 모래로 구분하고 있다. 때문에 ____________________

① 미세먼지의 역할 또한 분명히 존재함을 기억해야 할 것이다.
② 황사와 미세먼지의 차이를 입자의 크기만으로 구분하기는 어렵다.
③ 황사와 미세먼지의 근본적인 구별법은 그 역할에서 찾아야 할 것이다.
④ 황사 문제를 해결하기 위해서는 근본적으로 황사의 발생 자체를 억제할 필요가 있다.
⑤ 초미세먼지를 차단할 수 있는 마스크라 해도 황사와 초미세먼지를 동시에 차단하긴 어렵다.

정답 ②

미세먼지의 경우 최소 $10\mu m$ 이하의 먼지로 정의되고 있지만, 황사의 경우 주로 지름 $20\mu m$ 이하의 모래로 구분하되 통념적으로는 입자 크기로 구분하지 않는다. 따라서 $10\mu m$ 이하의 황사의 입자의 크기만으로 미세먼지와 구분하기는 어렵다.

오답분석

① 미세먼지의 역할에 대한 설명을 찾을 수 없다.
③ 제시문에서 설명하는 황사와 미세먼지의 근본적인 구별법은 구성성분의 차이이다.
④・⑤ 제시문을 통해서 알 수 없는 내용이다.

풀이 전략!

- 제시문의 전체적인 내용을 우선적으로 판단하고 글의 흐름과 맞지 않는 선택지를 먼저 제거한다.
- 빈칸의 앞뒤 문장에 있는 키워드와 지시어, 접속어 사이의 관계를 판단한다.

※ 다음 중 빈칸에 들어갈 내용으로 가장 적절한 것을 고르시오. [1~5]

01

스마트팩토리는 인공지능(AI), 사물인터넷(IoT) 등 다양한 기술이 융합된 자율화 공장으로, 제품 설계와 제조, 유통, 물류 등의 산업 현장에서 생산성 향상에 초점을 맞췄다. 이곳에서는 기계, 로봇, 부품 등의 상호 간 정보 교환을 통해 제조 활동을 하고, 모든 공정 이력이 기록되며, 빅데이터 분석으로 사고나 불량을 예측할 수 있다. 스마트팩토리에서는 컨베이어 생산 활동으로 대표되는 산업 현장의 모듈형 생산이 컨베이어를 대체하고 IoT가 신경망 역할을 한다. 센서와 기기 간 다양한 데이터를 수집하고, 이를 서버에 전송하면 서버는 데이터를 분석해 결과를 도출한다. 서버는 AI 기계학습 기술이 적용돼 빅데이터를 분석하고 생산성 향상을 위한 최적의 방법을 제시한다.
스마트팩토리의 대표 사례로는 고도화된 시뮬레이션 '디지털 트윈'을 들 수 있다. 디지털 트윈은 데이터를 기반으로 가상공간에서 미리 시뮬레이션하는 기술이다. 시뮬레이션을 위해 빅데이터를 수집하고 분석과 예측을 위한 통신·분석 기술에 가상현실(VR), 증강현실(AR)과 같은 기술을 더한다. 이를 통해 산업 현장에서 작업 프로세스를 미리 시뮬레이션하고, VR·AR로 검증함으로써 실제 시행에 따른 손실을 줄이고, 작업 효율성을 높일 수 있다.
한편 '에지 컴퓨팅'도 스마트팩토리의 주요 기술 중 하나이다. 에지 컴퓨팅은 산업 현장에서 발생하는 방대한 데이터를 클라우드로 한 번에 전송하지 않고, 에지에서 사전 처리한 후 데이터를 선별해서 전송한다. 서버와 에지가 연동해 데이터 분석 및 실시간 제어를 수행하여 산업 현장에서 생산되는 데이터가 기하급수로 늘어도 서버에 부하를 주지 않는다. 현재 클라우드 컴퓨팅이 중앙 데이터센터와 직접 소통하는 방식이라면 에지 컴퓨팅은 기기 가까이에 위치한 일명 '에지 데이터 센터'와 소통하며, 저장을 중앙 클라우드에 맡기는 형식이다. 이를 통해 데이터 처리 지연 시간을 줄이고 즉각적인 현장 대처를 가능하게 한다.
이러한 스마트팩토리의 발전은 ______________________ 최근 선진국에서 나타나는 주요 현상 중의 하나는 바로 '리쇼어링'의 가속화이다. 리쇼어링이란 인건비 등 각종 비용 절감을 이유로 해외에 나간 자국 기업들이 다시 본국으로 돌아오는 현상을 의미하는 용어이다. 2000년대 초반까지는 국가적 차원에서 세제 혜택 등의 회유책을 통해 추진되어 왔지만, 스마트팩토리의 등장으로 인해 자국 내 스마트팩토리에서의 제조 비용과 중국이나 멕시코와 같은 제3국에서 제조 후 수출 비용에 큰 차이가 없어 리쇼어링 현상은 더 가속화되고 있다.

① 공장의 제조 비용을 절감시키고 있다.
② 공장의 세제 혜택을 사라지게 하고 있다.
③ 공장의 위치를 변화시키고 있다.
④ 수출 비용을 줄이는 데 도움이 된다.
⑤ 공장의 생산성을 높이고 있다.

02

> 민주주의의 목적은 다수가 소수의 폭군이나 자의적인 권력 행사를 통제하는 데 있다. 민주주의의 이상은 모든 자의적인 권력을 억제하는 것으로 이해되었는데, 이것이 오늘날에는 자의적 권력을 정당화하기 위한 장치로 변화되었다. 이렇게 변화된 민주주의는 민주주의 그 자체를 목적으로 만들려는 이념이다. 이것은 법의 원천과 국가권력의 원천이 주권자 다수의 의지에 있기 때문에, 국민의 참여와 표결 절차를 통하여 다수가 결정한 법과 정부의 활동이라면 그 자체로 정당성을 갖는다는 것이다. 즉, 유권자 다수가 원하는 것이면 무엇이든 실현할 수 있다는 말이다.
> 이런 민주주의는 '무제한적 민주주의'이다. 어떤 제약도 없는 민주주의라는 의미이다. 이런 민주주의는 자유주의와 부합할 수가 없다. 그것은 다수의 독재이고 이런 점에서 전체주의와 유사하다. 폭군의 권력이든, 다수의 권력이든, 군주의 권력이든, 위험한 것은 권력 행사의 무제한성이다. 중요한 것은 이러한 권력을 제한하는 일이다.
> 민주주의 그 자체를 수단이 아니라 목적으로 여기고 다수의 의지를 중시한다면, 그것은 다수의 독재를 초래할 뿐만 아니라 전체주의만큼이나 위험하다. 민주주의 존재 그 자체가 언제나 개인의 자유에 대한 전망을 밝게 해준다는 보장은 없다. 개인의 자유와 권리를 보장하지 못하는 민주주의는 본래의 민주주의가 아니다. 본래의 민주주의는 ______________________

① 모든 것에 자유를 부여한다는 의미와 일맥상통한다.

② 다수의 의견을 수렴하여 이를 그대로 정책에 반영해야 한다.

③ 서로 다른 목적의 충돌로 인한 사회적 불안을 해소할 수 있어야 한다.

④ 민주적 절차 준수에 그치지 않고 과도한 권력을 실질적으로 견제할 수 있어야 한다.

⑤ 무제한적 민주주의를 과도기적으로 거치며 개인의 자유와 권리 보장에 기여해야 한다.

03

상품을 만들어 파는 사람이 그 수고의 대가를 받고 이익을 누리는 것은 당연하다. 하지만 그 이익이 다른 사람의 고통을 무시하고 얻어진 경우에는 정당하지 않을 수 있다. 제3세계에 사는 많은 환자가 신약 가격을 개발국인 선진국의 수준으로 유지하는 거대 제약회사의 정책 때문에 고통 속에서 죽어가고 있다. 그 약값을 감당할 수 있는 선진국이 보기에도 이는 이익이란 명분 아래 발생하는 끔찍한 사례이다. 이러한 비난의 목소리가 높아지자 제약회사의 대규모 투자자 중 일부는 자신들의 행동이 윤리적인지 고민하기 시작했다. 사람들이 약값 때문에 약을 구할 수 없다는 것은 분명히 잘못된 일이다. 하지만 그렇다고 해서 국가가 제약회사들에게 손해를 감수하라는 요구를 할 수는 없다는 데 사태의 복잡성이 있다.

신약을 개발하는 일에는 막대한 비용과 시간이 들며, 그 안전성 검사가 법으로 정해져 있어서 추가 비용이 발생한다. 이를 상쇄하기 위해 제약회사들은 시장에서 최대한 이익을 뽑아내려 한다. 얼마나 많은 환자가 신약을 통해 고통에서 벗어나는가에 대한 관심을 이들에게 기대하긴 어렵다. 그러나 만약 제약회사들이 존재하지 않는다면 신약개발도 없을 것이다.

그렇다면 상업적 고려와 인간의 건강 사이에 존재하는 긴장을 어떻게 해소해야 할까? 제3세계의 환자를 치료하는 일은 응급사항이며, 제약회사들이 자선하리라고 기대하는 것은 비현실적이다. 그렇다면 그 대안은 명백하다. ______________________ 물론 여기에도 문제는 있다. 이 대안이 왜 실현되기 어려운 걸까? 그 이유가 무엇인지는 우리가 자신의 주머니에 손을 넣어 거기에 필요한 돈을 꺼내는 순간 분명해질 것이다.

① 제3세계에 제공되는 신약 가격을 선진국과 같게 해야 한다.

② 제3세계 국민에게 필요한 신약을 선진국 국민이 구매하여 전달해야 한다.

③ 선진국들은 자국의 제약회사가 제3세계에 신약을 저렴하게 공급하도록 강제해야 한다.

④ 각국 정부는 거대 제약회사의 신약 가격 결정에 자율권을 주어 개발 비용을 보상받을 수 있게 해야 한다.

⑤ 거대 제약회사들이 제3세계 국민을 위한 신약 개발에 주력하도록 선진국 국민이 압력을 행사해야 한다.

04

태양은 지구의 생명체가 살아가는 데 필요한 빛과 열을 공급해 준다. 이런 막대한 에너지를 태양은 어떻게 계속 내놓을 수 있을까?
16세기 이전까지는 태양을 포함한 별들이 지구상의 물질을 이루는 네 가지 원소와 다른, 불변의 '제5원소'로 이루어졌다고 생각했다. 하지만 밝기가 변하는 신성(新星)이 별 가운데 하나라는 사실이 알려지면서 별이 불변이라는 통념은 무너지게 되었다. 또한 태양의 흑점 활동이 관측되면서 태양 역시 불덩어리일지도 모른다고 생각하기 시작했다. 그 후 섭씨 5,500℃로 가열된 물체에서 노랗게 보이는 빛이 나오는 것을 알게 되면서 유사한 빛을 내는 태양의 온도도 비슷할 것으로 추측하게 되었다.
19세기에는 에너지 보존 법칙이 확립되면서 새로운 에너지 공급이 없다면 태양의 온도가 점차 낮아져야 한다는 결론을 내렸다. 그렇다면 과거에는 태양의 온도가 훨씬 높아야 했고, 지구의 바다가 펄펄 끓어야 했을 것이다. 하지만 실제로는 그렇지 않았고, 사람들은 태양의 온도를 일정하게 유지해 주는 에너지원이 무엇인지에 대해 생각하게 되었다.
20세기 초 방사능이 발견되면서 방사능 물질의 붕괴에서 나오는 핵분열 에너지를 태양의 에너지원으로 생각하였다. 그러나 태양빛의 스펙트럼을 분석한 결과 태양에는 우라늄 등의 방사능 물질 대신 수소와 헬륨이 있다는 것을 알게 되었다. 즉, 방사능 물질의 붕괴에서 나오는 핵분열 에너지가 태양의 에너지원이 아니었던 것이다.
현재 태양의 에너지원은 수소 원자핵 네 개가 헬륨 원자핵 하나로 융합하는 과정의 질량 결손으로 인해 생기는 핵융합 에너지로 알려져 있다. 태양은 엄청난 양의 수소 기체가 중력에 의해 뭉쳐진 것으로, 그 중심으로 갈수록 밀도와 압력, 온도가 증가한다. 태양에서의 핵융합은 천만℃ 이상의 온도를 유지하는 중심부에서만 일어난다. 높은 온도에서만 원자핵들은 높은 운동 에너지를 가지게 되며, 그 결과로 원자핵들 사이의 반발력을 극복하고 융합되기에 충분히 가까운 거리로 근접할 수 있기 때문이다. 태양 빛이 핵융합을 통해 나온다는 사실은 태양으로부터 온 중성미자가 관측됨으로써 더 확실해졌다.
중심부의 온도가 올라가 핵융합 에너지가 늘어나면 그 에너지로 인한 압력으로 수소를 밖으로 밀어내어 중심부의 밀도와 온도를 낮추게 된다. 이렇게 온도가 낮아지면 방출되는 핵융합 에너지가 줄어들며, 그 결과 압력이 낮아져서 수소가 중심부로 들어오게 되어 중심부의 밀도와 온도를 다시 높인다. 이렇듯 태양 내부에서 중력과 핵융합 반응의 평형 상태가 유지되기 때문에 ____________ 태양은 이미 50억 년간 빛을 냈고, 앞으로도 50억 년 이상 더 빛날 것이다.

① 태양의 핵융합 에너지가 폭발적으로 증가할 수 있게 된다.
② 태양 외부의 밝기가 내부 상태에 따라 변할 수 있게 된다.
③ 태양이 오랫동안 안정적으로 빛을 낼 수 있게 된다.
④ 태양이 일정한 크기를 유지할 수 있었다.
⑤ 과거와 달리 태양이 일정한 온도를 유지할 수 있게 된다.

05

탁월함은 어떻게 습득되는가, 그것을 가르칠 수 있는가? 이 물음에 대하여 아리스토텔레스는 지성의 탁월함은 가르칠 수 있지만, 성품의 탁월함은 비이성적인 것이어서 가르칠 수 없고, 훈련을 통해서 얻을 수 있다고 대답한다.

그는 좋은 성품을 얻는 것을 기술을 습득하는 것에 비유한다. 그에 따르면, 리라(Lyra)를 켬으로써 리라를 켜는 법을 배우며 말을 탐으로써 말을 타는 법을 배운다. 어떤 기술을 얻고자 할 때 처음에는 교사의 지시대로 행동한다. 그리고 반복 연습을 통하여 그 행동이 점점 더 하기 쉽게 되고 마침내 제2의 천성이 된다. 이와 마찬가지로 어린아이는 어떤 상황에서 어떻게 행동해야 진실되고 관대하며 예의를 차리게 되는지 일일이 배워야 한다. 훈련과 반복을 통하여 그런 행위들을 연마하다 보면 그것들을 점점 더 쉽게 하게 되고, 결국에는 스스로 판단할 수 있게 된다.

그는 올바른 훈련이란 강제가 아니고 그 자체가 즐거움이 되어야 한다고 지적한다. 또한 그렇게 훈련받은 사람은 일을 바르게 처리하는 것을 즐기게 되고, 일을 바르게 처리하고 싶어 하게 되며, 올바른 일을 하는 것을 어려워하지 않게 된다. 이처럼 성품의 탁월함이란 사람들이 '하는 것'만이 아니라 사람들이 '하고 싶어 하는 것'과도 관련된다. 그리고 한두 번 관대한 행동을 한 것으로 충분하지 않으며, 늘 관대한 행동을 하고 그런 행동에 감정적으로 끌리는 성향을 갖고 있어야 비로소 관대함에 관하여 성품의 탁월함을 갖고 있다고 할 수 있다.

다음과 같은 예를 통해 아리스토텔레스의 견해를 생각해 보자. 갑돌이는 성품이 곧고 자신감이 충만하다. 그가 한 모임에 참석하였는데, 거기서 다수의 사람이 옳지 않은 행동을 한다고 생각했을 때, 그는 다수의 행동에 대하여 비판의 목소리를 낼 것이며 그렇게 하는 데에 별 어려움을 느끼지 않을 것이다. 한편, 수줍어하고 우유부단한 병식이도 한 모임에 참석하였는데, 그 역시 다수의 행동이 잘못되었다는 판단을 했다고 하자. 이런 경우에 병식이는 일어나서 다수의 행동이 잘못되었다고 말할 수 있겠지만, 그렇게 하려면 엄청난 의지를 발휘해야 할 것이고 자신과 힘든 싸움도 해야 할 것이다. 그런데도 병식이가 그렇게 행동했다면 우리는 병식이가 용기 있게 행동하였다고 칭찬할 것이다. 그러나 아리스토텔레스의 입장에서 성품의 탁월함을 가진 사람은 갑돌이다. 왜냐하면 ____________________ 우리가 어떠한 사람을 존경할 것인가가 아니라, 우리 아이를 어떤 사람으로 키우고 싶으냐고 질문을 받는다면 우리는 아리스토텔레스의 견해에 가까워질 것이다. 왜냐하면 우리는 우리 아이들을 갑돌이와 같은 사람으로 키우고 싶어 할 것이기 때문이다.

① 그는 내적인 갈등 없이 옳은 일을 하기 때문이다.
② 그는 옳은 일을 하는 천성을 타고났기 때문이다.
③ 그는 주체적 판단에 따라 옳은 일을 하기 때문이다.
④ 그는 자신이 옳다는 확신을 가지고 옳은 일을 하기 때문이다.
⑤ 그는 다른 사람들의 칭찬을 의식하지 않고 옳은 일을 하기 때문이다.

PART 1

06 문서 작성 · 수정

| 유형분석 |

- 기본적인 어휘력과 어법에 대한 지식을 필요로 하는 문제이다.
- 글의 내용을 파악하고 문맥을 읽을 줄 알아야 한다.

다음 글의 밑줄 친 ㉠～㉤의 수정 방안으로 적절하지 않은 것은?

근대화는 전통 사회의 생활양식에 큰 변화를 가져온다. 특히 급속한 근대화로 인해 전통 사회의 해체 과정이 빨라진 만큼 ㉠ 급격한 변화를 일으킨다. 생활양식의 급격한 변화는 전통 사회 문화의 해체 과정이라고 보아도 ㉡ 무던할 정도이다.

전통문화의 해체는 새롭게 변화하는 사회 구조에 대해서 전통적인 문화가 당면하게 되는 적합성(適合性)의 위기에서 초래되는 현상이다. ㉢ 이처럼 근대화 과정에서 외래문화와 전통문화는 숱하게 갈등을 겪었다.

㉣ 오랫동안 생활양식으로 유지되었던 전통 사회의 문화가 사회 구조 변화의 속도에 맞먹을 정도로 신속하게 변화할 수는 없다.

㉤ 그러나 문화적 전통을 확립한다는 것은 과거의 전통문화가 고유성을 유지하면서도 현재의 변화된 사회에 적합성을 가지는 것이라 할 수 있다.

① ㉠ : 필요한 문장 성분이 생략되었으므로 '급격한' 앞에 '문화도'를 추가한다.

② ㉡ : 문맥에 어울리지 않으므로 '무방할'로 고친다.

③ ㉢ : 글의 흐름에 어긋나는 내용이므로 삭제한다.

④ ㉣ : 띄어쓰기가 올바르지 않으므로 '오랫 동안'으로 고친다.

⑤ ㉤ : 앞 문장과의 관계를 고려하여 '따라서'로 고친다.

정답 ④

'오랫동안'은 부사 '오래'와 명사 '동안'이 결합하면서 사이시옷이 들어간 합성어이다. 따라서 한 단어이므로 붙여 써야 한다.

풀이 전략!

문장에서 주어와 서술어의 호응 관계가 적절한지 주어와 서술어를 찾아 확인해 보는 연습을 하며, 문서 작성의 원칙과 주의사항은 미리 알아 두는 것이 좋다.

대표기출유형 06 기출응용문제

01 다음 중 ㉠~㉤의 수정 방안으로 가장 적절한 것은?

> 최근 사물인터넷에 대한 사람들의 관심이 부쩍 늘고 있는 추세이다. 사물인터넷은 '인터넷을 기반으로 모든 사물을 연결하여 사람과 사물, 사물과 사물 간에 정보를 상호 소통하는 지능형 기술 및 서비스'를 말한다.
>
> ㉠ 통계에 따르면 사물인터넷은 전 세계적으로 민간 부문 14조 4,000억 달러, 공공 부문 4조 6,000억 달러에 달하는 경제적 가치를 창출할 것으로 ㉡ <u>예상되며</u> 그 가치는 더욱 커질 것으로 기대된다. 그래서 사물인터넷 사업은 국가 경쟁력을 확보할 수 있는 미래 산업으로서 그 중요성이 강조되고 있으며, 이에 선진국들은 에너지, 교통, 의료, 안전 등 다양한 분야에 걸쳐 투자를 하고 있다. 그러나 우리나라는 정부 차원의 경제적 지원이 부족하여 사물인터넷 산업이 활성화되는 데 어려움이 있다. 또한 국내의 기업들은 사물인터넷 시장의 불확실성 때문에 적극적으로 투자에 나서지 못하고 있으며, 사물인터넷 관련 기술을 확보하지 못하고 있는 실정이다. ㉢ <u>그 결과 우리나라의 사물인터넷 시장은 선진국에 비해 확대되지 못하고 있다.</u>
>
> 그렇다면 국내 사물인터넷 산업을 활성화하기 위한 방안은 무엇일까? 우선 정부에서는 사물인터넷 산업의 기반을 구축하는 데 필요한 정책과 제도를 정비하고, 관련 기업에 경제적 지원책을 마련해야 한다. 또한 수익성이 불투명하다고 느끼는 기업으로 하여금 투자를 하도록 유도하여 사물인터넷 산업이 발전할 수 있도록 해야 한다. 그리고 기업들은 이동 통신 기술 및 차세대 빅데이터 기술 개발에 집중하여 사물인터넷으로 인해 발생하는 대용량의 데이터를 원활하게 수집하고 분석할 수 있는 기술력을 ㉣ <u>확증</u>해야 할 것이다.
>
> ㉤ <u>사물인터넷은 세상을 연결하여 소통하게 하는 끈이다. 이러한 사물인터넷은 우리에게 편리한 삶을 약속할 뿐만 아니라 경제적 가치를 창출할 미래 산업으로 자리매김할 것이다.</u>

① ㉠ : 서로 다른 내용을 다루고 있는 부분이 있으므로 문단을 두 개로 나눈다.

② ㉡ : 불필요한 피동 표현에 해당하므로 '예상하며'로 수정한다.

③ ㉢ : 앞 문장의 결과라기보다는 원인이므로 '그 이유는 우리나라의 사물인터넷 시장은 선진국에 비해 확대되지 못하고 있기 때문이다.'로 수정한다.

④ ㉣ : 문맥상 어울리지 않는 단어이므로 '확인'으로 바꾼다.

⑤ ㉤ : 글과 상관없는 내용이므로 삭제한다.

※ 다음 글의 밑줄 친 ㉠~㉤의 수정 방안으로 적절하지 않은 것을 고르시오. [2~4]

02

학생들이 과제물이나 보고서를 작성할 때 무심코 타인의 글을 따오는 경우가 흔하다. '시간이 부족하니까', '남들도 다 하니까', '좋은 점수를 받고 싶어서' 등의 핑계를 대면서 추호의 죄책감도 없이 표절을 한다. 한층 더 심각한 것은 자신의 행위가 범죄에 해당한다는 사실조차 모른다는 점이다. 한 전문가의 조사에 의하면, 우리나라 학생들의 상당수가 실제로 표절을 해 본 경험을 가지고 있다고 한다. 또한 인터넷이 보편화되면서 학습과 관련된 표절 행위가 급증했을 뿐만 아니라, 학생들이 자주 범하는 표절의 유형도 더욱 다양해진 것으로 조사되었다. ㉠ 우리나라 학생들의 표절 실태는 매우 심각한 수준이다.

1990년대에 들어서면서부터 선진국에서는 학생들의 표절 행위에 대해 무관용 정책을 펼치고 있다. ㉡ 우연한 실수이든 의도적 행위이든 간에 표절 의혹이 제기된 경우에는 학교 차원에서 엄격하게 조사를 실시하고, 만약 표절로 밝혀질 경우에는 반드시 처벌하도록 규정을 ㉢ 완화했다. 최근 들어 우리나라의 일부 학교에서도 학생들의 표절 행위를 근절하기 위한 교육을 실시하는 등 표절 방지를 위한 작지만 큰 변화의 움직임이 일어나고 있다.

이러한 시대적 추세에 ㉣ 발 맞추어 모든 학교에서 표절 방지 운동을 전개할 필요가 있다. 우리에게 실질적으로 도움이 되고, 우리가 실천할 수 있는 작은 일부터 시작해야 한다. 우선 표절 방지 캠페인을 펼쳐 표절에 대한 우리의 잘못된 인식을 ㉤ 바뀌어야 한다. 표절은 범법 행위에 해당한다는 사실을 깨닫고, 표절을 하지 않겠다는 마음을 갖는 것이 필요하다. 또한 표절 예방 교육을 실시하여 학생들이 자주 범하는 표절의 유형을 알려 주고, 다른 사람의 글을 올바르게 인용하는 방법을 가르쳐 준다면 과제를 작성하면서 표절을 하지 않도록 스스로 주의하게 될 것이다.

① ㉠ : 문장을 자연스럽게 연결하기 위해 문장 앞에 '이처럼'을 추가한다.
② ㉡ : 맞춤법에 어긋나므로 '우연한 실수이던 의도적 행위이던'으로 수정한다.
③ ㉢ : 문맥의 흐름을 고려하여 '강화'로 고친다.
④ ㉣ : 띄어쓰기가 올바르지 않으므로 '발맞추어'로 수정한다.
⑤ ㉤ : 목적어와 서술어의 호응 관계를 고려하여 '바꾸어야'로 수정한다.

03

선진국과 ㉠ 제3세계간의 빈부 양극화 문제를 해결하기 위해 등장했던 적정기술은 시대적 요구에 부응하면서 다양한 모습으로 발전하여 올해로 탄생 50주년을 맞았다. 이를 기념하기 위해 우리나라에서도 각종 행사가 열리고 있다. ㉡ 게다가 적정기술의 진정한 의미가 무엇인지, 왜 그것이 필요한지에 대한 인식은 아직 부족한 것이 현실이다.

그렇다면 적정기술이란 무엇인가? 적정기술은 '현지에서 구할 수 있는 재료를 이용해 도구를 직접 만들어 삶의 질을 향상시키는 기술'을 뜻한다. 기술의 독점과 집적으로 인해 개인의 접근이 어려운 첨단기술과 ㉢ 같이 적정기술은 누구나 쉽게 배우고 익혀 활용할 수 있다. 이런 이유로 소비 중심의 현대사회에서 적정기술은 자신의 삶에 필요한 것을 직접 생산하는 자립적인 삶의 방식을 유도한다는 점에서 시사하는 바가 크다.

적정기술이 우리나라에 도입된 것은 2000년대 중반부터이다. 당시 일어난 귀농 열풍과 환경문제에 대한 관심 등 다양한 사회·문화적 맥락 속에서 적정기술에 대한 고민이 싹트기 시작했다. 특히 귀농인들을 중심으로 농촌의 에너지 문제를 해결하기 위한 다양한 방법이 시도되면서 국내에서 활용되는 적정기술은 난방 에너지 문제에 ㉣ 초점이 모아져 있다. 에너지 자립형 주택, 태양열 온풍기·온수기, 생태 단열 등이 좋은 예이다.

우리나라의 적정기술이 에너지 문제에 집중된 이유는 시대적 상황 때문이다. 우리나라는 전력수요 1억 KW 시대 진입을 눈앞에 두고 있는 세계 10위권의 에너지 소비 대국이다. 게다가 에너지 소비량이 늘어나면서 2011년 이후 매년 대규모 정전 사태의 위험성을 경고하는 목소리가 커지고 있다. 이런 상황에서 에너지를 직접 생산하여 삶의 자립성을 추구하는 적정기술은 환경오염과 대형 재난의 위기를 극복하는 하나의 대안이 될 수 있다. 이뿐만 아니라 기술의 공유를 목적으로 하는 새로운 공동체 문화 형성에도 기여하기 때문에 ㉤ 그 어느 때만큼 적정기술의 발전 방향에 대한 진지한 논의가 필요하다.

① ㉠ : 띄어쓰기가 올바르지 않으므로 '제3세계 간의'로 고친다.
② ㉡ : 앞 문장과의 내용을 고려하여 '하지만'으로 고친다.
③ ㉢ : 문맥에 어울리지 않으므로 '달리'로 고친다.
④ ㉣ : 맞춤법에 어긋나므로 '촛점'으로 고친다.
⑤ ㉤ : 문맥의 흐름을 고려하여 '그 어느 때보다'로 수정한다.

PART 1

04

흔히들 '향토 음식'이라고 하면 옛날부터 전해 내려온 전통 음식을 떠올릴 것이다. ㉠ 그러나 향토 음식은 전통 음식보다 좁은 개념으로, 각 지역의 특산물을 재료로 하여 만들어진 그 지방 고유의 음식을 말한다. ㉡ 해당 지역에서 생산된 재료로 만들 뿐만 아니라 조리 방법에 있어서도 그 지역 사람들이 살아 온 모습을 담고 있기 때문에 향토 음식은 그 지역 고유의 음식 문화를 이룬다고 할 수 있다.

㉢ 그리고 요즘 청소년들은 이런 향토 음식에 대해 제대로 알고 있지 못하며 이에 관심을 가질 생각도 없는 것으로 보인다. 지난달 우리 지역 고등학생을 대상으로 한 향토 음식 선호도 설문 조사에서 "가장 좋아하는 우리 지역 향토 음식이 무엇입니까?"라는 질문에 대해 "우리 지역 향토 음식이 무엇인지 잘 모른다."라고 응답한 학생이 대다수를 차지했던 것이다. 나는 이 결과를 접하고서 이제라도 향토 음식에 관심을 가지고 그것을 배워야겠다는 생각을 하게 되었다.

그래서 나는 친구들과 주말에 ○○마을에서 열리는 '향토 음식 요리 교실'에 다니고 있다. ㉣ 주말에 친구들과 함께 시간을 내는 것은 쉬운 일이 아니다. 지난 주말에는 밀국수 만드는 법을 배우면서 할머니들로부터 이 지역 밀국수에 대한 이야기를 들을 수 있었다. ○○마을은 지역 특성상 논농사가 어려워 쌀 대신 밀을 많이 먹었고, 이웃과 함께 국수를 만들어 먹으며 정을 나누었다. 또 양념을 많이 쓰지 않은 자연 그대로의 담백한 맛은 우리 지역 사람들의 ㉤ 활기찬 마음과 닮아 있다고 했다. 우리는 이런 이야기를 들으며, 향토 음식을 배우는 것은 그 지역의 요리만 배우는 것이 아니라 그 지역에서 이어져 온 문화와 정신을 배우는 것임을 알게 되었다.

이처럼 우리 청소년들이 향토 음식에 관심을 갖는 것은 사라져 가는 우리의 식문화를 지킴으로써 전통을 계승하는 계기를 마련한다는 데에 의의가 있다. 또한 향토 음식에 대한 관심은 지역 공동체의 조화를 이루어 내는 데에도 ㉥ 참여할 것이다.

향토 음식은 우리 전통을 이어 갈 소중한 유산 중 하나이다. 티끌 모아 태산이 되듯 향토 음식에 대한 청소년의 작은 관심들이 모인다면 향토 음식은 우리의 자랑으로 자랄 것이다.

① 내용의 연결이 자연스럽지 못하므로 ㉠과 ㉡의 순서를 서로 바꾼다.
② 접속어의 사용이 잘못되었으므로 ㉢을 '그런데'로 수정한다.
③ 글의 흐름과 어긋나는 문장이므로 ㉣을 삭제한다.
④ 의미상 어울리지 않으므로 ㉤을 '소박한'으로 고친다.
⑤ 문맥상 부적절한 단어이므로 ㉥을 '기여'로 바꾼다.

05 A부장은 신입사원을 대상으로 OJT를 진행하고 있다. 이번 주에는 문서 종류에 따른 작성법에 대해 교육하려고 자료를 준비하였다. 자료의 내용 중 옳지 않은 것은?

구분	작성법
공문서	• 회사 외부로 전달되는 문서이기 때문에 누가, 언제, 어디서, 무엇을, 어떻게(혹은 왜)가 드러나도록 작성함 • 날짜는 연도와 월일을 반드시 함께 기입함 • 한 장에 담아내는 것이 원칙임 … ① • 마지막에는 반드시 '끝.'자로 마무리함 • 내용이 복잡할 경우 '–다음–' 또는 '–아래–'와 같은 항목을 만들어 구분함 • 장기간 보관되므로 정확하게 기술함
설명서	• 명령문보다 평서형으로 작성함 • 상품이나 제품에 대해 설명하는 글이므로 정확하게 기술함 • 정확한 내용 전달을 위해 간결하게 작성함 … ② • 전문용어는 이해하기 어렵기 때문에 가급적 사용하지 않음 … ③ • 복잡한 내용은 도표를 통해 시각화함 • 동일한 문장 반복을 피하고 다양한 표현을 이용함 … ④
기획서	• 기획서의 목적을 달성할 수 있는 핵심 사항이 정확하게 기입되었는지 확인함 • 상대가 채택하게끔 설득력을 갖춰야 하므로, 상대가 요구하는 것이 무엇인지 고려하여 작성함 • 내용이 한눈에 파악되도록 체계적으로 목차를 구성함 • 핵심 내용의 표현에 신경을 써야 함 • 효과적인 내용 전달을 위해 내용에 적합한 표나 그래프를 활용하여 시각화함 • 충분히 검토를 한 후 제출함 • 인용한 자료의 출처가 정확한지 확인함
보고서	• 업무 진행 과정에서 쓰는 보고서인 경우, 진행 과정에 대한 핵심 내용을 구체적으로 제시함 • 내용의 중복을 피하고, 핵심 사항만을 산뜻하고 간결하게 작성함 • 복잡한 내용일 때는 도표나 그림을 활용함 • 개인의 능력을 평가하는 기본 요소이므로 제출하기 전에 반드시 최종 점검함 • 참고자료는 정확하게 제시함 • 마지막에는 반드시 '끝.'자로 마무리함 … ⑤ • 내용에 대한 예상 질문을 사전에 추출해 보고 그에 대한 답을 미리 준비함

대표기출유형

07 맞춤법 · 어휘

| 유형분석 |

- 맞춤법에 맞는 단어를 찾거나 주어진 지문의 내용에 어울리는 단어를 찾는 문제가 주로 출제된다.
- 단어 사이의 관계에 대한 문제가 출제되므로 뜻이 비슷하거나 반대되는 단어를 함께 학습하는 것이 좋다.
- 자주 출제되는 단어나 헷갈리는 단어에 대한 학습을 꾸준히 하는 것이 좋다.

다음 중 밑줄 친 단어의 표기가 옳은 것은?

① 벌써 사흘이 지났건만 그는 콧배기도 내밀지 않는다.
② 힘없이 걸어가는 그의 모습이 가엾어 보였다.
③ 얼마 전에 담근 알타리무 김치가 맛있게 익었어.
④ 짐을 구루마에 실어 옮겨야겠어.
⑤ 안절부절하는 태도를 보니 그 말은 거짓이 틀림없군.

정답 ②

'가엾다'는 '가엽다'와 함께 쓰이는 표준어이므로 '가엾어'는 올바른 표기이다.

오답분석

① '콧배기'는 비표준어로 '코빼기'가 올바른 표기이다.
③ '알타리무'는 비표준어로 '총각무'가 올바른 표기이다.
④ '구루마'는 일본어로 '수레'가 올바른 표기이다.
⑤ '안절부절하다'는 비표준어로 '안절부절못하는'이 올바른 표기이다.

풀이 전략!

자주 틀리는 맞춤법

틀린 표현	옳은 표현	틀린 표현	옳은 표현
몇일	며칠	오랫만에	오랜만에
귀뜸	귀띔	선생으로써	선생으로서
웬지	왠지	안되	안돼
왠만하면	웬만하면	돼고 싶다	되고 싶다
어떻해	어떻게 해 / 어떡해	병이 낳았다	병이 나았다
금새	금세	내일 뵈요	내일 봬요
구지	굳이	고르던지 말던지	고르든지 말든지
서슴치	서슴지	합격하길 바래요	합격하길 바라요

01 다음 중 밑줄 친 단어와 유사한 단어가 사용된 것은?

> 그때의 기억이 어제의 일인 것처럼 선연하게 떠오른다.

① 차가운 아스팔트 위에 성긴 눈발이 희끗희끗 날리고 있었다.
② 그는 바닷바람이 선선하게 부는 해변을 걸었다.
③ 매일 등하교를 했던 거리는 뚜렷하게 그의 기억 속에 남아 있었다.
④ 들판의 벼는 영글기 시작했다.
⑤ 앞으로 살아갈 길이 막연하다.

02 다음 중 밑줄 친 단어의 표기가 옳은 것은?

① 김팀장님, 여기 서류에 결제 부탁드립니다.
② 한국 남자 수영팀이 10년 만에 한국 신기록을 갱신했다.
③ 일제강점기 독립운동가들은 일제 경찰에게 갖은 곤혹을 당했다.
④ 재난 당국은 실종자들의 생사 유무를 파악 중이다.
⑤ 그녀는 솔직하고 담백하게 자신의 마음을 표현했다.

03 다음 중 밑줄 친 부분의 띄어쓰기가 옳지 않은 것은?

① 이번 일은 법대로 해결하자.
② 지난번 약속대로 돈을 돌려줬으면 좋겠어.
③ 그 일은 이미 지나간 대로 그냥 잊어버리자.
④ 네가 아는 대로 전부 말해줘.
⑤ 어제 약속한대로 오늘 함께 운동하자.

대표기출유형

08 한자성어 · 속담

| 유형분석 |

- 실생활에서 활용되는 한자성어를 이해할 수 있는지 평가한다.
- 제시된 상황과 일치하는 한자성어를 고르거나 한자의 훈음 · 독음을 맞히는 등 다양한 유형이 출제된다.

다음 글의 내용에 가장 적절한 한자성어는?

부채위기를 해결하겠다고 나선 유럽 국가들의 움직임이 당장 눈앞에 닥친 위기 상황을 모면하려는 미봉책이라서 안타깝다. 이것은 유럽중앙은행(ECB)의 대차대조표에서 명백한 정황이 드러난다. ECB에 따르면 지난해 말 대차대조표가 2조 730억 유로를 기록해 사상 최고치를 기록했다. 3개월 전에 비해 5,530억 유로 늘어난 수치다. 문제는 ECB의 장부가 대폭 부풀어 오른 배경이다. 유로존 주변국의 중앙은행은 채권을 발행해 이를 담보로 ECB에서 자금을 조달한다. 이렇게 ECB의 자금을 손에 넣은 중앙은행은 정부가 발행한 국채를 사들인다. 금융시장에서 '팔기 힘든' 국채를 소화하기 위한 임기응변인 셈이다.

① 피발영관(被髮纓冠)
② 탄주지어(呑舟之魚)
③ 양상군자(梁上君子)
④ 하석상대(下石上臺)
⑤ 배반낭자(杯盤狼藉)

정답 ④

부채위기를 해결하려는 유럽 국가들이 당장 눈앞에 닥친 위기만을 극복하기 위해 임시방편으로 대책을 세운다는 내용을 비판하는 글이다. 글과 가장 관련이 있는 한자성어는 '아랫돌 빼서 윗돌 괴고, 윗돌 빼서 아랫돌 괴기'라는 뜻으로, '임기응변으로 어려운 일을 처리함'을 의미하는 '하석상대(下石上臺)'이다.

오답분석

① 피발영관(被髮纓冠) : '머리를 흐트러뜨린 채 관을 쓴다.'는 뜻으로 머리를 손질할 틈이 없을 만큼 바쁨
② 탄주지어(呑舟之魚) : '배를 삼킬만한 큰 고기'라는 뜻으로 큰 인물을 비유하는 말
③ 양상군자(梁上君子) : '들보 위의 군자'라는 뜻으로 도둑을 지칭하는 말
⑤ 배반낭자(杯盤狼藉) : '술을 마시고 한참 신명나게 노는 모습'을 가리키는 말

풀이 전략!

- 한자성어 또는 속담 관련 문제의 경우 일정 수준 이상의 사전지식을 요구하므로, 지원 기업 관련 기사 및 이슈를 틈틈이 찾아보며 한자성어 또는 속담에 대입하는 연습을 하면 효과적으로 대처할 수 있다.
- 문제에 제시된 한자성어의 의미를 파악하기 어렵다면, 먼저 알고 있는 한자가 있는지 확인한 후 글의 문맥과 상황에 대입하며 선택지를 하나씩 소거해 나가는 것이 효율적이다.

대표기출유형 08 기출응용문제

01 다음 글과 관련 있는 한자성어로 가장 적절한 것은?

> 지난해 중국, 동남아, 인도, 중남미 등의 신흥국이 우리나라의 수출 시장에서 차지하는 비중은 57% 수준으로 미국, 일본, 유럽 등의 선진국 시장을 앞섰다. 특히 최근 들어 중국이 차지하는 비중이 주춤하면서 다른 신흥 시장의 비중이 늘어나고 있다.
> 중국의 성장 둔화와 기술 자립, 미・중 간 무역마찰의 영향 등 중국발 위험이 커짐에 따라 여타 신흥국으로의 수출 시장을 다변화할 필요성이 대두되고 있다. 이에 따라 정부에서도 기업의 새로운 수출 시장을 개척하기 위해 마케팅과 금융지원을 강화하고 있다.
> 그러나 이러한 단기적인 대책으로는 부족하다. 신흥국과 함께하는 파트너십을 강화하는 노력이 병행되어야 한다. 신흥국과의 협력은 단기간 내에 성과를 거두기는 어렵지만, 일관성과 진정성을 갖고 꾸준히 추진한다면 해외 시장에서 어려움을 겪고 있는 우리 기업들에게 큰 도움이 될 수 있다.

① 안빈낙도(安貧樂道)
② 호가호위(狐假虎威)
③ 각주구검(刻舟求劍)
④ 우공이산(愚公移山)
⑤ 사면초가(四面楚歌)

02 다음 글과 관련 있는 속담으로 가장 적절한 것은?

> 한국을 방문한 외국인들을 대상으로 한 설문조사에서 인상 깊은 한국의 '빨리빨리' 문화로 '자판기에 손 넣고 기다리기, 웹사이트가 3초 안에 안 나오면 창 닫기, 엘리베이터 닫힘 버튼 계속 누르기' 등이 뽑혔다. 외국인들에게 가장 큰 충격을 준 것은 바로 '가게 주인의 대리 서명'이었다. 외국인들은 가게 주인이 카드 모서리로 대충 사인을 하는 것을 보고 큰 충격을 받았다고 하였다. 외국에서는 서명을 대조하여 확인하기 때문에 대리 서명은 상상도 할 수 없다는 것이다.

① 가재는 게 편이다.
② 우물에 가 숭늉 찾는다.
③ 봇짐 내어 주며 앉으라 한다.
④ 하나를 듣고 열을 안다.
⑤ 낙숫물이 댓돌을 뚫는다.

CHAPTER 02

수리능력

합격 CHEAT KEY

수리능력은 사칙 연산 · 통계 · 확률의 의미를 정확하게 이해하고 이를 업무에 적용하는 능력으로, 기초 연산과 기초 통계, 도표 분석 및 작성의 문제 유형으로 출제된다. 수리능력 역시 채택하지 않는 공사 · 공단이 거의 없을 만큼 필기시험에서 중요도가 높은 영역이다.

특히, 난이도가 높은 공사 · 공단의 시험에서는 도표 분석, 즉 자료 해석 유형의 문제가 많이 출제되고 있고, 응용 수리 역시 꾸준히 출제하는 공사 · 공단이 많기 때문에 기초 연산과 기초 통계에 대한 공식의 암기와 자료 해석 능력을 기를 수 있는 꾸준한 연습이 필요하다.

01 응용 수리의 공식은 반드시 암기하라!

응용 수리는 공사 · 공단마다 출제되는 문제는 다르지만, 사용되는 공식은 비슷한 경우가 많으므로 자주 출제되는 공식을 반드시 암기하여야 한다. 문제에서 묻는 것을 정확하게 파악하여 그에 맞는 공식을 적절하게 적용하는 꾸준한 노력과 공식을 암기하는 연습이 필요하다.

02 자료의 해석은 자료에서 즉시 확인할 수 있는 지문부터 확인하라!

수리능력 중 도표 분석, 즉 자료 해석 능력은 많은 시간을 필요로 하는 문제가 출제되므로, 증가·감소 추이와 같이 눈으로 확인이 가능한 지문을 먼저 확인한 후 복잡한 계산이 필요한 지문을 확인하는 방법으로 문제를 풀이한다면 시간을 조금이라도 아낄 수 있다. 또한 여러 가지 보기가 주어진 문제 역시 지문을 잘 확인하고 문제를 풀이한다면 불필요한 계산을 생략할 수 있으므로 항상 지문부터 확인하는 습관을 들여야 한다.

03 도표 작성에서 지문에 작성된 도표의 제목을 반드시 확인하라!

도표 작성은 하나의 자료 혹은 보고서와 같은 수치가 표현된 자료를 도표로 작성하는 형식으로 출제되는데, 대체로 표보다는 그래프를 작성하는 형태로 많이 출제된다. 지문을 살펴보면 각 지문에서 주어진 도표에도 소제목이 있는 경우가 대부분이다. 이때, 자료의 수치와 도표의 제목이 일치하지 않는 경우 함정이 존재하는 문제일 가능성이 높으므로 도표의 제목을 반드시 확인하는 것이 중요하다.

대표기출유형

01 응용 수리

| 유형분석 |

- 문제에서 제공하는 정보를 파악한 뒤, 사칙연산을 활용하여 계산하는 전형적인 수리문제이다.
- 문제를 풀기 위한 정보가 산재되어 있는 경우가 많으므로 주어진 조건 등을 꼼꼼히 확인해야 한다.

A씨가 집에서 1.5km 떨어진 학원을 가는 데 15분 안에 도착해야 한다. 처음에는 분속 40m로 걷다가 지각하지 않기 위해 남은 거리는 분속 160m로 달렸다. A씨가 걸어간 거리는 몇 m인가?

① 280m
② 290m
③ 300m
④ 310m
⑤ 320m

정답 ③

집에서 학원까지의 거리는 1.5km=1,500m이고, 걸어간 거리를 xm라고 하면 달린 거리는 $(1,500-x)$m이다.

$\frac{x}{40}+\frac{1,500-x}{160}=15$

→ $4x+1,500-x=2,400$

→ $3x=900$

∴ $x=300$

따라서 A씨가 걸어간 거리는 300m이다.

풀이 전략!

문제에서 묻는 바를 정확하게 확인한 후, 필요한 조건 또는 정보를 구분하여 신속하게 풀어 나간다. 단, 계산에 착오가 생기지 않도록 유의한다.

대표기출유형 01 기출응용문제

01 농도가 6%인 소금물 700g에서 일정 양의 소금물을 퍼내고, 퍼낸 양만큼 농도가 13%인 소금물을 넣었더니 농도가 9%인 소금물이 되었다. 이때, 퍼낸 소금물의 양은?

① 300g
② 320g
③ 350g
④ 390g
⑤ 450g

02 아파트 12층에 사는 수진이는 출근하려고 나왔다가 중요한 서류를 깜빡한 것이 생각나 다시 집에 다녀오려고 한다. 엘리베이터 고장으로 계단을 이용해야 할 때, 1층부터 6층까지 쉬지 않고 올라가면 35초가 걸리고, 7층부터는 한 층씩 올라갈 때마다 5초씩 쉬려고 한다. 수진이가 1층부터 12층까지 올라가는 데 걸린 시간은?(단, 6층에서는 쉬지 않는다)

① 102초
② 107초
③ 109초
④ 112초
⑤ 114초

03 한 초등학교에서 1 ~ 6학년까지 학년별 대표가 나와서 다음과 같은 〈조건〉으로 나란히 줄을 서고자 할 때, 가능한 경우의 수는?

조건

- 1학년 대표 다음에는 2학년 대표가 설 수 없다.
- 2학년 대표 다음에는 3학년 대표가 설 수 없다.

① 432가지
② 487가지
③ 495가지
④ 504가지
⑤ 522가지

04 비가 온 다음 날 비가 올 확률은 $\frac{1}{3}$, 비가 안 온 다음 날 비가 올 확률은 $\frac{1}{8}$이다. 내일 비가 올 확률이 $\frac{1}{5}$일 때, 모레 비가 안 올 확률은?

① $\frac{1}{4}$
② $\frac{3}{8}$
③ $\frac{6}{11}$
④ $\frac{5}{7}$
⑤ $\frac{5}{6}$

05 선규와 승룡이 함께 일하면 5일이 걸리는 일을 선규가 먼저 4일을 진행하고, 승룡이 7일을 진행하면 끝낼 수 있다고 한다. 승룡이 이 일을 혼자 한다면 며칠이 걸리겠는가?

① 11일
② 12일
③ 14일
④ 15일
⑤ 16일

06 아버지와 어머니의 나이 차는 4세이고, 형과 동생의 나이 차는 2세이다. 또한 아버지와 어머니의 나이의 합은 형 나이의 6배이다. 형과 동생의 나이의 합이 40세라면 아버지의 나이는 몇 세인가? (단, 아버지가 어머니보다 나이가 더 많다)

① 59세
② 60세
③ 63세
④ 65세
⑤ 67세

07 학교에서 도서관까지 시속 40km로 갈 때와 시속 45km로 갈 때 걸리는 시간이 10분 차이가 난다면 학교에서 도서관까지의 거리는 얼마인가?

① 50km
② 60km
③ 70km
④ 80km
⑤ 90km

08 영희는 3시에 학교 수업이 끝난 후 할머니를 모시고 병원에 간다. 학교에서 집으로 갈 때는 4km/h의 속력으로 이동하고 집에서 10분 동안 할머니를 기다린 후, 할머니와 병원까지 3km/h의 속력으로 이동한다고 한다. 학교와 집, 집과 병원 사이의 거리 비는 2 : 1이고, 병원에 도착한 시각은 4시 50분이다. 이때 병원에서 집까지의 거리는?

① 1km
② 2km
③ 3km
④ 4km
⑤ 5km

09 어느 가정의 1월과 6월의 전기요금 비율이 5 : 2이다. 1월의 전기요금에서 6만 원을 뺐을 때 그 비율이 3 : 2라면, 1월의 전기요금은 얼마인가?

① 9만 원
② 10만 원
③ 12만 원
④ 15만 원
⑤ 18만 원

대표기출유형

02 자료 계산

| 유형분석 |

- 제시된 자료를 통해 문제에서 주어진 특정한 값을 계산하거나 자료의 변동량을 구할 수 있는지 평가하는 유형이다.
- 자료상에 주어진 공식을 활용하는 계산문제와 증감률, 비율, 합, 차 등을 활용한 문제가 출제된다.
- 출제 비중은 낮지만, 숫자가 큰 경우가 많으므로 제시된 수치와 조건을 꼼꼼히 확인하여 정확하게 계산하는 것이 중요하다.

다음은 2019년부터 2024년까지 I동의 자원봉사 참여 현황에 대한 자료이다. 6년 동안 참여율이 4번째로 높은 해의 전년 대비 참여율의 증가율을 구하면?(단, 증가율은 소수점 첫째 자리에서 반올림한다)

〈자원봉사 참여 현황〉

(단위 : 명, %)

구분	2019년	2020년	2021년	2022년	2023년	2024년
총 성인 인구수	35,744	36,786	37,188	37,618	38,038	38,931
자원봉사 참여 성인 인구수	1,621	2,103	2,548	3,294	3,879	4,634
참여율	4.5	5.7	6.9	8.8	10.2	11.9

① 약 17%
② 약 19%
③ 약 21%
④ 약 23%
⑤ 약 25%

정답 ③

참여율이 4번째로 높은 해는 2021년이다.

(참여율의 증가율)$=\frac{\text{(해당연도 참여율)}-\text{(전년도 참여율)}}{\text{(전년도 참여율)}}\times 100$이므로 $\frac{6.9-5.7}{5.7}\times 100 \fallingdotseq 21\%$이다.

풀이 전략!

자료 계산 유형의 경우 일반적으로 표에 숫자 값을 제시하고, 주어진 값을 바탕으로 계산을 하는 문제가 출제된다. 그러므로 문제가 요구하는 것이 무엇인지 정확히 파악하고 관련 값을 표에서 찾아 표시한 다음, 표시한 값을 바탕으로 사칙연산을 정확하고 빠르게 수행해야 한다. 증가율, 감소율 등 비율 계산을 요구하는 경우가 많으므로 관련 공식을 필수로 암기해두자.

- (백분율)$=\frac{\text{(비교하는 양)}}{\text{(기준량)}}\times 100$
- (증감률)$=\frac{\text{(비교대상의 값)}-\text{(기준값)}}{\text{(기준값)}}\times 100$
- (증감량)=(비교대상 값 A)−(또 다른 비교대상의 값 B)

01 다음은 어린이집의 시설 및 교직원 현황에 대한 자료이다. 2021년 대비 2024년 직장 어린이집의 교직원 증가율은 얼마인가?

〈어린이집 시설 현황〉

(단위 : 개소)

연도	국·공립 어린이집	법인 어린이집	민간 어린이집	가정 어린이집	부모협동 어린이집	직장 어린이집
2021년	1,826	1,458	14,275	15,525	65	350
2022년	1,917	1,459	14,368	17,359	66	370
2023년	2,034	1,461	14,677	19,367	74	401
2024년	2,116	1,462	15,004	20,722	89	449

〈어린이집 교직원 현황〉

(단위 : 명)

연도	국·공립 어린이집	법인 어린이집	민간 어린이집	가정 어린이집	부모협동 어린이집	직장 어린이집
2021년	17,853	16,572	97,964	55,169	331	3,214
2022년	19,397	17,042	103,656	62,863	348	3,606
2023년	20,980	17,368	112,239	73,895	398	4,204
2024년	22,229	17,491	120,503	82,911	485	5,016

① 약 47%
② 약 51%
③ 약 56%
④ 약 61%
⑤ 약 66%

02 다음은 A식당의 세트 메뉴에 따른 월별 판매 개수 현황에 대한 자료이다. 빈칸 ㉠, ㉡에 들어갈 수치로 옳은 것은?(단, 각 수치는 매년 일정한 규칙으로 변화한다)

〈월별 세트 메뉴 판매 개수〉

(단위 : 개)

구분	5월	6월	7월	8월	9월	10월	11월
A세트	212	194	180	㉠	194	228	205
B세트	182	164	150	184	164	198	175
C세트	106	98	112	140	120	150	121
D세트	85	86	87	81	92	100	121
E세트	35	40	54	55	60	57	59
F세트	176	205	214	205	241	232	211
G세트	216	245	254	245	281	272	㉡

	㉠	㉡
①	213	250
②	214	251
③	214	253
④	215	249
⑤	215	251

03 다음은 동계올림픽대회의 입장권 가격 자료이다. 〈조건〉을 고려하여 E와 F가 최종적으로 지불할 금액이 바르게 짝지어진 것은?

〈동계올림픽 대회 입장권〉

(단위 : 원)

구분	등급별 가격			
	A	B	C	D
알파인 스키	160,000	80,000	–	–
바이애슬론	100,000	20,000	–	–
봅슬레이	70,000	20,000	–	–
크로스컨트리 스키	70,000	20,000	–	–
컬링	150,000	–	–	–
피겨 스케이팅	600,000	400,000	150,000	–
프리스타일 스키	120,000	60,000	–	–
아이스하키	350,000	250,000	200,000	–
루지	100,000	20,000	–	–
노르딕 복합	100,000	20,000	–	–
쇼트트랙	550,000	350,000	120,000	–
스켈레톤	100,000	40,000	–	–
스키점프	200,000	100,000	–	–
스노보드	180,000	80,000	–	–
스피드 스케이팅	250,000	150,000	–	–
개회식	1,500,000	800,000	375,000	220,000
폐회식	950,000	600,000	400,000	220,000

조건

- E는 개회식, F는 폐회식에 참석하며, 둘 다 가장 저렴한 가격의 입장권을 구매하였다.
- F는 경기 중 C등급 입장권이 A등급의 $\frac{1}{4}$ 가격인 경기를 가장 저렴한 가격으로 관람한다.
- F는 아이스하키와 쇼트트랙의 B등급 중 더 높은 가격의 경기를 관람한다.
- E는 스키 종목 중 A등급 입장권이 두 번째로 높은 가격의 경기를 가장 높은 가격으로 관람한다.

	E	F
①	320,000원	700,000원
②	340,000원	710,000원
③	380,000원	720,000원
④	380,000원	945,000원
⑤	420,000원	945,000원

04 다음은 I은행 영업부의 2024년 분기별 영업 실적을 나타낸 그래프이다. 2024년 전체 실적에서 1 ~ 2분기와 3 ~ 4분기가 각각 차지하는 비율을 바르게 나열한 것은?(단, 소수점 둘째 자리에서 반올림한다)

〈2024년 분기별 영업 실적〉

(단위 : 억 원)

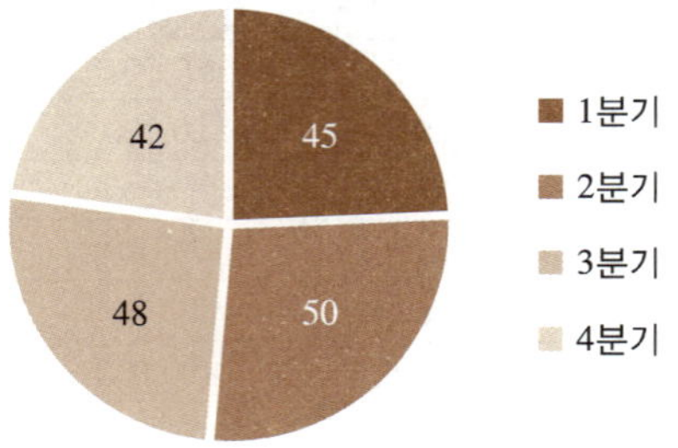

	1 ~ 2분기	3 ~ 4분기
①	48.6%	51.4%
②	49.9%	50.1%
③	50.0%	50.0%
④	50.1%	49.9%
⑤	51.4%	48.6%

05 다음은 I기업의 매출액과 분기별 매출액의 영업팀 구성비를 나타낸 자료이다. 연간 영업팀의 매출 순위와 1위 팀이 기록한 연 매출액을 차례대로 나열한 것은?

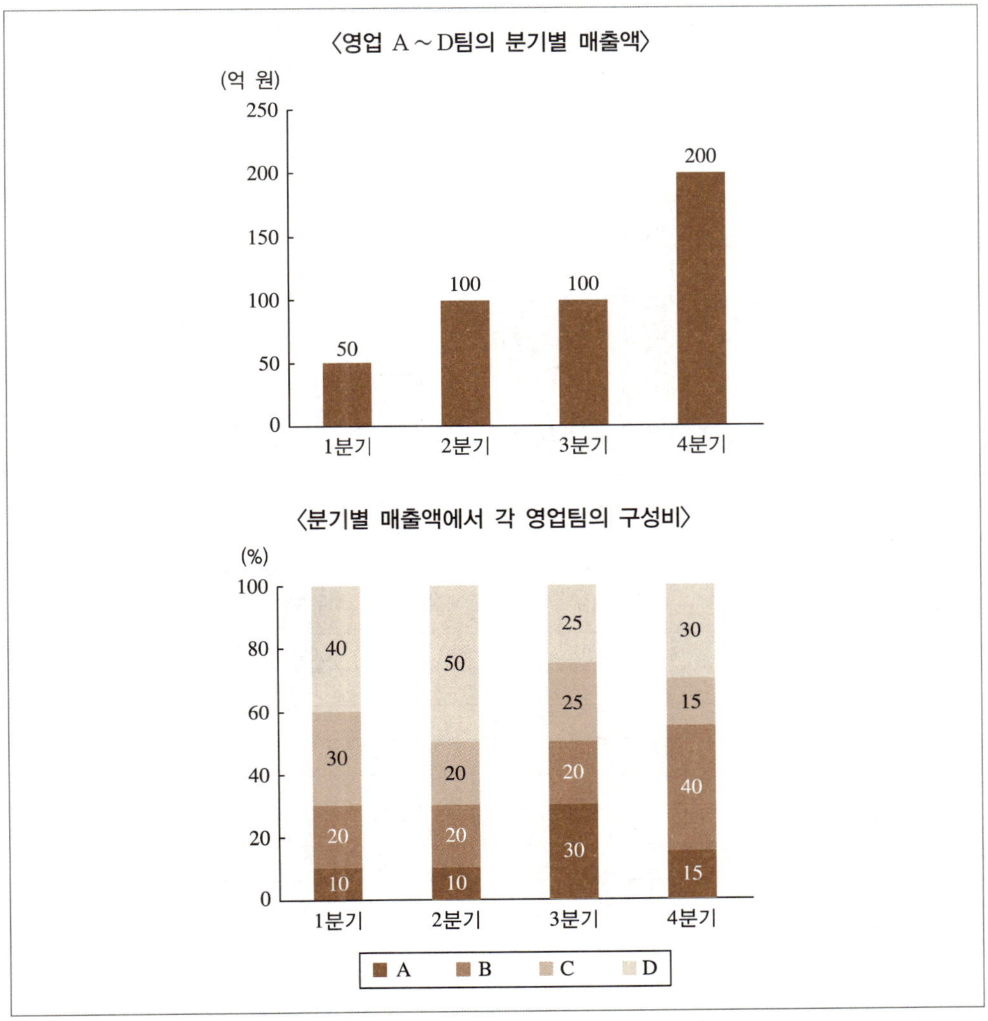

① A－B－C－D, 120억 원
② B－A－C－D, 120억 원
③ B－A－D－C, 155억 원
④ D－B－A－C, 120억 원
⑤ D－B－C－A, 155억 원

대표기출유형

03 자료 이해

| 유형분석 |

- 제시된 자료를 분석하여 선택지의 정답 유무를 판단하는 문제이다.
- 자료의 수치 등을 통해 변화량이나 증감률, 비중 등을 비교하여 판단하는 문제가 자주 출제된다.
- 지원하고자 하는 공사·공단이나 산업과 관련된 자료 등이 문제의 자료로 많이 다뤄진다.

다음은 전국기능경기대회 지역별 결과에 대한 자료이다. 이에 대한 설명으로 옳은 것은?

〈전국기능경기대회 지역별 결과표〉

(단위 : 개)

상 / 지역	금메달	은메달	동메달	최우수상	우수상	장려상
합계(점)	3,200	2,170	900	1,640	780	1,120
서울	2	5		10		
부산	9		11	3	4	
대구	2					16
인천			1	2	15	
울산	3				7	18
대전	7		3	8		
제주		10				
경기도	13	1				22
경상도	4	8		12		
충청도		7		6		

※ 합계는 전체 참가지역의 각 메달 및 상의 점수합계임

① 메달 및 상을 가장 많이 획득한 지역은 경상도이다.
② 울산 지역에서 획득한 메달 및 상의 총점은 800점이다.
③ 전국기능경기대회 결과표에서 메달 및 상 중 동메달 개수가 가장 많다.
④ 메달 한 개당 점수는 금메달은 80점, 은메달은 70점, 동메달은 60점이다.
⑤ 장려상을 획득한 지역 중 금·은·동메달 총 개수가 가장 적은 지역은 대전이다.

정답 ④

메달 및 상별 점수는 다음 표와 같다.

구분	금메달	은메달	동메달	최우수상	우수상	장려상
총 개수(개)	40	31	15	41	26	56
개당 점수(점)	3,200÷40=80	2,170÷31=70	900÷15=60	1,640÷41=40	780÷26=30	1,120÷56=20

따라서 금메달은 80점, 은메달은 70점, 동메달은 60점임을 알 수 있다.

오답분석

① 경상도가 획득한 메달 및 상의 총 개수는 4+8+12=24개이며, 가장 많은 지역은 13+1+22=36개인 경기도이다.
② 울산에서 획득한 메달 및 상의 총점은 (3×80)+(7×30)+(18×20)=810점이다.
③ 표를 참고하면 전국기능경기대회 결과표에서 동메달이 아닌 장려상이 56개로 가장 많다.
⑤ 장려상을 획득한 지역은 대구, 울산, 경기도이며 세 지역 중 금・은・동메달 총 개수가 가장 적은 지역은 금메달만 2개인 대구이다.

풀이 전략!

간단한 선택지부터 해결하기

계산이 필요 없거나 자료를 눈으로만 봐도 해결 가능한 선택지를 먼저 해결한다.

예 ⑤는 계산할 필요 없이 자료만 봐도 풀 수 있는 선택지이므로 가장 먼저 풀이한다.

옳은 것 / 옳지 않은 것 헷갈리지 않게 표시하기

자료해석은 옳은 것 또는 옳지 않은 것을 찾는 문제가 출제된다. 문제마다 매번 바뀌므로 이를 확인하는 것은 매우 중요하다. 따라서 선택지에 표시할 때에도 선택지가 옳지 않은 내용이라서 '×' 표시를 했는지, 옳은 내용이지만 문제가 옳지 않은 것을 찾는 문제라 '×' 표시를 했는지 헷갈리지 않도록 표시 방법을 정해야 한다.

제시된 자료를 통해 계산할 수 있는 값인지 확인하기

제시된 자료만으로 계산할 수 없는 값을 묻는 선택지인지 먼저 판단해야 한다. 문제를 읽고 바로 계산부터 하면 함정에 빠지기 쉽다.

01 다음은 I회사의 구성원을 대상으로 2024년 전 · 후로 가장 선호하는 언론매체를 조사한 결과 자료이다. 이에 대한 설명으로 옳은 것은?

〈2024년 전 · 후로 선호하는 언론매체별 K회사의 구성원 수〉

(단위 : 명)

2024년 이전 \ 2024년 이후	TV	인터넷	라디오	신문
TV	40	55	15	10
인터넷	50	30	10	10
라디오	40	40	15	15
신문	35	20	20	15

① 2024년 이후에 가장 선호하는 언론매체는 인터넷이다.
② 2024년 전 · 후로 가장 선호하지 않는 언론매체는 라디오이다.
③ 2024년 이후에 인터넷을 선호하는 구성원 모두 2022년 이전에도 인터넷을 선호했다.
④ 2024년 이후에 가장 선호하는 언론매체를 신문에서 인터넷으로 바꾼 구성원은 20명이다.
⑤ TV에서 라디오를 선호하게 된 구성원 수는 인터넷에서 라디오를 선호하게 된 구성원 수와 같다.

02 다음은 주요 온실가스의 연평균 농도 변화 추이를 나타낸 자료이다. 이에 대한 설명으로 옳지 않은 것은?

〈주요 온실가스 연평균 농도 변화 추이〉

구분	2018년	2019년	2020년	2021년	2022년	2023년	2024년
이산화탄소 농도(ppm)	387.2	388.7	389.9	391.4	392.5	394.5	395.7
오존전량(DU)	331	330	328	325	329	343	335

① 이산화탄소의 농도는 계속해서 증가하고 있다.
② 오존전량은 계속해서 증가하고 있다.
③ 2024년 오존전량은 2018년 대비 4DU 증가했다.
④ 2024년 이산화탄소의 농도는 2019년 대비 7ppm 증가했다.
⑤ 2024년의 전년 대비 오존전량 감소율은 2.5%p 미만이다.

03 다음은 자동차 생산 · 내수 · 수출 현황에 대한 자료이다. 이에 대한 설명으로 옳지 않은 것은?

〈자동차 생산 · 내수 · 수출 현황〉

(단위 : 대, %)

구분		2020년	2021년	2022년	2023년	2024년
생산	차량 대수	4,086,308	3,826,682	3,512,926	4,271,741	4,657,094
	증감률	(6.4)	(▽6.4)	(▽8.2)	(21.6)	(9.0)
내수	차량 대수	1,219,335	1,154,483	1,394,000	1,465,426	1,474,637
	증감률	(4.7)	(▽5.3)	(20.7)	(5.1)	(0.6)
수출	차량 대수	2,847,138	2,683,965	2,148,862	2,772,107	3,151,708
	증감률	(7.5)	(▽5.7)	(▽19.9)	(29.0)	(13.7)

① 2020년에는 전년 대비 생산, 내수, 수출이 모두 증가했다.
② 내수가 가장 큰 폭으로 증가한 해에는 생산과 수출이 모두 감소했다.
③ 수출이 증가했던 해는 생산과 내수 모두 증가했다.
④ 내수는 증가했지만 생산과 수출이 모두 감소한 해도 있다.
⑤ 생산이 증가했지만 내수나 수출이 감소한 해가 있다.

04 다음은 2019년부터 2024년까지 I국의 인구성장률과 합계출산율에 대한 자료이다. 이에 대한 설명으로 옳지 않은 것은?

〈인구성장률〉

(단위 : %)

구분	2019년	2020년	2021년	2022년	2023년	2024년
인구성장률	0.53	0.46	0.63	0.54	0.45	0.39

〈합계출산율〉

(단위 : 명)

구분	2019년	2020년	2021년	2022년	2023년	2024년
합계출산율	1.297	1.187	1.205	1.239	1.172	1.052

※ 합계출산율 : 가임여성 1명이 평생 낳을 것으로 예상되는 평균 출생아 수

① I국의 인구성장률은 2021년 이후로 계속해서 감소하고 있다.
② 2019년부터 2024년 동안 인구성장률이 가장 낮았던 해는 합계출산율도 가장 낮았다.
③ 2020년과 2021년의 합계출산율과 인구성장률의 전년 대비 증감추이는 동일하다.
④ 2019년부터 2024년 동안 인구성장률과 합계출산율이 두 번째로 높은 해는 모두 2022년이다.
⑤ 2024년의 인구성장률은 2021년 대비 40% 이상 감소했다.

05 다음은 수송부문 대기 중 온실가스 배출량에 대한 자료이다. 이에 대한 설명으로 옳지 않은 것은?

〈수송부문 대기 중 온실가스 배출량〉

(단위 : ppm)

연도	구분	합계	이산화탄소	아산화질소	메탄
2020년	합계	83,617.9	82,917.7	197.6	502.6
	산업 부문	58,168.8	57,702.5	138.0	328.3
	가계 부문	25,449.1	25,215.2	59.6	174.3
2021년	합계	85,343.0	84,626.3	202.8	513.9
	산업 부문	59,160.2	58,686.7	141.4	332.1
	가계 부문	26,182.8	25,939.6	61.4	181.8
2022년	합계	85,014.3	84,306.8	203.1	504.4
	산업 부문	60,030.0	59,553.9	144.4	331.7
	가계 부문	24,984.3	24,752.9	58.7	172.7
2023년	합계	86,338.3	85,632.1	205.1	501.1
	산업 부문	64,462.4	63,936.9	151.5	374.0
	가계 부문	21,875.9	21,695.2	53.6	127.1
2024년	합계	88,261.4	87,547.5	211.0	502.9
	산업 부문	65,491.6	64,973.3	155.9	362.4
	가계 부문	22,769.8	22,574.2	55.1	140.5

① 이산화탄소의 비중은 어느 시기든 상관없이 가장 크다.
② 연도별 가계와 산업 부문의 배출량 차이 값은 2024년에 가장 크다.
③ 연도별 가계와 산업 부문의 배출량 차이 값은 해가 지날수록 지속적으로 증가한다.
④ 해당 기간 동안 온실가스 배출량 총량은 지속적으로 증가하고 있다.
⑤ 모든 시기에서 메탄은 아산화질소보다 항상 많은 양이 배출되고 있다.

06 다음은 I국가의 1차 에너지 소비량 현황 자료이다. 이에 대한 설명으로 옳은 것은?

〈1차 에너지 소비량 현황〉

(단위 : 백만 TOE)

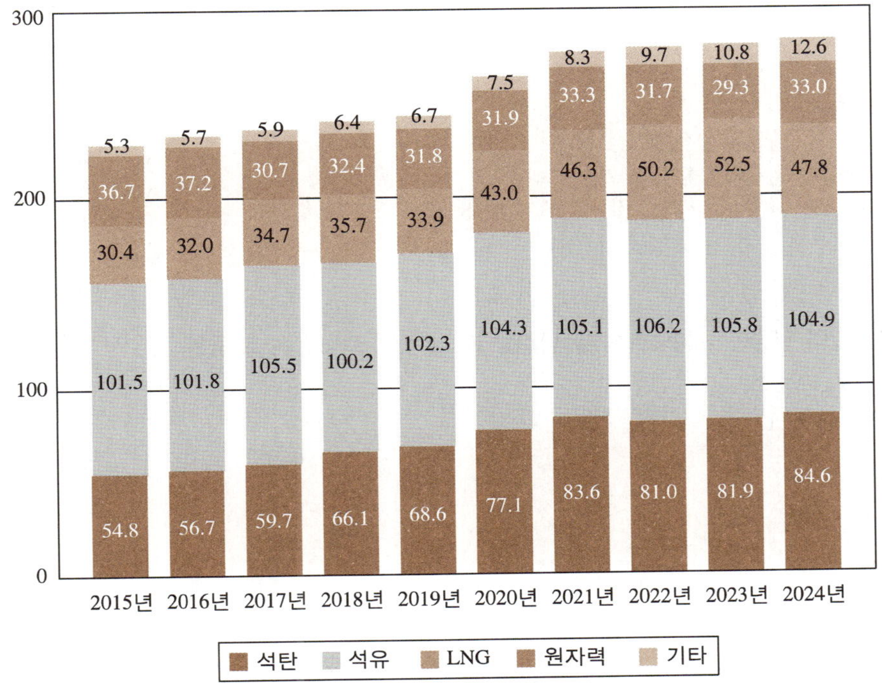

① 매년 석유 소비량이 나머지 에너지 소비량의 합보다 많다.

② 석탄 소비량은 완만한 하락세를 보이고 있다.

③ 기타 에너지 소비량이 지속적으로 감소하는 추세이다.

④ 2016 ~ 2020년 원자력 소비량은 증감을 반복하고 있다.

⑤ 2016 ~ 2020년 LNG 소비량의 증가 추세는 그 정도가 심화되었다.

대표기출유형

04 수열 규칙

| 유형분석 |

- 나열된 수의 규칙을 찾아 해결하는 문제이다.
- 등차·등비수열 등 다양한 수열 규칙에 대한 사전 학습이 요구된다.

다음과 같이 일정한 규칙으로 수를 나열할 때, 빈칸에 들어갈 수로 옳은 것은?

24	60	120	( )	336	504	720

① 190
② 210
③ 240
④ 260
⑤ 280

정답 ②

제시된 수열은 n을 자연수라고 할 때, n항의 값이 $(n+1)\times(n+2)\times(n+3)$인 수열이다.
따라서 ($)=(4+1)\times(4+2)\times(4+3)=5\times6\times7=210$이다.

풀이 전략!

- 수열을 풀이할 때는 다음과 같은 규칙이 적용되는지를 순차적으로 판단한다.
  1) 각 항에 일정한 수를 사칙연산($+$, $-$, $\times$, $\div$)하는 규칙
  2) 홀수 항, 짝수 항 규칙
  3) 피보나치 수열과 같은 계차를 이용한 규칙
  4) 군수열을 활용한 규칙
  5) 항끼리 사칙연산을 하는 규칙

주요 수열 규칙

구분	내용
등차수열	앞의 항에 일정한 수를 더해 이루어지는 수열
등비수열	앞의 항에 일정한 수를 곱해 이루어지는 수열
피보나치 수열	앞의 두 항의 합이 그 다음 항의 수가 되는 수열
건너뛰기 수열	두 개 이상의 수열 또는 규칙이 일정한 간격을 두고 번갈아가며 적용되는 수열
계차수열	앞의 항과 차가 일정하게 증가하는 수열
군수열	일정한 규칙성으로 몇 항씩 묶어 나눈 수열

대표기출유형 04 기출응용문제

※ 다음과 같이 일정한 규칙으로 수를 나열할 때, 빈칸에 들어갈 수로 옳은 것을 고르시오. [1~3]

01

10 8 16 13 39 35 ( )

① 90
② 100
③ 120
④ 140
⑤ 150

02

1 4 13 40 121 ( ) 1,093

① 351
② 363
③ 364
④ 370
⑤ 392

03

0 3 5 10 17 29 48 ( )

① 55
② 60
③ 71
④ 79
⑤ 82

CHAPTER 03
문제해결능력

합격 CHEAT KEY

문제해결능력은 업무를 수행하면서 여러 가지 문제 상황이 발생하였을 때, 창의적이고 논리적인 사고를 통하여 이를 올바르게 인식하고 적절히 해결하는 능력으로, 하위 능력에는 사고력과 문제처리능력이 있다.

문제해결능력은 NCS 기반 채용을 진행하는 대다수의 공사·공단에서 채택하고 있으며, 다양한 자료와 함께 출제되는 경우가 많아 어렵게 느껴질 수 있다. 특히, 난이도가 높은 문제로 자주 출제되기 때문에 다른 영역보다 더 많은 노력이 필요할 수는 있지만 그렇기에 차별화를 할 수 있는 득점 영역이므로 포기하지 말고 꾸준하게 노력해야 한다.

01 질문의 의도를 정확하게 파악하라!

문제해결능력은 문제에서 무엇을 묻고 있는지 정확하게 파악하여 먼저 풀이 방향을 설정하는 것이 가장 효율적인 방법이다. 특히, 조건이 주어지고 답을 찾는 창의적·분석적인 문제가 주로 출제되고 있기 때문에 처음에 정확한 풀이 방향이 설정되지 않는다면 문제를 제대로 풀지 못하게 되므로 첫 번째로 출제 의도 파악에 집중해야 한다.

02 중요한 정보는 반드시 표시하라!

출제 의도를 정확히 파악하기 위해서는 문제의 중요한 정보를 반드시 표시하거나 메모하여 하나의 조건, 단서도 잊고 넘어가는 일이 없도록 해야 한다. 실제 시험에서는 시간의 압박과 긴장감으로 정보를 잘못 적용하거나 잊어버리는 실수가 많이 발생하므로 사전에 충분한 연습이 필요하다.

03 반복 풀이를 통해 취약 유형을 파악하라!

문제해결능력은 특히 시간관리가 중요한 영역이다. 따라서 정해진 시간 안에 고득점을 할 수 있는 효율적인 문제 풀이 방법을 찾아야 한다. 이때, 반복적인 문제 풀이를 통해 자신이 취약한 유형을 파악하는 것이 중요하다. 정확하게 풀 수 있는 문제부터 빠르게 풀고 취약한 유형은 나중에 푸는 효율적인 문제 풀이를 통해 최대한 고득점을 맞는 것이 중요하다.

대표기출유형

01 명제 추론

| 유형분석 |

- 주어진 문장을 토대로 논리적으로 추론하여 참 또는 거짓을 구분하는 문제이다.
- 대체로 연역추론을 활용한 명제 문제가 출제된다.
- 자료를 제시하고 새로운 결과나 자료에 주어지지 않은 내용을 추론해 가는 형식의 문제가 출제된다.

A사원은 다음 사내규정에 따라 비품을 구매하려고 한다. 작년에 가을이 아닌 같은 계절에 가습기와 에어컨을 구매했다면, 어떠한 경우에도 작년 구매 목록에 대한 설명으로 참이 될 수 없는 것은?(단, 가습기는 10만 원 미만, 에어컨은 50만 원 이상이다)

〈사내규정〉

- 매년 10만 원 미만, 10만 원 이상, 30만 원 이상, 50만 원 이상의 비품으로 구분지어 구매 목록을 만든다.
- 매 계절마다 적어도 구매 목록 중 하나는 구매한다.
- 매년 최대 6번까지 구매할 수 있다.
- 한 계절에 같은 가격대의 구매 목록을 2번 이상 구매하지 않는다.
- 두 계절 연속으로 같은 가격대의 구매 목록을 구매하지 않는다.
- 50만 원 이상 구매 목록은 매년 2번 구매한다.
- 봄에 30만 원 이상 구매 목록을 구매한다.

① 봄에 50만 원 이상 구매 목록을 구매하였다.
② 여름에 10만 원 미만 구매 목록을 구매하였다.
③ 여름에 50만 원 이상 구매 목록을 구매하였다.
④ 가을에 30만 원 이상 구매 목록을 구매하였다.
⑤ 겨울에 10만 원 이상 구매 목록을 구매하였다.

정답 ①

다섯 번째와 여섯 번째 규정에 의해 50만 원 이상 구매 목록은 매년 2번 이상 구매해야 하며, 두 계절 연속으로 같은 가격대의 구매 목록을 구매할 수 없다. 가을을 제외한 계절에 50만 원 이상인 에어컨을 구매하였으므로 봄에는 50만 원 이상인 구매 목록을 구매할 수 없다.

풀이 전략!

명제와 관련한 기본적인 논법에 대해서는 미리 학습해 두며, 이를 바탕으로 각 문장에 있는 핵심단어 또는 문구를 기호화하여 정리한 후, 선택지와 비교하여 참 또는 거짓을 판단한다.

대표기출유형 01 기출응용문제

01 출근 후 매일 영양제를 챙겨 먹는 K사원은 요일별로 서로 다른 영양제를 복용한다. 〈조건〉에 따라 평일 오전에 비타민B, 비타민C, 비타민D, 비타민E, 밀크시슬 중 하나씩을 복용한다고 할 때, 다음 중 항상 옳은 것은?

> 조건
> - 밀크시슬은 월요일과 목요일 중에 복용한다.
> - 비타민D는 비타민C를 먹은 날부터 이틀 뒤에 복용한다.
> - 비타민B는 비타민C와 비타민E보다 먼저 복용한다.

① 월요일에는 항상 비타민B를 복용한다.
② 화요일에는 항상 비타민E를 복용한다.
③ 수요일에는 항상 비타민C를 복용한다.
④ 비타민E는 비타민C보다 항상 먼저 복용한다.
⑤ 비타민D는 밀크시슬보다 항상 먼저 복용한다.

02 인사실무 담당자는 ○○정책과 관련된 특별위원회를 구성하면서 ○○과 관련한 외부 전문가를 위촉하려 한다. 현재 거론되고 있는 외부 전문가는 A～F 6명이다. 이 여섯 명의 외부 인사에 대해서 담당자는 다음 〈조건〉을 충족하는 선택을 해야 한다. 만약 B가 위촉되지 않는다면, 몇 명이 위촉되는가?

> 조건
> 1. 만약 A가 위촉되면, B와 C도 위촉되어야 한다.
> 2. 만약 A가 위촉되지 않는다면, D가 위촉되어야 한다.
> 3. 만약 B가 위촉되지 않는다면, C나 E가 위촉되어야 한다.
> 4. 만약 C와 E가 위촉되면, D는 위촉되지 않는다.
> 5. 만약 D나 E가 위촉되면, F도 위촉되어야 한다.

① 1명
② 2명
③ 3명
④ 4명
⑤ 5명

03 I베이커리에서는 A ~ D단체에 우유식빵, 밤식빵, 옥수수식빵, 호밀식빵을 다음 〈조건〉에 따라 한 종류씩 납품하려고 한다. 이때 항상 참인 것은?

조건

- 이전에 납품했던 종류의 빵은 다시 납품할 수 없다.
- 우유식빵과 밤식빵은 A에 납품된 적이 있다.
- 옥수수식빵과 호밀식빵은 C에 납품된 적이 있다.
- 옥수수식빵은 D에 납품된다.

① 우유식빵은 B에 납품된 적이 있다.
② 우유식빵은 C에 납품된 적이 있다.
③ 호밀식빵은 A에 납품될 것이다.
④ 호밀식빵은 D에 납품된 적이 있다.
⑤ 옥수수식빵은 A에 납품된 적이 있다.

04 I대학교의 기숙사에 거주하는 A ~ D는 1층부터 4층에 매년 새롭게 방을 배정받고 있으며, 올해도 방을 배정받는다. 다음 〈조건〉을 참고할 때, 항상 참인 것은?

조건

- 한 번 배정받은 층에는 다시 배정받지 않는다.
- A와 D는 2층에 배정받은 적이 있다.
- B와 C는 3층에 배정받은 적이 있다.
- A와 B는 1층에 배정받은 적이 있다.
- A, B, D는 4층에 배정받은 적이 있다.

① C는 4층에 배정될 것이다.
② D는 3층에 배정받은 적이 있다.
③ C는 1층에 배정받은 적이 있다.
④ C는 2층에 배정받은 적이 있다.
⑤ 기숙사에 3년 이상 산 사람은 A밖에 없다.

05 다음 〈조건〉에 따라 교육부, 행정안전부, 보건복지부, 농림축산식품부, 외교부 및 국방부에 대한 국정감사 순서를 정한다고 할 때, 항상 참인 것은?

조건

- 행정안전부에 대한 감사는 농림축산식품부와 외교부에 대한 감사 사이에 한다.
- 국방부에 대한 감사는 보건복지부와 농림축산식품부에 대한 감사보다 늦게 시작되지만, 외교부에 대한 감사보다 먼저 시작되어야 한다.
- 교육부에 대한 감사는 아무리 늦어도 보건복지부 또는 농림축산식품부 중 적어도 어느 한 부서에 대한 감사보다는 먼저 시작되어야 한다.
- 보건복지부는 농림축산식품부보다 먼저 감사를 시작한다.

① 보건복지부는 두 번째로 감사를 시작한다.
② 외교부보다 늦게 감사를 받는 부서가 있다.
③ 국방부는 행정안전부보다 감사를 일찍 시작한다.
④ 교육부는 첫 번째 또는 두 번째에 감사를 시작한다.
⑤ 농림축산식품부보다 늦게 감사를 받는 부서의 수가 일찍 받는 부서의 수보다 적다.

06 이번 학기에 4개의 강좌 A ~ D가 새로 개설되는데, 강사 갑 ~ 무 중 4명이 한 강좌씩 맡으려 한다. 배정 결과를 궁금해하는 5명은 다음 〈조건〉과 같이 예측했다. 배정 결과를 보니 갑 ~ 무의 진술 중 한 명의 진술만이 거짓이고 나머지는 참임이 드러났을 때, 다음 중 바르게 추론한 것은?

조건

갑 : 을이 A강좌를 담당하고 병은 강좌를 담당하지 않을 것이다.
을 : 병이 B강좌를 담당할 것이다.
병 : 정은 D강좌가 아닌 다른 강좌를 담당할 것이다.
정 : 무가 D강좌를 담당할 것이다.
무 : 을의 말은 거짓일 것이다.

① 갑은 A강좌를 담당한다.
② 을은 C강좌를 담당한다.
③ 병은 강좌를 담당하지 않는다.
④ 정은 D강좌를 담당한다.
⑤ 무는 B강좌를 담당한다.

대표기출유형

02 규칙 적용

| 유형분석 |

- 주어진 상황과 규칙을 종합적으로 활용하여 풀어 가는 문제이다.
- 일정, 비용, 순서 등 다양한 내용을 다루고 있어 유형을 한 가지로 단일화하기 어렵다.

A팀과 B팀은 보안등급 상에 해당하는 문서를 나누어 보관하고 있다. 이에 따라 두 팀은 보안을 위해 아래와 같은 규칙에 따라 각 팀의 비밀번호를 지정하였다. 다음 중 A팀과 B팀에 들어갈 수 있는 암호배열은?

〈규칙〉

- 1 ~ 9까지의 숫자로 (한 자릿수)×(두 자릿수)=(세 자릿수)=(두 자릿수)×(한 자릿수) 형식의 비밀번호로 구성한다.
- 가운데에 들어갈 세 자릿수의 숫자는 156이며 숫자는 중복 사용할 수 없다. 즉, 각 팀의 비밀번호에 1, 5, 6이란 숫자가 들어가지 않는다.

□ × □□ = 156 = □□ × □

A팀 B팀

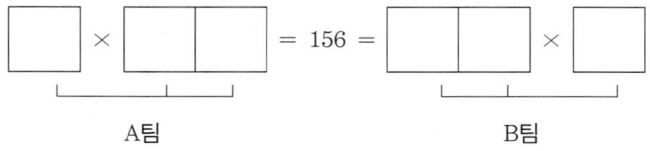

① 23
② 27
③ 29
④ 37
⑤ 39

정답 ⑤

규칙에 따라 사용할 수 있는 숫자는 1, 5, 6을 제외한 나머지 2, 3, 4, 7, 8, 9의 총 6개이다. (한 자릿수)×(두 자릿수)=156이 되는 수를 알기 위해서는 156을 소인수분해하면 된다. $156=2^2\times3\times13$으로 여기서 156이 되는 수의 곱 중에 조건을 만족하는 것은 2×78과 4×39이다. 따라서 선택지 중 A팀 또는 B팀에 들어갈 수 있는 암호배열은 39이다.

풀이 전략!

문제에 제시된 조건이나 규칙을 정확히 파악한 후, 선택지나 상황에 적용하여 문제를 풀어 나간다.

01 다음은 달걀에 표시되는 난각코드에 대한 자료이다. 이를 토대로 할 때, 생산자 고유번호가 'M3FDS'인 농장에서 2023년 8월 23일 이후 생산된 달걀로 볼 수 없는 것은?

〈난각코드〉

- 1단계(2023.04.25.부터) : 생산자 고유번호(5자리) 기재
  ※ 생산자 고유번호는 가축사육업 허가·등록증에 기재된 고유번호
- 2단계(2023.08.23.부터) : 생산자 고유번호(5자리)+사육환경번호(1자리)
  ※ 사육환경번호

1	2	3	4
방사사육 (1.1m^2/마리)	축사 내 평사 (0.1m^2/마리)	개선된 케이지 (0.075m^2/마리)	기존 케이지 (0.05m^2/마리)

- 3단계(2024.02.23.부터) : 산란일자(4자리)+생산자 고유번호(5자리)+사육환경번호(1자리)
  ※ 산란일은 '△△○○(월일)'의 방법으로 표시(예 10월 2일 – 1002)
  ※ 달걀 껍데기 표시를 1줄로 표시하기 어려운 경우 2줄로 표시 가능

① M3FDS
② M3FDS1
③ 0324M3FDS1
④ 0405M3FDS2
⑤ 0405M3FDS2

02 각 도형의 위치와 그 좌표를 읽는 방법이 다음과 같을 때, 그림에 대한 좌표로 옳은 것은?

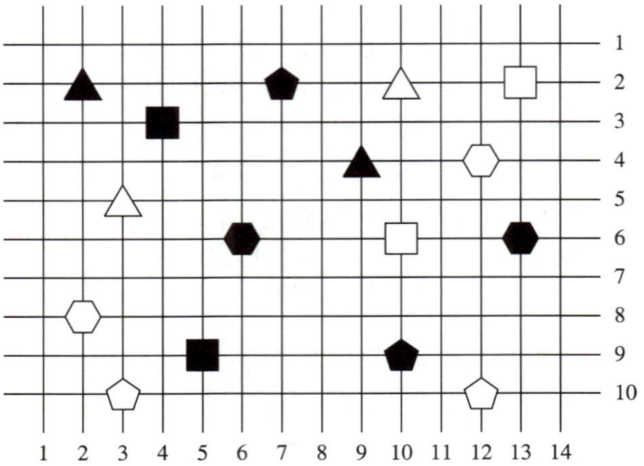

- W는 White, B는 Black이다.
- 알파벳 뒤의 숫자는 도형의 각의 개수이다.
- 좌표는 도형이 위치해 있는 열과 행을 가리킨다.

① W3(3, 6)
② B3(8, 4)
③ W5(13, 6)
④ B6(2, 8)
⑤ W6(12, 4)

03 다음 〈조건〉을 토대로 〈보기〉를 계산한 값은?

조건

연산자 A, B, C, D는 다음과 같이 정의한다.

- A : 좌우에 있는 두 수를 더한다. 단, 더한 값이 10 미만이면 좌우에 있는 두 수를 곱한다.
- B : 좌우에 있는 두 수 가운데 큰 수에서 작은 수를 뺀다. 단, 두 수가 같거나 뺀 값이 10 미만이면 두 수를 곱한다.
- C : 좌우에 있는 두 수를 곱한다. 단, 곱한 값이 10 미만이면 좌우에 있는 두 수를 더한다.
- D : 좌우에 있는 두 수 가운데 큰 수를 작은 수로 나눈다. 단, 두 수가 같거나 나눈 값이 10 미만이면 두 수를 곱한다.

※ 연산은 '( )', '{ }'의 순으로 함

보기

{(1 A 5) B (3 C 4)} D 6

① 10
② 12
③ 90
④ 210
⑤ 360

※ 김대리는 사내 메신저의 보안을 위해 암호화 규칙을 만들어 동료들과 대화하기로 하였다. 이어지는 질문에 답하시오. **[4~5]**

〈암호화 규칙〉

- 한글 자음은 사전 순서에 따라 바로 뒤의 한글 자음으로 변환한다.
  예 ㄱ → ㄴ … ㅎ → ㄱ
- 쌍자음의 경우 자음 두 개로 풀어 표기한다.
  예 ㄲ → ㄴㄴ
- 한글 모음은 사전 순서에 따라 알파벳 a, b, c …로 변환한다.
  예 ㅏ → a, ㅐ → b … ㅢ → t, ㅣ → u
- 겹받침의 경우 풀어 표기한다.
  예 맑다 → ㅂaㅁㄴㄹa
- 공백은 0으로 표현한다.

04 메신저를 통해 김대리가 오늘 점심 메뉴로 'ㄴuㅂㅋuㅊㅊuㄴb'를 먹자고 했을 때, 김대리가 말한 메뉴는?

① 김치김밥
② 김치찌개
③ 계란말이
④ 된장찌개
⑤ 부대찌개

05 김대리는 이번 주 금요일에 사내 워크숍에서 사용할 조별 구호를 '존중과 배려'로 결정하였고, 메신저를 통해 조원들에게 알리려고 한다. 다음 중 김대리가 전달할 구호를 암호화 규칙에 따라 바르게 변환한 것은?

① ㅊiㄷㅊuㅈㄴjㅅbㅁg
② ㅊiㄷㅊnㅈㄴjㅅbㅁg
③ ㅊiㄷㅊnㅈㄴj0ㅅbㅁg
④ ㅊiㄷㅊnㅈㄴia0ㅅbㅁg
⑤ ㅊiㄷㅊuㅈㄴia0ㅅbㅁg

대표기출유형

03 SWOT 분석

| 유형분석 |

- 상황에 대한 환경 분석 결과를 통해 주요 과제를 도출하는 문제이다.
- 주로 3C 분석 또는 SWOT 분석을 활용한 문제들이 출제되고 있으므로 해당 분석도구에 대한 사전 학습이 요구된다.

다음은 어느 분식점에 대한 SWOT 분석 결과이다. 이에 대한 대응 방안으로 가장 적절한 것은?

〈SWOT 분석 결과〉

S(강점)	W(약점)
• 좋은 품질의 재료만 사용 • 청결하고 차별화된 이미지	• 타 분식점에 비해 한정된 메뉴 • 배달서비스를 제공하지 않음
O(기회)	**T(위협)**
• 분식점 앞에 곧 학교가 들어설 예정 • 최근 TV프로그램 섭외 요청을 받음	• 프랜차이즈 분식점들로 포화상태 • 저렴한 길거리 음식으로 취급하는 경향이 있음

① ST전략 : 비싼 재료들을 사용하여 가격을 올려 저렴한 길거리 음식이라는 인식을 바꾼다.
② WT전략 : 다른 분식점들과 차별화된 전략을 유지하기 위해 배달서비스를 시작한다.
③ SO전략 : TV프로그램에 출연해 좋은 품질의 재료만 사용한다는 점을 부각시킨다.
④ WO전략 : TV프로그램 출연용으로 다양한 메뉴를 일시적으로 개발한다.
⑤ WT전략 : 포화 상태의 시장에서 살아남기 위해 다른 가게보다 저렴한 가격으로 판매한다.

정답 ③

SO전략은 강점을 살려 기회를 포착하는 전략이므로 TV프로그램에 출연하여 좋은 품질의 재료만 사용한다는 점을 홍보하는 것이 가장 적절하다.

풀이 전략!

문제에 제시된 분석도구를 확인한 후, 분석 결과를 종합적으로 판단하여 각 선택지의 전략 과제와 일치 여부를 판단한다.

01 다음은 I공사의 국내 원자력 산업에 대한 SWOT 분석 결과이다. 이를 토대로 경영 전략을 세웠을 때, 〈보기〉에서 적절하지 않은 것을 모두 고르면?

〈국내 원자력 산업에 대한 SWOT 분석 결과〉

구분	분석 결과
강점(Strength)	• 우수한 원전 운영 기술력 • 축적된 풍부한 수주 실적
약점(Weakness)	• 낮은 원전해체 기술 수준 • 안전에 대한 우려
기회(Opportunity)	• 해외 원전수출 시장의 지속적 확대 • 폭염으로 인한 원전 효율성 및 필요성 부각
위협(Threat)	• 현 정부의 강한 탈원전 정책 기조

보기

ㄱ. 뛰어난 원전 기술력을 바탕으로 동유럽 원전수출 시장에서 우위를 점하는 것은 SO전략으로 적절하다.

ㄴ. 안전성을 제고하여 원전 운영 기술력을 향상시키는 것은 WO전략으로 적절하다.

ㄷ. 우수한 기술력과 수주 실적을 바탕으로 국내 원전 사업을 확장하는 것은 ST전략으로 적절하다.

ㄹ. 안전에 대한 우려가 있는 만큼 안전점검을 강화하고 당분간 정부의 탈원전 정책 기조에 협조하는 것은 WT전략으로 적절하다.

① ㄱ, ㄴ
② ㄱ, ㄷ
③ ㄴ, ㄷ
④ ㄴ, ㄹ
⑤ ㄷ, ㄹ

02 다음은 어느 1인 미용실에 대한 SWOT 분석 결과이다. 이를 토대로 적절한 대응 방안은?

〈미용실에 대한 SWOT 분석 결과〉

S(강점)	W(약점)
• 뛰어난 실력으로 미용대회에서 여러 번 우승한 경험이 있다. • 인건비가 들지 않아 저렴한 가격으로 서비스를 제공한다.	• 한 명이 운영하는 가게라 동시에 많은 손님을 받을 수 없다. • 홍보가 미흡하다.
O(기회)	**T(위협)**
• 바로 옆에 유명한 프랜차이즈 레스토랑이 생겼다. • 미용실을 위한 소셜 네트워크 예약 서비스가 등장했다.	• 소셜 커머스를 활용하여 주변 미용실들이 열띤 가격경쟁을 펼치고 있다. • 대규모 프랜차이즈 미용실들이 잇따라 등장하고 있다.

① ST전략 : 여러 번 대회에서 우승한 경험을 가지고 가맹점을 낸다.

② WT전략 : 여러 명의 직원을 고용해 오히려 가격을 올리는 고급화 전략을 펼친다.

③ WT전략 : 한 명의 전문 인력이 운영하는 미용실이라는 특색으로 가격을 올리는 고급화 전략을 펼친다.

④ SO전략 : 소셜 네트워크 예약 서비스를 이용해 방문한 사람들에게만 저렴한 가격에 서비스를 제공한다.

⑤ WO전략 : 유명한 프랜차이즈 레스토랑과 연계하여 홍보물을 비치한다.

03 다음 중 SWOT 분석에 대한 설명으로 적절하지 않은 것은?

〈SWOT 분석〉

강점, 약점, 기회, 위협요인을 분석·평가하고 이들을 서로 연관 지어 전략을 개발하고 문제해결 방안을 개발하는 방법이다.

	강점 (Strengths)	약점 (Weaknesses)
기회 (Opportunities)	SO	WO
위협 (Threats)	ST	WT

① 강점과 약점은 외부 환경요인에 해당하며, 기회와 위협은 내부 환경요인에 해당한다.

② SO전략은 강점을 살려 기회를 포착하는 전략을 의미한다.

③ ST전략은 강점을 살려 위협을 회피하는 전략을 의미한다.

④ WO전략은 약점을 보완하여 기회를 포착하는 전략을 의미한다.

⑤ WT전략은 약점을 보완하여 위협을 회피하는 전략을 의미한다.

04 다음 수제 초콜릿에 대한 분석 기사를 읽고 SWOT 분석에 의한 마케팅 전략을 진행하고자 할 때, 다음 중 마케팅 전략에 해당하지 않은 것은?

> 오늘날 식품 시장을 보면 원산지와 성분이 의심스러운 제품들로 넘쳐 납니다. 이로 인해 소비자들은 고급스럽고 안전한 먹거리를 찾고 있습니다. 우리의 수제 초콜릿은 이러한 요구를 완벽하게 충족시켜주고 있습니다. 풍부한 맛, 고급 포장, 모양, 건강상의 혜택, 강력한 스토리텔링 모두 높은 품질을 원하는 소비자들의 요구를 충족시키는 것입니다. 사실 수제 초콜릿을 만드는 데는 비용이 많이 듭니다. 각종 장비 및 유지·보수에서부터 값비싼 포장과 유통 업체의 높은 수익을 보장해주다 보면 초콜릿을 생산하는 업체에게 남는 이익은 많지 않습니다. 또한 수제 초콜릿의 존재 자체를 많은 사람들이 알지 못하는 상황입니다. 하지만 보다 좋은 식품에 대한 인기가 높아짐에 따라 더 많은 업체들이 수제 초콜릿을 취급하기를 원하고 있습니다. 따라서 수제 초콜릿은 일반 초콜릿보다 더 높은 가격으로 판매될 수 있을 것입니다. 현재 초콜릿을 대량으로 생산하는 대형 기업들은 자신들의 일반 초콜릿과 수제 초콜릿의 차이를 줄이는 데 최선을 다하고 있습니다. 그리고 직접 맛을 보기 전에는 일반 초콜릿과 수제 초콜릿의 차이를 알 수 없기 때문에 소비자들은 굳이 초콜릿에 더 많은 돈을 지불해야 하는 이유를 알지 못할 수 있습니다. 따라서 수제 초콜릿의 효과적인 마케팅 전략이 필요합니다.

〈SWOT 분석에 의한 마케팅 전략〉

- SO전략(강점 – 기회전략) : 강점을 살려 기회를 포착
- ST전략(강점 – 위협전략) : 강점을 살려 위협을 회피
- WO전략(약점 – 기회전략) : 약점을 보완하여 기회를 포착
- WT전략(약점 – 위협전략) : 약점을 보완하여 위협을 회피

① 수제 초콜릿을 고급 포장하여 수제 초콜릿의 스토리텔링을 더 살려보는 것은 어떨까?

② 수제 초콜릿의 스토리텔링을 포장에 명시한다면 소비자들이 믿고 구매할 수 있을 거야.

③ 수제 초콜릿의 마케팅을 강화하는 방법으로 수제 초콜릿의 차이를 알려 대기업과의 경쟁에서 이겨야겠어.

④ 전문가의 의견을 통해 수제 초콜릿의 풍부한 맛을 알리는 동시에 일반 초콜릿과 맛의 차이도 알려야겠어.

⑤ 수제 초콜릿의 값비싸고 과장된 포장을 바꾸고, 그 비용으로 안전하고 맛있는 수제 초콜릿을 홍보하면 어떨까?

대표기출유형

04 자료 해석

| 유형분석 |

- 주어진 자료를 해석하고 활용하여 풀어가는 문제이다.
- 꼼꼼하고 분석적인 접근이 필요한 다양한 자료들이 출제된다.

I사 인사팀 직원인 A씨는 사내 설문조사를 통해 요즘 사람들이 연봉보다는 일과 삶의 균형을 더 중요시하고 직무의 전문성을 높이고 싶어 한다는 결과를 도출했다. 다음 중 설문조사 결과와 I사 임직원의 근무여건에 대한 자료를 참고하여 인사제도를 합리적으로 변경한 것은?

〈임직원 근무여건〉

구분	주당 근무 일수(평균)	주당 근무시간(평균)	직무교육 여부	퇴사율
정규직	6일	52시간 이상	○	17%
비정규직 1	5일	40시간 이상	○	12%
비정규직 2	5일	20시간 이상	×	25%

① 정규직의 연봉을 7% 인상한다.
② 정규직을 비정규직으로 전환한다.
③ 비정규직 1의 직무교육을 비정규직 2와 같이 조정한다.
④ 비정규직 2의 근무 일수를 정규직과 같이 조정한다.
⑤ 정규직의 주당 근무시간을 비정규직 1과 같이 조정하고 비정규직 2의 직무교육을 시행한다.

정답 ⑤

정규직의 주당 근무시간을 비정규직 1과 같이 줄여 근무여건을 개선하고, 퇴사율이 가장 높은 비정규직 2의 직무교육을 시행하여 퇴사율을 줄이는 것이 가장 적절하다.

오답분석

① 설문조사 결과에서 연봉보다는 일과 삶의 균형을 더 중요시한다고 하였으므로 연봉이 상승하는 것은 퇴사율에 영향을 미치지 않음을 추론할 수 있다.
② 정규직을 비정규직으로 전환하는 것은 고용의 안정성을 낮추어 퇴사율을 더욱 높일 수 있다.
③ 직무교육을 하지 않는 비정규직 2보다 직무교육을 하는 정규직과 비정규직 1의 퇴사율이 더 낮기 때문에 적절하지 않다.
④ 비정규직 2의 주당 근무 일수를 정규직과 같이 조정하면 주 6일 20시간을 근무하게 되어 비효율적인 업무를 수행한다.

풀이 전략!

문제해결을 위해 필요한 정보가 무엇인지 먼저 파악한 후, 제시된 자료를 분석적으로 읽고 해석한다.

01 S사원은 I회사 영업부에 근무 중이다. 최근 잦은 영업활동으로 인해 자가용의 필요성을 느낀 S사원은 경제적 효율성을 따져 효율성이 가장 높은 중고차를 매입하려고 한다. 경제적 효율성이 높고, 외부 손상이 없는 중고차를 매입하려고 할 때, S사원이 매입할 자동차는?(단, 효율성은 소수점 셋째 자리에서 반올림한다)

〈A ~ E자동차의 연료 및 연비〉

(단위 : km/L)

구분	연료	연비
A자동차	휘발유	11
B자동차	휘발유	12
C자동차	경유	14
D자동차	경유	13
E자동차	LPG	7

〈연료별 가격〉

(단위 : 원/L)

연료	휘발유	경유	LPG
리터당 가격	2,000	1,500	900

〈A ~ E자동차의 기존 주행거리 및 상태〉

(단위 : km)

구분	주행거리	상태
A자동차	51,000	손상 없음
B자동차	44,000	외부 손상
C자동차	29,000	손상 없음
D자동차	31,000	손상 없음
E자동차	33,000	내부 손상

※ $[\text{경제적 효율성}(\%)]=\left[\frac{(\text{리터당 가격})}{(\text{연비})\times 500}+\frac{10{,}000}{(\text{주행거리})}\right]\times 100$

① A자동차
② B자동차
③ C자동차
④ D자동차
⑤ E자동차

02 정부에서 I시에 새로운 도로를 건설할 계획을 발표하였으며, 이에 따라 A～C의 세 가지 노선이 제시되었다. 각 노선의 총 길이는 터널구간, 교량구간, 일반구간으로 구성되며, 추후 도로가 완공되면 연간 평균 차량통행량이 2백만 대일 것으로 추산된다. 다음은 각 노선의 구성과 건설비용, 환경·사회손실비용을 나타낸 자료일 때, 이에 대한 설명으로 옳지 않은 것은?(단, 도로는 15년 동안 유지할 계획이다)

〈노선별 구성 및 비용 관련 자료〉

구분		A노선	B노선	C노선	1km당 건설비용
건설비용	터널구간	1.0km	0km	0.5km	1,000억 원
	교량구간	0.5km	0km	1km	200억 원
	일반구간	8.5km	20km	13.5km	100억 원
환경손실비용		15억 원/년	5억 원/년	10억 원/년	–
사회손실비용		차량 한 대가 10km를 운행할 경우 1,000원 비용발생			–

※ (건설비용)=(각 구간 길이)×(1km당 건설비용)

※ (사회손실비용)=(노선 길이)×$\frac{1,000원}{10km}$×(연간 평균 차량 통행량)×(유지 연수)

① 건설비용만 따져볼 때는 A노선이 최적의 대안이다.

② B노선의 길이가 가장 길기 때문에 사회손실비용이 가장 많이 발생한다.

③ 환경손실비용만 보았을 때, A노선은 B노선의 3배에 이르는 비용이 든다.

④ 건설비용과 사회손실비용을 함께 고려하면 C노선이 가장 적합하다.

⑤ 건설비용과 사회·환경손실비용을 모두 고려하면 A노선과 B노선에 드는 비용의 차이는 200억 원이다.

03 부산에 사는 어느 고객이 버스터미널에서 근무하는 A씨에게 버스 정보에 대해 문의를 해왔다. 〈보기〉의 대화에서 A씨가 고객에게 바르게 안내한 것을 모두 고르면?

〈부산 버스터미널〉

도착지	서울 종합 버스터미널
출발 시간	매일 15분 간격(06:00 ~ 23:00)
소요 시간	4시간 30분 소요
운행 요금	우등 29,000원 / 일반 18,000원

〈부산 동부 버스터미널〉

도착지	서울 종합 버스터미널
출발 시간	06:30, 08:15, 13:30, 17:15, 19:30
소요 시간	4시간 30분 소요
운행 요금	우등 30,000원 / 일반 18,000원

※ 도로 교통 상황에 따라 소요 시간에 차이가 있을 수 있음

보기

고객 : 안녕하세요. 제가 서울에 볼일이 있어 버스를 타고 가려고 하는데요. 어떻게 하면 되나요?

(가) : 네, 고객님 부산에서 서울로 출발하는 버스터미널은 부산 버스터미널과 부산 동부 버스터미널이 있는데요. 고객님 댁이랑 어느 터미널이 더 가깝나요?

고객 : 부산 동부 버스터미널이 더 가까운 것 같아요.

(나) : 부산 동부 버스터미널보다 부산 버스터미널에 더 많은 버스들이 배차되고 있거든요. 새벽 6시부터 밤 11시까지 15분 간격으로 운행되고 있으니 부산 버스터미널을 이용하시는 것이 좋을 것 같습니다.

고객 : 그럼 서울에 1시까지는 도착해야 하는데 몇 시 버스를 이용하는 것이 좋을까요?

(다) : 부산에서 서울까지 4시간 30분 정도 소요되므로 1시 이전에 여유 있게 도착하시려면 오전 8시 또는 8시 15분 출발 버스를 이용하시면 될 것 같습니다.

고객 : 4시간 30분보다 더 소요되는 경우도 있나요?

(라) : 네, 도로 교통 상황에 따라 소요 시간에 차이가 있을 수 있습니다.

고객 : 그럼 운행 요금은 어떻게 되나요?

(마) : 부산 버스터미널 출발 서울 종합 버스터미널 도착 운행 요금은 29,000원입니다.

① (가), (나)
② (가), (다)
③ (가), (다), (라)
④ (다), (라), (마)
⑤ (나), (다), (라), (마)

04 다음은 국민행복카드에 대한 자료이다. 〈보기〉에서 국민행복카드에 대한 설명으로 옳지 않은 것을 모두 고르면?

- 국민행복카드

  '보육료', '유아학비', '건강보험 임신·출산 진료비 지원', '청소년산모 임신·출산 의료비 지원' 및 '사회서비스 전자바우처' 등 정부의 여러 바우처 지원을 공동으로 이용할 수 있는 통합카드입니다. 국민행복카드로 어린이집·유치원 어디서나 사용이 가능합니다.

- 발급방법

  [온라인]
  - 보조금 신청 : 정부 보조금을 신청하면 어린이집 보육료와 유치원 유아학비 인증이 가능합니다.
  - 보조금 신청서 작성 및 제출 : 복지로 홈페이지
  - 카드 발급 : 5개 카드사 중 원하시는 카드사를 선택해 발급받으시면 됩니다.
    ※ 연회비는 무료
  - 카드 발급처 : 복지로 홈페이지, 임신육아종합포털 아이사랑, 5개 제휴카드사 홈페이지

  [오프라인]
  - 보조금 신청 : 정부 보조금을 신청하면 어린이집 보육료와 유치원 유아학비 인증이 가능합니다.
  - 보조금 신청서 작성 및 제출 : 읍면동 주민센터
  - 카드 발급 : 5개 제휴카드사
    ※ 연회비는 무료
  - 카드 발급처 : 읍면동 주민센터, 해당 카드사 지점
    ※ 어린이집 ↔ 유치원으로 기관 변경 시에는 복지로 홈페이지 또는 읍면동 주민센터에서 반드시 보육료·유아학비 자격변경 신청이 필요

보기

ㄱ. 국민행복카드 신청을 위한 보육료 및 학비 인증을 위해서는 별도 절차 없이 정부 보조금 신청을 하면 된다.

ㄴ. 온라인이나 오프라인 둘 중 어떤 발급경로를 선택하더라도 연회비는 무료이다.

ㄷ. 국민행복카드 신청을 위한 보조금 신청서는 읍면동 주민센터, 복지로 또는 카드사의 홈페이지에서 작성할 수 있으며 작성처에 제출하면 된다.

ㄹ. 오프라인으로 신청한 경우, 카드를 발급받기 위해서는 읍면동 주민센터 또는 전국 은행 지점을 방문하여야 한다.

① ㄱ, ㄴ
② ㄱ, ㄷ
③ ㄴ, ㄷ
④ ㄴ, ㄹ
⑤ ㄷ, ㄹ

05 I공사에서 새로운 기계를 구매하기 위해 검토 중이라는 소문을 B사 영업사원인 귀하가 입수했다. I공사 구매 담당자는 공사 방침에 따라 실속(가격)이 최우선이며 그다음이 품격(디자인)이고 구매하려는 기계의 제작사들이 비슷한 기술력을 가지고 있기 때문에 성능은 다 같다고 생각하고 있다. 따라서 사후관리(A/S)를 성능보다 우선시하고 있다고 한다. 귀하는 오늘 경쟁사와 자사 기계에 대한 종합 평가서를 참고하여 I공사의 구매 담당자를 설득시킬 계획이다. 귀하가 할 수 있는 설명으로 적절하지 않은 것은?

〈종합 평가서〉

구분	A사	B사	C사	D사	E사	F사
성능(높은 순)	1	4	2	3	6	5
디자인(평가가 좋은 순)	3	1	2	4	5	6
가격(낮은 순)	1	3	5	6	4	2
A/S 특징(신속하고 철저한 순)	6	2	5	3	1	4

※ 숫자는 순위를 나타냄

① A사 제품은 가격은 가장 저렴하나 A/S가 늦고 철저하지 않습니다. 우리 제품을 사면 제품 구매 비용은 A사보다 많이 들어가나 몇 년 운용을 해보면 실제 A/S 지체 비용으로 인한 손실액이 A사보다 적기 때문에 실제로 이익입니다.

② C사 제품보다는 우리 회사 제품이 가격이나 디자인 면에서 우수하고 A/S 또한 빠르고 정확하기 때문에 비교할 바가 안 됩니다. 성능이 우리 것보다 조금 낫다고는 하나 사실 이 기계의 성능은 서로 비슷하기 때문에 우리 회사 제품이 월등하다고 볼 수 있습니다.

③ D사 제품은 먼저 가격에서나 디자인 그리고 A/S에서 우리 제품을 따라올 수 없습니다. 성능도 엇비슷하기 때문에 결코 우리 회사 제품과 견줄 것이 못 됩니다.

④ E사 제품은 A/S 면에서 가장 좋은 평가를 받고 있으나 성능 면에서 가장 뒤처지기 때문에 고려할 가치가 없습니다. 특히 A/S가 잘되어 있다면 오히려 성능이 뒤떨어져서 일어나는 사인이기 때문에 재고할 가치가 없습니다.

⑤ F사 제품은 우리 회사 제품보다 가격은 저렴하지만 A/S나 디자인 면에서 우리 제품이 더 좋은 평가를 받고 있으므로 우리 회사 제품이 더 뛰어납니다.

PART 1

CHAPTER 04 정보능력

합격 CHEAT KEY

정보능력은 업무를 수행함에 있어 기본적인 컴퓨터를 활용하여 필요한 정보를 수집 · 분석 · 활용하는 능력으로, 업무와 관련된 정보를 수집하고, 이를 분석하여 의미 있는 정보를 얻는 능력을 의미한다. 세부 유형은 컴퓨터 활용, 정보 처리로 나눌 수 있다.

01 평소에 컴퓨터 활용 스킬을 틈틈이 익히라!

윈도우(OS)에서 어떠한 설정을 할 수 있는지, 응용프로그램(엑셀 등)에서 어떠한 기능을 활용할 수 있는지를 평소에 직접 사용해 본다면 문제를 보다 수월하게 해결할 수 있다. 여건이 된다면 컴퓨터 활용 능력에 관련된 자격증 공부를 하는 것도 이론과 실무를 익히는 데 도움이 될 것이다.

02 문제의 규칙을 찾는 연습을 하라!

일반적으로 코드체계나 시스템 논리체계를 제공하고 이를 분석하여 문제를 해결하는 유형이 출제된다. 이러한 문제는 문제해결능력과 같은 맥락으로 규칙을 파악하여 접근하는 방식으로 연습이 필요하다.

03 현재 보고 있는 그 문제에 집중하라!

정보능력의 모든 것을 공부하려고 한다면 양이 너무나 방대하다. 그렇기 때문에 수험서에서 본인이 현재 보고 있는 문제들을 집중적으로 공부하고 기억하려고 해야 한다. 그러나 엑셀의 함수 수식, 연산자 등 암기를 필요로 하는 부분들은 필수적으로 암기를 해서 출제가 되었을 때 오답률을 낮출 수 있도록 한다.

04 사진 · 그림을 기억하라!

컴퓨터 활용 능력을 파악하는 영역이다 보니 컴퓨터 속 옵션, 기능, 설정 등의 사진 · 그림이 문제에 같이 나오는 경우들이 있다. 그런 부분들은 직접 컴퓨터를 통해서 하나하나 확인을 하면서 공부한다면 더 기억에 잘 남게 된다. 조금 귀찮더라도 한 번씩 클릭하면서 확인해 보도록 한다.

대표기출유형

01 정보 이해

| 유형분석 |

- 정보능력 전반에 대한 이해를 확인하는 문제이다.
- 정보능력 이론이나 새로운 정보 기술에 대한 문제가 자주 출제된다.

다음 중 SSD와 HDD를 비교한 내용으로 옳지 않은 것은?

① SSD는 HDD에 비해 전력 소모량이 적고 발열이 적다.

② 장기간 데이터를 보존하려면 SSD보다 HDD가 더 유리하다.

③ SSD는 기계적인 방식을 사용하여 데이터를 읽고 쓰는 반면, HDD는 전기적인 방식으로 데이터를 저장한다.

④ 일반적으로 SSD는 보다 신속한 데이터 접근 속도를 제공하지만, HDD는 더 큰 저장 용량을 제공한다.

⑤ SSD는 내구성이 높아 충격이나 진동에 덜 민감하지만, HDD는 이에 민감하여 외부 충격에 의해 데이터가 손실될 수 있다.

정답 ③

SSD(Solid State Drive)는 전기적인 방식으로 데이터를 읽고 쓰는 반면, HDD(Hard Disk Drive)는 기계적인 방식으로 자기 디스크를 돌려서 데이터를 읽고 쓴다.

오답분석

① SSD는 HDD에 비해 전력 소모량과 발열이 적다.

② 기계적 방식인 HDD는 전기 공급이 없어도 데이터를 보존할 수 있기 때문에 장기간 데이터 보존에 유리하다. 반면 전기적 방식인 SSD는 오랜 기간 전원 공급 없이 방치하면 데이터 유실이 일어난다.

④ 일반적으로 SSD는 신속한 데이터 접근 속도를 제공하며, HDD는 더 큰 저장 용량을 제공한다.

⑤ SSD는 내구성이 높아 충격이나 진동에 덜 민감하지만, HDD는 외부 충격에 의한 데이터 손실 가능성이 비교적 높다.

풀이 전략!

자주 출제되는 정보능력 이론을 확인하고, 확실하게 암기해야 한다. 특히 새로운 정보 기술이나 컴퓨터 전반에 대해 관심을 가지는 것이 좋다.

대표기출유형 01 기출응용문제

01 **다음 중 정보처리 절차에 대한 설명으로 옳지 않은 것은?**

① 정보 활용 시에는 합목적성 외에도 합법성이 고려되어야 한다.
② 정보처리는 기획 – 수집 – 활용 – 관리의 순서로 이루어진다.
③ 다양한 정보원으로부터 목적에 적합한 정보를 수집해야 한다.
④ 정보 관리 시에 고려하여야 할 3요소는 목적성, 용이성, 유용성이다.
⑤ 정보의 기획은 정보의 입수대상, 주제, 목적 등을 고려하여 전략적으로 이루어져야 한다.

02 **다음 중 정보의 전략적 기획에 대한 설명으로 옳지 않은 것은?**

① 전략적 기획은 정보 수집을 수행하기 이전에 이루어진다.
② 언제까지 정보를 수집하여야 하는지 기한도 계획하여야 한다.
③ 수집 정보의 품질뿐 아니라 정보 수집의 비용성도 고려되어야 한다.
④ 정보의 전략적 기획은 정보 수집 원천을 파악하는 과정을 포함한다.
⑤ 폭넓은 정보 수집을 위해 정보수집의 대상과 종류 등은 포괄적으로 지정할수록 좋다.

03 **학원에서 자연어처리(NLP)에 대해 배우고 있는 희영이는 간단한 실습 과제를 수행하는 중이다. 다음 글을 통해 희영이는 자연어처리 과정 중 어떤 단계를 수행하는 중인가?**

> 희영이는 프로그램이 잘 돌아가는지 확인하기 위해 시험 삼아 '나는 밥을 먹는다.'를 입력해 보았다. 그 결과, "나/NP 는/JXS 밥/NNG 을/JKO 먹/VV 는다/EFN ./SF"가 출력되었다.

① 형태소 분석
② 구문 분석
③ 의미 분석
④ 특성 추출
⑤ 단어 분석

02 엑셀 함수

| 유형분석 |

- 컴퓨터 활용과 관련된 상황에서 문제를 해결하기 위한 행동이 무엇인지 묻는 문제이다.
- 주로 업무수행 중에 많이 활용되는 대표적인 엑셀 함수(COUNTIF, ROUND, MAX, SUM, COUNT, AVERAGE, …)가 출제된다.
- 종종 엑셀시트를 제시하여 각 셀에 들어갈 함수식이 무엇인지 고르는 문제가 출제되기도 한다.

다음 시트에 제시된 함수식의 결괏값으로 옳지 않은 것은?

	A	B	C	D	E	F
1						
2		120	200	20	60	
3		10	60	40	80	
4		50	60	70	100	
5						
6		함수식			결괏값	
7		=MAX(B2:E4)			A	
8		=MODE(B2:E4)			B	
9		=LARGE(B2:E4,3)			C	
10		=COUNTIF(B2:E4,E4)			D	
11		=ROUND(B2,−1)			E	
12						

① A=200　② B=60
③ C=100　④ D=1
⑤ E=100

정답 ⑤

ROUND 함수는 지정한 자릿수를 반올림하는 함수이다. 함수식에서 '−1'은 일의 자리를 뜻하며, '−2'는 십의 자리를 뜻한다. 여기서 '−' 기호를 빼면 소수점 자리로 인식한다. 따라서 일의 자리를 반올림하기 때문에 결괏값은 120이다.

풀이 전략!

제시된 상황에서 사용할 엑셀 함수가 무엇인지 파악한 후, 선택지에서 적절한 함수식을 골라 식을 만들어야 한다. 평소 대표적으로 문제에 자주 출제되는 몇몇 엑셀 함수를 익혀두면 풀이시간을 단축할 수 있다.

01 다음 시트에서 작성한 수식 「=INDEX(A3:E9, MATCH(SMALL(B3:B9, 2), B3:B9, 0), 5)」의 결괏값으로 옳은 것은?

	A	B	C	D	E
1					(단위 : 개, 원)
2	상품명	판매수량	단가	판매금액	원산지
3	참외	5	2,000	10,000	대구
4	바나나	12	1,000	12,000	서울
5	감	10	1,500	15,000	부산
6	포도	7	3,000	21,000	대전
7	사과	20	800	16,000	광주
8	오렌지	9	1,200	10,800	전주
9	수박	8	10,000	80,000	춘천

① 사과
② 대전
③ 광주
④ 15,000
⑤ 21,000

02 I공사는 엑셀을 이용하여 입사에 지원자 10,000명을 0번부터 9999번까지 번호를 부여하여 평가표를 만들고자 한다. [A2] 셀에 들어갈 함수로 옳은 것은?

	A	B	C	D	E	F
	구분	서류	인성	필기	면접	합격여부
2	0000					
3	0001					
4	0002					
5	0003					
				…		
9999	9997					
10000	9998					
10001	9999					

① =SEQUENCE(10000, 1, 0, 9999)
② =SEQUENCE(10000, 1, 0, 1)
③ =SEQUENCE(0, 9999, 1, 10000)
④ =SEQUENCE(0, 1, 1, 10000)
⑤ =SEQUENCE(1, 10000, 0, 9999)

03 다음 시트에서 [D2:D7]처럼 생년월일만 따로 구하려고 할 때, [D2] 셀에 들어갈 함수식으로 옳은 것은?

	A	B	C	D
1	순번	이름	주민등록번호	생년월일
2	1	김현진	880821-2949324	880821
3	2	이혜지	900214-2928342	900214
4	3	김지언	880104-2124321	880104
5	4	이유미	921011-2152345	921011
6	5	박슬기	911218-2123423	911218
7	6	김혜원	920324-2143426	920324

① =RIGHT(A2,6)
② =RIGHT(A2,C2)
③ =LEFT(C2,6)
④ =LEFT(C2,2)
⑤ =MID(C2,5,2)

04 다음 시트를 참조하여 작성한 함수식 「=VLOOKUP(SMALL(A2:A10,3),A2:E10,4,0)」의 결과로 옳은 것은?

	A	B	C	D	E
1	번호	억양	발표	시간	자료준비
2	1	80	84	91	90
3	2	89	92	86	74
4	3	72	88	82	100
5	4	81	74	89	93
6	5	84	95	90	88
7	6	83	87	72	85
8	7	76	86	83	87
9	8	87	85	97	94
10	9	98	78	96	81

① 82
② 83
③ 86
④ 87
⑤ 88

※ 인천과 서울에서 프랜차이즈 음식점을 운영하고 있는 A씨는 지점별 매출 및 매입 현황을 정리하고 있다. 이어지는 질문에 답하시오. **[5~6]**

	A	B	C	D	E	F
1	지점명	매출	매입			
2	주안점	2,500,000	1,700,000			
3	동암점	3,500,000	2,500,000		최대 매출액	
4	간석점	7,500,000	5,700,000		최소 매출액	
5	구로점	3,000,000	1,900,000			
6	강남점	4,700,000	3,100,000			
7	압구정점	3,000,000	1,500,000			
8	선학점	2,500,000	1,200,000			
9	선릉점	2,700,000	2,100,000			
10	교대점	5,000,000	3,900,000			
11	서초점	3,000,000	1,900,000			
12	합계					

05 다음 중 매출과 매입의 합계를 구할 때 사용해야 하는 함수로 옳은 것은?

① REPT
② CHOOSE
③ SUM
④ AVERAGE
⑤ DSUM

06 다음 중 [F3] 셀을 구하는 함수식으로 옳은 것은?

① =MAX(B2:B11)
② =MAX(B2:C11)
③ =MAX(C2:C11)
④ =MIN(B2:B11)
⑤ =MIN(C2:C11)

대표기출유형

03 프로그램 언어(코딩)

| 유형분석 |

- 프로그램의 실행 결과를 코딩을 통해 파악하여 이를 풀이하는 문제이다.
- 대체로 문제에서 규칙을 제공하고 있으며, 해당 규칙을 적용하여 새로운 코드번호를 만들거나 혹은 만들어진 코드번호를 해석하는 등의 문제가 출제된다.

다음 프로그램의 실행 결과로 옳은 것은?

```
#include <stdio.h>

int main( ){
        int i=4;
        int k=2;
        switch(i) {
                case 0:
                case 1:
                case 2:
                case 3: k=0;
                case 4: k+=5;
                case 5: k-=20;
                default: k++;
        }
        printf("%d",k);
}
```

① 8
② 10
③ 12
④ −10
⑤ −12

정답 ⑤

i가 4기 때문에 case 4부터 시작한다. K는 2이고, k+=5를 하면 7이 된다. Case 5에서 k−=20을 하면 −13이 되고, default에서 1이 증가하여 결괏값은 −12가 된다.

풀이 전략!

문제에서 실행 프로그램 내용이 주어지면 핵심 키워드를 확인한다. 코딩 프로그램을 통해 요구되는 내용을 알아맞혀 정답 유무를 판단한다.

※ 다음 프로그램의 실행 결과로 옳은 것을 고르시오. **[1~2]**

01

```
#include <stdio.h>
void main( ) {
  char arr[ ]="hello world";
  printf("%d₩n",strlen(arr));
}
```

① 12 ② 13
③ 14 ④ 15
⑤ 16

02

```
#include <stdio.h>
void main( ) {
      char arr[10]="ABCDEFGHI";
      int i;
      for (i=0; i<9; i++){
          if (arr[i]=='B') continue;
          if (arr[i]=='D') continue;
          if (arr[i]=='F') continue;
          if (arr[i]=='H') continue;
          printf ("%c",arr[i]);
      }
}
```

① ABCD ② ACEGI
③ BDFH ④ EFGHI
⑤ ABCDEFGHI

CHAPTER 05

기술능력

합격 CHEAT KEY

기술능력은 업무를 수행함에 있어 도구, 장치 등을 포함하여 필요한 기술에 어떠한 것들이 있는지 이해하고, 실제 업무를 수행함에 있어 적절한 기술을 선택하여 적용하는 능력이다.

세부 유형은 기술 이해 · 기술 선택 · 기술 적용으로 나눌 수 있다. 제품설명서나 상황별 매뉴얼을 제시하는 문제 또는 명령어를 제시하고 규칙을 대입할 수 있는지 묻는 문제가 출제되기 때문에 이런 유형들을 공략할 수 있는 전략을 세워야 한다.

01 긴 지문이 출제될 때는 선택지의 내용을 미리 보라!

기술능력에서 자주 출제되는 제품설명서나 상황별 매뉴얼을 제시하는 문제에서는 기술을 이해하고, 상황에 알맞은 원인 및 해결방안을 고르는 문제가 출제된다. 실제 시험장에서 문제를 풀 때는 시간적 여유가 없기 때문에 선택지를 먼저 읽고, 그 다음 긴 지문을 보면서 동시에 선택지와 일치하는 내용이 나오면 확인해 가면서 푸는 것이 좋다.

02 모듈형에도 대비하라!

모듈형 문제의 비중이 늘어나는 추세이므로 공기업을 준비하는 취업준비생이라면 모듈형 문제에 대비해야 한다. 기술능력의 모듈형 이론 부분을 학습하고 모듈형 문제를 풀어보고 여러 번 읽으며 이론을 확실히 익혀두면 실제 시험장에서 이론을 묻는 문제가 나왔을 때 단번에 답을 고를 수 있다.

03 전공 이론도 익혀 두라!

지원하는 직렬의 전공 이론이 기술능력으로 출제되는 경우가 많기 때문에 전공 이론을 익혀두는 것이 좋다. 깊이 있는 지식을 묻는 문제가 아니더라도 출제되는 문제의 소재가 전공과 관련된 내용일 가능성이 크기 때문에 최소한 지원하는 직렬의 전공 용어는 확실히 익혀 두어야 한다.

04 쉽게 포기하지 말라!

직업기초능력에서 주요 영역이 아니면 소홀한 경우가 많다. 시험장에서 기술능력을 읽어보지도 않고 포기하는 경우가 많은데 차근차근 읽어보면 지문만 잘 읽어도 풀 수 있는 문제들이 출제되는 경우가 있다. 이론을 모르더라도 풀 수 있는 문제인지 파악해보자.

대표기출유형

01 기술 이해

| 유형분석 |

- 기술 시스템의 개념과 발전 단계에 대한 지식을 평가한다.
- 각 단계의 순서와 그에 따른 특징을 숙지하여야 한다.
- 단계별로 요구되는 핵심 역할이 다름에 유의한다.

다음 중 기술 시스템의 발전 단계에 따라 빈칸 ㉠~㉣에 들어갈 내용을 순서대로 바르게 나열한 것은?

발전 단계	특징	핵심 역할
발명·개발·혁신의 단계	기술 시스템이 탄생하고 성장	기술자
↓		
㉠	성공적인 기술이 다른 지역으로 이동	기술자
↓		
㉡	기술 시스템 사이의 경쟁	㉢
↓		
기술 공고화 단계	경쟁에서 승리한 기술 시스템의 관성화	㉣

	㉠	㉡	㉢	㉣
①	기술 이전의 단계	기술 경쟁의 단계	기업가	자문 엔지니어
②	기술 이전의 단계	기술 경쟁의 단계	기업가	기술자
③	기술 이전의 단계	기술 경쟁의 단계	금융전문가	기술자
④	기술 경쟁의 단계	기술 이전의 단계	금융전문가	자문 엔지니어
⑤	기술 경쟁의 단계	기술 이전의 단계	금융전문가	기업가

정답 ①

기술 시스템의 발전 단계는 '발명·개발·혁신의 단계 → ㉠ 기술 이전의 단계 → ㉡ 기술 경쟁의 단계 → 기술 공고화 단계'를 거쳐 발전한다. 또한 기술 시스템의 발전 단계에는 단계별로 핵심적인 역할을 하는 사람들이 있다. 기술 경쟁의 단계에서는 ㉢ 기업가들의 역할이 더 중요해지고, 기술 공고화 단계에서는 이를 활성·유지·보수 등을 하기 위한 ㉣ 자문 엔지니어와 금융전문가 등의 역할이 중요해진다.

풀이 전략!

기술 시스템이란 개별 기술들이 네트워크로 결합하여 새로운 기술로 만들어지는 것을 뜻한다. 따라서 개별 기술들이 '개발 → 이전 → 경쟁 → 공고화'의 절차를 가지고 있음을 숙지하여 문제를 풀어야 한다.

대표기출유형 01 기술응용문제

01 **다음 중 빈칸에 들어갈 문장으로 적절하지 않은 것은?**

> 기술능력은 직업에 종사하기 위해 모든 사람들이 필요로 하는 능력이며, 이것을 넓은 의미로 확대해 보면 기술교양(Technical Literacy)이라는 개념으로 사용될 수 있다. 즉, 기술능력은 기술교양의 개념을 보다 구체화시킨 개념으로 볼 수 있다. 일반적으로 기술교양을 지닌 사람들은 ______________________

① 기술학의 특성과 역할을 이해한다.
② 기술과 관련된 위험을 평가할 수 있다.
③ 기술과 관련된 이익을 가치화하지 않는다.
④ 기술에 의한 윤리적 딜레마에 대해 합리적으로 반응할 수 있다.
⑤ 기술체계가 설계되고, 사용되고, 통제되어지는 방법을 이해한다.

02 **다음 중 노하우(Know-how)와 노와이(Know-why)에 대한 설명으로 옳은 것은?**

① 노하우는 Technique 혹은 Art라고도 부른다.
② 노와이는 과학자, 엔지니어 등이 가지고 있는 체화된 기술이다.
③ 노하우는 이론적인 지식으로서 과학적인 탐구에 의해 얻게 된다.
④ 기술은 원래 노와이의 개념이 강했으나, 시간이 지나면서 노와이와 노하우가 결합하게 되었다.
⑤ 노와이는 기술을 설계하고, 생산하고, 사용하기 위해 필요한 정보, 기술, 절차 등을 갖는 데 필요하다.

03 **다음 글에서 설명하고 있는 것은?**

> 농부는 농기계와 화학비료를 써서 밀을 재배하고 수확한다. 이렇게 생산된 밀은 보관업자, 운송업자, 제분회사, 제빵 공장을 거쳐 시장으로 판매된다. 보다 높은 생산성을 위해 화학비료를 연구하고, 공장을 가동하기 위해 공작기계와 전기를 생산한다. 보다 빠른 운송을 위해서 트럭이나 기차, 배가 개발되었고, 보다 효과적인 운송수단과 농기계를 운용하기 위해 증기기관에서 석유에너지로 발전하였다. 이렇듯 우리의 식탁에 올라오는 빵은 여러 기술이 네트워크로 결합하여 시너지를 내고 있는 결과물이다.

① 기술시스템
② 기술혁신
③ 기술경영
④ 기술이전
⑤ 기술경쟁

대표기출유형

02 기술 적용

| 유형분석 |

- 주어진 자료를 해석하고 기술을 적용하여 풀어가는 문제이다.
- 꼼꼼하고 분석적인 접근이 필요한 논리연산, 사용설명서 등의 문제들이 출제된다.

회사의 기기를 관리하는 업무를 맡은 E사원은 전자레인지를 사용할 때 가끔씩 불꽃이 튀고 음식이 잘 데워지지 않는다는 이야기를 들었다. 다음 중 서비스를 접수하기 전에 점검할 사항으로 옳지 않은 것은?

증상	원인	조치 방법
전자레인지가 작동하지 않는다.	• 전원 플러그가 콘센트에 바르게 꽂혀 있나요? • 문이 확실히 닫혀 있나요? • 배전판 퓨즈나 차단기가 끊어지지 않았나요? • 조리 방법을 제대로 선택하셨나요? • 혹시 정전은 아닌가요?	• 전원 플러그를 바로 꽂아 주세요. • 문을 다시 닫아 주세요. • 끊어졌으면 교체하고 연결시켜 주세요. • 취소를 누르고 다시 시작하세요.
동작 시 불꽃이 튄다.	• 조리실 내벽에 금속 제품 등이 닿지 않았나요? • 금선이나 은선으로 장식된 그릇을 사용하고 계신가요? • 조리실 내에 찌꺼기가 있나요?	• 벽에 닿지 않도록 하십시오. • 금선이나 은선으로 장식된 그릇은 사용하지 마세요. • 깨끗이 청소해 주세요.
조리 상태가 나쁘다.	• 조리 순서, 시간 등 사용 방법을 잘 선택하셨나요?	• 요리책을 다시 확인하고 사용하세요.
접시가 불균일하게 돌거나 돌지 않는다.	• 회전 접시와 회전 링이 바르게 놓여 있나요?	• 각각을 정확한 위치에 놓아 주세요.
불의 밝기나 동작 소리가 불균일하다.	• 출력의 변화에 따라 일어날 수 있는 현상이니 안심하고 사용하셔도 됩니다.	

① 조리실 내 위생 상태 점검
② 사용 가능 용기 확인
③ 사무실, 전자레인지 전압 확인
④ 조리실 내벽 확인
⑤ 조리 순서, 시간 확인

정답 ③

전자레인지를 사용하면서 불꽃이 튀는 경우와 조리 상태가 나쁠 때 확인해야 할 사항에 사무실, 전자레인지의 전압을 확인해야 한다는 내용은 명시되어 있지 않다.

풀이 전략!

문제해결을 위해 필요한 정보와 기술능력이 무엇인지 먼저 파악한 후, 제시된 자료를 분석적으로 읽고 문제를 풀이한다.

01 다음 중 안내문에 대한 설명으로 옳지 않은 것은?

〈전력수급 비상단계 발생 시 행동요령〉

• 가정
1. 전기 냉난방기기의 사용을 중지합니다.
2. 다리미, 청소기, 세탁기 등 긴급하지 않은 모든 가전기기의 사용을 중지합니다.
3. TV, 라디오 등을 통해 신속하게 재난 상황을 파악하여 대처합니다.
4. 안전, 보안 등을 위한 최소한의 조명을 제외한 실내외 조명은 모두 소등합니다.

• 사무실
1. 건물관리자는 중앙조절식 냉난방설비의 가동을 중지하거나 온도를 낮춥니다.
2. 사무실 내 냉난방설비의 가동을 중지합니다.
3. 컴퓨터, 프린터, 복사기, 냉온수기 등 긴급하지 않은 모든 사무기기 및 설비의 전원을 차단합니다.
4. 안전, 보안 등을 위한 최소한의 조명을 제외한 실내외 조명은 모두 소등합니다.

• 공장
1. 사무실 및 공장 내 냉난방기의 사용을 중지합니다.
2. 컴퓨터, 복사기 등 각종 사무기기의 전원을 일시적으로 차단합니다.
3. 꼭 필요한 경우를 제외한 사무실 조명은 모두 소등하고 공장 내부의 조명도 최소화합니다.
4. 비상발전기의 가동을 점검하고 운전 상태를 확인합니다.

• 상가
1. 냉난방설비의 가동을 중지합니다.
2. 안전·보안용을 제외한 모든 실내 조명등과 간판 등을 일시 소등합니다.
3. 식기건조기, 냉온수기 등 식재료의 부패와 관련 없는 가전제품의 가동을 중지하거나 조정합니다.
4. 자동문, 에어커튼의 사용을 중지하고 환기팬 가동을 일시 정지합니다.

① 공장에 있을 경우 비상발전기 가동을 준비해야 한다.
② 집에 있을 경우 모든 실내외 조명을 소등하여야 한다.
③ 전력 회복을 위해 한동안 사무실의 업무가 중단될 수 있다.
④ 집에 있을 경우 대중매체를 통해 재난상황에 대한 정보를 파악할 수 있다.
⑤ 사무실에 있을 경우 즉시 사용이 필요하지 않은 복사기, 컴퓨터 등의 전원을 차단하여야 한다.

02 귀하가 근무하는 기술자격팀에서 작년부터 연구해 온 데이터의 흐름도가 완성되었다. 다음 자료와 〈조건〉을 토대로 A에서 10이 입력되었을 때, F에서의 결과가 가장 크게 되는 값은?

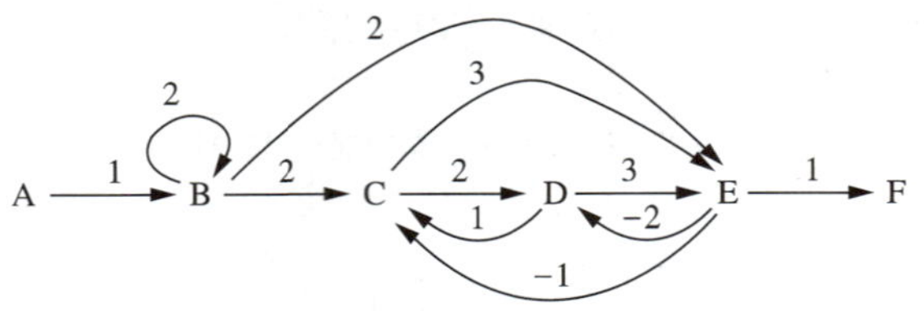

조건

- 데이터는 화살표 방향으로만 이동할 수 있으며, 같은 경로를 여러 번 반복해서 이동할 수 있다.
- 화살표 위의 숫자는 그 경로를 통해 데이터가 1회 이동할 때마다 데이터에 곱해지는 수치를 의미한다.
- 각 경로를 따라 데이터가 이동할 때, 1회 이동 시간은 1시간이며, 데이터의 총 이동 시간은 10시간을 초과할 수 없다.
- 데이터의 대소 관계는 [음수<0<양수]의 원칙에 따른다.

① 256　② 384
③ 432　④ 864
⑤ 1,296

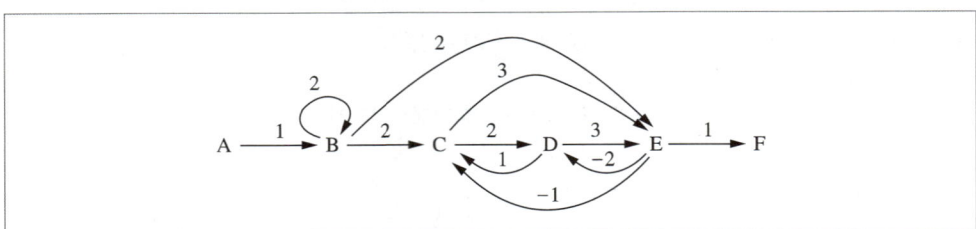

03 농한기인 1～2월에 자주 발생하는 영농기자재 고장을 방지하고자 영농기자재 관리 방법에 대한 매뉴얼을 작성하여 농가에 배포하였다. 다음 중 매뉴얼에 따라 영농기자재를 바르게 관리한 것은?

〈매뉴얼〉

월	기계종류	내용
1월	트랙터	(보관 중 점검) • 유압실린더는 완전상승 상태로 함 • 엔진 계통의 누유 점검(연료탱크, 필터, 파이프) • 축전지 보충충전
	이앙기	(장기보관 중 점검) • 본체의 누유, 누수 점검 • 축전지 보관 상태 점검, 보충충전 • 페인트가 벗겨진 부분에는 방청유를 발라 녹 발생 방지 • 커버를 씌워 먼지, 이물질에 의한 부식 방지
	콤바인	(장기보관 중 점검) • 회전부, 작동부, 와이어류에 부식방지를 위해 오일 주입 • 각부의 누유 여부 점검 • 스프링 및 레버류에 부식방지를 위해 그리스를 바름
2월	트랙터	(사용 전 점검) • 팬벨트 유격 10mm 이상 시 발전기 고정 볼트를 풀어 유격 조정 • 냉각수량 – 외기온도에 알맞은 비중의 부동액 확인(40% 확인) • 축전지액량 및 접속상태, 배선 및 각종 라이트 경고등 점검, 충전 상태 점검 • 좌우 브레이크 페달 유격 및 작동 상태 점검
	이앙기	(장기보관 중 점검) • 누유 · 누수 점검 • 축전지 보충충전 • 녹이 발생된 부분은 녹을 제거하고 방청유를 바름
	콤바인	(장기보관 중 점검) • 엔진을 회전시켜 윤활시킨 후, 피스톤을 압축상사점에 보관 • 각 회전부, 작동부, 와이어류에 부식방지를 위해 오일 주입 • 스프링 및 레버류에 부식방지를 위해 그리스를 바름

① 1월에 트랙터의 브레이크 페달 작동 상태를 점검하였다.

② 1～2월 모두 이앙기에 부식방지를 위해 방청유를 발랐다.

③ 트랙터 사용 전에 유압실린더와 엔진 누유 상태를 중점적으로 점검하였다.

④ 장기보관 중인 콤바인을 꺼낸 후, 타이어 압력을 기종별 취급설명서에 따라 점검하였다.

⑤ 2월에 장기보관 중이던 이앙기에 커버를 씌워 먼지 및 이물질에 의한 부식을 방지하였다.

※ 다음은 전열 난방기구의 설명서이다. 이어지는 질문에 답하시오. [4~5]

■ 설치 방법

구분	설치 방법
스탠드형	㉠ 제품 밑 부분이 위를 향하게 하고, 스탠드와 히터의 나사 구멍이 일치하도록 맞추세요. ㉡ 십자드라이버를 사용해 스탠드 조립용 나사를 단단히 고정시켜 주세요. ㉢ 스탠드 2개를 모두 조립한 후 제품을 똑바로 세워놓고 흔들리지 않는지 확인합니다.
벽걸이형	㉠ 벽걸이용 거치대를 본체에서 분리해 주세요. ㉡ 벽걸이용 거치대 양쪽 구멍의 거리에 맞춰 벽에 작은 구멍을 냅니다(단단한 콘크리트나 타일이 있을 경우 전동드릴로 구멍을 내면 좋습니다). ㉢ 제공되는 나사를 이용해 거치대를 벽에 고정시켜 줍니다. ㉣ 양손으로 본체를 들어서 평행을 맞춰 거치대에 제품을 고정합니다. ㉤ 거치대의 고정나사를 단단히 조여 흔들리지 않도록 고정시킵니다.

■ 사용 방법

㉠ 전원선을 콘센트에 연결합니다.
㉡ 전원버튼을 누르면 작동을 시작합니다.
㉢ 1단(750W), 2단(1500W)의 출력 조절버튼을 터치해 출력을 조절할 수 있습니다.
㉣ 온도 조절버튼을 터치하여 온도를 조절할 수 있습니다.
- 설정 가능한 온도 범위는 15～40℃입니다.
- 에너지 절약을 위해 실내온도가 설정온도에 도달하면 자동으로 전원이 차단됩니다.
- 실내온도가 설정온도보다 약 2～3℃ 내려가면 다시 작동합니다.

㉤ 타이머 버튼을 터치하여 작동 시간을 설정할 수 있습니다.
㉥ 출력 조절버튼을 5초 이상 길게 누르면 잠금 기능이 활성화됩니다.

■ 주의사항

㉠ 제품을 사용하지 않을 때나 제품을 점검할 때는 전원코드를 반드시 콘센트에서 분리하세요.
㉡ 사용자가 볼 수 있는 위치에서만 사용하세요.
㉢ 사용 시에 화상을 입을 수 있으니 손을 대지 마세요.
㉣ 바닥이 고르지 않은 곳에서는 사용하지 마세요.
㉤ 젖은 수건, 의류 등을 히터 위에 올려놓지 마세요.
㉥ 장난감, 철사, 칼, 도구 등을 넣지 마세요.
㉦ 제품 사용 중 이상이 발생한 경우 분해하지 마시고, A/S 센터에 문의해 주세요.
㉧ 본체 가까이에서 스프레이 캔이나 인화성 위험물을 사용하지 않습니다.
㉨ 휘발유, 신나, 벤젠, 등유, 알칼리성 비눗물, 살충제 등을 이용하여 청소하지 마세요.
㉩ 제품을 물에 담그지 마세요.
㉪ 젖은 손으로 전원코드, 본체, 콘센트 등을 만지지 마세요.
㉫ 전원 케이블이 과도하게 꺾이거나 피복이 벗겨진 경우에는 전원을 연결하지 마시고, A/S센터로 문의하시기 바랍니다.

※ 주의사항을 지키지 않을 경우 고장 및 감전, 화재의 원인이 될 수 있음

04 **작업장에 벽걸이형 난방기구를 설치하고자 한다. 다음 중 벽걸이형 난방기구의 설치 방법으로 옳은 것은?**

① 벽걸이용 거치대의 양쪽 구멍과 상단 구멍의 위치에 맞게 벽에 작은 구멍을 낸다.
② 스탠드 2개를 조립한 후 벽걸이형 거치대를 본체에서 분리한다.
③ 벽이 단단한 콘크리트로 되어 있을 경우 거치대를 따로 고정하지 않아도 된다.
④ 거치대를 벽에 고정시킨 뒤, 평행을 맞추어 거치대에 제품을 고정시킨다.
⑤ 스탠드의 고정나사를 조여 제품이 흔들리지 않는지 확인한다.

05 **다음 중 난방기 사용 방법으로 옳지 않은 것은?**

① 전원선을 콘센트에 연결 후 전원버튼을 누른다.
② 출력 조절버튼을 터치하여 출력을 1단으로 낮춘다.
③ 히터를 작동시키기 위해 설정온도를 현재 실내온도인 20℃로 조절하였다.
④ 전기료 절감을 위해 타이머를 1시간으로 맞추어 놓고 사용하였다.
⑤ 잠금 기능을 활성화하기 위해 출력 조절버튼을 5초 이상 길게 눌렀다.

CHAPTER 06 대인관계능력

합격 CHEAT KEY

대인관계능력은 직장생활에서 접촉하는 사람들과 원만한 관계를 유지하고 조직구성원들에게 도움을 줄 수 있으며 조직 내부 및 외부의 갈등을 원만히 해결하고 고객의 요구를 충족할 수 있는 능력을 의미한다. 또한 직장생활을 포함한 일상에서 스스로를 관리하고 개발하는 능력을 말한다. 세부 유형은 팀워크, 갈등 관리, 협상, 고객 서비스로 나눌 수 있다.

01 일반적인 수준에서 판단하라!

일상생활에서의 대인관계를 생각하면서 문제에 접근하면 어렵지 않게 풀 수 있다. 그러나 수험생들 입장에서 직장 내에서의 상황, 특히 역할(직위)에 따른 대인관계를 묻는 문제는 까다롭게 느껴질 수 있고 일상과는 차이가 있을 수 있기 때문에 이런 유형에 대해서는 따로 알아둘 필요가 있다.

02 이론을 먼저 익히라!

대인관계능력 이론을 접목한 문제가 종종 출제된다. 물론 상식 수준에서도 풀 수 있지만 정확하고 신속하게 해결하기 위해서는 이론을 정독한 후 자주 출제되는 부분들은 암기를 필수로 해야 한다. 자주 출제되는 부분은 리더십과 멤버십의 차이, 단계별 협상 과정, 고객 불만 처리 프로세스 등이 있다.

03 실제 업무에 대한 이해를 높이라!

출제되는 문제의 수는 많지 않으나, 고객과의 접점에 있는 서비스직군 시험에 출제될 가능성이 높은 영역이다. 특히 상황 제시형 문제들이 많이 출제되므로 실제 업무에 대한 이해를 높여야 한다.

04 애매한 유형의 빈출 문제, 선택지를 파악하라!

대인관계능력의 출제 문제들을 보면 이것도 맞고, 저것도 맞는 것 같은 선택지가 많다. 하지만 정답은 하나이다. 출제자들은 대인관계능력이란 공부를 통해 얻는 것이 아닌 본인의 독립적인 성품으로부터 자연스럽게 나오는 것이라고 생각한다. 수험생들이 선택하는 보기로 그 수험생들을 파악한다. 그러므로 대인관계능력은 빈출 유형의 문제와 선택지를 파악하고 가는 것이 애매한 문제들의 정답률을 높이는 데 도움이 될 것이다. 내가 맞다고 생각하는 선택지가 답이 아닐 가능성이 있기 때문이다.

대표기출유형

01 팀워크

| 유형분석 |

- 하나의 조직 안에서 구성원 간의 관계, 즉 '팀워크'에 대한 이해를 묻는 문제이다.
- 직장 내 상황 중에서도 주로 갈등이나 부족한 부분이 제시되고, 그 속에서 구성원으로서 어떤 결정을 해야 하는지를 묻는다.
- 상식으로도 풀 수 있지만, 개인의 가치가 개입될 가능성이 높기 때문에 객관적인 판단이 중요시된다.

다음 중 훌륭한 팀워크를 유지하기 위한 기본요소로 옳지 않은 것은?

① 팀원 간에 상호신뢰하고 존중한다.

② 강한 자신감으로 상대방의 사기를 드높인다.

③ 서로 협력하면서 각자의 역할에 책임을 다한다.

④ 팀원 간 공동의 목표의식과 강한 도전의식을 가진다.

⑤ 팀원 개인의 능력이 최대한 발휘되는 것이 핵심이다.

정답 ⑤

팀워크는 개인의 능력이 발휘되는 것도 중요하지만 팀원들 간의 협력이 더 중요하다. 팀워크는 팀원 개개인의 능력이 최대치일 때 가장 뛰어난 것은 아니다.

풀이 전략!

질문이나 내용상 실제 회사에서 한 번쯤 겪어볼 만한 상황이 제시된다. 자신이 문제 속의 입장이라고 생각하고 가장 모범적이며 이성적인 답이라고 생각되는 것을 찾아야 한다.

대표기출유형 01 기출응용문제

01 **다음 중 팀워크 저해요인으로 적절하지 않은 것은?**

① 그릇된 우정과 인정
② 자기중심적인 이기주의
③ 사고방식의 차이에 대한 무시
④ 질투나 시기로 인한 파벌주의
⑤ 팀원 간에 공동의 목표의식과 강한 도전의식

02 **다음은 팀워크와 응집력의 정의를 나타난 글이다. 팀워크의 사례로 적절하지 않은 것은?**

> 팀워크는 '팀 구성원이 공동의 목적을 달성하기 위하여 상호 관계성을 가지고 협력하여 업무를 수행하는 것'으로 볼 수 있다. 반면 응집력은 '사람들로 하여금 집단에 머물도록 느끼게 만들고, 그 집단의 멤버로서 계속 남아 있기를 원하게 만드는 힘'으로 볼 수 있다.

① 연구원 A와 B는 효과적인 의약품을 개발하기 위해 함께 연구하기로 했다.
② I사의 D사원과 E사원은 내일 진행될 행사 준비를 위해 함께 야근을 할 예정이다.
③ G고등학교 학생인 H와 J는 내일 있을 시험 준비를 위해 도서관에서 공부하기로 했다.
④ 같은 배에서 활약 중인 K와 M은 곧 있을 조정경기 시합을 위해 열심히 연습하고 있다.
⑤ 다음주 조별 발표 준비를 위해 같은 조원인 N과 P는 각자 주제를 나누어 조사하기로 했다.

03 **A대리는 같은 부서의 B사원 때문에 스트레스를 받고 있다. 빠르게 처리해야 할 업무에 대해 B사원은 항상 꼼꼼하게 검토하고 A대리에게 늦게 보고하기 때문이다. A대리가 B사원의 업무방식에 불만을 표현하자 B사원은 자신의 소심한 성격 때문이라고 대답한다. 다음 상황에서 A대리에게 가장 필요한 역량은 무엇인가?**

① 통제적 리더십
② 감사한 마음
③ 상호 인정
④ 헌신의 자세
⑤ 책임감

02 리더십

| 유형분석 |

- 하나의 조직 안에서 팀을 맡아 이끌어나가는 사람들, 즉 '리더십'에 대한 이해를 묻는 문제이다.
- 직장 내 주로 팀원들이 불평을 제기하거나 팀 자체의 불만이 속출하는 상황을 제시하고, 지도자로서 어떤 결정을 해야 하는지를 묻는다.
- 팀원으로서의 입장과 리더로서의 입장이 다르기 때문에 그 둘의 차이를 잘 구분하고 문제를 푸는 것이 중요하다.

I사 관리팀에 근무하는 B팀장은 최근 부하직원 A씨 때문에 고민 중이다. B팀장이 보기에 A씨의 업무 방법은 업무의 성과를 내기에 부적절해 보이지만, 자존감이 강하고 자기결정권을 중시하는 A씨는 자기 자신이 스스로 잘하고 있다고 생각하며 B팀장의 조언이나 충고에 대해 반발심을 표현하고 있기 때문이다. 이와 같은 상황에서 B팀장이 부하직원인 A씨에게 할 수 있는 가장 효과적인 코칭 방법은?

① 징계를 통해 B팀장의 조언을 듣도록 유도한다.

② 대화를 통해 스스로 자신의 잘못을 인식하도록 유도한다.

③ A씨에 대한 칭찬을 통해 업무 성과를 극대화시킨다.

④ A씨를 더 강하게 질책하여 업무 방법을 개선시키도록 한다.

⑤ 스스로 업무방법을 고칠 때까지 믿어주고 기다려준다.

정답 ②

대화를 통해 부하직원인 A씨 스스로 업무성과가 떨어지고 있고, 업무방법이 잘못되었음을 인식시켜서 이를 해결할 방법을 스스로 생각하도록 해야 한다. 이후 B팀장이 조언하며 A씨를 독려한다면, B팀장은 A씨의 자존감과 자기결정권을 침해하지 않으면서도 A씨 스스로 책임감을 느끼고 문제를 해결할 가능성이 높아지게 할 수 있다.

오답분석

① 징계를 통해 억지로 조언을 듣도록 하는 것은 자존감과 자기결정권을 중시하는 A씨에게 적절하지 않다.

③ 칭찬은 A씨로 하여금 자신의 잘못을 인식하지 못하도록 할 수 있어 적절하지 않다.

④ 자존감과 자기결정권을 중시하는 A씨에게 강한 질책은 효과적이지 못하다.

⑤ A씨가 자기 잘못을 인식하지 못한 상태로 시간만 흘러갈 수 있다.

풀이 전략!

팀을 효과적으로 이끌기 위한 리더십 이론에 대한 이해가 필요하다. 리더십의 이론뿐만 아니라 실제적인 적용 방법 또한 익혀 두는 것이 좋다.

대표기출유형 02 기출응용문제

01 다음 중 높은 성과를 내는 임파워먼트 환경의 특징으로 적절하지 않은 것은?

① 성과에 대한 지식
② 현상 유지와 순응
③ 학습과 성장의 기회
④ 도전적이고 흥미 있는 일
⑤ 개인들이 공헌하며 만족한다는 느낌

02 다음은 리더십의 유형 중 한 유형의 특징을 나타낸 것이다. 다음 특징에 해당하는 리더십 유형으로 가장 적절한 것은?

- 리더는 조직 구성원들 중 한 명일 뿐이다. 그는 물론 다른 조직 구성원들보다 경험이 더 풍부하겠지만 다른 구성원들보다 더 비중 있게 대우받아서는 안 된다.
- 집단의 모든 구성원들은 의사결정 및 팀의 방향을 설정하는 데 참여한다.
- 집단의 모든 구성원들은 집단의 행동의 성과 및 결과에 대해 책임을 공유한다.

① 독재자 유형
② 민주주의에 근접한 유형
③ 파트너십 유형
④ 변혁적 유형
⑤ 자유방임적 유형

대표기출유형

03 갈등 관리

| 유형분석 |

- 조직 내 갈등을 심화시키는 요인에 대한 이해를 묻는 문제이다.
- 여러 사람이 협력해야 하는 직장에서 구성원 간의 갈등은 불가피하고 실제로 흔히 찾아볼 수 있는 문제이기 때문에 기업에서도 중요시하고 출제 빈도도 높다.

다음은 갈등의 유형 중 하나인 '불필요한 갈등'에 대한 설명이다. 다음 중 적절하지 않은 것은?

> 개개인이 저마다의 문제를 다르게 인식하거나 정보가 부족한 경우, 또한 편견 때문에 발생한 의견 불일치로 적대적 감정이 생길 때 '불필요한 갈등'이 일어난다.

① 근심, 걱정, 스트레스, 분노 등의 부정적인 감정으로 나타날 수 있다.
② 두 사람의 정반대되는 욕구나 목표, 가치, 이해를 통해 발생할 수 있다.
③ 관리자의 신중하지 못한 태도로 인해 불필요한 갈등은 더 심각해질 수 있다.
④ 잘못 이해하거나 부족한 정보 등 전달이 불분명한 커뮤니케이션으로 나타날 수 있다.
⑤ 변화에 대한 저항, 항상 해오던 방식에 대한 거부감 등에서 나오는 의견 불일치가 원인이 될 수 있다.

정답 ②

②는 '해결할 수 있는 갈등'에 대한 설명이다. 해결할 수 있는 갈등은 목표와 욕망, 가치, 문제를 바라보는 시각과 이해하는 시각이 다를 경우에 일어날 수 있는 갈등이다.

풀이 전략!

갈등 발생 시 대처 방법에 대해서는 꼭 알아두도록 한다. 갈등의 개념·특징은 상식으로도 충분히 풀 수 있으나, 전반적인 이론에 대해 알아둘 필요가 있다.

대표기출유형 03 기출응용문제

01 **다음 중 갈등의 2가지 유형과 쟁점에 대한 설명으로 적절하지 않은 것은?**

① 절차 혹은 책임에 대한 인식의 불일치로 발생하는 갈등은 핵심 문제에 해당한다.
② 동료에 대한 편견에서 생긴 적대적 감정은 해결 불가능한 갈등 유형에 해당한다.
③ 욕망 혹은 가치의 차이에 의한 갈등은 서로에 대한 이해를 통해 해결할 수 있다.
④ 문제를 바라보는 시각의 차이에서 발생하는 갈등은 해결할 수 있는 갈등 유형에 해당한다.
⑤ 상호 간에 인식하는 정보의 차이로 인해 발생하는 갈등은 불필요한 갈등 유형에 해당한다.

02 **다음은 I공사 사보에 실린 '조직의 분쟁 해결을 위한 여섯 단계'이다. 오늘 회의 중에 회사 성과급 기준과 관련하여 팀원 간의 갈등이 있었는데, 이에 대한 갈등해결 방안으로 옳지 않은 것은?**

〈조직의 분쟁 해결을 위한 여섯 단계〉

1. 문제가 무엇이며, 분쟁의 원인이 무엇인지 명확히 정의하기
2. 공동의 목표 수립하기
3. 공동의 목표를 달성하는 방법에 대해 토론하기
4. 공동의 목표를 수립하는 과정에서 발생할 장애물 탐색하기
5. 분쟁을 해결하는 최선의 방법에 대해 협의하기
6. 합의된 해결 방안을 확인하고 책임 분할하기

① 합의된 성과급 기준에서 발생할 수 있는 문제점들도 생각해 봐야겠다.
② 성과급 기준과 관련하여 팀원들과 갈등이 있었는데 원인을 찾아 봐야겠다.
③ 팀원들 모두가 참여하는 가운데 조직 목표를 달성할 수 있는 방안에 대해 논의해야지.
④ 성과급 기준에 대해 내가 원하는 점과 다른 사람이 원하는 점을 모두 생각해 봐야지.
⑤ 모두가 만족할 만한 해결 방안을 확인했으니, 팀장인 내가 책임감을 가지고 실행해야지.

※ 다음 글과 제시된 상황을 읽고 이어지는 질문에 답하시오. **[3~5]**

> I공사의 신사업개발팀은 최근 잦은 출장을 다니고 있다. I공사는 출장에 대해 직원별로 수당을 비롯하여 출장 중 발생한 교통비, 식비, 숙박료 등의 비용에 대해 증빙이 가능한 사항에 대해서 출장료를 지급하고 있다. 신사업개발팀 김성태 과장은 최근 지방 출장으로 발생한 왕복한 KTX 비용, 택시비, 호텔비, 식사비를 회계팀에 청구하였으나, 회계팀에서는 원칙상 택시비는 비용청구 대상이 되지 않는다며 지급을 거부한 상태이다. 김성태 과장은 회계팀 곽재우 과장에게 자신이 출장을 간 지역은 버스나 지하철 등 다른 대중교통이 다니지 않아 어쩔 수 없었다고 설명하였으나, 곽재우 과장은 규정대로 처리하겠다고 하였다. 이러한 상황에서 점심식사를 마치고 구내식당을 지나가던 곽재우 과장은 맞은편에서 걸어오고 있는 김성태 과장을 마주치게 되었다.

〈상황〉

- 상황 1 : 곽재우 과장은 멈칫했지만, 이내 김성태 과장을 피해 옆 복도로 향하였다.
- 상황 2 : 곽재우 과장을 마주친 김성태 과장은 불같이 화를 내며 곽과장을 닦달하기 시작했다. 하지만 곽과장도 지지 않고 맞받아쳐 두 사람은 10분간 말다툼을 하였다. 결국 김과장은 곽과장에게 '출장 중 특별한 경우에 이용한 택시비용을 지급할 수 있도록 규정을 바꿔달라고 회사에 함께 요구하자.'라고 제안하였고, 곽과장은 그렇게 하자고 대답하였다.
- 상황 3 : 조금이라도 자신이 손해를 입는 것을 견디지 못하고, 자신이 손해를 입었을 경우 보복을 하는 김성태 과장의 성격을 잘 아는 곽재우 과장은 '규정을 위반해서라도 택시비용을 지급해 줄 테니 기다려 달라.'라고 말하였다.
- 상황 4 : 곽재우 과장은 김성태 과장에게 '규정대로 처리할 것이니 그렇게 알라.'며 자꾸 똑같은 일로 자신을 귀찮게 하면 인사팀에 정식으로 항의서를 제출할 것이라고 말하였다.
- 상황 5 : 김성태 과장은 본인도 절반은 손해를 볼 테니 택시비의 절반이라도 지급해달라고 재차 곽재우 과장에게 요청했다.

03 다음 중 윗글에 제시된 상황 1 ~ 5에서 갈등해결 방법에 대한 설명으로 옳지 않은 것은?

① 상황 1 : 갈등 상황에 대하여 상황이 나아질 때까지 문제를 덮어 두거나 피하려고 하는 경우이다.
② 상황 2 : 갈등 당사자들이 반대의 끝에서 시작하여 중간 정도 지점에서 타협하여 해결점을 찾는 경우이다.
③ 상황 3 : '나는 지고, 너는 이기는' 갈등해결 방법이다.
④ 상황 4 : 상대방의 목표 달성은 희생시키면서, 자신의 목표를 위해 전력을 다하려는 경우이다.
⑤ 상황 5 : 자신과 상대방 의견의 중간 정도 지점에서 절충하는 경우이다.

04 **다음 중 윗글과 상황에서 갈등의 쟁점이 되는 핵심 문제에 대한 설명으로 가장 적절한 것은?**

① 자존심에 대한 위협
② 통제나 권력 확보를 위한 싸움
③ 공존할 수 없는 개인적 스타일
④ 절차에 대한 불일치
⑤ 절대 하나라도 손해 보지 않겠다는 이기심

05 **다음 중 상황 2의 갈등해결 방법에 대한 설명으로 적절하지 않은 것은?**

① 우선 나의 위치와 관심사는 배제한 채, 상대방의 입장과 관심사를 고려한다.
② 상대방이 필요로 하는 것에 대해 생각해 보았다는 점을 인정한다.
③ 갈등상태에 있는 두 사람의 입장을 명확히 하도록 한다.
④ 서로 기본적으로 다른 부분을 인정한다.
⑤ 먼저 자신의 위치와 관심사를 확인한다.

06 **다음 중 조직에서 갈등을 증폭시키는 행위로 적절하지 않은 것은?**

① 팀원 간에 서로 상대보다 더 높은 인사고과를 얻기 위해 경쟁한다.
② 팀의 공동목표 달성보다는 본인의 승진이 더 중요하다고 생각한다.
③ 다른 팀원이 중요한 프로젝트를 맡은 경우에 그 프로젝트에 대해 자신이 알고 있는 노하우를 알려주지 않는다.
④ 갈등이 발견되면 바로 갈등문제를 즉각적으로 다루려고 한다.
⑤ 혼자 돋보이려고 지시받은 업무를 다른 팀원에게 전달하지 않는다.

대표기출유형

04 협상 전략

| 유형분석 |

- 협상 전략 유형은 문제에서 특징을 제시하고 이에 해당하는 협상이 무엇인지 묻는 단순한 형태와 상황이 주어지는 경우가 출제된다.

다음 글과 같은 상황에서 김대리가 선택한 협상 전략으로 옳은 것은?

김대리는 I재단의 학자금대출부 소속이다. 어느 날 학자금대출 받은 것을 상환해야 하는데 전산오류로 상환이 이루어지지 않고 있다는 고객의 다급한 전화를 받게 되었다. 상환이 미뤄지면 추가적인 이자가 발생하는 등 고객 입장에서는 여러 가지 손해가 발생할 수 있는 사안이라 고객은 굉장히 예민한 상태로 전화 상담을 이어갔다. 일단 고객에게 사과하고 상황을 확인하여 처리한 후 다시 연락드리기로 하고 전화를 종료하였다. 김대리는 해당 건을 해결하기 위해 관련 시스템 담당자에게 전화를 했으나 담당자는 지금 급한 업무 처리중이라 바쁘니 나중에 다시 전화를 달라고 말하고는 서둘러 전화를 끊으려고 한다. 김대리는 상대방의 일방적인 태도에 다소 화가 났지만 더 얘기를 해봐야 상황이 달라지지 않을 것이라 생각하곤 알겠다고 말한 뒤 전화를 끊었다.

① 서로 잘 되어 모두 좋은 결과를 얻을 수 있도록 하는 협력전략이다.
② 내가 직면하고 있는 문제를 해결하기 위해 상대방은 조금 손해를 봐도 괜찮다는 강압전략이다.
③ 서로 힘든 상황이니 나도 손해를 감수하고, 상대방도 손해를 감수하는 선에서 타협하는 회피전략이다.
④ 내가 처한 상황보다 상대방이 처한 상황이 더 급한 것 같으니 내가 손해를 보겠다는 유화전략이다.
⑤ 자신이 상대방보다 힘에 있어서 우위를 점유하므로 자신의 이익을 극대화하기 위한 공격적 전략이다.

정답 ④

유화전략은 상대방과의 우호관계를 중시하며 그 우호관계를 지속하기 위해서 자신의 입장이나 이익보다는 상대방의 이익과 입장을 고려하여 상대방에게 돌아갈 결과에 더 큰 관심을 가지고 상대방의 주장에 순순히 따르는 전략이다. 김대리는 시스템 담당자의 입장과 이익을 고려하고 있기 때문에 유화전략을 선택하였다.

풀이 전략!

이론적인 내용을 묻는 문제의 경우를 대비하여 대표적인 협상 전략 이론을 숙지하고 있어야 한다. 사례의 경우 제시된 키워드를 찾아 풀이한다. 협상 전략마다 특징이 있기 때문에 어떤 예시든 그 안에 특징이 제시되므로 이를 바탕으로 적절한 협상 전략을 찾으면 된다.

대표기출유형 04 기출응용문제

01 다음 〈보기〉에서 협상 전략에 대한 설명으로 옳지 않은 것을 모두 고르면?

보기

ㄱ. 상대방과의 협상 이외의 방법으로 쟁점해결을 위한 대안이 존재하는 경우 회피전략을 사용할 수 있다.
ㄴ. Win – Lose전략은 상대방과 상호 간에 신뢰가 두텁고, 상대에 비해 협상력이 열위에 있는 경우에 효과적이다.
ㄷ. 유화전략은 협상의 결과로 인한 이득보다 상대방과의 우호적 관계를 통해 협력관계를 이어가는 것을 중시하는 전략이다.
ㄹ. 협상 과정에서 개발된 대안들에 대해 협상 참여자들이 공동으로 평가하는 것은 유화전략의 한 형태이다.

① ㄱ, ㄴ
② ㄱ, ㄷ
③ ㄴ, ㄷ
④ ㄴ, ㄹ
⑤ ㄷ, ㄹ

02 다음 사례에서 나타나는 A씨의 협상 방법에 대한 문제점은 무엇인가?

어느 날 A씨의 두 딸이 오렌지 하나를 가지고 서로 다투고 있었다. A씨는 두 딸에게 오렌지를 공평하게 반쪽으로 나눠주는 것이 가장 좋은 해결책인 듯해서 반으로 갈라 주었다. 하지만 A씨는 두 딸의 행동에 놀라고 말았다. 오렌지의 반쪽을 챙긴 큰 딸은 알맹이는 버리고 껍질만 챙겼으며, 작은 딸은 알맹이만 먹고 껍질은 버린 것이다. 두 딸에게 이유를 물어보니 제빵학원에 다니는 큰 딸은 오렌지 케이크를 만들기 위해 껍질이 필요했던 것이고, 작은 딸은 오렌지 과즙이 먹고 싶어서 알맹이를 원했던 것이다. 결과적으로 A씨의 해결책은 두 딸 모두에게 만족하지 못한 일이 되어 버렸다.

① 협상당사자들에게 친근하게 다가가지 않았다.
② 협상에 대한 갈등 원인을 확인하지 않았다.
③ 협상의 통제권을 확보하지 않았다.
④ 협상당사자의 특정 입장만 고집하였다.
⑤ 협상당사자에 대해 너무 많은 염려를 하였다.

03 다음은 협상의 의미를 설명하는 5가지 차원이다. 〈보기〉의 사례는 협상의 5가지 차원 중 어느 유형에 해당하는가?

- 의사소통 차원에서 협상은 이해 당사자들이 자신들의 욕구를 충족하기 위해 상대방으로부터 최선의 것을 얻어내려고 상대방을 설득하는 커뮤니케이션 과정이다.
- 갈등해결 차원에서 협상은 갈등관계에 있는 이해 당사자들이 대화를 통해서 갈등을 해결하고자 하는 상호작용 과정이다.
- 지식과 노력의 차원에서 협상은 우리가 얻고자 하는 것을 가진 사람의 호의를 쟁취하기 위한 것에 관한 지식이며 노력의 분야이다.
- 의사결정 차원에서 협상은 둘 이상의 이해 당사자들이 여러 대안들 중에서 이해 당사자들 모두가 수용 가능한 대안을 찾기 위한 의사결정 과정이고도 볼 수 있고, 공통의 이익을 추구하지만 서로 입장의 충돌 때문에 이해 당사자들 모두에게 수용 가능한 이익의 조합을 찾으려는 개인, 조직 또는 국가의 상호작용 과정이라고도 볼 수 있다.
- 교섭의 차원에서 협상은 선호가 서로 다른 협상 당사자들이 합의에 도달하기 위해 공동으로 의사결정하는 과정이라고 할 수 있다.

보기

K대리는 다른 사람들보다 빠른 승진과 곧 있을 연봉 협상을 위하여 부서장의 신임을 얻으려 노력하고 있다.

① 의사소통의 차원
② 갈등해결의 차원
③ 지식과 노력의 차원
④ 의사결정의 차원
⑤ 교섭의 차원

04 다음의 사례에서 나타나는 협상 전략으로 가장 적절한 것은?

사람들은 합리적인 의사결정보다 감성적인 의사결정을 하곤 한다. 소비에 있어서 이와 같은 현상을 쉽게 발견할 수 있는데, 사람들은 물건을 살 때 제품의 기능이나 가격보다는 다른 사람들의 판단에 기대어 결정하거나 브랜드의 위치를 따르는 소비를 하는 경우를 쉽게 볼 수 있는 것이다. 명품에 대한 소비나 1위 브랜드 제품을 선호하는 것 모두 이러한 현상 때문으로 볼 수 있다.

① 상대방 이해 전략
② 권위 전략
③ 희소성 해결 전략
④ 호혜관계 형성 전략
⑤ 사회적 입증 전략

05 다음은 협상과정을 5단계로 구분한 것이다. 빈칸 ㉠~㉤에 들어갈 내용으로 적절하지 않은 것은?

〈협상과정 5단계〉

단계	내용
협상 시작	• 협상당사자들 사이에 상호 친근감을 쌓는다. • 간접적인 방법으로 협상의사를 전달한다. • ___㉠___ • 협상진행을 위한 체제를 계획한다.
↓	
상호 이해	• 갈등문제의 진행상황과 현재의 상황을 점검한다. • ___㉡___ • 협상을 위한 협상대상 안건을 결정한다.
↓	
실질 이해	• ___㉢___ • 분할과 통합 기법을 활용하여 이해관계를 분석한다.
↓	
해결 대안	• 협상 안건마다 대안들을 평가한다. • 개발한 대안들을 평가한다. • ___㉣___
↓	
합의 문서	• 합의문을 작성한다. • ___㉤___ • 합의문에 서명한다.

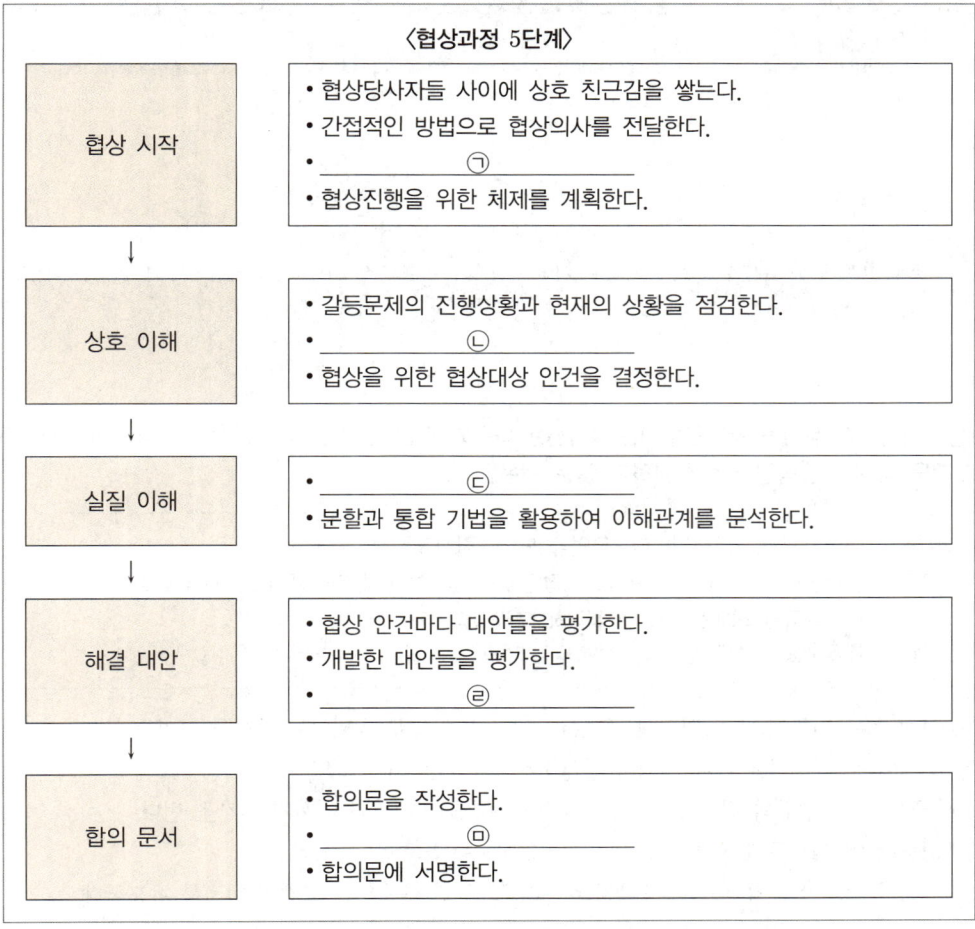

① ㉠ : 상대방의 협상의지를 확인한다.

② ㉡ : 최선의 대안에 대해서 합의하고 선택한다.

③ ㉢ : 겉으로 주장하는 것과 실제로 원하는 것을 구분하여 실제로 원하는 것을 찾아낸다.

④ ㉣ : 대안 이행을 위한 실행계획을 수립한다.

⑤ ㉤ : 합의내용, 용어 등을 재점검한다.

대표기출유형

05 고객 서비스

| 유형분석 |

- 주로 고객 응대와 관련된 글이 제시되고, 서비스 직종이 아니더라도 일반적인 사업장에서 볼 수 있는 내용도 종종 볼 수 있다.

I통신회사에서 상담원으로 근무하는 K사원은 다음과 같은 문의 전화를 받게 되었다. 이에 따라 K사원이 고객을 응대하는 방법으로 적절하지 않은 것은?

K사원 : 안녕하세요. I통신입니다. 무엇을 도와드릴까요?
고객 : 인터넷이 갑자기 안 돼서 너무 답답해요. 좀 빨리 해결해 주세요. 지금 당장요!
K사원 : 네, 고객님 최대한 빠르게 처리해 드리겠습니다.
고객 : 확실해요? 언제 해결 가능하죠? 빨리 좀 부탁합니다.

① 현재 업무 절차에 대해 설명해 주면서 시원스럽게 업무 처리하는 모습을 보여준다.
② 고객이 문제 해결에 대해 의심하지 않도록 확신감을 가지고 말한다.
③ "글쎄요.", "아마"와 같은 표현으로 고객이 흥분을 가라앉힐 때까지 시간을 번다.
④ 정중한 어조를 통해 고객의 흥분을 가라앉히도록 노력한다.
⑤ 고객의 이야기를 경청하고, 공감해 주면서 업무 진행을 위한 고객의 협조를 유도한다.

정답 ③

K사원과 통화 중인 고객은 고객의 불만표현 유형 중 하나인 빨리빨리형으로, 성격이 급하고, 확신 있는 말이 아니면 잘 믿지 못하는 모습을 보이고 있다. 이러한 경우 "글쎄요.", "아마"와 같은 애매한 표현은 고객의 불만을 더 높일 수 있다.

풀이 전략!

직원의 응대 방법과 관련된 문제인 경우, 직원이 어떤 식으로 고객을 응대했는지 먼저 확인하는 것이 중요하다. 반대로 상황에 따른 고객 응대에 관한 문제인 경우, 고객의 유형에 따라 응대 방법이 달라질 수 있으므로 고객의 유형과 응대 방법의 차이를 미리 알아둘 필요가 있다.

01 다음 중 빈칸에 들어갈 단어에 대한 설명으로 적절하지 않은 것은?

> ＿＿＿＿＿＿＿＿(이)란 고객과 서비스 요원 사이의 15초 동안의 짧은 순간에서 이루어지는 서비스로, 이 순간을 진실의 순간(MOT; Moment Of Truth) 또는 결정적 순간이라고 한다.

① 서비스 직원은 찰나의 순간에 모든 역량을 동원하여 고객을 만족시켜야 한다.
② 서비스 직원의 용모와 복장보다는 따뜻한 미소와 친절한 한마디가 서비스의 핵심이다.
③ 고객과 상호작용에 의해서 서비스가 순발력 있게 제공될 수 있는 시스템이 갖추어져야 한다.
④ 짧은 순간에 고객으로 하여금 우리 회사를 선택한 것이 좋은 선택이었다는 것을 입증해야 한다.
⑤ 여러 번의 결정적인 순간에서 단 한 번의 0점 서비스를 받는다면 모든 서비스가 0점이 되어버릴 수 있다.

02 다음은 예금에 가입하려는 고객과 상담을 진행하는 은행 직원과의 대화 내용이다. 빈칸에 들어갈 말로 적절하지 않은 것은?

> 직원 : 안녕하세요, 고객님? 무엇을 도와드릴까요?
> 고객 : 네, ○○예금을 들려고 합니다.
> 직원 : 네, ○○예금 개설을 도와드리겠습니다.
> … 중략 …
> 직원 : 긴 시간 동안 협조해 주셔서 감사합니다. 고객님 명의로 ○○예금 개설이 완료되었습니다. 해당 예금상품과 더불어 사용할 수 있는 스마트폰뱅킹 서비스가 있는데, 함께 진행해 드릴까요?
> 고객 : 아니요. 잘 사용하지도 않을 것 같은데, 괜찮습니다.
> 직원 : ＿＿＿＿＿＿＿＿＿＿＿＿＿＿＿＿

① 필요하실 때 다시 내점하기 번거로우시니 나오셨을 때 같이 신청하시는 것은 어떨까요?
② 전자금융이 위험하다고 생각되시면 조회 서비스만 먼저 이용해 보세요.
③ 이용 방법이 어려우시다면, 신청 후 제가 로그인과 이용 방법을 안내해 드리겠습니다.
④ 서비스 신청을 하시면 예금 및 대출 만기일 등 각종 정보를 실시간으로 편하게 스마트폰으로 받아 보실 수 있습니다.
⑤ 해당 서비스를 가입하면 입출금 거래내역 문자 서비스가 무료로 제공되는 반면, 그렇지 않으면 이용료가 발생하는 등 불이익이 발생됩니다.

03 **I은행의 행원인 귀하는 새로 입사한 A가 은행업무에 잘 적응할 수 있도록 근무 지도를 하고 있다. 다음 상황을 토대로 귀하가 A에게 지도할 사항으로 적절하지 않은 것은?**

> A : 안녕하십니까? 고객님. 어떤 업무를 도와드릴까요?(자리에서 앉아 컴퓨터 모니터를 응시한 채로 고객을 반김)
> 고객 : 지난 한 달간 제가 거래한 내역이 필요해서요. 발급이 가능한가요?
> A : 네, 지난 한 달간 은행 입출금 거래내역서 발급을 도와드리겠습니다. 신분증을 확인할 수 있을까요?
> 고객 : 여기 있습니다.
> A : 네, 감사합니다(응대용 접시에서 신분증만 회수함). 1월 1일부터 1월 31일까지 거래내역을 조회해 드리면 될까요?
> 고객 : 네. 그리고 체크카드 신청도….
> A : 우선 먼저 요청하신 거래내역서를 발급해 드리고 다른 업무를 도와드리겠습니다.
> 고객 : 알겠습니다.
> A : (거래내역서 인쇄 중) 거래내역서 발급 시에는 2천 원의 수수료가 발생합니다.

① 고객과 대화할 때에는 고객의 말을 끊지 않도록 합니다.
② 고객이 다가오면 하는 일을 멈추고 고객을 응시하여야 합니다.
③ 고객을 맞이할 때에는 되도록이면 자리에서 일어나 밝은 모습으로 반기도록 합니다.
④ 업무에 필요한 고객의 물품을 가져갈 때에는 응대용 접시와 함께 회수하도록 합니다.
⑤ 업무 처리와 관련하여 고객이 알아야 할 모든 사항은 업무가 완료된 후에 전달해야 합니다.

04 **I전자 영업부에 근무하는 A사원은 제품에 대한 불만이 있는 고객의 전화를 받았다. 제품에 문제가 있어 담당부서에 고장수리를 요청했으나 연락이 없어 고객이 화가 많이 난 상태였다. 이때 A사원으로서 가장 적절한 응대는?**

① 고객에게 사과하여 고객의 마음을 진정시키고 전화를 상사에게 연결한다.
② 고객의 불만을 들어준 후, 고객에게 제품수리에 대해 담당부서로 다시 전화할 것을 권한다.
③ 화를 가라앉히시라고 말하고 그렇지 않으면 전화응대를 하지 않겠다고 한다.
④ 고객의 불만을 듣고 담당부서의 업무가 밀려서 연락을 못한 것이라며 부서를 옹호한다.
⑤ 회사를 대표해서 미안하다는 사과를 하고, 고객의 불만을 메모한 후 담당부서에 연락하여 해결해 줄 것을 의뢰한다.

05 다음 상황에서 알 수 있는 잘못된 고객응대 자세는?

> 직원 J씨는 규모가 큰 대형 마트에서 육류제품의 유통 업무를 담당하고 있다. 전화벨이 울리고 신속하게 인사와 함께 전화를 받았는데 채소류에 관련된 업무 문의였다. 직원 J씨는 고객에게 자신은 채소류에 관련된 담당자가 아니라고 설명하고, "지금 거신 전화는 육류에 관련된 부서로 연결되어 있습니다. 채소류 관련 부서로 전화를 돌려드릴 테니 잠시만 기다려 주십시오."라고 말하고 타 부서로 돌렸다.

① 신속하게 전화를 받지 않았다.
② 기다려 주신 데 대한 인사를 하지 않았다.
③ 고객의 기다림에 대해 양해를 구하지 않았다.
④ 전화를 다른 부서로 돌려도 괜찮은지 묻지 않았다.
⑤ 자신의 직위를 밝히지 않았다.

06 다음 중 영업사원으로서 고객정보 수집 과정에 있어 중요한 내용으로 적절하지 않은 것은?

① 고객정보를 수집할 때에는 그 정보가 필요한 이유와 목적을 미리 안내하여야 한다.
② 고객정보는 정확해야 하므로 큰 소리로 대화하도록 해야 한다.
③ 고객의 입장에서 우호적인 분위기를 만들되 사무적이거나 심문하는 듯한 말투는 삼가야 한다.
④ 고객과 커뮤니케이션을 할 때에는 고객이 답하기 쉬운 내용과 질문법을 이용하여야 한다.
⑤ 고객정보는 상품 상담을 위해서 수집하는 것이며, 비밀은 반드시 보장됨을 안내하여 고객을 안심시켜 드려야 한다.

시대에듀

M E M O

PART 2

최종점검 모의고사

제1회
최종점검 모의고사
(사무 / 승무)

※ 인천교통공사 최종점검 모의고사는 채용공고와 최신 후기를 기준으로 구성한 것으로, 실제 시험과 다를 수 있습니다.

■ 취약영역 분석

번호	O/×	영역
1		의사소통능력
2		
3		
4		
5		
6		
7		
8		
9		
10		
11		문제해결능력
12		
13		
14		
15		

번호	O/×	영역
16		문제해결능력
17		
18		
19		
20		
21		대인관계능력
22		
23		
24		
25		
26		
27		
28		
29		
30		

번호	O/×	영역
31		정보능력 / 기술능력
32		
33		
34		
35		
36		
37		
38		
39		
40		

평가문항	40문항	평가시간	50분
시작시간	:	종료시간	:
취약영역			

모바일 OMR

제1회 최종점검 모의고사

문항 수 : 40문항　　응시시간 : 50분

정답 및 해설 p.048

01 다음은 노후산업단지 재생사업 활성화 방안에 대한 글이다. 맞춤법상 옳지 않은 단어는 모두 몇 개인가?

〈노후산업단지 재생사업 활성화 방안〉

국내 노후산업단지의 현황 및 문제점, 해외사례 고찰을 통해 도출된 시사점을 토대로 노후산업단지 재생사업 추진 기본방양을 정리하면 다음과 같은 5가지로 분류될 수 있다.

재생사업 추진 기본방향	주요 내용
공공지원형 산업단지 재생모델 지양	산업단지 재생사업은 공공주도가 아닌 민간주도로 사업추진이 바람직
입주기업 주도형 '산업단지 살리기 모델' 지향	'산업단지형 마을 만들기 모델' - 기업 스스로 원하는 환경을 조성하기 위하여 협력하고 계획을 추진하는 모델
산업유산 보존 및 보존가치시설 재활용방안 모색	새로운 산업 육성+산업유산 보존방안 마련 - 산업유산 보존을 통한 지역자산 활용
산업단지 장소이미지 제창출	노후화되고 정체된 노후산업단지 장소이미지 게선을 위한 사업 발굴 - 활기찬 경제공간으로의 이미지메이킹 사업 추진 - 공공서비스 디자인사업 등 활용
젊은 층 유도를 위한 정책 마련	젊은 층 유도를 통한 산업단지 공간 효율성 강화 - 새로운 기능 유치를 통한 기대효과 창출

① 1개　　② 2개
③ 3개　　④ 4개
⑤ 5개

02 다음 글과 관련 있는 한자성어로 가장 적절한 것은?

> 똑같은 상품이라도 대형마트와 백화점 중 어디에서 판매하느냐에 따라 구매 선호도가 차이를 보이는 것으로 조사됐다.
> 한 백화점에서 지하 1층에 위치한 마켓의 올 한 해 상품 판매 추이를 분석한 결과, 신선식품과 유기농 식품 등에 대한 구매 선호도가 동일한 상품을 판매하는 대형마트보다 높게 나타났다. 상품군별 매출구성비를 살펴보면 신선식품의 경우 대형마트는 전체 매출의 23%대를 차지하고, 백화점 내 마켓은 32%의 구성비를 보이며 구매 선호도가 가장 높게 나타났다. 특히 유기농 상품매장의 경우, 유기농 상품의 평균 구매 단가가 8,550원으로 대형마트의 7,050원보다 21%나 높음에도 불구하고 백화점 내 마켓 매출이 대형마트보다 월평균 3배 이상 높은 것으로 확인됐다.
> 또 유기농 선호 품목의 경우 백화점 내 마켓에서는 우유 등 유제품과 사과, 바나나 등 과일에 대한 구매가 활발하지만, 대형마트에서는 잡곡과 쌀 등 곡류의 선호도가 높았다. 품목별 상품 매출 구성비에서 상위 10위권 이내의 상품은 백화점의 경우 와인과 LCD TV, 프리미엄 냉장고, 노트북 등 문화가전 상품이 많았으나, 대형마트는 봉지라면과 쌀, 화장지, 병 소주 등 생활필수품이 인기를 끌었다. 백화점 내 마켓에서 판매된 2,000여 가지 상품 가운데 매출 구성비 1위를 차지한 상품은 레드와인(3.4%)이었으며, 대형마트는 봉지라면(1.5%)이 1위를 차지했다.
> 백화점 관계자는 "똑같은 대형마트 상품이라도 백화점에서 판매하면 전혀 다른 상품 선호도와 소비형태를 낳게 된다."라며 "이는 장소에 따라 고객의 구매 목적과 집중도에서 차이를 보이기 때문"이라고 말했다.

① 귤화위지(橘化爲枳)
② 좌불안석(坐不安席)
③ 불문가지(不問可知)
④ 전화위복(轉禍爲福)
⑤ 일망타진(一網打盡)

※ 다음 글을 읽고 이어지는 질문에 답하시오. [3~4]

(가) 인류의 생명을 위협하는 미세먼지와의 전쟁

먼지는 인류가 지구상에 등장하기 훨씬 전부터 지구 대기를 가득 채우고 있었다. 구름 속에서 눈과 비를 만들고 따가운 햇볕을 가려주는 등 인류에게 이로운 존재였던 먼지가 문제가 된 것은 산업화, 도시화로 인해 자연의 먼지보다 훨씬 작고 위험한 미세먼지가 대기를 덮기 시작했기 때문이다.
보통 지름이 $10\mu m$(머리카락 굵기의 $1/5 \sim 1/7$)보다 작고, $2.5\mu m$(머리카락 굵기의 $1/20 \sim 1/30$)보다 큰 입자를 미세먼지라고 부른다. 주로 자동차가 많은 도로변이나 화석연료를 쓰는 산업단지 등에서 발생한다. 지름이 $2.5\mu m$ 이하인 입자는 '초미세먼지'로 분류되며, 담배 연기나 연료의 연소 시에 생성된다.
이러한 미세먼지가 우리 몸속으로 들어오면 면역력이 급격히 떨어져 감기 천식 기관지염 같은 호흡기 질환은 물론 심혈관질환, 피부질환, 안구질환 등 각종 질병에 노출될 수 있다. 세계보건기구(WHO)는 지난 2014년 한 해 동안 미세먼지로 인해 기대수명보다 일찍 사망한 사람이 700만 명에 이른다고 발표했다. 흡연으로 연간 발생하는 조기 사망자가 600만 명임을 고려하면 미세먼지의 유해성이 얼마나 심각한지 잘 알 수 있다.

(나)
____

2010년 전 세계 자동차 보유대수는 10억 대를 넘었고, 우리나라는 2014년 10월 말에 세계 15번째로 2,000만 대(차량 1대당 인구 2.26명)를 돌파했다. 궁극적으로 미세먼지를 없애려면 도시에서 자동차 통행을 전면 금지하면 된다. 하지만 이것은 현실적으로 불가능하기에 자동차 통행수요를 줄임으로써 미세먼지 발생을 최소화하는 정책이 필요하다. 실제로 유럽이나 미국, 일본 등 많은 나라에서 다양한 자동차 배출가스 정책을 통해 미세먼지를 줄이려고 노력하고 있다.

(다) 미세먼지 없는 깨끗한 세상을 위한 우리의 정책

우리나라 역시 자동차 배출가스 저감을 통해 미세먼지를 줄이려는 세계적인 추세에 보조를 맞추고 있다. 우선, 자동차 배출가스 배출허용기준을 강화하고, 경유차에 배출가스 저감장치를 부착하도록 함으로써 저공해화를 유도한다. 이 밖에도 연료 품질기준 강화, 자동차배출가스검사 강화, 자동차 배출가스 단속 강화 등 다양한 정책을 추진 중이다. 따라서 대도시 미세먼지 기여도 1위의 불명예를 안고 있는 노후 경유차 77%를 퇴출하는 한편, 어린이집, 유치원 밀집지역을 '미세 먼지 프리존(Free Zone)'으로 선정해 노후 경유차 출입제한 등의 규제 조치를 취한다.
최대 미세먼지 배출국인 중국과 공조도 활발히 전개하기로 했다. 기존의 연구협력 수준을 넘어 환경기술사업 분야의 협력을 강화한다. 아울러 한중 정상회의에서 미세먼지 문제를 의제화해 공동선언 발표를 추진한다는 계획이다. 이처럼 미세먼지는 국가 간 협력해야 하는 전 세계적 문제라고 할 수 있다.

03 다음 중 윗글의 빈칸 (나)에 들어갈 제목으로 적절하지 않은 것은?

① 자동차의 공급, 대기오염의 원인
② 대기오염의 주범, 자동차 배출가스
③ 친환경 자동차 공급, 미세먼지 감소
④ 자동차 통행수요, 미세먼지에 영향
⑤ 미세먼지, 자동차 배출가스 정책으로 줄여

04 다음 중 윗글의 내용을 바르게 이해하지 못한 사람은?

① 김사원 : 미세먼지라고 위험성을 간과하면 안 되겠구나. 미세먼지 때문에 면역력이 감소하게 되면 각종 질병에 노출되니까 말이야.

② 이사원 : 담배 연기로 생성되는 지름이 3μm 이하인 입자는 모두 '초미세먼지'라고 분류하는구나.

③ 홍대리 : 프랑스 파리에서는 미세먼지가 심각한 날에는 무조건 차량 2부제를 실시한다고 하는데, 이는 (나)의 사례로 적절하네.

④ 손대리 : 미국에서 자동차 배출가스 정화 장치를 부착하는 것은 미세먼지와 대기오염을 줄이기 위해 노력하는 방안 중 하나이구나.

⑤ 박과장 : 우리나라의 노력도 중요하지만, 다른 나라와의 협력을 통해 대기오염을 개선하도록 노력하는 것도 매우 중요하구나.

PART 2

05 다음 문단을 논리적 순서대로 바르게 나열한 것은?

(가) 문화재(문화유산)는 옛 사람들이 남긴 삶의 흔적이다. 그 흔적에는 유형의 것과 무형의 것이 모두 포함된다. 문화재 가운데 가장 가치 있는 것으로 평가받는 것은 다름 아닌 국보이며, 문화유산법 체계상 국보에 무형문화재는 포함되지 않는다. 즉, 국보는 유형문화재만을 대상으로 한다.

(나) 국보 선정 기준에 따라 우리의 전통 문화재 가운데 최고의 명품으로 꼽힌 문화재로는 숭례문이 있다. 숭례문은 현존 도성 건축물 중 가장 오래된 건물이다. 다음으로 온화하고 해맑은 백제의 미소로 유명한 충남 서산 마애여래삼존상이 있다. 또한 긴 여운의 신비하고 그윽한 종소리로 유명한 성덕대왕신종, 유네스코 세계유산으로도 지정된 석굴암 등이 있다. 이렇듯 우리나라 전통문화의 상징인 국보는 다양한 국보 선정의 기준으로 선발된 것이다.

(다) 문화유산법에 따르면 국보는 특히 '역사적 · 학술적 · 예술적 가치가 큰 것, 제작 연대가 오래되었으며 그 시대의 대표적인 것으로서 특히 보존가치가 큰 것, 조형미나 제작 기술이 특히 우수하여 그 유례가 적은 것, 형태 · 품질 · 제재 · 용도가 현저히 특이한 것, 저명한 인물과 관련이 깊거나 그가 제작한 것' 등을 대상으로 한다. 이것이 국보 선정의 기준인 셈이다.

(라) 이처럼 국보 선정의 기준으로 선발된 문화재는 지금 우리 주변에서 여전히 숨 쉬고 있다. 우리와 늘 만나고 우리와 늘 교류한다. 우리에게 감동과 정보를 주기도 하고, 때로는 이 시대의 사람들과 갈등을 겪기도 한다. 그렇기에 국보를 둘러싼 현장은 늘 역동적이다. 살아 있는 역사라 할 수 있다. 문화재는 그 스스로 숨 쉬면서 이 시대와 교류하기에, 우리는 그에 어울리는 시선으로 국보를 바라볼 필요가 있다.

① (가) – (나) – (라) – (다)
② (가) – (다) – (나) – (라)
③ (가) – (라) – (다) – (나)
④ (다) – (가) – (나) – (라)
⑤ (다) – (라) – (가) – (나)

06 다음 중 글의 빈칸에 들어갈 내용으로 가장 적절한 것은?

최근 미국 국립보건원은 벤젠 노출과 혈액암 사이에 연관이 있다고 보고했다. 직업안전보건국은 작업장에서 공기 중 벤젠 노출 농도가 1ppm을 넘지 말아야 한다는 한시적 긴급 기준을 발표했다. 당시 법규에 따른 기준은 10ppm이었는데, 직업안전보건국은 이 엄격한 새 기준이 영구적으로 정착되길 바랐다. 그런데 벤젠 노출 농도가 10ppm 이상인 작업장에서 인명피해가 보고된 적은 있지만, 그보다 낮은 노출 농도에서 인명피해가 있었다는 검증된 데이터는 없었다. 그럼에도 불구하고 직업안전보건국은 벤젠이 발암물질이라는 이유를 들어, 당시 통용되는 기기로 쉽게 측정할 수 있는 최소치인 1ppm을 기준으로 삼아야 한다고 주장했다. 직업안전보건국은 직업안전보건법의 구체적 실행에 관여하는 핵심 기관인데, 이 법은 '직장 생활을 하는 동안 위험물질에 업무상 주기적으로 노출되더라도 그로 인해 어떤 피고용인도 육체적 손상이나 작업 능력의 손상을 입어서는 안 된다.'라고 규정하고 있다.

이후 대법원은 직업안전보건국이 제시한 1ppm의 기준이 지나치게 엄격하다고 판결하였다. 대법원은 '직업안전보건법이 비용 등 다른 조건은 무시한 채 전혀 위험이 없는 작업장을 만들기 위한 표준을 채택하도록 직업안전보건국에게 무제한의 재량권을 준 것은 아니다.'라고 입장을 밝혔다.

____

직업안전보건국은 과학적 불확실성에도 불구하고 사람의 생명이 위험에 처할 수 있는 경우에는 더욱 엄격한 기준을 시행하는 것이 옳다면서, 자신들에게 책임을 전가하는 것에 반대했다. 직업안전보건국은 노동자를 생명의 위협이 될 수 있는 화학 물질에 노출시키는 사람들이 그 안전성을 입증해야 한다고 보았다.

① 여러 가지 과학적 불확실성으로 인해, 직업안전보건국의 기준이 합당하다는 것을 대법원이 입증할 수 없으므로 이를 수용할 수 없다는 것이다.

② 대법원은 벤젠의 노출 수준이 1ppm을 초과할 경우 노동자의 건강에 실질적으로 위험하다는 것을 직업안전보건국이 입증해야 한다고 주장했다.

③ 대법원은 재량권의 범위가 클수록 그만큼 더 신중하게 사용해야 한다는 점을 환기시키면서, 10ppm 수준의 벤젠 농도가 노동자의 건강에 정확히 어떤 손상을 가져오는지를 직업안전보건국이 입증해야 한다고 주장했다.

④ 직업안전보건국은 발암물질이 함유된 공기가 있는 작업장들 가운데서 전혀 위험이 없는 환경과 미미한 위험이 있는 환경을 구별해야 한다고 주장했는데, 대법원은 이것이 무익하고 무책임한 일이라고 지적했다.

⑤ 국립보건원의 최근 보고를 바탕으로, 직업안전보건국은 벤젠이 인체에 미치는 위해 범위가 엄밀한 의미에서 과학적으로 불확실하다는 점을 강조하면서, 자신들이 비용에 대한 고려를 간과하고 있다는 대법원의 언급은 근거 없는 비방이라고 맞섰다.

07 다음 중 글을 읽고 속담을 활용하여 이해한 내용으로 적절한 것은?

> 최근 핀테크가 등장하면서 예금과 대출만이 아니라 투자, 자산 관리, 채무 보증, 파생 거래 등 수많은 금융서비스가 전통적인 금융회사들로부터 분리를 거듭하자 많은 사람들은 금융회사의 해체 과정에만 주목하고 있다. 은행의 해체라는 화두가 등장한 것도 이 때문이다. 하지만 전체적인 흐름에서 보면 분절 또는 해체의 과정만 일어나고 있는 것은 아니다.
> 넷스케이프(Netscape)의 전 CEO 짐 박스데일에 따르면 사업에서 돈을 버는 방법은 통합하는 것(Bundle)과 해체하는 것(Unbundle) 두 가지라고 했듯이 해체와 통합은 상시적으로 필요에 의해 일어난다. 예를 들면 은행으로부터 대출을 떼어 온 P2P 서비스도 대출 이외에 더 많은 서비스를 고객에게 원스톱으로 제공하기 위해 새로운 서비스를 자신의 범주에 통합하려고 노력하고 있다. 지급결제로 홀로서기에 성공한 심플(Simple) 등 상당수 핀테크들도 초기 성공을 바탕으로 은행업 면허를 받아 종합금융 서비스를 제공하려 하고 있다. 즉 핀테크들이 기존 금융회사보다 세분화된 서비스를 빅데이터와 인공 지능의 도움을 받아 제공하면서 전통 금융회사들의 대안으로 떠올랐지만, 어느 임계점에 들어서 다른 금융 서비스를 추가하면서 종합금융서비스 기관으로 변신을 추진하고 있다. 이는 새로운 기술로 무장한 다른 핀테크들이 등장할 기회를 제공한다. 이처럼 통합과 해체의 사이클은 끊임없이 계속되는 것이다.
> 전통적인 금융회사들도 자신의 영역을 핀테크에 내주고 있는 듯 하지만 이 또한 또 다른 통합을 지향하고 있음을 알아야 한다. 즉, 은행들은 오픈 API(Application Programming Interfaces)를 통해 자신의 핵심 경쟁력을 공개하고 있지만, 이는 역으로 자신이 핀테크들의 플랫폼으로 자리 잡을 기회를 확보한 것이다. 결국 보는 관점에 따라 현재 금융시장에서 해체와 통합이 동시다발적으로 일어나고 있다고 볼 수 있다.

① 금융회사들은 핀테크를 '강 건너 불구경하듯' 하는구나.
② 핀테크는 금융업에 있어서 '귀에 걸면 귀걸이 코에 걸면 코걸이'로 볼 수 있겠군.
③ 핀테크에 대한 금융업의 모습을 보니 '우물에 가 숭늉을 찾는 격'이구나.
④ '될성부른 나무는 떡잎부터 알아본다.'더니, 핀테크의 발전은 예상된 것이었어.
⑤ '사공이 많으면 배가 산으로 간다.'던데 앞으로 핀테크의 방향이 걱정되는구나.

PART 2

※ 다음 글은 색채심리학을 소개하는 내용이다. 이어지는 질문에 답하시오. [8~9]

색채는 상징성과 이미지를 지니는 동시에 인간과 심리적 교감을 나눈다. 과거 노란색은 중국 황제를 상징했고, 보라색은 로마 황제의 색이었다. 또한 붉은색은 공산주의의 상징이었다. 백의민족이라 불린 우리 민족은 태양의 광명인 흰색을 숭상했던 것으로 보여진다. 이처럼 각 색채는 희망・열정・사랑・생명・죽음 등 다양한 상징을 갖고 있다. 여기에 각 색깔이 주는 독특한 자극은 인간의 감성과 심리에 큰 영향을 미치고 있으며, 이는 색채심리학이라는 학문의 등장으로 이어졌다.
색채심리학이란 색채와 관련된 인간의 행동(반응)을 연구하는 심리학을 말한다. 색채심리학에서는 색각(色覺)의 문제로부터, 색채가 가지는 인상・조화감 등에 이르는 여러 문제를 다룬다. 그뿐만 아니라, 생리학・예술・디자인・건축 등과도 관계를 가진다. 특히, 색채가 어떠하며, 우리 눈에 그것이 어떻게 보이고, 어떤 느낌을 주는지는 색채심리학이 다루는 연구대상 중 가장 주요한 부분이다.
우리는 보통 몇 가지의 색을 동시에 보게 된다. 이럴 경우 몇 가지의 색이 상호작용을 하므로, 한 가지의 색을 볼 때와는 다른 현상이 일어난다. 그 대표적인 것이 대비(對比) 현상이다. 색채의 대비는 2개 이상의 색을 동시에 보거나, 계속해서 볼 때 일어나는 현상이다. 전자를 '동시대비', 후자를 '계속대비'라고 한다. 이때 제시되는 색은 서로 영향을 미치며, 각기 지니고 있는 색의 특성을 더욱더 강조하는 경향이 생긴다. 이러한 색의 대비현상을 살펴보면, 색에는 색상・명도(색의 밝기 정도)・채도(색의 선명도)의 3가지 속성이 있으며, 이에 따라, 색상대비・명도대비・채도대비의 3가지 대비를 볼 수 있다. 색상대비는 색상이 다른 두 색을 동시에 이웃하여 놓았을 때 두 색이 서로의 영향으로 색상 차가 나는 현상이다. 다음으로 명도대비는 명도가 다른 두 색을 이웃하거나 배색하였을 때, 밝은색은 더욱 밝게, 어두운색은 더욱 어둡게 보이는 현상으로 볼 수 있다. 그리고 채도대비는 채도가 다른 두 색을 인접시켰을 때 서로의 영향을 받아 채도가 높은 색은 더욱 높아 보이고, 채도가 낮은 색은 더욱 낮아 보이는 현상을 말한다.
오늘날 색의 대비 현상은 일상생활에서 많이 활용되고 있다. 색채를 활용하여 먼 거리에서 더 잘 보이게 하거나 뚜렷하게 보이도록 해야 할 때가 있는데, 그럴 경우에는 배경과 그 앞에 놓이는 그림의 속성 차를 크게 해야 한다. 일반적으로 배경색과 그림색의 속성이 다르면 다를수록 그림은 명확하게 인지되고, 멀리서도 잘 보인다. 색의 대비 중 이와 같은 현상에 가장 영향을 미치는 것은 명도대비이며 그다음이 색상대비, 채도대비의 순이다. 특히, 멀리서도 잘 보여야 하는 표지류 등은 대비량이 큰 색을 사용한다.
색이 우리 눈에 보이는 현상으로는 이 밖에도 잔상색・순응색 등이 있다. 흰 종이 위에 빨간 종이를 놓고 잠깐 동안 주시한 다음 빨간 종이를 없애면, 흰 종이 위에 빨간 청록색이 보인다. 이것이 이른바 보색잔상으로서 비교적 밝은 면에서 잔상을 관찰했을 때 나타나는 현상이다. 그러나 암흑 속이나 백광색의 자극을 받을 때는 매우 복잡한 양상을 띤다. 또한, 조명광이나 물체색(物體色)을 오랫동안 계속 쳐다보고 있으면, 그 색에 순응되어 색의 지각이 약해진다. 그래서 조명에 의해 물체색이 바뀌어도 자신이 알고 있는 고유의 색으로 보이게 되는데, 이러한 현상을 '색순응'이라고 한다.

08 다음 중 윗글을 이해한 내용으로 적절하지 않은 것은?

① 색채의 대비 중 2개 이상의 색을 계속 보는 경우를 계속대비라고 한다.
② 색을 계속 응시하면, 색의 보이는 상태가 변화됨을 알 수 있다.
③ 색채심리학은 색채가 우리에게 어떤 느낌을 주는지도 연구한다.
④ 배경과 그림의 속성 차를 작게 할수록 뚜렷하게 보이는 효과가 있다.
⑤ 멀리서도 잘 보여야 하는 경우는 대비량이 큰 색을 사용한다.

09 다음 중 윗글을 읽고 추론한 내용으로 가장 적절한 것은?

① 어두운 밝기의 회색이 검은색 바탕 위에 놓일 경우 밝아 보이는데, 이는 채도대비로 볼 수 있다.

② 연두색 배경 위에 놓인 노란색은 좀 더 붉은색을 띠게 되는데, 이는 색상대비로 볼 수 있다.

③ 파란색 선글라스를 통해 푸르게 보이던 것이 곧 익숙해져서 본래의 색으로 느끼는 것은 보색잔상으로 볼 수 있다.

④ 색이 있는 물체를 응시한 후 흰 벽으로 눈을 옮기면 전자의 색에 칠하여진 동형의 상을 볼 수 있는데 이는 색순응으로 볼 수 있다.

⑤ 무채색 위에 둔 유채색이 훨씬 선명하게 보이는 현상은 명도대비로 볼 수 있다.

PART 2

10 I공사의 신입사원 교육담당자인 귀하는 상사로부터 다음과 같은 메일을 받았다. 신입사원의 업무역량을 향상시킬 수 있도록 교육할 내용으로 옳지 않은 것은?

> 수신 : ○○○
> 발신 : △△△
>
> ---
>
> 제목 : 신입사원 교육프로그램을 구성할 때 참고해 주세요.
> 내용 :
> ○○○씨, 오늘 조간신문을 보다가 공감이 가는 내용이 있어서 보내드립니다.
> 신입사원 교육 시 문서작성 능력을 향상시킬 수 있는 프로그램을 추가하면 좋을 것 같습니다.
>
> 기업체 인사담당자들을 대상으로 한 조사에서 '신입사원의 국어 능력 만족도'는 '그저 그렇다'가 65.4%, '불만족'이 23.1%나 됐는데, 특히 '기획안과 보고서 작성능력'에서 '그렇다'의 응답 비율(53.2%)이 가장 높았다. 기업들이 대학에 개설되기를 희망하는 교과과정을 조사한 결과에서도 가장 많은 41.3%가 '기획문서 작성'을 꼽았다. 특히 인터넷 세대들은 '짜깁기' 기술에는 능해도 논리를 구축해 효과적으로 커뮤니케이션을 하고 상대를 설득하는 능력에서는 크게 떨어진다.

① 문서의미를 전달하는 데 문제가 없다면 끊을 수 있는 부분은 가능한 한 끊어서 문장을 짧게 만들고, 실질적인 내용을 담을 수 있도록 한다.

② 상대방이 이해하기 어려운 글은 좋은 글이 아니므로 우회적인 표현이나 현혹적인 문구는 지양한다.

③ 중요하지 않은 경우 한자의 사용을 자제하며, 만약 사용할 경우 상용한자의 범위 내에서 사용하도록 한다.

④ 문서의 중요한 내용을 미괄식으로 작성하는 것은 문서작성에 중요한 부분이다.

⑤ 문서로 전달하고자 하는 핵심메시지가 잘 드러나도록 작성하며 논리적으로 의견을 전개하도록 한다.

11 **미국, 영국, 중국, 프랑스에 파견된 4명의 외교관 A～D는 1년의 파견기간이 지나면 다시 새로운 국가로 파견된다. 다음 〈조건〉을 참고할 때, 항상 참인 것은?**

> **조건**
> - 두 번 연속 같은 국가에 파견될 수는 없다.
> - A는 작년에 영국에 파견되어 있었다.
> - C와 D는 올해 프랑스에 파견되지 않는다.
> - D는 작년에 중국에 파견되어 있었다.
> - C가 작년에 파견된 국가는 미국이다.
> - B가 올해 파견된 국가는 중국이다.

① A가 올해 파견된 국가는 영국이다.
② C가 올해 파견된 국가는 미국이다.
③ D가 올해 파견된 국가는 프랑스이다.
④ B가 작년에 파견된 국가는 프랑스이다.
⑤ A는 올해 영국 또는 미국에 파견되었을 것이다.

12 **갑, 을, 병, 정, 무는 어떤 문제에 대한 해결 방안으로 A～E 중 각각 하나씩을 제안하였다. 〈조건〉의 내용이 모두 참일 때, 제안자와 그 제안이 바르게 연결된 것은?(단, 모두 서로 다른 하나의 제안을 제시하였다)**

> **조건**
> - 갑와 정는 B를 제안하지 않았다.
> - 을와 갑는 D를 제안하지 않았다.
> - 병는 C를 제안하였으며, 무는 D를 제안하지 않았다.
> - 무는 B와 E를 제안하지 않았다.

① 갑 A, 무 B
② 갑 A, 정 D
③ 갑 B, 정 D
④ 을 B, 갑 E
⑤ 을 B, 정 E

13 다음은 우리나라 자동차 등록번호 부여 방법에 대한 자료이고, 〈보기〉는 I공사 총무부 직원의 자동차 등록번호이다. 〈보기〉 중 자동차 등록번호가 잘못 부여된 것은 모두 몇 개인가?(단, I공사 총무부 직원의 자동차는 모두 비사업용 승용차이다)

〈자동차 등록번호 부여 방법〉

- 차량종류 – 차량용도 – 일련번호 순으로 부여한다.
- 차량종류별 등록번호

승용차	승합차	화물차	특수차	긴급차
100 ~ 699	700 ~ 799	800 ~ 979	980 ~ 997	998 ~ 999

- 차량용도별 등록번호

구분	문자열
비사업용 (32개)	가, 나, 다, 라, 마 거, 너, 더, 러, 머, 버, 서, 어, 저 고, 노, 도, 로, 모, 보, 소, 오, 조 구, 누, 두, 루, 무, 부, 수, 우, 주
운수사업용	바, 사, 아, 자
택배사업용	배
렌터카	하, 허, 호

- 일련번호
  1000 ~ 9999 숫자 중 임의 발급

보기

- 680 더 3412
- 521 버 2124
- 431 사 3019
- 531 서 9898
- 501 라 4395
- 421 저 2031
- 241 가 0291
- 670 로 3502
- 702 나 2838
- 431 구 3050
- 600 루 1920
- 912 라 2034
- 321 우 3841
- 214 하 1800
- 450 무 8402
- 531 고 7123

① 3개
② 4개
③ 5개
④ 6개
⑤ 7개

※ 다음은 I공사의 직원명단과 직원코드 생성방법에 대한 자료이다. 이어지는 질문에 답하시오. **[14~15]**

〈직원명단〉

- 1965년 8월 2일생 최지율 : 1988년도 공채 입사 2016년도 퇴사
- 1972년 2월 1일생 강이나라 : 2001년도 공채 입사 현재 재직 중
- 1958년 1월 19일생 김자영 : 1988년도 특채 입사 1999년도 퇴사
- 1993년 6월 5일생 이아름 : 2015년도 공채 입사 현재 재직 중
- 1998년 12월 20일생 유소정 : 2020년도 특채 입사 현재 재직 중

〈직원코드 생성방법〉

입사 연도	퇴사 연도	재직기간	채용전형	생년월일 · 성명
• 1960년대 : A6 • 1970년대 : A7 • 1980년대 : A8 • 1990년대 : A9 • 2000년대 : B0 • 2010년대 : B1 • 2020년대 : B2	• ~ 1999년 : X • 2000년 ~ : Y • 재직자 : Z	• 퇴사자 10년 이내 : ㄱ 10년 초과 20년 이내 : ㄴ 20년 초과 30년 이내 : ㄷ 30년 초과 : ㄹ • 재직자 : ㅁ	• 공채 : a • 특채 : b	주민등록번호 앞자리와 성명 중 앞 두자리 초성 예 930801ㅎㅇ

〈직원코드 순서〉

'입사 연도 – 퇴사 연도 – 재직기간 – 채용전형 – 생년월일 · 성명' 순으로 코드 생성

14 다음 중 위 직원명단의 직원코드로 옳지 않은 것은?

① A8Yㄷa650802ㅊㅈ
② B0Zㅁa720201ㄱㅇ
③ A8Xㄴb580119ㄱㅈ
④ B1Zㅁa930605ㅇㅇ
⑤ B2Zㅁb981220ㅅㅈ

15 직원코드 생성방법 내용 중 일부가 다음과 같이 변경되었다. 변경사항을 적용한다면 직원명단에서 찾을 수 없는 직원코드는?

〈직원코드 생성방법 변경사항〉

- 입사 연도를 두 문자로 구분 : 2000년대 이전 A, 2000년대부터 B
- 재직기간의 재직자 코드 : ㅁ → –
- 성명 : 성명의 모든 초성 입력

① AYㄷa650802ㅊㅈㅇ
② BZㅁa720201ㄱㅇㄴㄹ
③ AXㄴb580119ㄱㅈㅇ
④ BZ–a930605ㅇㅇㄹ
⑤ BZ–b981220ㅇㅅㅈ

16 I공사에 대한 SWOT 분석 결과가 다음과 같을 때, SWOT 분석 내용으로 적절한 것을 〈보기〉에서 모두 고르면?

〈SWOT 분석 결과〉

구분	분석 결과
강점(Strength)	• 해외 가스공급기관 대비 높은 LNG 구매력 • 세계적으로 우수한 배관 인프라
약점(Weakness)	• 타 연료 대비 높은 단가
기회(Opportunity)	• 북아시아 가스관 사업 추진 논의 지속 • 수소 자원 개발 고도화 추진 중
위협(Threat)	• 천연가스에 대한 수요 감소 추세 • 원전 재가동 확대 전망에 따른 에너지 점유율 감소 가능성

보기

ㄱ. 해외 가스공급기관 대비 LNG 확보가 용이하다는 점을 근거로 북아시아 가스관 사업 추진 시 우수한 효율을 이용하는 것은 SO전략에 해당한다.
ㄴ. 지속적으로 감소할 것으로 전망되는 천연가스 수요를 북아시아 가스관 사업을 통해 확보하는 것은 ST전략에 해당한다.
ㄷ. 수소 자원 개발을 고도화하여 다른 연료 대비 상대적으로 높았던 공급단가를 낮추려는 R&D 사업 추진은 WO전략에 해당한다.
ㄹ. 높은 LNG 확보 능력을 이용해 상대적으로 높은 가스 공급단가가 더욱 상승하는 것을 방지하는 것은 WT전략에 해당한다.

① ㄱ, ㄴ
② ㄱ, ㄷ
③ ㄴ, ㄷ
④ ㄴ, ㄹ
⑤ ㄷ, ㄹ

PART 2

17 다음은 섬유 산업에 대한 SWOT 분석 결과이다. 이를 분석한 내용으로 적절한 것을 〈보기〉에서 모두 고르면?

〈섬유 산업에 대한 SWOT 분석 결과〉

구분	분석 결과
강점(Strength)	• 빠른 제품 개발 시스템
약점(Weakness)	• 기능 인력 부족 심화 • 인건비 상승
기회(Opportunity)	• 한류의 영향으로 한국 제품 선호 • 국내 기업의 첨단 소재 개발 성공
위협(Threat)	• 외국산 저가 제품 공세 강화 • 선진국의 기술 보호주의

보기

ㄱ. 한류 배우를 모델로 브랜드 홍보 전략을 추진한다.
ㄴ. 단순 노동 집약적인 소품종 대량 생산 체제를 갖춘다.
ㄷ. 소비자 기호를 빠르게 분석하여 제품 생산에 반영한다.
ㄹ. 선진국의 원천 기술을 이용한 기능성 섬유를 생산한다.

① ㄱ, ㄴ
② ㄱ, ㄷ
③ ㄴ, ㄷ
④ ㄴ, ㄹ
⑤ ㄷ, ㄹ

18 귀하는 점심식사 중 식당에 있는 TV에서 정부의 정책에 대한 뉴스가 나오는 것을 보았다. 함께 점심을 먹는 동료들과 뉴스를 보고 나눈 대화의 내용으로 적절하지 않은 것은?

〈뉴스〉

앵커 : 저소득층에게 법률서비스를 제공하는 정책을 구상 중입니다. 정부는 무료로 법률자문을 하겠다고 자원하는 변호사를 활용하는 자원봉사제도, 정부에서 법률 구조공단 등의 기관을 신설하고 변호사를 유급으로 고용하여 법률서비스를 제공하는 유급법률구조제도, 정부가 법률서비스의 비용을 대신 지불하는 법률보호제도 등의 세 가지 정책대안 중 하나를 선택할 계획입니다.

이 정책대안을 비교하는 데 고려해야 할 정책목표는 비용저렴성, 접근용이성, 정치적 실현가능성, 법률서비스의 전문성입니다. 정책대안과 정책목표의 상관관계는 화면으로 보여드립니다. 각 대안이 정책목표를 달성하는 데 유리한 경우는 (+)로, 불리한 경우는 (−)로 표시하였으며, 유・불리 정도는 같습니다. 정책목표에 대한 가중치의 경우, '0'은 해당 정책목표를 무시하는 것을, '1'은 해당 정책목표를 고려하는 것을 의미합니다.

〈정책대안과 정책목표의 상관관계〉

정책목표	가중치		정책대안		
	A안	B안	자원봉사제도	유급법률구조제도	법률보호제도
비용저렴성	0	0	+	−	−
접근용이성	1	0	−	+	−
정치적 실현가능성	0	0	+	−	+
전문성	1	1	−	+	−

① 아마도 전문성 면에서는 유급법률구조제도가 자원봉사제도보다 더 좋은 정책 대안으로 평가받게 되겠군.

② A안에 가중치를 적용할 경우 유급법률구조제도가 가장 적절한 정책대안으로 평가받게 되지 않을까?

③ 반대로 B안에 가중치를 적용할 경우 자원봉사제도가 가장 적절한 정책대안으로 평가받게 될 것 같아.

④ A안과 B안 중 어떤 것을 적용하더라도 정책대안 비교의 결과는 달라지지 않을 것으로 보여.

⑤ 비용저렴성을 달성하기에 가장 유리한 정책대안은 자원봉사제도로군.

※ 다음은 I공사의 사무실 이전을 위해 건물 A ~ E에 대해 조사한 자료이다. 이어지는 질문에 답하시오. [19~20]

〈건물별 시설 현황〉

건물	층수	면적	거리	시설	월 임대료
A	3층	각 층 40평	6km	엘리베이터, 장애인시설, 3층 대회의실, 주차장 5평	300만 원
B	2층	각 층 50평	10km	엘리베이터, 장애인시설, 주차장 10평	500만 원
C	1층	90평	4km	장애인시설, 주차장 15평	400만 원
D	2층	각 층 60평	14km	엘리베이터, 주차장 15평	500만 원
E	2층	각 층 55평	8km	장애인시설, 주차장 20평	400만 원

※ 거리는 각 건물에서 현장까지 거리임
※ 면적에 주차장은 포함하지 않음

〈항목별 환산점수〉

- 층수 : 층당 10점
- 면적 : 건물 총 면적 1평당 1점, 주차장 1평당 3점
- 거리 : 5km 이하 20점, 5km 초과 10km 이하 10점, 10km 초과 5점
- 시설 : 2층 이상 건물 중 엘리베이터 없을 시 10점 감점, 건물에 장애인시설 없을 시 5점 감점
- 임대료 : 100만 원당 10점 감점

19 I공사는 다음 〈조건〉을 고려하여 환산점수 합이 가장 높은 건물과 계약하려고 할 때, 계약할 건물과 그 건물의 점수는?

조건
- 2층 이상의 건물로 엘리베이터와 장애인시설이 있을 것
- 현장과의 거리는 12km 이내일 것

① A건물, 145점
② B건물, 110점
③ C건물, 125점
④ D건물, 135점
⑤ E건물, 150점

20 I공사는 항목별 환산점수를 적용하여 환산점수 합이 가장 높은 건물로 사무실을 이전하려고 할 때, 이전할 건물은?

① A건물
② B건물
③ C건물
④ D건물
⑤ E건물

21 **다음은 I공사 총무부에 근무하는 C부장과 I공사에 사무용품을 납품하는 협력업체 J사장의 대화이다. 거래처 관리를 위한 C부장의 업무처리 방식으로 가장 적절한 것은?**

> J사장 : 부장님, 이번 달 사무용품 주문량이 급격히 감소하여 궁금해 찾아왔습니다. 우리 회사 물품에 무슨 문제라도 있습니까?
> C부장 : 사장님께서 지난 7년 동안 계속 납품해 주고 계시는 것에 저희는 정말 만족하고 있습니다. 그런데 아시다시피 요즘 들어 경기가 침체되어 저희 내부에서도 비용절약 운동을 하고 있어요. 그래서 개인 책상과 서랍 정리를 통해 사용 가능한 종이와 펜들이 많이 수거되었습니다. 아마 이런 이유 때문이 아닐까요?
> J사장 : 아, 그렇군요. 그런데 얼마 전 저희에게 주문하시던 종이 가방을 다른 업체에서도 견적서를 받으신 것을 우연히 알게 되었습니다. 저희 종이 가방에 어떤 하자가 있었나요?
> C부장 : 아, 그러셨군요. 사실 회사의 임원께서 종이 가방의 비용이 많이 든다는 지적을 하셨습니다. 그래서 가격 비교 차원에서 다른 업체의 견적서를 받아 본 것입니다.

① 거래할 때마다 다른 거래처와 거래를 함으로써 여러 거래처를 아는 것이 좋다.
② 오래된 거래업체라고 해도 가끔 상호관계와 서비스에 대해 교차점검을 하는 것이 좋다.
③ 사내 임원이나 동료의 추천으로 거래처를 소개받았을 경우에는 기존의 거래처에서 변경하는 것이 좋다.
④ 일단 선정된 업체는 될 수 있는 대로 변경하지 않고 동일한 조건으로 계속 거래를 유지하는 것이 가장 바람직하다.
⑤ 유사 서비스를 제공하는 업체는 많으므로 늘 가격 비교 및 서비스 비교를 통해 업체를 자주 변경하는 것이 유리하다.

22 **신입사원 A씨는 갈등관리에 대한 책을 읽고 그 내용에 대해 정리해 보았다. 다음 중 이에 대한 설명으로 옳지 않은 것은?**

① 어려운 문제여도 피하지 말고 맞서야 한다.
② 자신의 의견을 명확하게 밝히고 지속적으로 강화한다.
③ 대화에 적극적으로 참여하고 있음을 드러내기 위해 상대방과 눈을 자주 마주친다.
④ 모두에게 좋은 최선의 해결책을 찾는 것이 목표이기 때문에 타협하려고 애써야 한다.
⑤ 갈등이 인지되자마자 접근할 것이 아니라 가만히 두면 자연히 가라앉는 경우도 있기 때문에 시간을 두고 지켜보는 것이 좋다.

※ 다음 글을 읽고 이어지는 질문에 답하시오. [23~24]

나는 ○○산업에 입사한 지 석 달 정도 된 신입사원 A이다. 우리 팀에는 타 팀원들과 교류가 거의 없는 선임이 한 명 있다. 다른 상사나 주변 동료들이 그 선임에 대해 주로 좋지 않은 이야기들을 많이 한다. 나는 그냥 그런 사람인가보다 하고는 특별히 그 선임과 가까워지려는 노력을 하지 않았다.
그러던 어느 날 그 선임과 함께 일을 할 기회가 생겼다. 사실 주변에서 들어온 이야기들 때문에 같이 일을 하는 것이 싫었지만 입사 석 달차인 내가 그 일을 거절할 수는 없었다. 그런데 일을 하면서 대화를 나누게 된 선임은 내가 생각했던 사람과는 너무나 달랐다. 그 선임은 주어진 일도 정확하게 처리했고, 마감기한도 철저히 지켰다. 그리고 내가 어려워하는 듯한 모습을 보이면 무엇이 문제인지 지켜보다가 조용히 조언을 해 주었다. 그 이후로 나는 선임에게 적극적으로 다가갔고 이전보다 훨씬 가까운 사이가 되었다.
오늘은 팀 전체 주간회의가 있었던 날이었다. 회의가 끝난 후 동료들 몇 명이 나를 불렀다. 그리고는 그 선임과 가깝게 지내지 않는 것이 좋을 것이라고 일러주며, 주변에서 나를 이상하게 보는 사람들이 생기기 시작했다는 말도 들려주었다. 내가 경험한 그 선임은 그렇게 나쁜 사람이 아니었는데, 주변 사람들은 내가 그 선임과 함께 어울리는 것을 바라지 않는 눈치였다. 나는 이런 상황이 한 개인의 문제로 끝나는 것이 아니라 우리 팀에도 그다지 좋지 않은 영향을 미칠 것이라는 생각이 들었다.

23 다음 중 신입사원 A가 선임과 가까워지게 된 핵심적인 계기는 무엇인가?

① 언행일치
② 진지한 사과
③ 상대방에 대한 이해
④ 사소한 일에 대한 관심
⑤ 칭찬하고 감사하는 마음

24 다음 중 신입사원 A가 지금의 상황이 팀의 효과성을 창출하는 데에 좋지 않은 영향을 미칠 수 있다고 판단하게 된 근거는 무엇인가?

① 팀원들이 일의 결과에는 초점을 맞추지 않고 과정에만 초점을 맞추는 모습을 보였기 때문에
② 팀 내 규약이나 방침이 명확하지 않으며, 일의 프로세스도 조직화되어 있지 않기 때문에
③ 개방적으로 의사소통하거나 의견 불일치를 건설적으로 해결하려는 모습을 보이지 않기 때문에
④ 팀이 더 효과적으로 기능할 수 있도록 팀의 운영 방식을 점검하려는 모습을 보이지 않기 때문에
⑤ 팀의 리더의 역할이 부족한 상황에서 리더가 역량을 공유하고 구성원 상호 간에 지원을 아끼지 않는 상황을 만들려고 하지 않기 때문에

25 다음 중 상대방의 설득방법으로 적절하지 않은 것은?

① 논쟁(Argument)을 적극적으로 유도한다.
② 상대방의 입장에서 상황을 다시 생각해본다.
③ 상대방의 잘못을 노골적으로 지적하지 않는다.
④ 상대방의 말을 중간에서 자르지 말고 그의 말을 끝까지 듣고 얘기한다.
⑤ 이해관계가 직접적으로 얽혀지지 않는 제3자를 통해 말하는 것이 효과적일 수도 있다.

26 다음 중 임파워먼트를 통해 나타나는 특징으로 적절하지 않은 것은?

① 구성원들 스스로 일에 대한 흥미를 느끼도록 해준다.
② 구성원들이 자신의 업무가 존중받고 있음을 느끼게 해준다.
③ 구성원들로 하여금 업무에 대해 계속해서 도전하고 성장할 수 있도록 유도할 수 있다.
④ 구성원들 간의 긍정적인 인간관계 형성에 도움을 줄 수 있다.
⑤ 구성원들이 현상을 유지하고 조직에 순응하는 모습을 기대할 수 있다.

27 다음 중 갈등해결 방법으로 옳은 것을 〈보기〉에서 모두 고르면?

보기

ㄱ. 사람들이 당황하는 모습을 보는 것은 되도록 피한다.
ㄴ. 사람들과 눈을 자주 마주친다.
ㄷ. 어려운 문제는 피하지 말고 맞선다.
ㄹ. 논쟁을 통해 해결한다.
ㅁ. 어느 한쪽으로 치우치지 않는다.

① ㄱ, ㄴ, ㄹ
② ㄱ, ㄷ, ㅁ
③ ㄴ, ㄷ, ㄹ
④ ㄴ, ㄷ, ㅁ
⑤ ㄷ, ㄹ, ㅁ

※ 귀하는 I기관의 상담사이며, 현재 불만고객 응대 프로세스에 따라 불만고객 응대를 하고 있는 중이다. 다음 대화문을 읽고 이어지는 질문에 답하시오. [28~29]

상담사	안녕하십니까. I기관 상담사 ㅁㅁㅁ입니다.
고객	학자금 대출 이자 납입건으로 문의할 게 있어서요.
상담사	네, 고객님. 어떤 내용이신지 말씀해 주시면 제가 도움을 드리도록 하겠습니다.
고객	제가 I기관으로부터 대출을 받고 있는데 아무래도 대출 이자가 잘못 나간 것 같아서요. 안 그래도 바쁘고 시간도 없는데 이것 때문에 비 오는 날 우산도 없이 은행에 왔다갔다 했네요. 도대체 일을 어떻게 처리하는 건지….
상담사	아, 그러셨군요, 고객님. 성함과 전화번호 확인 부탁드리겠습니다.
고객	네, △△△이구요, 전화번호는 000-0000-0000입니다.
상담사	확인해 주셔서 감사합니다. ________㉠________

28 다음 중 윗글에 언급된 불만고객은 어떤 유형의 불만고객에 해당하는가?

① 거만형
② 의심형
③ 트집형
④ 빨리빨리형
⑤ 우유부단형

29 다음 중 윗글에서 상담사의 마지막 발언 직후에 ㉠에 이어질 내용으로 적절한 것끼리 바르게 짝지어진 것은?

ㄱ. 어떤 해결 방안을 제시해 주는 것이 좋은지 고객에게 의견을 묻는다.
ㄴ. 고객 불만 사례를 동료에게 전달하겠다고 한다.
ㄷ. 고객이 불만을 느낀 상황에 대한 빠른 해결을 약속한다.
ㄹ. 대출내역을 검토한 후 어떤 부분에 문제가 있었는지 확인하고 답변해 준다.

① ㄱ – ㄴ
② ㄱ – ㄹ
③ ㄴ – ㄷ
④ ㄴ – ㄹ
⑤ ㄷ – ㄹ

30 I공사 총무부에 근무하는 K팀장은 최근 몇 년 동안 반복되는 업무로 지루함을 느끼는 팀원들 때문에 고민에 빠져 있다. 팀원들은 반복되는 업무로 인해 업무에 대한 의미를 잃어가고 있으며, 이는 업무의 효율성에 막대한 손해를 가져올 것으로 예상된다. 이러한 상황에서 K팀장에게 할 수 있는 조언으로 가장 적절한 것은?

① 팀원들을 책임감으로 철저히 무장시킨다.
② 팀원들의 업무에 대해 코칭한다.
③ 팀원들을 지속적으로 교육한다.
④ 팀원들에게 새로운 업무의 기회를 부여한다.
⑤ 팀원들을 칭찬하고 격려한다.

| 사무직(정보능력) |

31 다음 설명에 해당하는 컴퓨터 시스템 구성요소는?

- Main Memory이다.
- CPU 가까이에 위치하며 반도체 기억장치 칩들로 고속 액세스 가능을 담당한다.
- 가격이 높고 면적을 많이 차지한다.
- 저장 능력이 없으므로 프로그램 실행 중 일시적으로 사용된다.

① 중앙처리장치
② 주기억장치
③ 보조저장장치
④ 입출력장치
⑤ LAN

32 다음 중 빈칸 ㉠, ㉡에 들어갈 기능으로 옳은 것은?

__㉠__ 은/는 특정 값의 변화에 따른 결괏값의 변화 과정을 한 번의 연산으로 빠르게 계산하여 표의 형태로 표시해 주는 도구이고, __㉡__ 은/는 비슷한 형식의 여러 데이터의 결과를 하나의 표로 통합하여 요약해 주는 도구이다.

	㉠	㉡
①	통합	정렬
②	정렬	시나리오 관리자
③	해 찾기	데이터 유효성 검사
④	데이터 표	통합
⑤	데이터 표	피벗 테이블

33 I공사에는 시각 장애를 가진 S사원이 있다. S사원의 원활한 컴퓨터 사용을 위해 동료 사원들이 도움을 주고자 대화를 나누었다. 다음 중 바르게 설명한 사람은?

① A사원 : S사원은 Windows [제어판]에서 [접근성 센터]의 기능에 도움을 받는 게 좋겠어.
② B사원 : 아니야. [동기화 센터]의 기능을 활용해야지.
③ C사원 : [파일 탐색기]의 [옵션]을 활용하면 도움이 될 거야.
④ D사원 : [관리 도구]의 기능이 좋을 것 같아.
⑤ E사원 : [프로그램 및 기능]에서 도움을 받아야 하지 않을까?

34 다음은 I공사에 지원한 지원자들의 PT면접 점수를 정리한 자료이며, 각 사원의 점수를 산정하여 면접 결과를 정리하고자 한다. 이를 위해 [F3] 셀에 〈보기〉와 같은 함수식을 입력하고, 채우기 핸들을 이용하여 [F6] 셀까지 드래그했을 경우, [F3]~[F6] 셀에 나타나는 결괏값으로 옳은 것은?

	A	B	C	D	E	F
1						(단위 : 점)
2	이름	발표내용	발표시간	억양	자료준비	결과
3	조재영	85	92	75	80	
4	박슬기	93	83	82	90	
5	김현진	92	95	86	91	
6	최승호	95	93	92	90	

보기

=IF(AVERAGE(B3:E3)>=90,"합격","불합격")

	[F3]	[F4]	[F5]	[F6]
①	합격	합격	불합격	불합격
②	합격	불합격	합격	불합격
③	불합격	합격	불합격	합격
④	불합격	불합격	합격	합격
⑤	불합격	불합격	불합격	합격

35 다음 시트에서 판매수량과 추가판매의 합계를 구하기 위해서 [B6] 셀에 들어갈 수식으로 옳은 것은?

	A	B	C
1	일자	판매수량	추가판매
2	06월19일	30	8
3	06월20일	48	
4	06월21일	44	
5	06월22일	42	12
6	합계	184	

① =SUM(B2,C2,C5)

② =LEN(B2:B5,3)

③ =COUNTIF(B2:B5,">=12")

④ =SUM(B2:B5)

⑤ =SUM(B2:B5,C2,C5)

36 다음은 I공사의 신입공채 지원자들에 대한 평가점수를 정리한 자료이다. [B9] 셀에 아래와 같은 함수를 입력하였을 때, 결괏값으로 옳지 않은 것은?

	A	B	C	D	E
1	이름	협동점수	태도점수	발표점수	필기점수
2	부경필	75	80	92	83
3	김효남	86	93	74	95
4	박현정	64	78	94	80
5	백자영	79	86	72	97
6	이병현	95	82	79	86
7	노경미	91	86	80	79
8					
9	점수				

[B9] 셀에 입력된 함수	결괏값
① =SUM(MAX(B3:E3),MIN(B7:E7))	174
② =SUM(MAXA(B4:E4),COUNT(B3:E3))	98
③ =AVERAGE(MAX(B7:E7),COUNTA(B6:E6))	50
④ =AVERAGE(LARGE(B2:E2,3),SMALL(B5:E5,2))	79.5
⑤ =AVERAGE(SMALL(B3:E3,3),LARGE(B7:E7,3))	86.5

※ 다음 시트를 보고 이어지는 질문에 답하시오. **[37~38]**

	A	B	C	D	E	F	G
1							
2		구분	매입처수	매수	공급가액(원)	세액(원)	합계
3		전자세금계산서	12	8	11,096,174	1,109,617	12,205,791
4		수기종이계산서	1	0	69,180		76,098
5		합계	13	8	11,165,354	1,116,535	

37 귀하는 VAT(부가가치세) 신고를 준비하기 위해 엑셀 파일을 정리하고 있다. 세액은 공급가액의 10%이다. 수기종이계산서의 '세액(원)'인 [F4] 셀을 채우려 할 때, 입력해야 할 함수식은?

① =E3*0.1
② =E4*0.001
③ =E4*0.1
④ =E3*10%
⑤ =E4×0.1

38 다음 중 총합계인 [G5] 셀에 입력하려고 할 때, 필요한 함수식과 결괏값은?

	함수식	결괏값
①	=SUM(E3:F5)	12,281,889
②	=SUM(G3:G4)	12,281,889
③	=AVERAGE(C3:G4)	12,281,889
④	=AVERAGE(E5:F5)	12,281,890
⑤	=AVERAGE(G3:G4)	12,281,890

39 다음 프로그램의 실행 결과로 옳은 것은?

```
#include <stdio.h>
void main( ) {
    int temp=0;
    int i=10;

    temp=i++;
    temp=i--;

    printf("%d,%d",temp, i);
}
```

① 10, 10 ② 10, 11
③ 11, 11 ④ 11, 10
⑤ 0, 10

PART 2

40 파이썬 프로그램에서 다음 리스트의 최댓값과 최솟값을 출력하려고 한다. 빈칸 ㉠, ㉡에 들어갈 알맞은 함수를 순서대로 나열한 것은?

```
>>> data=[1, 2, 3, 4, 5, 6, 7]
>>> a=____㉠____
>>> b=____㉡____
>>> print("최댓값은", a, "이고, 최솟값은", b, "이다.")
```

	㉠	㉡
①	maximum(data)	minimum(data)
②	maximum(a.data)	minimum(b.data)
③	max(data)	min(data)
④	max(a.data)	min(b.data)
⑤	max(a)	min(b)

※ 기획전략팀에서는 사무실을 간편히 청소할 수 있는 새로운 청소기를 구매하였다. 기획전략팀의 B대리는 새 청소기를 사용하기 전에 제품설명서를 참고하였다. 이어지는 질문에 답하시오. **[31~32]**

〈사용 설명서〉

1. 충전
- 충전 시 작동 스위치 2곳을 반드시 꺼주십시오.
- 타 제품의 충전기를 사용할 경우 고장의 원인이 되오니 반드시 전용 충전기를 사용하십시오.
- 충전 시 충전기에 열이 느껴지는 것은 고장이 아닙니다.
- 본 제품에는 배터리 보호를 위하여 과충전 보호회로가 내장되어 있어 적정 충전시간을 초과하여도 배터리는 심한 손상이 없습니다.
- 충전기의 줄을 잡고 뽑을 경우 감전, 쇼트, 발화 및 고장의 원인이 됩니다.
- 충전하지 않을 때는 전원 콘센트에서 충전기를 뽑아 주십시오. 절연 열화에 따른 화재, 감전 및 고장의 원인이 됩니다.

2. 이상발생 시 점검 방법

증상	확인사항	해결 방법
스위치를 켜도 청소기가 작동하지 않는다.	• 청소기가 충전잭에 꽂혀 있는지 확인하세요. • 충전이 되어 있는지 확인하세요. • 본체에 핸디 청소기가 정확히 결합되었는지 확인하세요. • 접점부(핸디, 본체)를 부드러운 면으로 깨끗이 닦아주세요.	• 청소기에서 충전잭을 뽑아주세요.
사용 중 갑자기 흡입력이 떨어진다.	• 흡입구를 커다란 이물질이 막고 있는지 확인하세요. • 먼지 필터가 막혀 있는지 확인하세요. • 먼지통 내에 오물이 가득 차 있는지 확인하세요.	• 이물질을 없애고 다시 사용하세요.
청소기가 멈추지 않는다.	• 스틱 손잡이 · 핸디 손잡이 스위치 2곳 모두 꺼져 있는지 확인하세요. • 청소기 본체에서 핸디 청소기를 분리하세요.	
사용시간이 짧다고 느껴진다.	• 10시간 이상 충전하신 후 사용하세요.	
라이트 불이 켜지지 않는다.	• 청소기 작동 스위치를 ON으로 하셨는지 확인하세요. • 라이트 스위치를 ON으로 하셨는지 확인하세요.	
파워브러시가 작동하지 않는다.	• 머리카락이나 실 등 이물질이 감겨있는지 확인하세요.	• 청소기 전원을 끄고 이물질 제거 후 전원을 켜면 파워브러시가 재작동하며 평상시에도 파워브러시가 멈추었을 때는 전원 스위치를 껐다 켜시면 브러시가 재작동합니다.

31 **사용 중 충전으로 인한 고장이 발생한 경우, 그 원인으로 적절하지 않은 것은?**

① 충전 시 작동 스위치 2곳을 모두 끄지 않은 경우
② 적정 충전시간을 초과하여 충전한 경우
③ 충전하지 않을 때 충전기를 계속 꽂아 둔 경우
④ 충전기를 뽑을 때 줄을 잡고 뽑은 경우
⑤ 타 제품의 충전기를 사용한 경우

PART 2

32 **B대리는 청소기의 전원을 껐다 켬으로써 청소기의 작동 불량을 해결하였다. 어떤 작동 불량이 발생하였는가?**

① 청소기가 멈추지 않았다.
② 사용시간이 짧게 느껴졌다.
③ 사용 중 흡입력이 떨어졌다.
④ 파워브러시가 작동하지 않았다
⑤ 라이트 불이 켜지지 않았다.

※ 교육서비스 업체인 I사에서는 업무 효율화를 위해 업무용 태블릿PC '에듀프렌드'를 전 직원에게 제공하기로 결정하였다. 다음 제품 설명서를 참고하여 이어지는 질문에 답하시오. **[33~34]**

■ **지원기능**

1. 학습자 관리
   - 인적사항 등록 매뉴얼에서 학습자 인적사항을 등록할 수 있습니다.
   - 학습자 지도 및 평가 계획안을 첨부하여 등록할 수 있습니다.
   - 입력된 학습자 인적사항은 가나다순 또는 등록일자순, 나이순, 지역순으로 정렬할 수 있습니다.
   - 키워드 입력을 통해 원하는 학습자 정보를 검색할 수 있습니다.
2. 교사 스케줄링
   - 캘린더에 일정을 등록할 수 있고, 등록된 일정은 월별・주별・시간대별로 설정하여 확인할 수 있습니다.
   - 중요한 일정은 알람을 설정할 수 있습니다.
   - 위치정보를 활용해 학습자 방문지와의 거리 및 시간 정보와 경로를 탐색할 수 있습니다.
   - Office 문서작성을 지원하며, 터치펜으로 메모를 작성할 수 있습니다.
3. 커뮤니티
   - 커뮤니티에 접속해 공지사항을 확인할 수 있고, 게시판 기능을 활용할 수 있습니다.
   - 화상전화를 지원하여, 학습자와 시간과 장소에 제한 없이 소통할 수 있습니다.

■ **제품사양**

프로세서	CPU 속도 1.7GHz	
디스플레이	Size 165.5×77×8.8mm, Weight 200g	
	해상도 2960×1440	
메모리	내장 500GB, 외장 500GB(총 1TB 지원)	
카메라	표준 2,400만 화소	
연결	USB 지원	블루투스 지원
	GPS 지원	이어잭 지원
	Wi-Fi 지원	
배터리	표준 배터리 용량 4000mAh	
	비디오 재생시간 20h	

■ **주의사항**

- 물 또는 빗물에 던지거나 담그지 마십시오.
- 젖은 배터리를 사용하거나 충전하지 마십시오.
- 화기 가까이 두지 마십시오(가급적 0～40℃ 사이에서 사용하세요).
- 신용카드, 전화카드, 통장 등의 자성을 이용한 제품에 가까이 두지 마십시오.
- 소량의 유해물질이 있으니 기기를 분해하지 마십시오.
- 기기를 떨어뜨리지 마십시오.
- 기기에 색을 칠하거나 도료를 입히지 마십시오.
- 출력 커넥터에 허용되는 헤드셋 또는 이어폰을 사용하십시오.

※ 지시사항을 위반하였을 때 제품손상이 발생할 수 있습니다.

33 A사원은 '에듀프렌드'를 제공받아 업무를 수행하였다. 다음 중 A사원이 에듀프렌드를 사용하여 수행한 업무로 적절하지 않은 것은?

① 학습자 지도 및 평가 계획안의 메모리 용량(600GB)이 커서 일부분을 업로드하지 못하였다.
② 인적사항 등록 매뉴얼에서 A사원이 관리하는 학생 100명의 인적사항을 등록하였다.
③ A사원의 관리대상인 학습자 B군과 미팅을 잡고, 캘린더에 일정 알람을 등록하였다.
④ GPS를 켜서 학습자 B군의 집까지 최적 경로와 소요 시간을 탐색하였다.
⑤ 커뮤니티에 접속하여 공지사항을 통해 상반기 워크숍 일정을 확인하였다.

34 A사원이 '에듀프렌드'를 사용하기 위해 전원 버튼을 눌렀지만, 전원이 켜지지 않았다. 다음 중 에듀프렌드의 전원이 켜지지 않는 원인으로 적절하지 않은 것은?

① 주머니에 들어 있던 에듀프렌드를 바닥으로 떨어뜨렸다.
② 에듀프렌드의 출력 커넥터와 맞지 않는 이어폰을 꽂아 사용하였다.
③ 식당에서 물을 쏟아 가방에 들어있던 에듀프렌드가 물에 젖어버렸다.
④ 에듀프렌드에 보호 커버를 씌우고, 보호 커버 위에 매직펜으로 이름을 썼다.
⑤ 차량용 자석 거치대를 설치하여 운전 시에 에듀프렌드를 자석 거치대 위에 두었다.

※ 귀하는 사무실에서 사용 중인 기존 공유기에 새로운 공유기를 추가하여 무선 네트워크 환경을 개선하려고 한다. 다음 자료를 참고하여 이어지는 질문에 답하시오. **[35~36]**

〈공유기를 AP / 스위치(허브)로 변경하는 방법〉

[안내]

공유기 2대를 연결하기 위해서는 각각의 공유기가 다른 내부 IP를 사용하여야 하며, 이를 위해 스위치(허브)로 변경하고자 하는 공유기에 내부 IP 주소 변경과 DHCP 서버 기능을 중단해야 합니다.

[절차요약]

- 스위치(허브)로 변경하고자 하는 공유기의 내부 IP 주소 변경
- 스위치(허브)로 변경하고자 하는 공유기의 DHCP 서버 기능 중지
- 인터넷에 연결된 공유기에 스위치(허브)로 변경한 공유기를 연결

[세부절차 설명]

(1) 공유기의 내부 IP 주소 변경
- 공유기의 웹 설정화면에 접속하여 [관리도구] – [고급설정] – [네트워크관리] – [내부 네트워크 설정]을 클릭합니다.
- 내부 IP 주소의 끝자리를 임의적으로 변경한 후 [적용 후 시스템 다시 시작] 버튼을 클릭합니다.

(2) 공유기의 DHCP 서버 기능 중지
- 변경된 내부 IP 주소로 재접속 후 [관리도구] – [고급설정] – [네트워크관리] – [내부 네트워크 설정]을 클릭합니다.
- 하단의 [DHCP 서버 설정]을 [중지]로 체크 후 [적용]을 클릭합니다.

(3) 스위치(허브)로 변경된 공유기의 연결

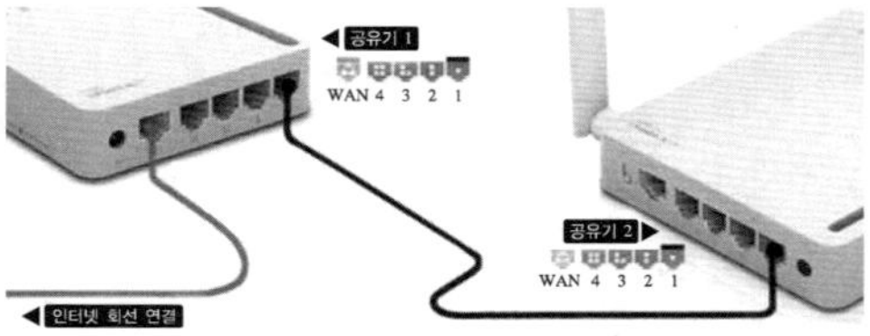

- 위의 그림과 같이 스위치로 변경된 〈공유기 2〉의 LAN 포트 1 ~ 4 중 하나를 원래 인터넷에 연결되어 있던 〈공유기 1〉의 LAN 포트 1 ~ 4 중 하나에 연결합니다.
- 〈공유기 2〉는 스위치로 동작하게 되므로 〈공유기 2〉의 WAN 포트에는 아무것도 연결하지 않습니다.

[최종점검]

이제 스위치(허브)로 변경된 공유기를 기존 공유기에 연결하는 모든 과정이 완료되었습니다. 설정이 완료된 상태에서 정상적으로 인터넷 연결이 되지 않는다면 상단 네트워크 〈공유기 1〉에서 IP 할당이 정상적으로 이루어지지 않는 경우입니다. 이와 같은 경우 PC에서 IP 갱신을 해야 하며 PC를 재부팅하거나 공유기를 재시작하시기 바랍니다.

[참고]

(1) Alpha 3 / Alpha 4의 경우는 간편 설정이 가능하므로 (1) ~ (2) 과정을 쉽게 할 수 있습니다.

(2) 스위치(허브)로 변경되어 연결된 공유기가 무선 공유기로 필요에 따라 무선 연결 설정이 필요한 경우 〈공유기 1〉 또는 〈공유기 2〉에 연결된 PC 어디에서나 〈공유기 2〉의 변경된 IP 주소를 인터넷 탐색기의 주소란에 입력하면 공유기 관리 도구에 쉽게 접속할 수 있으며 필요한 무선 설정을 진행할 수 있습니다.

[경고]
(1) 상단 공유기에도 '내부 네트워크에서 DHCP 서버 발견 시 공유기의 DHCP 서버 기능 중단' 설정이 되어 있을 경우 문제가 발생할 수 있으므로 상단 공유기의 설정을 해제하시기 바랍니다.
(2) 일부 환경에서 공유기를 스위치(허브)로 변경 후, UPNP 포트포워딩 기능이 실행 중이라면 네트워크 장애를 유발할 수 있으므로 해당 기능을 중단해 주시기 바랍니다.

35 **귀하는 새로운 공유기를 추가로 설치하기 전 판매업체에 문의하여 위와 같은 설명서를 전달받았다. 다음 중 바르게 이해하지 못한 것은?**

① 새로 구매한 공유기가 Alpha 3 또는 Alpha 4인지 먼저 확인한다.
② 기존에 있는 공유기의 내부 IP 주소와 새로운 공유기의 내부 IP 주소를 서로 다르게 설정한다.
③ 새로운 공유기의 WAN 포트에는 아무것도 연결되지 않아야 한다.
④ 기존 공유기와 새로운 공유기를 연결할 때, 새로운 공유기의 LAN 포트를 기존에 있는 공유기의 LAN 포트에 연결한다.
⑤ 네트워크를 접속할 때 IP를 동적으로 할당받을 수 있도록 하는 DHCP 서버 기능이 활성화되도록 설정한다.

36 **귀하는 설명서 내용을 토대로 새로운 공유기를 기존 공유기와 연결하고 설정을 마무리하였는데 제대로 작동하지 않았다. 귀하의 동료 중 IT기술 관련 능력이 뛰어난 A주임에게 문의를 한 결과, 다음과 같은 답변을 받았을 때, 옳지 않은 것은?**

① 기존 공유기와 새로운 공유기를 연결하는 LAN선이 제대로 꽂혀 있지 않네요.
② PC에서 IP 갱신이 제대로 되지 않은 것 같습니다. 공유기와 PC 모두 재시작해보는 게 좋을 것 같습니다.
③ 기존 공유기로부터 연결된 LAN선이 새로운 공유기에 LAN 포트에 연결되어 있네요. 이를 WAN 포트에 연결하면 될 것 같습니다.
④ 기존 공유기에서 DHCP 서버가 발견될 경우 DHCP 서버 기능을 중단하도록 설정되어 있어서 오작동한 것 같아요. 해당 설정을 해제하면 될 것 같습니다.
⑤ 공유기를 스위치로 변경 후, UPNP 포트포워딩 기능이 실행 중이라면 네트워크 장애를 유발할 수 있습니다. 해당 기능을 중단해 주시기 바랍니다.

37 **다음 중 산업재해 사례에 해당하지 않는 것은?**

① 산업활동 중의 사고로 인해 사망하는 경우
② 회사에 도보로 통근을 하는 도중 교통사고를 당하는 경우
③ 근로자가 휴가 기간 중 사고로 부상당한 경우
④ 일용직, 계약직, 아르바이트생이 산업활동 중 부상당하는 경우
⑤ 유해 물질에 의한 중독 등으로 직업성 질환에 걸리거나 신체적 장애를 가져오는 경우

38 **다음 중 기술과 관련된 용어에 대한 설명으로 옳지 않은 것은?**

① 노와이(Know-why)는 원인과 결과를 알아내고 파악하는 것을 말한다.
② OJT(On the Job Training)는 국가에서 직원을 집합하여 교육하는 기본적인 훈련 방법이다.
③ 노하우(Know-how)는 어떤 일을 오래 함에 따라 자연스럽게 터득한 방법이나 요령이다.
④ 매뉴얼(Manual)은 제품 및 시스템을 사용하는 데 도움이 되는 서식이다.
⑤ 벤치마킹(Benchmarking)은 기업에서 경쟁력을 키우기 위한 방법으로 경쟁 회사의 비법을 배우면서 혁신하는 기법이다.

39 다음 사례에서 나타나는 벤치마킹으로 옳은 것은?

> S사는 모바일 앱으로 커피 주문과 결제를 모두 할 수 있는 사이렌 오더를 처음으로 시행하였다. 시행 이후 S사 창업자는 'Fantastic!'이라는 메일을 보냈고, 이후 S사의 전체 결제 중 17% 이상이 사이렌 오더를 이용하고 있다. 국내뿐 아니라 미국, 유럽, 아시아 등의 여러 국가의 S사 매장에서 이를 벤치마킹하여 사이렌 오더는 S사의 표준이 되었다.

① 글로벌 벤치마킹
② 경쟁적 벤치마킹
③ 비경쟁적 벤치마킹
④ 내부 벤치마킹
⑤ 직접적 벤치마킹

PART 2

40 다음 글의 빈칸 ㉠~㉢에 들어갈 말을 순서대로 바르게 나열한 것은?

> 4차 산업 혁명이란 인공지능, 클라우드 컴퓨터 등의 고도화된 정보통신기술이 사회, 산업 등 다양한 분야에 융합되어 기존과는 다른 혁신적인 변화를 이뤄 낸 21세기 산업혁명을 말한다.
> 무인항공기로도 불리는 ___㉠___은 원격 조종을 통해 기기를 제어하며 지정된 경로를 자율적으로 비행하거나 반자동으로 비행하곤 한다. 군사용으로 사용된 이것은 점차 민간 분야로 확대되어 농업, 수송 등 다양한 분야에서 쓰이고 있다. ___㉡___은 기기에 인터넷을 적용하여 사용자와의 커뮤니케이션은 물론 센서를 통해 환경 등을 감지하여 물체가 물체를 자동으로 제어하는 등 다양한 방식으로 적용되고 있다. ___㉢___는 이름 그대로 방대한 데이터이다. 크기(Volume), 속도(Velocity), 다양성(Variety)을 3대 중요 요소로 꼽는다. 하지만 단순 방대한 데이터 자체만으로는 의미가 없고 이 방대한 데이터를 분석하여 원하는 정보를 추출하고 가공하여 결론을 도출하는 과정에서 의미가 있다.

	㉠	㉡	㉢
①	드론	광케이블	빅데이터
②	드론	광케이블	데이터베이스
③	드론	사물인터넷	빅데이터
④	인공위성	사물인터넷	데이터베이스
⑤	인공위성	사물인터넷	빅데이터

제2회
최종점검 모의고사
(전기전자 / 시설환경 / 차량)

※ 인천교통공사 최종점검 모의고사는 최신 필기후기 및 채용공고를 기준으로 구성한 것으로, 실제 시험과 다를 수 있습니다.

■ 취약영역 분석

번호	O/×	영역
1		의사소통능력
2		
3		
4		
5		
6		
7		
8		
9		
10		
11		수리능력
12		
13		
14		
15		

번호	O/×	영역
16		수리능력
17		
18		
19		
20		
21		문제해결능력
22		
23		
24		
25		
26		
27		
28		
29		
30		

번호	O/×	영역
31		기술능력
32		
33		
34		
35		
36		
37		
38		
39		
40		

평가문항	40문항	평가시간	50분
시작시간	:	종료시간	:
취약영역			

모바일 OMR

제2회 최종점검 모의고사

문항 수 : 40문항 응시시간 : 50분

정답 및 해설 p.058

01 다음 글에서 밑줄 친 ㉠ ~ ㉤의 수정 방안으로 적절하지 않은 것은?

> 문화 융성 시대가 도래함에 따라 공공도서관의 ㉠ 역할이 증대되고 있다. 지식 정보 인프라 구축의 중요성, ㉡ 지역주민 문화 복지 관심 증가 및 정부의 공공도서관 건립 지원 확대로 최근 4 ~ 5년간 공공도서관 건립이 꾸준하게 증가하고 있다. ㉢ 그래서 국가도서관 통계 시스템에 따르면 우리나라 공공도서관의 1관당 인구는 64,547명(2011년)으로 주요 국가들의 공공도서관 1관당 인구보다 많은 인구를 서비스 대상으로 하고 있다. 이는 우리나라 도서관 인프라가 여전히 열악한 상황이라는 것을 알려준다. ㉣ 이런 상황을 개선되기 위해 정부는 '도서관발전종합계획(2009 ~ 2013년)'을 마련하여 진행하였다. 종합계획에 따르면 도서관 접근성 향상과 서비스 환경 개선을 위해 1인당 장서 보유량을 2013년까지 1.6권으로 높여 국제 기준에 맞도록 장서를 확충할 계획이다. 또한 도서관을 통한 창의적인 인재 양성을 위해 ㉤ 정보 활용 교육과 도서관 활용 수업과 학교 도서관 전담 인력을 학생 1,500명당 1명으로 증원할 계획이다. 이와 함께 지식 정도 격차 해소를 위해 병영 도서관, 교도소 도서관 환경을 전면적으로 개선하고 장애인, 고령자, 다문화 가정을 위한 도서관 프로그램도 확대할 계획이다. 한편 국가지식 정보 활용을 위해 세계의 최신 정보를 집약한 과학 기술·농학·의학·국립도서관 설립을 추진하고 국가 대표 도서관인 국립중앙도서관은 2013년까지 장서를 1,100만 권으로 확충할 예정이다. 이를 통해 국립중앙박물관이 세계 8위 수준의 장서 소장 국가도서관이 될 것을 기대하고 있다고 도서관정보정책위원회는 밝혔다.

① ㉠ : '자기가 마땅히 하여야 할 맡은 바 직책이나 임무'를 의미하는 '역활'로 수정한다.

② ㉡ : 명사를 지나치게 많이 나열하였으므로 '지역주민의 문화 복지에 대한 관심 증가'로 수정한다.

③ ㉢ : 앞뒤 문장 간의 관계로 볼 때 뒤의 문장이 앞 문장의 결과가 아니므로 '그럼에도 불구하고' 정도로 수정한다.

④ ㉣ : 문장성분 사이의 호응이 어색하므로 '이런 상황을 개선하기 위해'로 수정한다.

⑤ ㉤ : 서술어가 잘못 생략되었으므로 '정보 활용 교육과 도서관 활용 수업을 제도화하고 학교 도서관 전담 인력을 학생 1,500명당 1명으로 증원할 계획이다.'로 수정한다.

02 다음 글의 빈칸 (가) ~ (다)에 들어갈 문장을 〈보기〉에서 찾아 순서대로 바르게 나열한 것은?

먹을거리가 풍부한 현대인의 가장 큰 관심사 중 하나는 웰빙과 다이어트일 것이다. 현대인은 날씬한 몸매에 대한 열망이 지나쳐서 비만인 사람들이 나태하다고 생각하기도 하고, 심지어는 거식증으로 인해 사망한 패션모델까지 있었다. ＿＿＿＿(가)＿＿＿＿
물론 과도한 지방 섭취, 특히 몸에 좋지 않은 지방은 비만의 원인이 되고 당뇨병, 심장병, 고혈압과 같은 각종 성인병을 유발하지만, 사실 지방은 우리 몸이 정상적으로 활동하는 데 필수적인 성분이다. 사실 비만과 다이어트의 문제는 찰스 다윈(C. R. Darwin)의 진화론과 밀접한 관련이 있다. 찰스 다윈은 19세기 영국의 생물학자로 '종의 기원'이라는 책을 써서 자연선택을 통한 생물의 진화 과정을 설명하였다. 생물체가 살아남고 번식을 해서 자손을 남길 수 있느냐 하는 것은 주위 환경과의 관계가 중요한 역할을 하는데, 자연선택이란 주위 환경에 따라 생존하기에 적합한 성질 또는 기능을 가진 종들이 그렇지 못한 종들보다 더 잘 살아남게 되어 자손을 남기게 된다는 개념이다.
약 100년 전만 해도 우리나라를 비롯한 전 세계 대부분의 국가는 식량이 그리 풍족하지 않았다. 실제로 수십만 년 지속된 인류의 역사에서 인간이 매일 끼니 걱정을 하지 않고 살게 된 것은 최근 수십 년의 일이다. ＿＿＿＿(나)＿＿＿＿
그러므로 인류는 이러한 축적 능력이 유전적으로 뛰어난 사람들이 그렇지 않은 사람들보다 상대적으로 더 잘 살아남았을 것이다. 그렇게 살아남은 자들의 후손인 현대인들이 달거나 기름진 음식을 본능적으로 좋아하게 된 것은 진화의 당연한 결과였다. ＿＿＿＿(다)＿＿＿＿
지방이 풍부한 음식을 찾는 경향은 지나치게 지방을 축적하게 했고, 결국 부작용으로 이어졌다.

보기

㉠ 그리하여 음식이 풍부한 현대 사회에서는 이러한 유전적 특성은 단점으로 작용하게 되었다.
㉡ 이러한 사회적 경향 때문에 우리가 먹는 음식물에 포함된 지방이나 기름 성분은 몸에 좋지 않은 '나쁜 성분'으로 매도당하기도 한다.
㉢ 먹을 것이 풍족하지 않은 상황에서 생존에 필수적인 능력은 다름 아닌 에너지를 몸 안에 축적하는 능력이었다.

	(가)	(나)	(다)
①	㉠	㉡	㉢
②	㉠	㉢	㉡
③	㉡	㉢	㉠
④	㉢	㉠	㉡
⑤	㉢	㉡	㉠

03 **다음 글의 빈칸에 들어갈 단어로 가장 적절한 것은?**

> 현대사회에는 외모가 곧 경쟁력이라는 인식이 만연해 있다. 어느 조사에 따르면 한국 여성의 53%가 성형을 받기를 원하며, 성형외과 고객 중 3분의 1은 남성이라고 한다. 한국의 거식증 환자 수는 이미 1만 명을 넘었으며, 지금도 그 수는 증가하고 있다. 평범한 외모를 가졌고 정상 체중인 사람도 불안감에 시달리게 하는 외모 강박의 시대가 된 셈이다. 우리는 왜 외모 욕망에서 자유로울 수 없는 것일까?
>
> 우리는 스스로 멋지거나 바람직하게 생각하는 모습, 즉 이상자아를 자신에게서 발견할 때 만족감을 느끼는데, 이것을 자아감을 느낀다고 표현한다. 그런데 이상자아는 주체의 참된 본질이 아니라 자신을 둘러싼 환경 즉, 자신에 대한 주변인들의 평가, 학교 교육, 대중매체, 광고, 문화 이데올로기 등의 담론과 자신을 동일시함으로써 형성된다. 이렇게 탄생한 이상자아는 자아를 이끌어가는 바람직한 자아의 모습으로 주체의 무의식에 깊게 자리잡는다. 그리하여 우리가 이상적인 자아에 못 미치는 모습을 자신에게서 발견할 때, 예를 들어 날씬한 몸매가 이상적인 자아인데 현실의 몸매는 뚱뚱할 때, 우리의 자아는 고통을 받는다. 이러한 고통으로부터 벗어나기 위해서는 이상자아에 맞추어 자신의 모습을 날씬하게 바꾸거나, 자신의 이상자아를 뚱뚱한 몸매로 바꾸어 만족감을 얻어야 한다. 그러나 전자는 체중감량과 유지가 어렵기 때문에, 후자는 자아의 무의식 구성을 급진적으로 바꾸는 것이기 때문에 쉽지 않다.
>
> 또한, 외모는 단순히 '보기 좋음'을 넘어 다양한 의미를 표상한다. 외모 문화에는 미의 기준을 제시하는 대중매체의 담론과, 여성의 외모를 중시하는 가부장적인 이데올로기가 뿌리 깊게 작용하고 있다. 더 깊게 들어가서는 관상을 중시하는 시각문화, 외모에서조차 경쟁과 서열화를 만드는 자본주의 문화, 성공을 부추기는 유교적 출세주의, 서구의 미적 기준의 식민화, 개인의 개성을 인정하지 않는 집단획일주의 등 수많은 문화적·사회구조적 이데올로기가 개개인의 외모 욕망을 부추겨 외모 문화를 구축한다.
>
> 외모지상주의의 문제점을 단편적으로 제시하며 이를 거부할 것을 주장하는 사람들이 있다. 그러나 외모에 대한 욕망은 한두 가지 관점에서 비판함으로써 제거될 수 있는 것이 아니다. 하나의 단순한 현상처럼 보이지만, 그 기저에는 ＿＿＿＿＿＿ 담론 코드가 끊임없이 작용하고 있는 것이다.

① 심층적인
② 다층적인
③ 획일적인
④ 주관적인
⑤ 일반적인

04 다음 글의 주제로 가장 적절한 것은?

유전학자들의 최종 목표는 결함이 있는 유전자를 정상적인 유전자로 대체하는 것이다. 이렇게 가장 기본적인 세포 내 차원에서 유전병을 치료하는 것을 '유전자 치료'라 일컫는다. '유전자 치료'를 하기 위해서는 이상이 있는 유전자를 찾아야 한다. 이를 위해 과학자들은 DNA의 특성을 이용한다. DNA는 두 가닥이 나선형으로 꼬여 있는 이중 나선 구조로 이루어진 분자이다. 그런데 이 두 가닥에 늘어서 있는 염기들은 임의적으로 배열되어 있는 것이 아니다. 한쪽에 늘어선 염기에 따라, 다른 쪽 가닥에 늘어선 염기들의 배열이 결정되는 것이다. 즉, 한쪽에 A염기가 존재하면 거기에 연결되는 반대쪽에는 반드시 T염기가, 그리고 C염기에 대응해서는 반드시 G염기가 존재하게 된다. 염기들이 짝을 지을 때 나타나는 이러한 선택적 특성을 이용하여 유전병을 일으키는 유전자를 찾아낼 수 있다.

유전자를 찾기 위해 사용하는 첫 번째 도구는 DNA 한 가닥 중 극히 일부이다. '프로브(Probe)'라고 불리는 이 DNA 조각은 염색체상의 위치가 알려져 있는 이십여 개의 염기들로 이루어진다. 한 가닥으로 이루어져 있는 특성으로 인해 프로브는 자신의 염기 배열에 대응하는 다른 쪽 가닥의 DNA 부분에 가서 결합할 것이다. 대응하는 두 가닥의 DNA가 이렇게 결합하는 것을 '교잡'이라고 일컫는다. 조사 대상인 염색체로부터 추출한 많은 한 가닥의 염색체 조각들과 프로브를 섞어 놓았을 때, 프로브는 신비스러울 정도로 자신의 짝을 정확하게 찾아 교잡한다. 두 번째 도구는 '겔 전기영동'이라는 방법이다. 생물을 구성하고 있는 단백질・핵산 등 많은 분자들은 전하를 띠고 있어서 전기장 속에서 각 분자마다 독특하게 이동을 한다. 이러한 성질을 이용해 생물을 구성하고 있는 물질의 분자량, 각 물질의 전하량이나 형태의 차이를 이용하여 물질을 분리하는 것이 전기영동법이다. 이를 활용하여 DNA를 분리하려면 우선 DNA 조각들을 전기장에서 이동시키고, 이것을 젤라틴판을 통과하게 함으로써 분리하면 된다.

이러한 조사 도구들을 갖추고서, 유전학자들은 유전병을 일으키는 유전자를 추적하는 데 나섰다. 유전학자들은 먼저 겔 전기영동법으로 유전병을 일으키는 유전자로 의심되는 부분과 동일한 부분에 존재하는 프로브를 건강한 사람에게서 떼어내었다. 그리고 건강한 사람에게서 떼어낸 프로브에 방사성이나 형광성을 띠게 하였다. 그 후에 유전병 환자들에게서 채취한 DNA 조각들과 함께 교잡 실험을 반복하였다. 유전병과 관련된 유전 정보가 담긴 부분의 염기 서열이 정상인과 다르므로 이 부분은 프로브와 교잡하지 않는다는 점을 이용하는 것이다. 교잡이 일어난 후 프로브가 위치하는 곳은 X선 필름을 통해 쉽게 찾아낼 수 있고, 이로써 DNA의 특정 조각은 염색체상에서 프로브와 같은 위치에 존재한다는 것을 알 수 있다.

언뜻 보기에는 대단한 진보를 이룬 것 같지 않지만, 유전자 치료는 최근 들어 공상 과학을 방불케 하는 첨단 의료 기술의 대표적인 주자로 부각되고 있다. DNA 연구 결과로 인해, 우리는 지금까지 절망적이라고 여겨 온 질병들을 치료할 수 있다는 희망을 갖게 되었다.

① 유전자 추적의 도구와 방법
② 유전자의 종류와 기능
③ 유전자 치료의 의의와 한계
④ 유전자 치료의 상업적 가치
⑤ 유전 질환의 종류와 발병 원인

05 다음 글을 통해 추론할 수 없는 것은?

판구조론의 관점에서 보면, 아이슬란드의 지질학적인 위치는 매우 특수하다. 지구의 표면은 크고 작은 10여 개의 판으로 이루어져 있다. 아이슬란드는 북아메리카판과 유라시아판의 경계선인 대서양 중앙 해령에 위치해 있다. 대서양의 해저에 있는 대서양 중앙 해령은 북극해에서부터 아프리카의 남쪽 끝까지 긴 산맥의 형태로 뻗어 있다. 대서양 중앙 해령의 일부분이 해수면 위로 노출된 부분인 아이슬란드는 서쪽은 북아메리카판, 동쪽은 유라시아판에 속해 있어 지리적으로는 한 나라이지만, 지질학적으로는 두 개의 서로 다른 판 위에 놓여 있는 것이다.

지구에서 판의 경계가 되는 곳은 여러 곳이 있다. 그러나 아이슬란드는 육지 위에서 두 판이 확장되는 희귀한 지역이다. 아이슬란드가 위치한 판의 경계에서는 새로운 암석이 생성되면서 두 판이 서로 멀어지고 있다. 그래서 아이슬란드에서는 다른 판의 경계에서 거의 볼 수 없는 지질학적 현상이 나타난다. 과학자들의 관찰에 따르면, 아이슬란드의 중심부를 지나는 대서양 중앙 해령의 갈라진 틈이 매년 약 15cm씩 벌어지고 있다.

아이슬란드는 판의 절대 속도를 잴 수 있는 기준점을 가지고 있다는 점에서도 관심의 대상이 되고 있다. 과학자들은 북아메리카판에 대한 유라시아판의 시간에 따른 거리 변화를 추정하여 판의 이동 속도를 측정한다. 그러나 이렇게 알아낸 판의 이동 속도는 이동하는 판 위에서 이동하는 다른 판의 속도를 잰 것이다. 이는 한 판이 정지해 있다고 가정했을 때의 판의 속도, 즉 상대 속도이다. 과학자들은 상대 속도를 구한 것에 만족하지 않고, 판의 절대 속도, 즉 지구의 기준점에 대해서 판이 어떤 속도로 움직이는가도 알고자 했다. 판의 절대 속도를 구하기 위해서는 판의 운동과는 독립적으로 외부에 고정되어 있는 기준점이 필요하다. 과학자들은 지구 내부의 맨틀 깊숙이 위치한 마그마의 근원지인 열점이 거의 움직이지 않는다는 것을 알아내고, 그것을 판의 절대 속도를 구하는 기준점으로 사용하였다. 과학자들은 지금까지 지구상에서 100여 개의 열점을 찾아냈는데, 그 중의 하나가 바로 아이슬란드에 있다.

① 아이슬란드에는 판의 절대 속도를 구하는 기준점이 있다.
② 북아메리카판과 유라시아판의 절대 속도는 같을 것이다.
③ 한 나라의 육지 위에서 두 판이 확장되는 것은 희귀한 일이다.
④ 지구에는 북아메리카판과 유리시아판 이외에도 5개 이상의 판이 더 있다.
⑤ 아이슬란드의 중심부를 지나는 대서양 중앙 해령의 갈라진 틈이 매년 약 15cm씩 벌어지고 있는 것은 아이슬란드가 판의 경계에 위치해 있기 때문이다.

06 다음 글의 밑줄 친 ㉠~㉤ 중 맞춤법상 옳지 않은 것은?

> 훈민정음은 크게 '예의'와 '해례'로 ㉠ 나뉘어져 있다. 예의는 세종이 직접 지었는데, 한글을 만든 이유와 한글의 사용법을 간략하게 설명한 글이다. 해례는 한글의 자음과 모음을 만든 원리와 용법을 집현전 학사들이 상세하게 설명한 글이다.
> 서문을 포함한 예의 부분은 무척 간략해 「세종실록」과 「월인석보」 등에도 실리며 전해져 왔지만, 한글 창제 원리가 ㉡ 밝혀져 있는 해례는 전혀 알려져 있지 않았다. 그런데 예의와 해례가 모두 실려 있는 훈민정음 정본이 1940년에야 ㉢ 발견됐다. 그것이 「훈민정음 해례본」이다. 그러나 이 「훈민정음 해례본」이 대중에게, 그리고 한글학회 간부들에게 공개된 것은 광복 후에 이르러서였다.
> 하나의 나라, 하나의 민족정신을 담는 그릇은 바로 그들의 언어이다. 언어가 사라진다는 것은 세계를 바라보는 방법, 즉 세계관이 사라진다는 것과 ㉣ 진배없다. 일제강점기 일제의 민족말살 정책 중 가장 악랄했던 것 중 하나가 바로 우리말과 글에 대한 탄압이었다. 일제는 진정으로 우리말과 글이 사라지길 ㉤ 바랐다. 18세기 조선의 실학 연구자들은 중국의 중화사관에서 탈피하여 우리 고유의 문물과 사상에 대한 연구를 본격화했다. 이때 실학자들의 학문적 성과가 바로 훈민정음 해례를 한글로 풀어쓴 언해본의 발견이었다. 일제는 그것을 18세기에 만들어진 위작이라는 등 허구로 몰아갔고, 해례본을 찾느라 혈안이 되어 있었다. 해례본을 없앤다면 세종의 한글 창제를 완벽히 허구화할 수 있기 때문이었다.

① ㉠
② ㉡
③ ㉢
④ ㉣
⑤ ㉤

PART 2

07 다음 문단을 논리적 순서대로 바르게 나열한 것은?

(가) 점차 우리의 생활에서 집단이 차지하는 비중이 커지고, 사회가 조직화되어 가는 현대 사회에서는 개인의 윤리 못지않게 집단의 윤리, 즉 사회 윤리의 중요성도 커지고 있다.
(나) 따라서 우리는 현대 사회의 특성에 맞는 사회 윤리의 정립을 통해 올바른 사회를 지향하는 노력을 계속해야 할 것이다.
(다) 그러나 이러한 사회 윤리가 단순히 개개인의 도덕성이나 윤리 의식의 강화에 의해서만 이루어지는 것은 아니다.
(라) 물론 그것은 인격을 지니고 있는 개인과는 달리 전체의 이익을 합리적으로 추구하는 사회의 본질적 특성에서 연유하는 것이기도 하다.
(마) 그것은 개개인이 도덕적이라는 것과 그들로 이루어진 사회가 도덕적이라는 것은 별개의 문제이기 때문이다.

① (가) – (나) – (다) – (라) – (마)
② (가) – (나) – (라) – (다) – (마)
③ (가) – (나) – (마) – (라) – (다)
④ (가) – (다) – (나) – (라) – (마)
⑤ (가) – (다) – (마) – (라) – (나)

08 다음 글과 가장 관련 있는 한자성어는?

금융그룹이 발표한 자료에 따르면 최근 수년간 자영업 창업은 감소 추세에 있고, 폐업은 증가 추세에 있다. 즉, 창업보다 폐업이 많아지고 있는데 가장 큰 이유는 영업비용이 지속적으로 느는데 비해 영업이익은 감소하고 있기 때문이다. 특히 코로나19 상황에서 더욱 어려워지고 있다. 우리나라 자영업자 중 70%가 저부가가치 사업에 몰려 있어 산업 구조 자체를 바꾸지 않으면 이런 현상은 점점 커질 것이다. 하지만 정보는 종합 대책이라고 하면서 대출, 카드 수수료 인하, 전용 상품권 발행 등의 대책만 마련하였다. 이것은 일시적인 효과일 뿐 지나친 경쟁으로 인한 경쟁력 하락이라는 근본적 문제를 해결하지 못한다. 오히려 대출 등의 정책은 개인의 빚만 늘린 체 폐업을 하게 되는 상황을 초래할 수 있다. 저출산 고령화가 가속되고 있는 현재 근본적인 대책이 필요하다.

① 유비무환(有備無患)
② 근주자적(近朱者赤)
③ 동족방뇨(凍足放尿)
④ 세불십년(勢不十年)
⑤ 타산지석(他山之石)

09 다음 중 보고서에 반드시 포함되어야 할 내용으로 가장 적절한 것은?

Ⅰ. 해외출장 개요

1. 목적 : I공사 호주 연구개발 정책 및 기술현황 조사
2. 기간 : 2026년 4월 1일 ~ 2026년 4월 10일(10일간)
3. 국가 : 호주(멜버른, 시드니)
4. 출장자 인적사항

소속		직위	성명	비고
L사업실	사업기획부	1급	김영훈	단장
	사업관리부	2급	김중민	단원
	품질관리부	4급	최고진	단원
	자산관리부	4급	이기현	단원
	수수료관리부	3급	정유민	단원
인사실	인사관리부	2급	서가람	단원

Ⅱ. 주요업무 수행 사항

1. 출장의 배경 및 세부 일정

가. 출장 배경

ㄱ. I공사는 호주 기관과 1998년 2월 양자협력 양해각서(MOU)를 체결하여 2년 주기로 양 기관 간 협력 회의 개최

ㄴ. 연구개발 주요 정책 및 중장기 핵심 정책 조사

ㄷ. 지역특화 연구개발 서비스 현황 조사

① 대상이 되는 사람들의 나이와 성별 정보, 시간 단위별로 제시된 자세한 일정 관련 정보
② 출장지에서 특별히 주의해야 할 사항, 과거 협력 회의 시 다루었던 내용 요약
③ 시간 단위별로 제시된 자세한 일정 관련 정보, 과거 협력 회의 시 다루었던 내용 요약
④ 과거 협력 회의 시 다뤘던 내용 요약, 대상이 되는 사람들의 나이와 성별 정보
⑤ 대상이 되는 사람들의 나이와 성별 정보, 출장지에서 특별히 주의해야 할 사항

10 다음 서식의 내용으로 적절하지 않은 것은?

> **이사회의 의사록**
>
> 2024년 6월 5일 2시, 서울시 ○○구 △△동 21번지 본 회사 창립사무소에서 이사 및 감사 전원의 동의로 상법 제390조 제2호에 따른 소정의 소집절차를 생략하고 다음 의안을 심의하기 위하여 이사회를 개최하였다.
>
> **의안 : 대표이사 선임의 건**
>
> 이사들의 호선에 따라 이사 김□□을 임시의장으로 선출하였다. 의장 김□□은 즉석에서 이를 승낙하고 개회를 선언한 후 본 회사의 대표이사를 선임할 것을 구한 바, 이사들은 전원일치로 다음 사람을 대표이사로 선임하였다.
>
> **대표이사 강□□**
>
> 위 피선자는 즉석에서 취임을 승낙하였다.
>
> 이상으로 금일 의안의 심의를 종료하였으므로 의장은 2시 50분에 폐회를 선언하였다(위 결과를 명확히 하기 위하여 이 의사록을 작성하고 의장과 출석한 이사 및 감사가 다음과 같이 기명날인함).
>
> 2024년 6월 5일
> ☆☆주식회사
> 의장, 대표이사 ○○○ (인)

① 이사회 회의는 50분 만에 종료되었다.

② ☆☆주식회사 창립사무소는 서울시 ○○구 △△동에 있다.

③ 김□□은 이사들의 투표에 의해 임시의장으로 선출되었다.

④ 강□□의 대표이사 선임에 대해 반대 의사를 나타낸 이사가 있다.

⑤ 2024년 6월 5일 대표이사 선임의 건을 심의하기 위하여 이사회를 개최하였다.

11 다음은 일정한 규칙에 따라 나열한 수열이다. 이때, A－B의 값은?

11	10	A	15	103	B	310	28

① 11
② 12
③ 13
④ 14
⑤ 15

12 어느 학교의 모든 학생이 n대의 버스에 나누어 타면 한 대에 45명씩 타야 하고, $(n+2)$대의 버스에 나누어 타면 한 대에 40명씩 타야 한다. 이 학교의 학생 수는?(단, 빈자리가 있는 버스는 없다)

① 600명
② 640명
③ 680명
④ 720명
⑤ 760명

13 소희와 예성이가 자전거로 하이킹을 하고자 한다. 소희가 먼저 시속 30km의 속력으로 출발하고 12분 후 같은 경로로 예성이가 출발하였다고 한다. 예성이가 출발한 지 20분 후 소희를 따라잡았다면 예성이의 분당 속력은?

① 680m/min
② 680m/min
③ 720m/min
④ 760m/min
⑤ 800m/min

14 두 사람이 이번 주 토요일에 함께 미용실을 가기로 약속했다. 두 사람이 약속한 토요일에 함께 미용실에 다녀온 후에는 1명은 15일마다, 1명은 20일마다 미용실에 간다. 처음으로 다시 두 사람이 함께 미용실에 가게 되는 날은 무슨 요일인가?

① 월요일
② 화요일
③ 수요일
④ 목요일
⑤ 금요일

15 다음은 OECD 국가의 대학졸업자 취업에 대한 자료이다. A～L국가 중 '전체 대학졸업자' 대비 '대학졸업자 중 취업자' 비율이 OECD 평균보다 높은 국가만으로 바르게 나열된 것은?

〈OECD 국가의 대학졸업자 취업률 및 경제활동인구 비중〉

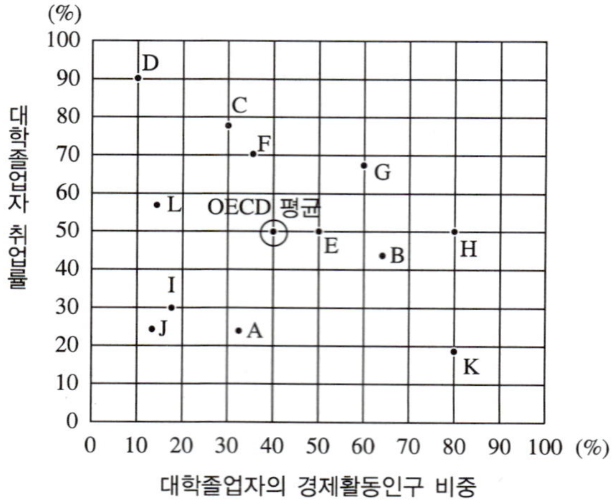

※ $[대학졸업자\ 취업률(\%)]=\frac{(대학졸업자\ 중\ 취업자)}{(대학졸업자\ 중\ 경제활동인구)}\times100$

※ $[대학졸업자의\ 경제활동인구\ 비중(\%)]=\frac{(대학졸업자\ 중\ 경제활동인구)}{(전체\ 대학졸업자)}\times100$

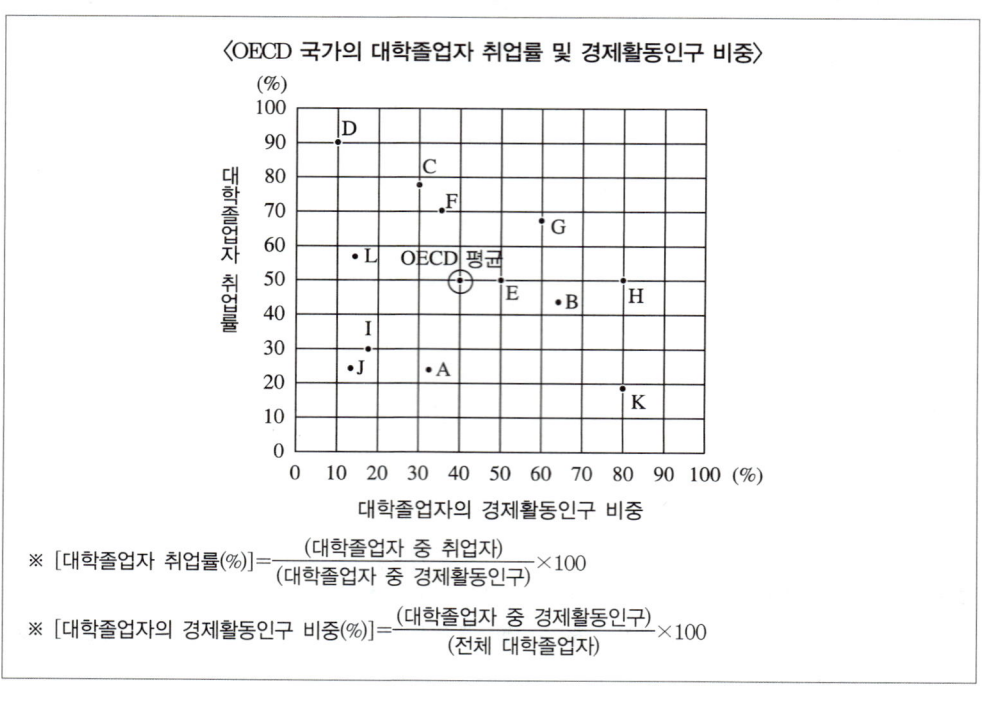

① A, D
② B, C
③ D, H
④ G, K
⑤ H, L

※ 다음은 경지면적 및 수리답률에 대한 자료이다. 이어지는 질문에 답하시오. [16~17]

〈경지면적 및 수리답률 추이〉

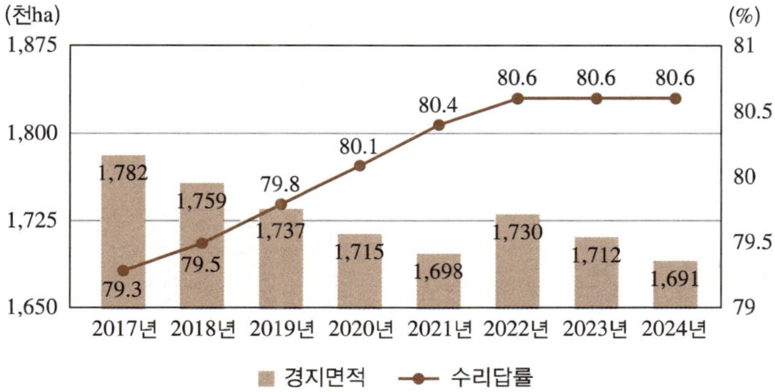

※ 수리답률(%) : 전체 논 면적 중 수리시설을 통해 농업용수를 공급받는 면적의 비율로, $\frac{(\text{수리답 면적})}{(\text{논 면적})} \times 100$임

〈항목별 경지 면적의 추이〉

(단위 : 천ha)

구분	2017년	2018년	2019년	2020년	2021년	2022년	2023년	2024년
논	1,070	1,046	1,010	984	960	966	964	934
밭	712	713	727	731	738	764	748	757

16 다음 중 2024년의 수리답 면적으로 옳은 것은?(단, 백의 자리에서 반올림한다)

① 753천ha
② 758천ha
③ 763천ha
④ 768천ha
⑤ 772천ha

17 다음 〈보기〉에서 자료에 대한 설명으로 옳은 것을 모두 고르면?(단, 비율은 소수점 셋째 자리에서 반올림한다)

보기

ㄱ. 2017 ~ 2022년 전체 경지 면적에서 밭이 차지하는 비율은 계속 증가하고 있다.
ㄴ. 논 면적이 2017 ~ 2024년 전체의 평균 논 면적보다 줄어든 것은 2020년부터이다.
ㄷ. 전체 논 면적 중 수리시설로 농업용수를 공급받지 않는 면적만 줄어들고 있다.

① ㄷ
② ㄱ, ㄴ
③ ㄱ, ㄷ
④ ㄴ, ㄷ
⑤ ㄱ, ㄴ, ㄷ

18 **다음은 2020 ~ 2024년 지역별 이혼건수에 관한 자료이다. 이에 대한 설명으로 옳은 것은?**

〈2020 ~ 2024년 지역별 이혼건수〉

(단위 : 천 건)

구분	2020년	2021년	2022년	2023년	2024년
서울	28	29	34	33	38
인천	22	24	35	32	39
경기	19	21	22	28	33
대전	11	13	12	11	10
광주	8	9	9	12	7
대구	15	13	14	17	18
부산	18	19	20	19	21
울산	7	8	8	5	7
제주	4	5	7	6	5
전체	132	141	161	163	178

※ 수도권은 서울, 인천, 경기임

① 2022 ~ 2024년 인천의 총이혼건수는 서울보다 적다.

② 2020 ~ 2024년까지 전체 이혼건수가 가장 적은 해는 2024년이다.

③ 2020 ~ 2024년까지 수도권의 이혼건수가 가장 많은 해는 2023년이다.

④ 전체 이혼건수 대비 수도권의 이혼건수 비중은 2020년에 50% 이하, 2024년은 60% 이상을 차지한다.

⑤ 2020 ~ 2024년까지 전체 이혼건수 증감추이와 같은 지역은 한 곳뿐이다.

19 다음 표는 2004년과 2024년 한국, 중국, 일본의 재화 수출액 및 수입액 자료이고, 용어 정의는 무역수지와 무역특화지수에 대한 설명이다. 이에 대한 〈보기〉의 설명 중 옳은 것을 모두 고르면?

〈한국, 중국, 일본의 재화 수출액 및 수입액〉

(단위 : 억 달러)

연도 \ 재화 \ 수출입액 \ 국가		한국		중국		일본	
		수출액	수입액	수출액	수입액	수출액	수입액
2004년	원자재	578	832	741	1,122	905	1,707
	소비재	117	104	796	138	305	847
	자본재	1,028	668	955	991	3,583	1,243
2024년	원자재	2,015	3,232	5,954	9,172	2,089	4,760
	소비재	138	375	4,083	2,119	521	1,362
	자본재	3,444	1,549	12,054	8,209	4,541	2,209

〈용어 정의〉

- (무역수지)=(수출액)−(수입액)

  ※ 무역수지 값이 양(+)이면 흑자, 음(−)이면 적자임

- $(\text{무역특화지수})=\frac{(\text{수출액})-(\text{수입액})}{(\text{수출액})+(\text{수입액})}$

  ※ 무역특화지수의 값이 클수록 수출경쟁력이 높음

보기

ㄱ. 2024년 한국, 중국, 일본 각각에서 원자재 무역수지는 적자이다.
ㄴ. 2024년 한국의 원자재, 소비재, 자본재 수출액은 2004년에 비해 각각 50% 이상 증가하였다.
ㄷ. 2024년 자본재 수출경쟁력은 일본이 한국보다 높다.

① ㄱ　　② ㄴ
③ ㄱ, ㄴ　　④ ㄱ, ㄷ
⑤ ㄴ, ㄷ

20 다음은 도로별 일평균 교통량에 대한 자료이다. 이에 대한 설명으로 옳지 않은 것은?

〈고속국도의 일평균 교통량〉

(단위 : 대)

구분	2020년	2021년	2022년	2023년	2024년
승용차	28,864	31,640	32,593	33,605	35,312
버스	1,683	1,687	1,586	1,594	1,575
화물차	13,142	11,909	12,224	13,306	13,211
합계	43,689	45,236	46,403	48,505	50,098

〈일반국도의 일평균 교통량〉

(단위 : 대)

구분	2020년	2021년	2022년	2023년	2024년
승용차	7,951	8,470	8,660	8,988	9,366
버스	280	278	270	264	256
화물차	2,945	2,723	2,657	2,739	2,757
합계	11,176	11,471	11,587	11,991	12,379

〈국가지원지방도의 일평균 교통량〉

(단위 : 대)

구분	2020년	2021년	2022년	2023년	2024년
승용차	5,169	5,225	5,214	5,421	5,803
버스	230	219	226	231	240
화물차	2,054	2,126	2,059	2,176	2,306
합계	7,453	7,570	7,499	7,828	8,349

① 조사기간 중 고속국도의 일평균 승용차 교통량은 일반국도와 국가지원지방도의 일평균 승용차 교통량의 합보다 항상 많았다.

② 전년 대비 일반국도의 일평균 화물차 교통량은 2022년까지 감소하다가 2023년부터 다시 증가하고 있다.

③ 2021 ~ 2024년 중 국가지원지방도의 일평균 버스 교통량의 전년 대비 증가율이 가장 큰 해는 2024년이다.

④ 조사기간 중 고속국도와 일반국도의 일평균 버스 교통량의 증감추이는 같다.

⑤ 2024년 고속국도의 일평균 화물차 교통량은 2024년 일반국도와 국가지원지방도의 일평균 화물차 교통량의 합의 2.5배 이상이다.

21 I공사 직원 A ~ H 8명이 농구, 축구, 족구를 하기 위해 운동장에 나왔다. 다음 〈조건〉에 따를 때, 팀을 배치할 수 있는 경우의 수는 몇 가지인가?

조건

- 각 종목은 적어도 두 사람 이상이 해야 하고, 축구는 짝수의 인원으로만 할 수 있다.
- A는 C와 같은 종목의 운동을 한다.
- G는 농구를 싫어한다.
- B, F가 참가한 종목은 사람 수가 가장 많다.
- D는 축구를 한다.
- E와 B는 같은 종목에 참가하지 않는다.
- D와 G는 같은 종목에 참가하지 않는다.

① 4가지
② 5가지
③ 6가지
④ 7가지
⑤ 8가지

22 정희, 철수, 순이, 영희는 다음 〈조건〉에 따라 영어, 불어, 독어, 일어를 배운다. 네 사람은 각각 최소한 한 가지 언어에서 최대 세 가지 언어를 배운다고 할 때, 이때 항상 참인 것은?

조건

- 한 사람만 영어를 배운다.
- 두 사람만 불어를 배운다.
- 독어를 배우는 사람은 최소 두 명이다.
- 일어를 배우는 사람은 모두 세 명이다.
- 정희나 철수가 배우는 어떤 언어도 순이는 배우지 않는다.
- 순이가 배우는 어떤 언어도 영희는 배우지 않는다.
- 정희가 배우는 언어는 모두 영희도 배운다.
- 영희가 배우는 언어 중에 정희가 배우지만 철수는 배우지 않는 언어가 있다.

① 순이는 일어를 배운다.
② 순이는 영어, 불어를 배운다.
③ 영희는 불어, 독어, 일어를 배운다.
④ 정희는 영어, 불어, 독어를 배운다.
⑤ 철수는 불어를 배운다.

※ I아파트의 자전거 보관소에서는 입주민들의 자전거를 편리하게 관리하기 위해 다음과 같은 기준으로 자전거에 일련번호를 부여한다. 이어지는 질문에 답하시오. [23~24]

〈일련번호 부여 기준〉

- 일련번호 순서 : [종류] – [무게] – [동] – [호수] – [등록순서]
- 자전거 종류 구분

일반 자전거			전기 자전거
성인용	아동용	산악용	
A	K	T	B

- 자전거 무게 구분

20kg 이상	10kg 초과 20kg 미만	10kg 이하
L	M	S

- 동 : 101동부터 110동까지의 끝자리를 한 자리 숫자로 기재(예 101동 – 1)
- 호수 : 네 자리 숫자로 기재(예 101호 – 0101, 1101호 – 1101)
- 등록순서 : 동일 세대주당 자전거 등록순서를 한 자리 숫자로 기재

23 다음 중 자전거의 일련번호가 바르게 표기된 것은?

① MT11092
② AM20122
③ AB101211
④ KS901012
⑤ BL8200201

24 다음 중 일련번호가 'TM412052'인 자전거에 대한 설명으로 옳은 것은?

① 전기 모터를 이용해 주행할 수 있다.
② 자전거의 무게는 10kg 이하이다.
③ 204동 1205호에 거주하는 입주민의 자전거이다.
④ 자전거를 2대 이상 등록한 입주민의 자전거이다.
⑤ 해당 자전거의 소유자는 더 이상 자전거를 등록할 수 없다.

※ I공사는 2015년부터 모든 임직원에게 다음과 같은 기준으로 사원번호를 부여한다. 이어지는 질문에 답하시오. [25~26]

〈사원번호 부여 기준〉

• 사원번호 순서 : [성별] – [부서] – [입사 연도] – [입사월] – [입사순서]

• 성별 구분

남성	여성
M	W

• 부서 구분

총무부	인사부	기획부	영업부	생산부
01	02	03	04	05

• 입사 연도 : 연도별 끝자리를 두 자리 숫자로 기재(예 2024년 – 24)

• 입사월 : 두 자리 숫자로 기재(예 5월 – 05)

• 입사순서 : 해당 월의 누적 입사순서를 두 자리 숫자로 기재(예 3번째 입사자 – 03)

※ I공사에 같은 날 입사자는 없음

25 다음 중 사원번호가 'W05180401'인 사원에 대한 설명으로 옳지 않은 것은?

① 생산부서 최초의 여직원이다.

② 2018년에 입사하였다.

③ 4월에 입사한 여성이다.

④ 'M03180511' 사원보다 입사일이 빠르다.

⑤ 생산부서로 입사하였다.

26 다음 I공사의 2024년 하반기 신입사원 명단을 참고할 때, 기획부에 입사한 여성은 모두 몇 명인가?

M01240903	W03241005	M05240912	W05240913	W01241001	W04241009
W02240901	M04241101	W01240905	W03240909	M02241002	W03241007
M03240907	M01240904	W02240902	M04241008	M05241107	M01241103
M03240908	M05240910	M02241003	M01240906	M05241106	M02241004
M04241101	M05240911	W03241006	W05241105	W03241104	M05241108

① 2명

② 3명

③ 4명

④ 5명

⑤ 6명

27 다음은 SWOT 분석에 대한 설명과 유전자 관련 업무를 수행 중인 I사의 SWOT 분석 자료이다. 〈보기〉에서 빈칸 (A), (B)에 들어갈 내용으로 가장 적절한 것은?

SWOT 분석은 기업의 내부환경과 외부환경을 분석하여 강점(Strength), 약점(Weakness), 기회(Opportunity), 위협(Threat) 요인을 규정하고 이를 토대로 경영전략을 수립하는 기법으로, 미국의 경영컨설턴트인 앨버트 험프리(Albert Humphrey)에 의해 고안되었다.

- 강점(Strength) : 내부환경(자사 경영자원)의 강점
- 약점(Weakness) : 내부환경(자사 경영자원)의 약점
- 기회(Opportunity) : 외부환경(경쟁, 고객, 거시적 환경)에서 비롯된 기회
- 위협(Threat) : 외부환경(경쟁, 고객, 거시적 환경)에서 비롯된 위협

〈I사 SWOT 분석 결과〉

강점(Strength)	약점(Weakness)
• 유전자 분야에 뛰어난 전문가로 구성 • ＿＿＿＿(A)＿＿＿＿	• 유전자 실험의 장기화
기회(Opportunity)	**위협(Threat)**
• 유전자 관련 업체 수가 적음 • ＿＿＿＿(B)＿＿＿＿	• 고객들의 실험 부작용에 대한 두려움 인식

보기

㉠ 투자 유치의 어려움
㉡ 특허를 통한 기술 독점 가능
㉢ 점점 증가하는 유전자 의뢰
㉣ 높은 실험 비용

	(A)	(B)
①	㉠	㉢
②	㉠	㉣
③	㉡	㉠
④	㉡	㉢
⑤	㉢	㉣

28 I공공기관에 근무하는 A대리는 국내 신재생 에너지 산업에 대한 SWOT 분석 결과 자료를 토대로 경영전략을 다음과 같이 판단하였다. 〈보기〉 에서 SWOT 분석에 의한 경영전략과 그 내용이 잘못 연결된 것을 모두 고르면?

〈국내 신재생 에너지 산업에 대한 SWOT 분석 결과〉

구분	분석 결과
강점(Strength)	• 해외 기관과의 협업을 통한 풍부한 신재생 에너지 개발 경험 • 에너지 분야의 우수한 연구개발 인재 확보
약점(Weakness)	• 아직까지 화석연료 대비 낮은 전력 효율성 • 도입 필요성에 대한 국민적 인식 저조
기회(Opportunity)	• 신재생 에너지에 대한 연구가 세계적으로 활발히 추진 • 관련 정부부처로부터 충분한 예산 확보
위협(Threat)	• 신재생 에너지 특성상 설비 도입 시의 높은 초기 비용

보기

㉠ SO전략 : 개발 경험을 통해 쌓은 기술력을 바탕으로 향후 효과적인 신재생 에너지 연구 추진
㉡ ST전략 : 우수한 연구개발 인재들을 활용하여 초기 비용 감축방안 연구 추진
㉢ WO전략 : 확보한 예산을 토대로 우수한 연구원 채용
㉣ WT전략 : 세계의 신재생 에너지 연구를 활용한 전력 효율성 개선

① ㉠, ㉡
② ㉠, ㉢
③ ㉡, ㉢
④ ㉡, ㉣
⑤ ㉢, ㉣

PART 2

※ 다음은 I공사 입사시험 성적 결과표와 직원 채용 규정이다. 이어지는 질문에 답하시오. [29~30]

〈입사시험 성적 결과표〉

(단위 : 점)

구분	대학 졸업유무	서류 점수	필기시험 점수	면접시험 점수		영어시험 점수
				개인	그룹	
이선빈	유	84	86	35	34	78
유미란	유	78	88	32	38	80
김지은	유	72	92	31	40	77
최은빈	무	80	82	40	39	78
이유리	유	92	80	38	35	76

〈직원 채용 규정〉

- 위 응시자 중 규정에 따라 최종 3명을 채용한다.
- 대학 졸업자 중 (서류 점수)+(필기시험 점수)+(개인 면접시험 점수)의 합이 높은 2명을 영업본부에 채용한다.
- 영업본부 채용 후 나머지 응시자 3명 중 그룹 면접시험 점수와 영어시험 점수의 합이 가장 높은 1명을 경영본부에 채용한다.

29 다음 중 직원 채용 규정에 따른 불합격자 2명이 바르게 나열된 것은?

① 이선빈, 김지은
② 이선빈, 최은빈
③ 김지은, 최은빈
④ 김지은, 이유리
⑤ 유미란, 이유리

30 직원 채용 규정을 다음과 같이 변경한다고 할 때, 불합격자 2명이 바르게 나열된 것은?

〈직원 채용 규정(변경 후)〉

- 응시자 중 다음 환산점수의 상위 3명을 채용한다.
- [서류 점수(50%)]+(필기시험 점수)+[면접시험 점수(개인과 그룹 중 높은 점수)]

① 이선빈, 유미란
② 이선빈, 최은빈
③ 김지은, 이유리
④ 최은빈, 유미란
⑤ 최은빈, 이유리

31 다음 글의 빈칸에 들어갈 말로 가장 적절한 것은?

> ________(이)란 공통의 문제 또는 과제를 해결하기 위해 성격이 다른 2종 이상의 기술을 결합하여 다학제간 연구를 통해 도출된 기술을 뜻한다. 스마트폰이 대표적인 사례이며 최근 자동차 등에 컴퓨터 기능을 넣는 등 그 범위가 점차 확장되고 있다.

① 빅데이터
② 블록체인
③ 융합기술
④ 로봇공학
⑤ 알고리즘

32 다음 글에 나타난 산업재해의 원인으로 가장 적절한 것은?

> A씨는 퇴근하면서 회사 엘리베이터를 이용하던 중 갑자기 엘리베이터가 멈춰 그 안에 20분 동안 갇히는 사고를 당하였다. 20분 후 A씨는 실신한 상태로 구조되었고 바로 응급실로 옮겨졌다. 이후 A씨는 응급실로 옮겨져 의식을 되찾았지만, 극도의 불안감과 공포감을 느껴 결국 병원에서는 A씨에게 공황장애 진단을 내렸다.

① 교육적 원인
② 불안전한 행동
③ 불안전한 상태
④ 기술적 원인
⑤ 작업 관리상 원인

※ 실내 공기 관리에 대한 필요성을 느낀 I공사는 사무실에 공기청정기를 구비하기로 결정하였다. 이어지는 질문에 답하시오. **[33~34]**

〈제품설명서〉

■ **설치 확인하기**

- 직사광선이 닿지 않는 실내공간에 두십시오(제품 오작동 및 고장의 원인이 될 수 있습니다).
- TV, 라디오, 전자제품 등과 간격을 두고 설치하십시오(전자파 장애로 오작동의 원인이 됩니다).
- 단단하고 평평한 바닥에 두십시오(약하고 기울어진 바닥에 설치하면 이상 소음 및 진동이 생길 수 있습니다).
- 벽면과 10cm 이상 간격을 두고 설치하십시오(공기청정 기능을 위해 벽면과 간격을 두고 설치하는 것이 좋습니다).
- 습기가 적고 통풍이 잘되는 장소에 두십시오(감전되거나 제품에 녹이 발생할 수 있고, 제품 성능이 저하될 수 있습니다).

■ **필터 교체하기**

종류	표시등	청소주기	교체주기
프리필터	–	2회 / 월	반영구
탈취필터	필터 교체 표시등 켜짐	–	6개월 ~ 1년
헤파필터			

- 실내의 청정한 공기 관리를 위해 교체주기에 맞게 필터를 교체해 주세요.
- 필터 교체주기는 사용 환경에 따라 차이가 날 수 있습니다.
- 냄새가 심하게 날 경우, 탈취필터를 확인 및 교체해 주세요.

■ **스마트에어 서비스 등록하기**

1) 앱스토어에서 '스마트에어'를 검색하여 앱을 설치합니다(안드로이드 8.0 오레오 이상 / iOS 9.0 이상의 사양에 최적화되어 있으며, 사용자의 스마트폰에 따라 일부 기능은 지원하지 않을 수 있습니다).
2) 스마트에어 서비스 앱을 실행하여 회원가입 완료 후 로그인합니다.
3) 새 기기 추가 선택 후 제품을 선택합니다.
4) 공기청정기 기기의 페어링 모드를 작동시켜 주세요(기기의 Wi-Fi 버튼과 수면모드 버튼을 동시에 눌러주세요).
5) 기기명이 나타나면 기기를 선택해 주세요.
6) 완료 버튼을 눌러 기기등록을 완료합니다.
   - 지원 가능 Wi-Fi 무선공유기 사양(802.11b/f/n 2.4GHz)을 확인하세요.
   - 자동 Wi-Fi 연결상태 관리 모드를 해제해 주세요.
   - 스마트폰의 Wi-Fi 고급설정 모드에서 '신호 약한 Wi-Fi 끊기 항목'과 관련된 기능이 있다면 해제해 주세요.
   - 스마트폰의 Wi-Fi 고급설정 모드에서 '신호 세기'와 관련된 기능이 있다면 '전체'를 체크해 주세요.
   - Wi-Fi가 듀얼 밴드 공유기인 경우 〈Wi-Fi 5GHz〉가 아닌 일반 〈Wi-Fi〉를 선택해 주세요.

■ **스마트에어 서비스 이용하기**

스마트에어 서비스는 스마트기기를 통해 공기청정기를 페어링하여 언제 어디서나 원하는 대로 공기를 정화할 수 있는 똑똑한 서비스입니다.

33 **제품설명서를 참고하여 공기청정기를 설치하고자 한다. 다음 중 공기청정기 설치 장소로 적절하지 않은 곳은?**

① 부드러운 매트 위
② 직사광선이 닿지 않는 실내
③ 습기가 적고 통풍이 잘되는 곳
④ 사내방송용 TV와 거리가 먼 곳
⑤ 벽면과 10cm 이상 간격을 확보할 수 있는 곳

PART 2

34 **다음 중 필터 교체와 관련하여 숙지해야 할 사항으로 가장 적절한 것은?**

① 프리필터는 1년 주기로 교체해야 한다.
② 탈취필터는 6개월 주기로 교체해야 한다.
③ 헤파필터는 6개월 주기로 교체해야 한다.
④ 프리필터는 1개월에 2회 이상 청소해야 한다.
⑤ 냄새가 심하게 날 경우 탈취필터를 청소해야 한다.

※ 다음은 정수기 사용 설명서이다. 이어지는 질문에 답하시오. [35~37]

〈제품규격〉

모델명	SDWP-8820
전원	AC 220V/60Hz
외형치수	260(W)×360(D)×1100(H)(단위 : mm)

〈설치 시 주의사항〉

- 낙수, 우수, 목욕탕, 샤워실, 옥외 등 제품에 물이 닿거나 습기가 많은 장소에는 설치하지 마십시오.
- 급수호스가 꼬이거나 꺾이게 하지 마십시오.
- 화기나 직사광선은 피하십시오.
- 단단하고 수평한 곳에 설치하십시오.
- 제품은 반드시 냉수배관에 연결하십시오.
- 설치 위치는 벽면에서 20cm 이상 띄워 설치하십시오.

〈필터 종류 및 교환시기〉

구분	1단계	2단계	3단계	4단계
필터	세디먼트	프리카본	UF중공사막	실버블록카본
교환시기	약 4개월	약 8개월	약 20개월	약 12개월

〈청소〉

세척 부분	횟수	세척방법
외부	7일 1회	플라스틱 전용 세척제 및 젖은 헝겊으로 닦습니다(시너 및 벤젠은 제품의 변색이나 표면이 상할 우려가 있으므로 사용하지 마십시오).
물받이통	수시	중성세제로 닦습니다.
취수구	1일 1회	히든코크를 시계 반대 방향으로 돌려서 분리하고 취수구를 멸균 면봉을 사용하여 닦습니다. 히든코크는 젖은 헝겊을 사용하여 닦습니다.
피팅(연결구)	2년 1회 이상	필터 교환 시 피팅 또는 튜빙을 점검하고 필요 시 교환합니다.
튜빙(배관)		

〈제품 이상 시 조치방법〉

현상	예상원인	조치방법
온수 온도가 낮음	공급 전원 낮음	공급 전원이 220V인지 확인하고 아니면 전원을 220V로 맞춰주십시오.
	온수 램프 확인	온수 램프에 전원이 들어오는지 확인하고 제품 뒷면의 온수 스위치가 켜져 있는지 확인하십시오.
냉수가 안 됨	공급 전원 낮음	공급 전원이 220V인지 확인하고 아니면 전원을 220V로 맞춰주십시오.
	냉수 램프 확인	냉수 램프에 전원이 들어오는지 확인하고 제품 뒷면의 냉수 스위치가 켜져 있는지 확인하십시오.
물이 나오지 않음	필터 수명 종료	필터 교환 시기를 확인하고 서비스센터에 연락하십시오.
	연결 호스 꺾임	연결 호스가 꺾인 부분이 있으면 그 부분을 펴 주십시오.

냉수는 나오는데 온수 안 됨	온도 조절기 차단	제품 뒷면의 온수 스위치를 끄고 서비스센터에 연락하십시오.
	히터 불량	
정수물이 너무 느리게 채워짐	필터 수명 종료	서비스센터에 연락하고 필터를 교환하십시오.
제품에서 누수 발생	조립 부위 불량	원수밸브를 잠근 후 작동을 중지시키고 서비스센터에 연락하십시오.
불쾌한 맛이나 냄새 발생	냉수 탱크 세척 불량	냉수 탱크를 세척하여 주십시오.

35 다음 중 정수기에 대한 설명으로 옳지 않은 것은?

① 습기가 많은 곳에는 설치하면 안 된다.
② 정수기 청소는 하루에 최소 2곳을 해야 한다.
③ 불쾌한 맛이나 냄새가 발생하면 냉수 탱크를 세척하면 된다.
④ 정수기의 크기는 가로 26cm, 깊이 36cm, 높이 110cm이다.
⑤ 적정 시기에 필터를 교환하지 않으면 발생할 수 있는 문제는 2가지이다.

36 다음 〈보기〉에서 정수기에 대한 설명으로 옳은 것을 모두 고르면?

보기

ㄱ. 정수기에 사용되는 필터는 총 4개이다.
ㄴ. 급한 경우에는 시너나 벤젠을 사용하여 정수기 외부를 청소해도 된다.
ㄷ. 3년 사용할 경우 프리카본 필터는 3번 교환해야 한다.
ㄹ. 벽면과의 간격을 10cm로 하여 정수기를 설치하면 문제가 발생할 수 있다.

① ㄱ, ㄴ
② ㄱ, ㄷ
③ ㄱ, ㄹ
④ ㄱ, ㄴ, ㄷ
⑤ ㄴ, ㄷ, ㄹ

37 제품에 문제가 발생했을 때, 서비스센터에 연락해야만 해결이 가능한 현상이 아닌 것은?

① 물이 나오지 않는다.
② 제품에서 누수가 발생한다.
③ 정수물이 너무 느리게 채워진다.
④ 냉수는 나오는데 온수가 나오지 않는다.
⑤ 연결 호스가 꺾이지 않았는데 물이 나오지 않는다.

38 **다음 글을 참고할 때, 기술경영자의 역할이 아닌 것은?**

> 기술경영자에게는 리더십, 기술적인 능력, 행정능력 외에도 다양한 도전을 해결하기 위한 여러 능력들이 요구된다. 기술개발이 결과 지향적으로 수행되도록 유도하는 능력, 기술개발 과제의 세부 사항까지도 파악할 수 있는 능력, 기술개발 과제의 전 과정을 전체적으로 조망할 수 있는 능력이 그것이다. 또한 기술개발은 기계적인 관리보다는 조직 및 인간 행동상의 요인들이 더 중요하게 작용되는 사람 중심의 진행이기 때문에 이 밖에도, 기술의 성격 및 이와 관련된 동향 · 사업 환경 등을 이해할 수 있는 능력과 기술적인 전문성을 갖춰 팀원들의 대화를 효과적으로 이끌어낼 수 있는 능력 등 다양한 능력을 필요로 하고 있다. 이와는 달리 중간급 매니저라 할 수 있는 기술관리자에게는 기술경영자와는 조금 다른 능력이 필요한데, 이에는 기술적 능력에 대한 것과 계획서 작성, 인력 관리, 예산 관리, 일정 관리 등 행정능력에 대한 것이다.

① 시스템적인 관점에서 인식하는 능력
② 기술을 효과적으로 평가할 수 있는 능력
③ 조직 내의 기술 이용을 수행할 수 있는 능력
④ 새로운 제품개발 시간을 단축할 수 있는 능력
⑤ 기술을 기업의 전반적인 전략 목표에 통합시키는 능력

39 **다음 글에서 설명하는 기술혁신의 특성으로 가장 적절한 것은?**

> 새로운 기술을 개발하기 위한 아이디어의 원천이나 신제품에 대한 소비자의 수요, 기술개발의 결과 등은 예측하기가 매우 어렵기 때문에, 기술개발의 목표나 일정, 비용, 지출, 수익 등에 대한 사전계획을 세우기란 쉽지 않다. 또한 이러한 사전계획을 세운다 하더라도 모든 기술혁신의 성공이 사전의 의도나 계획대로 이루어지진 않는다. 때로는 그러한 성공들은 우연한 기회에 이루어지기도 하기 때문이다.

① 기술혁신은 장기간의 시간을 필요로 한다.
② 기술혁신은 매우 불확실하다.
③ 기술혁신은 지식 집약적인 활동이다.
④ 기술혁신은 기업 내에서 많은 논쟁을 유발한다.
⑤ 기술혁신은 부서 단독으로 수행되지 않으며, 조직의 경계를 넘나든다.

40 다음 글을 읽고 노와이(Know-why)의 사례로 가장 적절한 것은?

> 기술은 노하우(Know-how)와 노와이(Know-why)로 구분할 수 있다. 노하우는 특허권을 수반하지 않는 과학자·엔지니어 등이 가지고 있는 체화된 기술을 의미하며, 노와이는 어떻게 기술이 성립하고 작용하는가에 관한 원리적 측면에 중심을 둔 개념이다.
> 이 두 가지는 획득과 전수 방법에 차이가 있다. 노하우는 경험적이고 반복적인 행위에 의해 얻게 되는 것이며, 이러한 성격의 지식을 흔히 Technique, 혹은 Art라고 부른다. 반면, 노와이는 이론적인 지식으로서 과학적인 탐구에 의해 얻게 된다.
> 오늘날 모든 기술과 경험이 공유되는 시대에서 노하우는 점점 경쟁력을 잃어가고 있으며, 노와이가 점차 각광받고 있다. 즉, 노하우가 구성하고 있는 환경, 행동, 능력을 벗어나 신념과 정체성, 영성 부분도 관심받기 시작한 것이다. 과거에는 기술에 대한 공급이 부족하고 공유가 잘 되지 않았기 때문에 노하우가 각광받았지만, 현재는 기술에 대한 원인과 결과에 대한 관계를 파악하고, 그것을 통해 목적과 동기를 새로 설정하는 노와이의 가치가 높아졌다. 노와이가 말하고자 하는 핵심은 왜 이 기술이 필요한지를 알아야 기술의 가치가 무너지지 않는다는 것이다.

① 요식업에 종사 중인 S씨는 영업시간 후 자신의 초밥 만드는 비법을 아들인 B군에게 전수하고 있다.

② 자판기 사업을 운영하고 있는 K씨는 이용자들이 화상을 당할 것을 염려하여 화상 방지 시스템을 개발하였다.

③ Z병원에서 근무 중인 의사인 G씨는 방글라데시의 의료진에게 자신이 가지고 있는 선진 의술을 전수하기 위해 다음 주에 출국할 예정이다.

④ E사에 근무 중인 C씨는 은퇴 후 중장비학원에서 중장비 운영 기술을 열심히 공부하고 있다.

⑤ D사는 최근에 제조 관련 분야에서 최소 20년 이상 근무해 제조 기술에 있어 장인 수준의 숙련도를 가진 직원 4명을 D사 명장으로 선정하여 수상하였다.

M E M O

PART 3

채용 가이드

CHAPTER

01 블라인드 채용 소개

1. 블라인드 채용이란?

채용 과정에서 편견이 개입되어 불합리한 차별을 야기할 수 있는 출신지, 가족관계, 학력, 외모 등의 편견요인은 제외하고, 직무능력만을 평가하여 인재를 채용하는 방식입니다.

2. 블라인드 채용의 필요성

- 채용의 공정성에 대한 사회적 요구
  - 누구에게나 직무능력만으로 경쟁할 수 있는 균등한 고용기회를 제공해야 하나, 아직도 채용의 공정성에 대한 불신이 존재
  - 채용상 차별금지에 대한 법적 요건이 권고적 성격에서 처벌을 동반한 의무적 성격으로 강화되는 추세
  - 시민의식과 지원자의 권리의식 성숙으로 차별에 대한 법적 대응 가능성 증가
- 우수인재 채용을 통한 기업의 경쟁력 강화 필요
  - 직무능력과 무관한 학벌, 외모 위주의 선발로 우수인재 선발기회 상실 및 기업경쟁력 약화
  - 채용 과정에서 차별 없이 직무능력중심으로 선발한 우수인재 확보 필요
- 공정한 채용을 통한 사회적 비용 감소 필요
  - 편견에 의한 차별적 채용은 우수인재 선발을 저해하고 외모·학벌 지상주의 등의 심화로 불필요한 사회적 비용 증가
  - 채용에서의 공정성을 높여 사회의 신뢰수준 제고

3. 블라인드 채용의 특징

편견요인을 요구하지 않는 대신 직무능력을 평가합니다.

※ 직무능력중심 채용이란?
기업의 역량기반 채용, NCS기반 능력중심 채용과 같이 직무수행에 필요한 능력과 역량을 평가하여 선발하는 채용방식을 통칭합니다.

4. 블라인드 채용의 평가요소

직무수행에 필요한 지식, 기술, 태도 등을 과학적인 선발기법을 통해 평가합니다.

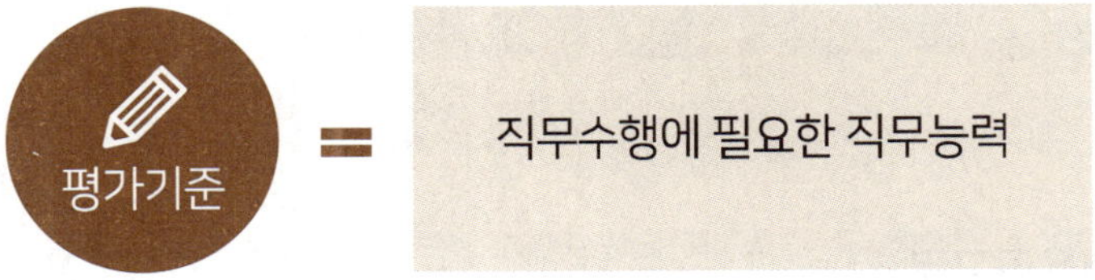

※ 과학적 선발기법이란?
직무분석을 통해 도출된 평가요소를 서류, 필기, 면접 등을 통해 체계적으로 평가하는 방법으로 입사지원서, 자기소개서, 직무수행능력평가, 구조화 면접 등이 해당됩니다.

5. 블라인드 채용 주요 도입 내용

- 입사지원서에 인적사항 요구 금지
  - 인적사항에는 출신지역, 가족관계, 결혼여부, 재산, 취미 및 특기, 종교, 생년월일(연령), 성별, 신장 및 체중, 사진, 전공, 학교명, 학점, 외국어 점수, 추천인 등이 해당
  - 채용 직무를 수행하는 데 있어 반드시 필요하다고 인정될 경우는 제외
    예 특수경비직 채용 시 : 시력, 건강한 신체 요구
    연구직 채용 시 : 논문, 학위 요구 등
- 블라인드 면접 실시
  - 면접관에게 응시자의 출신지역, 가족관계, 학교명 등 인적사항 정보 제공 금지
  - 면접관은 응시자의 인적사항에 대한 질문 금지

6. 블라인드 채용 도입의 효과성

- 구성원의 다양성과 창의성이 높아져 기업 경쟁력 강화
  - 편견을 없애고 직무능력 중심으로 선발하므로 다양한 직원 구성 가능
  - 다양한 생각과 의견을 통하여 기업의 창의성이 높아져 기업경쟁력 강화
- 직무에 적합한 인재선발을 통한 이직률 감소 및 만족도 제고
  - 사전에 지원자들에게 구체적이고 상세한 직무요건을 제시함으로써 허수 지원이 낮아지고, 직무에 적합한 지원자 모집 가능
  - 직무에 적합한 인재가 선발되어 직무이해도가 높아져 업무효율 증대 및 만족도 제고
- 채용의 공정성과 기업이미지 제고
  - 블라인드 채용은 사회적 편견을 줄인 선발 방법으로 기업에 대한 사회적 인식 제고
  - 채용과정에서 불합리한 차별을 받지 않고 실력에 의해 공정하게 평가를 받을 것이라는 믿음을 제공하고, 지원자들은 평등한 기회와 공정한 선발과정 경험

CHAPTER 02

서류전형 가이드

01 채용공고문

1. 채용공고문의 변화

기존 채용공고문	변화된 채용공고문
• 취업준비생에게 불충분하고 불친절한 측면 존재 • 모집분야에 대한 명확한 직무관련 정보 및 평가기준 부재 • 해당분야에 지원하기 위한 취업준비생의 무분별한 스펙 쌓기 현상 발생	• NCS 직무분석에 기반한 채용공고를 토대로 채용전형 진행 • 지원자가 입사 후 수행하게 될 업무에 대한 자세한 정보 공지 • 직무수행내용, 직무수행 시 필요한 능력, 관련된 자격, 직업기초능력 제시 • 지원자가 해당 직무에 필요한 스펙만을 준비할 수 있도록 안내
• 모집부문 및 응시자격 • 지원서 접수 • 전형절차 • 채용조건 및 처우 • 기타사항	• 채용절차 • 채용유형별 선발분야 및 예정인원 • 전형방법 • 선발분야별 직무기술서 • 우대사항

2. 지원 유의사항 및 지원요건 확인

채용 직무에 따른 세부사항을 공고문에 명시하여 지원자에게 적격한 지원 기회를 부여함과 동시에 채용과정에서의 공정성과 신뢰성을 확보합니다.

구성	내용	확인사항
모집분야 및 규모	고용형태(인턴 계약직 등), 모집분야, 인원, 근무지역 등	채용직무가 여러 개일 경우 본인이 해당되는 직무의 채용규모 확인
응시자격	기본 자격사항, 지원조건	지원을 위한 최소자격요건을 확인하여 불필요한 지원을 예방
우대조건	법정·특별·자격증 가점	본인의 가점 여부를 검토하여 가점 획득을 위한 사항을 사실대로 기재
근무조건 및 보수	고용형태 및 고용기간, 보수, 근무지	본인이 생각하는 기대수준에 부합하는지 확인하여 불필요한 지원을 예방
시험방법	서류·필기·면접전형 등의 활용방안	전형방법 및 세부 평가기법 등을 확인하여 지원전략 준비
전형일정	접수기간, 각 전형 단계별 심사 및 합격자 발표일 등	본인의 지원 스케줄을 검토하여 차질이 없도록 준비
제출서류	입사지원서(경력·경험기술서 등), 각종 증명서 및 자격증 사본 등	지원요건 부합 여부 및 자격 증빙서류 사전에 준비
유의사항	임용취소 등의 규정	임용취소 관련 법적 또는 기관 내부 규정을 검토하여 해당여부 확인

02 직무기술서

직무기술서란 직무수행의 내용과 필요한 능력, 관련 자격, 직업기초능력 등을 상세히 기재한 것으로 입사 후 수행하게 될 업무에 대한 정보가 수록되어 있는 자료입니다.

1. 채용분야

설명

NCS 직무분류 체계에 따라 직무에 대한 「대분류 – 중분류 – 소분류 – 세분류」 체계를 확인할 수 있습니다. 채용 직무에 대한 모든 직무기술서를 첨부하게 되며 실제 수행 업무를 기준으로 세부적인 분류정보를 제공합니다.

채용분야	분류체계			
사무행정	대분류	중분류	소분류	세분류
분류코드	02. 경영·회계·사무	03. 재무·회계	01. 재무	01. 예산
				02. 자금
			02. 회계	01. 회계감사
				02. 세무

2. 능력단위

설명

직무분류 체계의 세분류 하위능력단위 중 실질적으로 수행할 업무의 능력만 구체적으로 파악할 수 있습니다.

능력단위	(예산)	03. 연간종합예산수립 05. 확정예산 운영	04. 추정재무제표 작성 06. 예산실적 관리
	(자금)	04. 자금운용	
	(회계감사)	02. 자금관리 05. 회계정보시스템 운용 07. 회계감사	04. 결산관리 06. 재무분석
	(세무)	02. 결산관리 07. 법인세 신고	05. 부가가치세 신고

3. 직무수행내용

설명

세분류 영역의 기본정의를 통해 직무수행내용을 확인할 수 있습니다. 입사 후 수행할 직무내용을 구체적으로 확인할 수 있으며, 이를 통해 입사서류 작성부터 면접까지 직무에 대한 명확한 이해를 바탕으로 자신의 희망직무인지 아닌지, 해당 직무가 자신이 알고 있던 직무가 맞는지 확인할 수 있습니다.

직무수행내용	(예산) 일정기간 예상되는 수익과 비용을 편성, 집행하며 통제하는 일
	(자금) 자금의 계획 수립, 조달, 운용을 하고 발생 가능한 위험 관리 및 성과평가
	(회계감사) 기업 및 조직 내·외부에 있는 의사결정자들이 효율적인 의사결정을 할 수 있도록 유용한 정보를 제공, 제공된 회계정보의 적정성을 파악하는 일
	(세무) 세무는 기업의 활동을 위하여 주어진 세법범위 내에서 조세부담을 최소화시키는 조세전략을 포함하고 정확한 과세소득과 과세표준 및 세액을 산출하여 과세당국에 신고·납부하는 일

4. 직무기술서 예시

태도	(예산) 정확성, 분석적 태도, 논리적 태도, 타 부서와의 협조적 태도, 설득력
	(자금) 분석적 사고력
	(회계 감사) 합리적 태도, 전략적 사고, 정확성, 적극적 협업 태도, 법률준수 태도, 분석적 태도, 신속성, 책임감, 정확한 판단력
	(세무) 규정 준수 의지, 수리적 정확성, 주의 깊은 태도
우대 자격증	공인회계사, 세무사, 컴퓨터활용능력, 변호사, 워드프로세서, 전산회계운용사, 사회조사분석사, 재경관리사, 회계관리 등
직업기초능력	의사소통능력, 문제해결능력, 자원관리능력, 대인관계능력, 정보능력, 조직이해능력

5. 직무기술서 내용별 확인사항

항목	확인사항
모집부문	해당 채용에서 선발하는 부문(분야)명 확인 예 사무행정, 전산, 전기
분류체계	지원하려는 분야의 세부직무군 확인
주요기능 및 역할	지원하려는 기업의 전사적인 기능과 역할, 산업군 확인
능력단위	지원분야의 직무수행에 관련되는 세부업무사항 확인
직무수행내용	지원분야의 직무군에 대한 상세사항 확인
전형방법	지원하려는 기업의 신입사원 선발전형 절차 확인
일반요건	교육사항을 제외한 지원 요건 확인(자격요건, 특수한 경우 연령)
교육요건	교육사항에 대한 지원요건 확인(대졸 / 초대졸 / 고졸 / 전공 요건)
필요지식	지원분야의 업무수행을 위해 요구되는 지식 관련 세부항목 확인
필요기술	지원분야의 업무수행을 위해 요구되는 기술 관련 세부항목 확인
직무수행태도	지원분야의 업무수행을 위해 요구되는 태도 관련 세부항목 확인
직업기초능력	지원분야 또는 지원기업의 조직원으로서 근무하기 위해 필요한 일반적인 능력사항 확인

03 입사지원서

1. 입사지원서의 변화

기존지원서		능력중심 채용 입사지원서	
직무와 관련 없는 학점, 개인신상, 어학점수, 자격, 수상경력 등을 나열하도록 구성	VS	해당 직무수행에 꼭 필요한 정보들을 제시할 수 있도록 구성	

기존지원서		능력중심 채용 입사지원서	
직무기술서	→	인적사항	성명, 연락처, 지원분야 등 작성 (평가 미반영)
직무수행내용		교육사항	직무지식과 관련된 학교교육 및 직업교육 작성
요구지식 / 기술		자격사항	직무관련 국가공인 또는 민간자격 작성
관련 자격증 사전직무경험		경력 및 경험사항	조직에 소속되어 일정한 임금을 받거나(경력) 임금 없이(경험) 직무와 관련된 활동 내용 작성

2. 교육사항

- 지원분야 직무와 관련된 학교 교육이나 직업교육 혹은 기타교육 등 직무에 대한 지원자의 학습 여부를 평가하기 위한 항목입니다.
- 지원하고자 하는 직무의 학교 전공교육 이외에 직업교육, 기타교육 등을 기입할 수 있기 때문에 전공 제한 없이 직업교육과 기타교육을 이수하여 지원이 가능하도록 기회를 제공합니다.
  (기타교육 : 학교 이외의 기관에서 개인이 이수한 교육과정 중 지원직무와 관련이 있다고 생각되는 교육내용)

구분	교육과정(과목)명	교육내용	과업(능력단위)

3. 자격사항

- 채용공고 및 직무기술서에 제시되어 있는 자격 현황을 토대로 지원자가 해당 직무를 수행하는 데 필요한 능력을 가지고 있는지를 평가하기 위한 항목입니다.
- 채용공고 및 직무기술서에 기재된 직무관련 필수 또는 우대자격 항목을 확인하여 본인이 보유하고 있는 자격사항을 기재합니다.

자격유형	자격증명	발급기관	취득일자	자격증번호

4. 경력 및 경험사항

- 직무와 관련된 경력이나 경험 여부를 표현하도록 하여 직무와 관련한 능력을 갖추었는지를 평가하기 위한 항목입니다.
- 해당 기업에서 직무를 수행함에 있어 필요한 사항만을 기록하게 되어 있기 때문에 직무와 무관한 스펙을 갖추지 않아도 됩니다.
- 경력 : 금전적 보수를 받고 일정기간 동안 일했던 경우
- 경험 : 금전적 보수를 받지 않고 수행한 활동

※ 기업에 따라 경력 / 경험 관련 증빙자료 요구 가능

구분	조직명	직위 / 역할	활동기간(년 / 월)	주요과업 / 활동내용

Tip

입사지원서 작성 방법

○ 경력 및 경험사항 작성
- 직무기술서에 제시된 지식, 기술, 태도와 지원자의 교육사항, 경력(경험)사항, 자격사항과 연계하여 개인의 직무역량에 대해 스스로 판단 가능

○ 인적사항 최소화
- 개인의 인적사항, 학교명, 가족관계 등을 노출하지 않도록 유의

부적절한 입사지원서 작성 사례
- 학교 이메일을 기입하여 학교명 노출
- 거주지 주소에 학교 기숙사 주소를 기입하여 학교명 노출
- 자기소개서에 부모님이 재직 중인 기업명, 직위, 직업을 기입하여 가족관계 노출
- 자기소개서에 석·박사 과정에 대한 이야기를 언급하여 학력 노출
- 동아리 활동에 대한 내용을 학교명과 더불어 언급하여 학교명 노출

04 자기소개서

1. 자기소개서의 변화

- 기존의 자기소개서는 지원자의 일대기나 관심 분야, 성격의 장·단점 등 개괄적인 사항을 묻는 질문으로 구성되어 지원자가 자신의 직무능력을 제대로 표출하지 못합니다.
- 능력중심 채용의 자기소개서는 직무기술서에 제시된 직업기초능력(또는 직무수행능력)에 대한 지원자의 과거 경험을 기술하게 함으로써 평가 타당도의 확보가 가능합니다.

1. 우리 회사와 해당 지원 직무분야에 지원한 동기에 대해 기술해 주세요.
2. 자신이 경험한 다양한 사회활동에 대해 기술해 주세요.
3. 지원 직무에 대한 전문성을 키우기 위해 받은 교육과 경험 및 경력사항에 대해 기술해 주세요.
4. 인사업무 또는 팀 과제 수행 중 발생한 갈등을 원만하게 해결해 본 경험이 있습니까? 당시 상황에 대한 설명과 갈등의 대상이 되었던 상대방을 설득한 과정 및 방법을 기술해 주세요.
5. 과거에 있었던 일 중 가장 어려웠었던(힘들었었던) 상황을 고르고, 어떤 방법으로 그 상황을 해결했는지를 기술해 주세요.

Tip

자기소개서 작성 방법

① 자기소개서 문항이 묻고 있는 평가 역량 추측하기

예시

- 팀 활동을 하면서 갈등 상황 시 상대방의 니즈나 의도를 명확히 파악하고 해결하여 목표 달성에 기여했던 경험에 대해서 작성해 주시기 바랍니다.
- 다른 사람이 생각해내지 못했던 문제점을 찾고 이를 해결한 경험에 대해 작성해 주시기 바랍니다.

② 해당 역량을 보여줄 수 있는 소재 찾기(시간×역량 매트릭스)

예시

시간 ⟷

평가역량 ↕

	2022년	2023년	2024년	2025년
도전정신	*대학 발표수업*	*대학 발표수업*	~~*다이어트 (헬스)*~~	
대인관계	*대학 발표수업*	*대학 발표수업*		*경영 동아리*
의사소통	*편의점 아르바이트*	~~*군대 작업*~~	*봉사 동아리*	
직무역량			*경영 동아리*	*Book Study*
…				

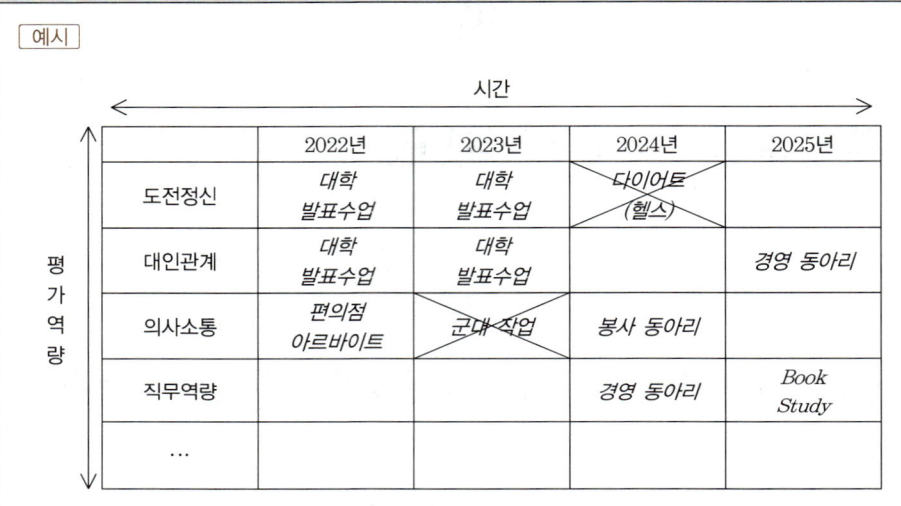

③ 자기소개서 작성 Skill 익히기

- 두괄식으로 작성하기
- 구체적 사례를 사용하기
- '나'를 중심으로 작성하기
- 직무역량 강조하기
- 경험 사례의 차별성 강조하기

CHAPTER

03 인성검사 소개 및 모의테스트

01 인성검사 유형

인성검사는 지원자의 성격특성을 객관적으로 파악하고 그것이 각 기업에서 필요로 하는 인재상과 가치에 부합하는가를 평가하기 위한 검사입니다. 인성검사는 KPDI(한국인재개발진흥원), K-SAD(한국사회적성개발원), KIRBS(한국행동과학연구소), SHR(에스에이치알) 등의 전문기관을 통해 각 기업의 특성에 맞는 검사를 선택하여 실시합니다. 대표적인 인성검사의 유형에는 크게 다음과 같은 세 가지가 있으며, 채용 대행업체에 따라 달라집니다.

PART 3

1. KPDI 검사

조직적응성과 직무적합성을 알아보기 위한 검사로 인성검사, 인성역량검사, 인적성검사, 직종별 인적성검사 등의 다양한 검사 도구를 구현합니다. KPDI는 성격을 파악하고 정신건강 상태 등을 측정하고, 직무검사는 해당 직무를 수행하기 위해 기본적으로 갖추어야 할 인지적 능력을 측정합니다. 역량검사는 특정 직무 역할을 효과적으로 수행하는 데 직접적으로 관련 있는 개인의 행동, 지식, 스킬, 가치관 등을 측정합니다.

2. KAD(Korea Aptitude Development) 검사

K-SAD(한국사회적성개발원)에서 실시하는 적성검사 프로그램입니다. 개인의 성향, 지적 능력, 기호, 관심, 흥미도를 종합적으로 분석하여 적성에 맞는 업무가 무엇인가 파악하고, 직무수행에 있어서 요구되는 기초능력과 실무능력을 분석합니다.

3. SHR 직무적성검사

직무수행에 필요한 종합적인 사고 능력을 다양한 적성검사(Paper and Pencil Test)로 평가합니다. SHR의 모든 직무능력검사는 표준화 검사입니다. 표준화 검사는 표본집단의 점수를 기초로 규준이 만들어진 검사이므로 개인의 점수를 규준에 맞추어 해석·비교하는 것이 가능합니다. S(Standardized Tests), H(Hundreds of Version), R(Reliable Norm Data)을 특징으로 하며, 직군·직급별 특성과 선발 수준에 맞추어 검사를 적용할 수 있습니다.

02 인성검사와 면접

인성검사는 특히 면접질문과 관련성이 높습니다. 면접관은 지원자의 인성검사 결과를 토대로 질문을 하기 때문입니다. 일관적이고 이상적인 답변을 하는 것이 가장 좋지만, 실제 시험은 매우 복잡하여 전문가라 해도 일정 성격을 유지하면서 답변을 하는 것이 힘듭니다. 또한, 인성검사에는 라이 스케일(Lie Scale) 설문이 전체 설문 속에 교묘하게 섞여 들어가 있으므로 겉치레적인 답을 하게 되면 회답태도의 허위성이 그대로 드러나게 됩니다. 예를 들어 '거짓말을 한 적이 한 번도 없다.'에 '예'로 답하고, '때로는 거짓말을 하기도 한다.'에 '예'라고 답하여 라이 스케일의 득점이 올라가게 되면 모든 회답의 신빙성이 사라지고 '자신을 돋보이게 하려는 사람'이라는 평가를 받을 수 있으므로 주의해야 합니다. 따라서 모의테스트를 통해 인성검사의 유형과 실제 시험 시 어떻게 문제를 풀어야 하는지 연습해 보고 체크한 부분 중 자신의 단점과 연결되는 부분은 면접에서 질문이 들어왔을 때 어떻게 대처해야 하는지 생각해 보는 것이 좋습니다.

03 유의사항

1. 기업의 인재상을 파악하라!

인성검사를 통해 개인의 성격 특성을 파악하고 그것이 기업의 인재상과 가치에 부합하는지를 평가하는 시험이기 때문에 해당 기업의 인재상을 먼저 파악하고 시험에 임하는 것이 좋습니다. 모의테스트에서 인재상에 맞는 가상의 인물을 설정하고 문제에 답해 보는 것도 많은 도움이 됩니다.

2. 일관성 있는 대답을 하라!

짧은 시간 안에 다양한 질문에 답을 해야 하는데, 그 안에는 중복되는 질문이 여러 번 나옵니다. 이때 앞서 자신이 체크했던 대답을 잘 기억해뒀다가 일관성 있는 답을 하는 것이 중요합니다.

3. 모든 문항에 대답하라!

많은 문제를 짧은 시간 안에 풀려다 보니 다 못 푸는 경우도 종종 생깁니다. 하지만 대답을 누락하거나 끝까지 다 못했을 경우 좋지 않은 결과를 가져올 수도 있으니 최대한 주어진 시간 안에 모든 문항에 답할 수 있도록 해야 합니다.

04 KPDI 모의테스트

※ 모의테스트는 질문 및 답변 유형 연습을 위한 것으로 실제 시험과 다를 수 있습니다.
※ 인성검사는 정답이 따로 없는 유형의 검사이므로 결과지를 제공하지 않습니다.

번호	내용	예	아니요
001	나는 솔직한 편이다.	☐	☐
002	나는 리드하는 것을 좋아한다.	☐	☐
003	법을 어겨서 말썽이 된 적이 한 번도 없다.	☐	☐
004	거짓말을 한 번도 한 적이 없다.	☐	☐
005	나는 눈치가 빠르다.	☐	☐
006	나는 일을 주도하기보다는 뒤에서 지원하는 것을 선호한다.	☐	☐
007	앞일은 알 수 없기 때문에 계획은 필요하지 않다.	☐	☐
008	거짓말도 때로는 방편이라고 생각한다.	☐	☐
009	사람이 많은 술자리를 좋아한다.	☐	☐
010	걱정이 지나치게 많다.	☐	☐
011	일을 시작하기 전 재고하는 경향이 있다.	☐	☐
012	불의를 참지 못한다.	☐	☐
013	처음 만나는 사람과도 이야기를 잘 한다.	☐	☐
014	때로는 변화가 두렵다.	☐	☐
015	나는 모든 사람에게 친절하다.	☐	☐
016	힘든 일이 있을 때 술은 위로가 되지 않는다.	☐	☐
017	결정을 빨리 내리지 못해 손해를 본 경험이 있다.	☐	☐
018	기회를 잡을 준비가 되어 있다.	☐	☐
019	때로는 내가 정말 쓸모없는 사람이라고 느낀다.	☐	☐
020	누군가 나를 챙겨주는 것이 좋다.	☐	☐
021	자주 가슴이 답답하다.	☐	☐
022	나는 내가 자랑스럽다.	☐	☐
023	경험이 중요하다고 생각한다.	☐	☐
024	전자기기를 분해하고 다시 조립하는 것을 좋아한다.	☐	☐

025	감시받고 있다는 느낌이 든다.	☐	☐
026	난처한 상황에 놓이면 그 순간을 피하고 싶다.	☐	☐
027	세상엔 믿을 사람이 없다.	☐	☐
028	잘못을 빨리 인정하는 편이다.	☐	☐
029	지도를 보고 길을 잘 찾아간다.	☐	☐
030	귓속말을 하는 사람을 보면 날 비난하고 있는 것 같다.	☐	☐
031	막무가내라는 말을 들을 때가 있다.	☐	☐
032	장래의 일을 생각하면 불안하다.	☐	☐
033	결과보다 과정이 중요하다고 생각한다.	☐	☐
034	운동은 그다지 할 필요가 없다고 생각한다.	☐	☐
035	새로운 일을 시작할 때 좀처럼 한 발을 떼지 못한다.	☐	☐
036	기분 상하는 일이 있더라도 참는 편이다.	☐	☐
037	업무능력은 성과로 평가받아야 한다고 생각한다.	☐	☐
038	머리가 맑지 못하고 무거운 느낌이 든다.	☐	☐
039	가끔 이상한 소리가 들린다.	☐	☐
040	타인이 내게 자주 고민상담을 하는 편이다.	☐	☐

05 SHR 모의테스트

※ 모의테스트는 질문 및 답변 유형 연습을 위한 것으로 실제 시험과 다를 수 있습니다.
※ 인성검사는 정답이 따로 없는 유형의 검사이므로 결과지를 제공하지 않습니다.

※ 이 성격검사의 각 문항에는 서로 다른 행동을 나타내는 네 개의 문장이 제시되어 있습니다. 이 문장들을 비교하여, 자신의 평소 행동과 가장 가까운 문장을 'ㄱ' 열에 표기하고, 가장 먼 문장을 'ㅁ' 열에 표기하십시오.

01 나는 ______________________

	ㄱ	ㅁ
A. 실용적인 해결책을 찾는다.	☐	☐
B. 다른 사람을 돕는 것을 좋아한다.	☐	☐
C. 세부 사항을 잘 챙긴다.	☐	☐
D. 상대의 주장에서 허점을 잘 찾는다.	☐	☐

02 나는 ______________________

	ㄱ	ㅁ
A. 매사에 적극적으로 임한다.	☐	☐
B. 즉흥적인 편이다.	☐	☐
C. 관찰력이 있다.	☐	☐
D. 임기응변에 강하다.	☐	☐

03 나는 ______________________

	ㄱ	ㅁ
A. 무서운 영화를 잘 본다.	☐	☐
B. 조용한 곳이 좋다.	☐	☐
C. 가끔 울고 싶다.	☐	☐
D. 집중력이 좋다.	☐	☐

04 나는 ______________________

	ㄱ	ㅁ
A. 기계를 조립하는 것을 좋아한다.	☐	☐
B. 집단에서 리드하는 역할을 맡는다.	☐	☐
C. 호기심이 많다.	☐	☐
D. 음악을 듣는 것을 좋아한다.	☐	☐

05 나는 ____________________

A. 타인을 늘 배려한다.
B. 감수성이 예민하다.
C. 즐겨하는 운동이 있다.
D. 일을 시작하기 전에 계획을 세운다.

	ㄱ	ㅁ
A	☐	☐
B	☐	☐
C	☐	☐
D	☐	☐

06 나는 ____________________

A. 타인에게 설명하는 것을 좋아한다.
B. 여행을 좋아한다.
C. 정적인 것이 좋다.
D. 남을 돕는 것에 보람을 느낀다.

	ㄱ	ㅁ
A	☐	☐
B	☐	☐
C	☐	☐
D	☐	☐

07 나는 ____________________

A. 기계를 능숙하게 다룬다.
B. 밤에 잠이 잘 오지 않는다.
C. 한 번 간 길을 잘 기억한다.
D. 불의를 보면 참을 수 없다.

	ㄱ	ㅁ
A	☐	☐
B	☐	☐
C	☐	☐
D	☐	☐

08 나는 ____________________

A. 종일 말을 하지 않을 때가 있다.
B. 사람이 많은 곳을 좋아한다.
C. 술을 좋아한다.
D. 휴양지에서 편하게 쉬고 싶다.

	ㄱ	ㅁ
A	☐	☐
B	☐	☐
C	☐	☐
D	☐	☐

09 나는 ______________________

A. 뉴스보다는 드라마를 좋아한다.
B. 길을 잘 찾는다.
C. 주말엔 집에서 쉬는 것이 좋다.
D. 아침에 일어나는 것이 힘들다.

ㄱ	ㅁ
☐	☐
☐	☐
☐	☐
☐	☐

10 나는 ______________________

A. 이성적이다.
B. 할 일을 종종 미룬다.
C. 어른을 대하는 게 힘들다.
D. 불을 보면 매혹을 느낀다.

ㄱ	ㅁ
☐	☐
☐	☐
☐	☐
☐	☐

11 나는 ______________________

A. 상상력이 풍부하다.
B. 예의 바르다는 소리를 자주 듣는다.
C. 사람들 앞에 서면 긴장한다.
D. 친구를 자주 만난다.

ㄱ	ㅁ
☐	☐
☐	☐
☐	☐
☐	☐

12 나는 ______________________

A. 나만의 스트레스 해소 방법이 있다.
B. 친구가 많다.
C. 책을 자주 읽는다.
D. 활동적이다.

ㄱ	ㅁ
☐	☐
☐	☐
☐	☐
☐	☐

CHAPTER

04 면접전형 가이드

01 면접유형 파악

1. 면접전형의 변화

기존 면접전형에서는 일상적이고 단편적인 대화나 지원자의 첫인상 및 면접관의 주관적인 판단 등에 의해서 입사 결정 여부를 판단하는 경우가 많았습니다. 이러한 면접전형은 면접 내용의 일관성이 결여되거나 직무 관련 타당성이 부족하였고, 면접에 대한 신뢰도에 영향을 주었습니다.

기존 면접(전통적 면접)		능력중심 채용 면접(구조화 면접)
• 일상적이고 단편적인 대화 • 인상, 외모 등 외부 요소의 영향 • 주관적인 판단에 의존한 총점 부여 ⇩ • 면접 내용의 일관성 결여 • 직무관련 타당성 부족 • 주관적인 채점으로 신뢰도 저하	VS	• 일관성 – 직무관련 역량에 초점을 둔 구체적 질문 목록 – 지원자별 동일 질문 적용 • 구조화 – 면접 진행 및 평가 절차를 일정한 체계에 의해 구성 • 표준화 – 평가 타당도 제고를 위한 평가 Matrix 구성 – 척도에 따라 항목별 채점, 개인 간 비교 • 신뢰성 – 면접진행 매뉴얼에 따라 면접위원 교육 및 실습

2. 능력중심 채용의 면접 유형

① 경험 면접
- 목적 : 선발하고자 하는 직무 능력이 필요한 과거 경험을 질문합니다.
- 평가요소 : 직업기초능력과 인성 및 태도적 요소를 평가합니다.

② 상황 면접
- 목적 : 특정 상황을 제시하고 지원자의 행동을 관찰함으로써 실제 상황의 행동을 예상합니다.
- 평가요소 : 직업기초능력과 인성 및 태도적 요소를 평가합니다.

③ 발표 면접
- 목적 : 특정 주제와 관련된 지원자의 발표와 질의응답을 통해 지원자 역량을 평가합니다.
- 평가요소 : 직무수행능력과 인지적 역량(문제해결능력)을 평가합니다.

④ 토론 면접
- 목적 : 토의과제에 대한 의견수렴 과정에서 지원자의 역량과 상호작용능력을 평가합니다.
- 평가요소 : 직무수행능력과 팀워크를 평가합니다.

02 면접유형별 준비 방법

1. 경험 면접

① 경험 면접의 특징

- 주로 직업기초능력에 관련된 지원자의 과거 경험을 심층 질문하여 검증하는 면접입니다.
- 직무능력과 관련된 과거 경험을 평가하기 위해 심층 질문을 하며, 이 질문은 지원자의 답변에 대하여 '꼬리에 꼬리를 무는 형식'으로 진행됩니다.

> - 능력요소, 정의, 심사 기준
>   - 평가하고자 하는 능력요소, 정의, 심사기준을 확인하여 면접위원이 해당 능력요소 관련 질문을 제시합니다.
> - Opening Question
>   - 능력요소에 관련된 과거 경험을 유도하기 위한 시작 질문을 합니다.
> - Follow-up Question
>   - 지원자의 경험 수준을 구체적으로 검증하기 위한 질문입니다.
>   - 경험 수준 검증을 위한 상황(Situation), 임무(Task), 역할 및 노력(Action), 결과(Result) 등으로 질문을 구분합니다.

경험 면접의 형태

〈일대다 면접〉 〈다대다 면접〉

② 경험 면접의 구조

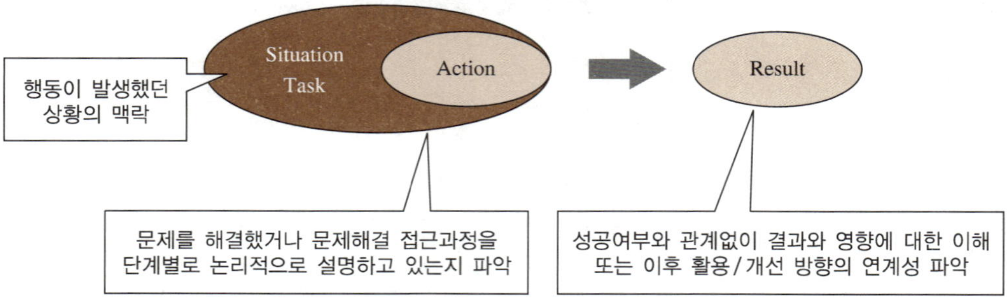

S(Situation)	귀하가 처해 있던 상황에 대해 말해 보시오.
T(Task)	귀하가 수행한 과제 / 과업은 무엇인가?
A(Action)	어떻게 행동(대응)했는가?
R(Result)	그 행동의 결과는 어땠는가?

(　　　　　)에 대한 과거 경험에 대하여 말해 보시오.

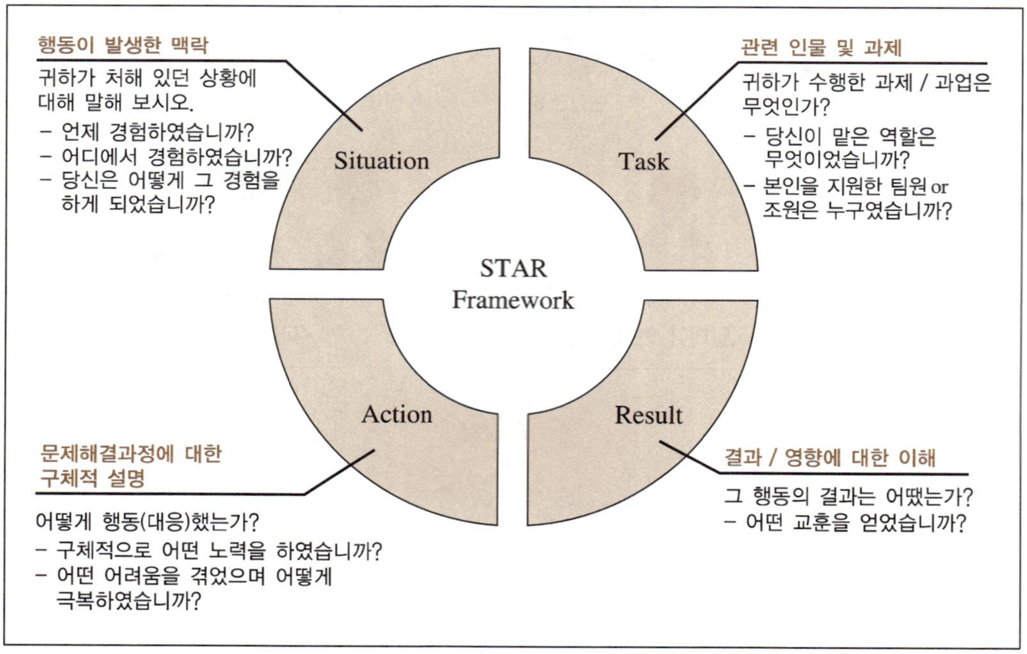

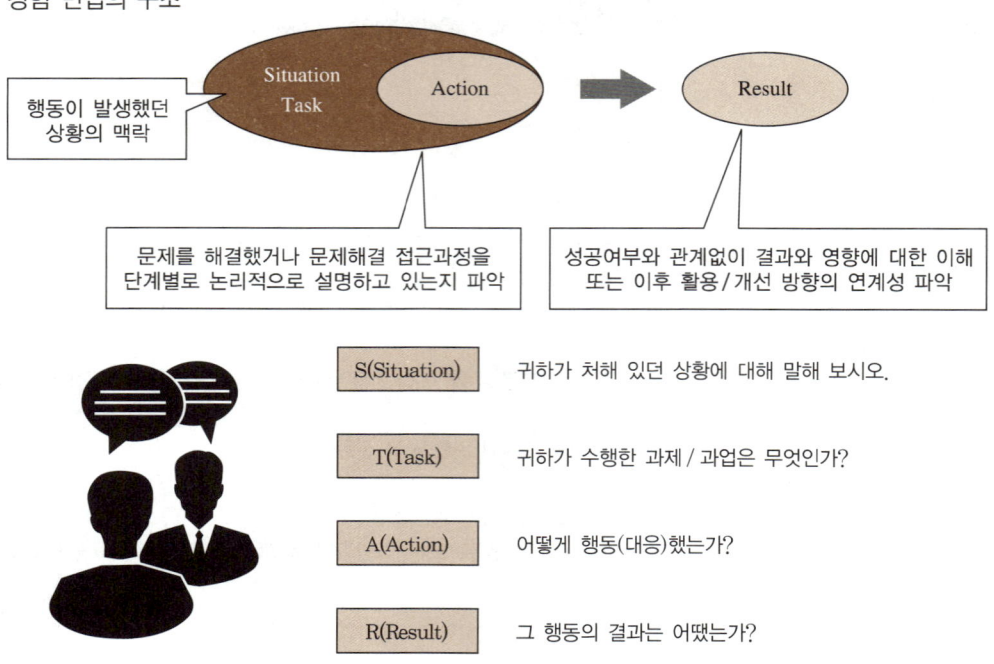

③ 경험 면접 질문 예시(직업윤리)

시작 질문	
1	남들이 신경 쓰지 않는 부분까지 고려하여 절차대로 업무(연구)를 수행하여 성과를 낸 경험을 구체적으로 말해 보시오.
2	조직의 원칙과 절차를 철저히 준수하며 업무(연구)를 수행한 것 중 성과를 향상시킨 경험에 대해 구체적으로 말해 보시오.
3	세부적인 절차와 규칙에 주의를 기울여 실수 없이 업무(연구)를 마무리한 경험을 구체적으로 말해 보시오.
4	조직의 규칙이나 원칙을 고려하여 성실하게 일했던 경험을 구체적으로 말해 보시오.
5	타인의 실수를 바로잡고 원칙과 절차대로 수행하여 성공적으로 업무를 마무리하였던 경험에 대해 말해 보시오.

후속 질문		
상황 (Situation)	상황	구체적으로 언제, 어디에서 경험한 일인가?
		어떤 상황이었는가?
	조직	어떤 조직에 속해 있었는가?
		그 조직의 특성은 무엇이었는가?
		몇 명으로 구성된 조직이었는가?
	기간	해당 조직에서 얼마나 일했는가?
		해당 업무는 몇 개월 동안 지속되었는가?
	조직규칙	조직의 원칙이나 규칙은 무엇이었는가?
임무 (Task)	과제	과제의 목표는 무엇이었는가?
		과제에 적용되는 조직의 원칙은 무엇이었는가?
		그 규칙을 지켜야 하는 이유는 무엇이었는가?
	역할	당신이 조직에서 맡은 역할은 무엇이었는가?
		과제에서 맡은 역할은 무엇이었는가?
	문제의식	규칙을 지키지 않을 경우 생기는 문제점 / 불편함은 무엇인가?
		해당 규칙이 왜 중요하다고 생각하였는가?
역할 및 노력 (Action)	행동	업무 과정의 어떤 장면에서 규칙을 철저히 준수하였는가?
		어떻게 규정을 적용시켜 업무를 수행하였는가?
		규정은 준수하는 데 어려움은 없었는가?
	노력	그 규칙을 지키기 위해 스스로 어떤 노력을 기울였는가?
		본인의 생각이나 태도에 어떤 변화가 있었는가?
		다른 사람들은 어떤 노력을 기울였는가?
	동료관계	동료들은 규칙을 철저히 준수하고 있었는가?
		팀원들은 해당 규칙에 대해 어떻게 반응하였는가?
		규칙에 대한 태도를 개선하기 위해 어떤 노력을 하였는가?
		팀원들의 태도는 당신에게 어떤 자극을 주었는가?
	업무추진	주어진 업무를 추진하는 데 규칙이 방해되진 않았는가?
		업무수행 과정에서 규정을 어떻게 적용하였는가?
		업무 시 규정을 준수해야 한다고 생각한 이유는 무엇인가?

결과 (Result)	평가	규칙을 어느 정도나 준수하였는가?
		그렇게 준수할 수 있었던 이유는 무엇이었는가?
		업무의 성과는 어느 정도였는가?
		성과에 만족하였는가?
		비슷한 상황이 온다면 어떻게 할 것인가?
	피드백	주변 사람들로부터 어떤 평가를 받았는가?
		그러한 평가에 만족하는가?
		다른 사람에게 본인의 행동이 영향을 주었다고 생각하는가?
	교훈	업무수행 과정에서 중요한 점은 무엇이라고 생각하는가?
		이 경험을 통해 느낀 바는 무엇인가?

2. 상황 면접

① 상황 면접의 특징

직무 관련 상황을 가정하여 제시하고 이에 대한 대응능력을 직무관련성 측면에서 평가하는 면접입니다.

- 상황 면접 과제의 구성은 크게 2가지로 구분
  - 상황 제시(Description) / 문제 제시(Question or Problem)
- 현장의 실제 업무 상황을 반영하여 과제를 제시하므로 직무분석이나 직무전문가 워크숍 등을 거쳐 현장성을 높임
- 문제는 상황에 대한 기본적인 이해능력(이론적 지식)과 함께 실질적 대응이나 변수 고려능력(실천적 능력) 등을 고르게 질문해야 함

상황 면접의 형태

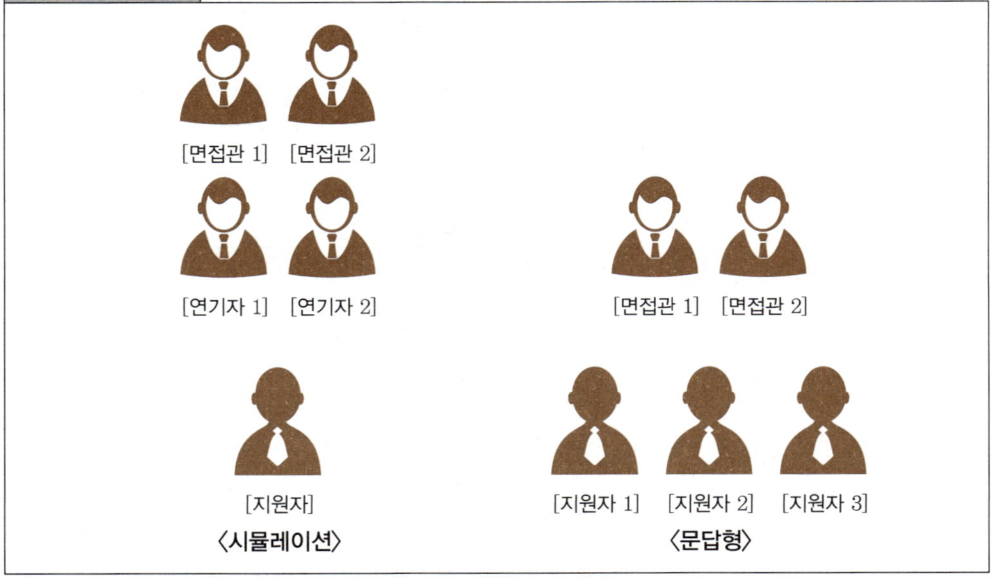

② 상황 면접 예시

상황 제시	인천공항 여객터미널 내에는 다양한 용도의 시설(사무실, 통신실, 식당, 전산실, 창고 면세점 등)이 설치되어 있습니다.	실제 업무 상황에 기반함
	금년에 소방배관의 누수가 잦아 메인 배관을 교체하는 공사를 추진하고 있으며, 당신은 이번 공사의 담당자입니다.	배경 정보
	주간에는 공항 운영이 이루어져 주로 야간에만 배관 교체 공사를 수행하던 중, 시공하는 기능공의 실수로 배관 연결 부위를 잘못 건드려 고압배관의 소화수가 누출되는 사고가 발생하였으며, 이로 인해 인근 시설물에 누수에 의한 피해가 발생하였습니다.	구체적인 문제 상황
문제 제시	일반적인 소방배관의 배관연결(이음)방식과 배관의 이탈(누수)이 발생하는 원인에 대해 설명해 보시오.	문제 상황 해결을 위한 기본 지식 문항
	담당자로서 본 사고를 현장에서 긴급히 처리하는 프로세스를 제시하고, 보수완료 후 사후적 조치가 필요한 부분 및 재발방지 방안에 대해 설명해 보시오.	문제 상황 해결을 위한 추가 대응 문항

3. 발표 면접

① 발표 면접의 특징

- 직무관련 주제에 대한 지원자의 생각을 정리하여 의견을 제시하고, 발표 및 질의응답을 통해 지원자의 직무능력을 평가하는 면접입니다.
- 발표 주제는 직무와 관련된 자료로 제공되며, 일정 시간 후 지원자가 보유한 지식 및 방안에 대한 발표 및 후속 질문을 통해 직무적합성을 평가합니다.

> • 주요 평가요소
>   – 설득적 말하기 / 발표능력 / 문제해결능력 / 직무관련 전문성
> • 이미 언론을 통해 공론화된 시사 이슈보다는 해당 직무분야에 관련된 주제가 발표면접의 과제로 선정되는 경우가 최근 들어 늘어나고 있음
> • 짧은 시간 동안 주어진 과제를 빠른 속도로 분석하여 발표문을 작성하고 제한된 시간 안에 면접관에게 효과적인 발표를 진행하는 것이 핵심

발표 면접의 형태

〈개별 과제 발표〉 〈팀 과제 발표〉

※ 면접관에게 시각적 효과를 사용하여 메시지를 전달하는 쌍방향 커뮤니케이션 방식
※ 심층면접을 보완하기 위한 방안으로 최근 많은 기업에서 적극 도입하는 추세

② 발표 면접 예시

1. 지시문

당신은 현재 A사에서 직원들의 성과평가를 담당하고 있는 팀원이다. 인사팀은 지난주부터 사내 조직문화관련 인터뷰를 하던 도중 성과평가제도에 관련된 개선 니즈가 제일 많다는 것을 알게 되었다. 이에 팀장님은 인터뷰 결과를 종합하려 성과평가제도 개선 아이디어를 A4용지에 정리하여 신속 보고할 것을 지시하셨다. 당신에게 남은 시간은 1시간이다. 자료를 준비하는 대로 당신은 팀원들이 모인 회의실에서 5분간 발표할 것이며, 이후 질의응답을 진행할 것이다.

2. 배경자료

〈성과평가제도 개선에 대한 인터뷰〉

최근 A사는 회사 사세의 급성장으로 인해 작년보다 매출이 두 배 성장하였고, 직원 수 또한 두 배로 증가하였다. 회사의 성장은 임금, 복지에 대한 상승 등 긍정적인 영향을 주었으나 업무의 불균형 및 성과보상의 불평등 문제가 발생하였다. 또한 수시로 입사하는 신입직원과 경력직원, 퇴사하는 직원들까지 인원들의 잦은 변동으로 인해 평가해야 할 대상이 변경되어 현재의 성과평가제도로는 공정한 평가가 어려운 상황이다.

[생산부서 김상호]
우리 팀은 지난 1년 동안 생산량이 급증했기 때문에 수십 명의 신규인력이 급하게 채용되었습니다. 이 때문에 저희 팀장님은 신규 입사자들의 이름조차 기억 못할 때가 많이 있습니다. 성과평가를 제대로 하고 있는지 의문이 듭니다.

[마케팅 부서 김흥민]
개인의 성과평가의 취지는 충분히 이해합니다. 그러나 현재 평가는 실적기반이나 정성적인 평가가 많이 포함되어 있어 객관성과 공정성에는 의문이 드는 것이 사실입니다. 이러한 상황에서 평가제도를 재수립하지 않고, 인센티브에 계속 반영한다면, 평가제도에 대한 반감이 커질 것이 분명합니다.

[교육부서 홍경민]
현재 교육부서는 인사팀과 밀접하게 일하고 있습니다. 그럼에도 인사팀에서 실시하는 성과평가제도에 대한 이해가 부족한 것 같습니다.

[기획부서 김경호 차장]
저는 저의 평가자 중 하나가 연구부서의 팀장님인데, 일 년에 몇 번 같이 일하지 않는데 어떻게 저를 평가할 수 있을까요? 특히 연구팀은 저희가 예산을 배정하는데, 저에게는 좋지만….

4. 토론 면접

① 토론 면접의 특징

- 다수의 지원자가 조를 편성해 과제에 대한 토론(토의)을 통해 결론을 도출해가는 면접입니다.
- 의사소통능력, 팀워크, 종합인성 등의 평가에 용이합니다.

> • 주요 평가요소
>   – 설득적 말하기, 경청능력, 팀워크, 종합인성
> • 의견 대립이 명확한 주제 또는 채용분야의 직무 관련 주요 현안을 주제로 과제 구성
> • 제한된 시간 내 토론을 진행해야 하므로 적극적으로 자신 있게 토론에 임하고 본인의 의견을 개진할 수 있어야 함

토론 면접의 형태

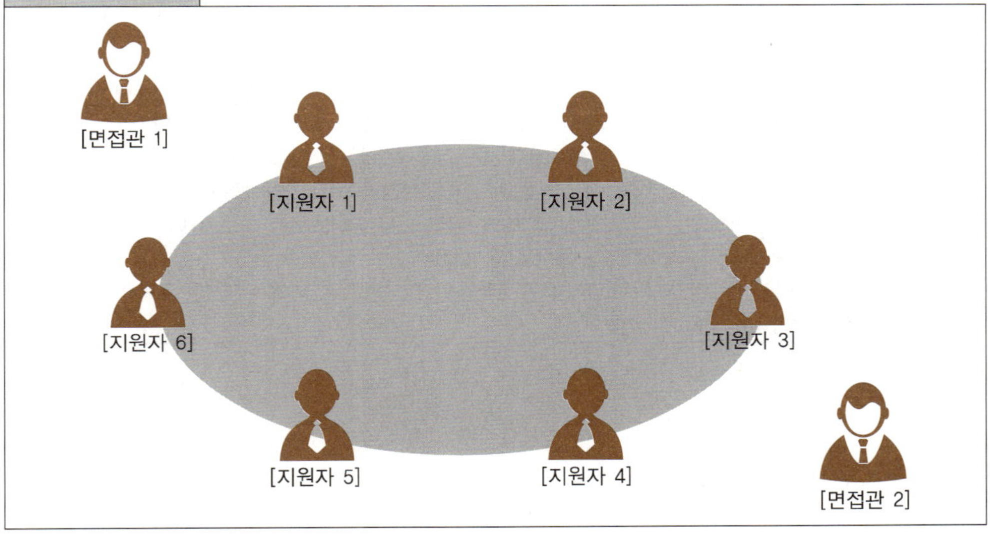

PART 3

② 토론 면접 예시

고객 불만 고충처리
1. 들어가며
최근 우리 상품에 대한 고객 불만의 증가로 고객고충처리 TF가 만들어졌고 당신은 여기에 지원해 배치받았다. 당신의 업무는 불만을 가진 고객을 만나서 애로사항을 듣고 처리해 주는 일이다. 주된 업무로는 고객의 니즈를 파악해 방향성을 제시해 주고 그 해결책을 마련하는 일이다. 하지만 경우에 따라서 고객의 주관적인 의견으로 인해 제대로 된 방향으로 의사결정을 하지 못할 때가 있다. 이럴 경우 설득이나 논쟁을 해서라도 의견을 관철시키는 것이 좋을지 아니면 고객의 의견대로 진행하는 것이 좋을지 결정해야 할 때가 있다. 만약 당신이라면 이러한 상황에서 어떤 결정을 내릴 것인지 여부를 자유롭게 토론해 보시오.
2. 1분 자유 발언 시 준비사항
• 당신은 의견을 자유롭게 개진할 수 있으며 이에 따른 불이익은 없습니다. • 토론의 방향성을 이해하고, 내용의 장점과 단점이 무엇인지 문제를 명확히 말해야 합니다. • 합리적인 근거에 기초하여 개선방안을 명확히 제시해야 합니다. • 제시한 방안을 실행 시 예상되는 긍정적·부정적 영향요인도 동시에 고려할 필요가 있습니다.
3. 토론 시 유의사항
• 토론 주제문과 제공해드린 메모지, 볼펜만 가지고 토론장에 입장할 수 있습니다. • 사회자의 지정 또는 발표자가 손을 들어 발언권을 획득할 수 있으며, 사회자의 통제에 따릅니다. • 토론회가 시작되면, 팀의 의견과 논거를 정리하여 1분간의 자유발언을 할 수 있습니다. 순서는 사회자가 지정합니다. 이후에는 자유롭게 상대방에게 질문하거나 답변을 하실 수 있습니다. • 핸드폰, 서적 등 외부 매체는 사용하실 수 없습니다. • 논제에 벗어나는 발언이나 지나치게 공격적인 발언을 할 경우, 위에서 제시한 유의사항을 지키지 않을 경우 불이익을 받을 수 있습니다.

03 면접 Role Play

1. 면접 Role Play 편성

- 교육생끼리 조를 편성하여 면접관과 지원자 역할을 교대로 진행합니다.
- 지원자 입장과 면접관 입장을 모두 경험해 보면서 면접에 대한 적응력을 높일 수 있습니다.

경험면접

STEP 1.
지원자 그룹 경험기술서 작성(30분)

STEP 2.
경험기반 인터뷰 실시(1인당 15분)

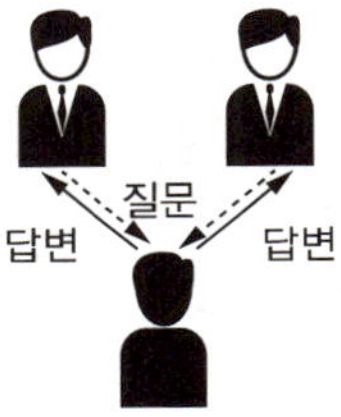

면접위원
(최소 2인 이상 구성)

지원자
(1인 대상 권장)

STEP 3.
피드백 진행(1인당 5분)

발표면접

STEP 1.
지원자 그룹 발표 내용 작성(30분)

STEP 2.
발표 5분+추가질의 5분(1인당 10분)

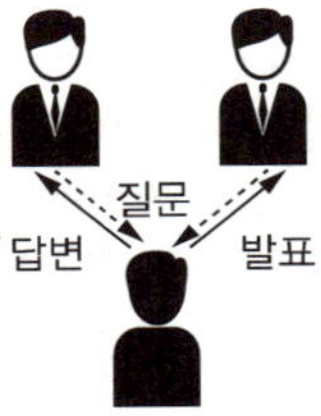

면접위원
(최소 2인 이상 구성)

지원자
(1인 대상 권장)

STEP 3.
피드백 진행(1인당 5분)

Tip

면접 준비하기

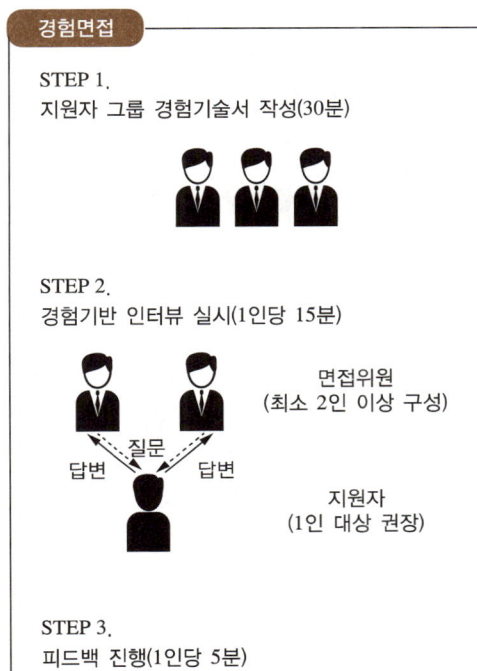

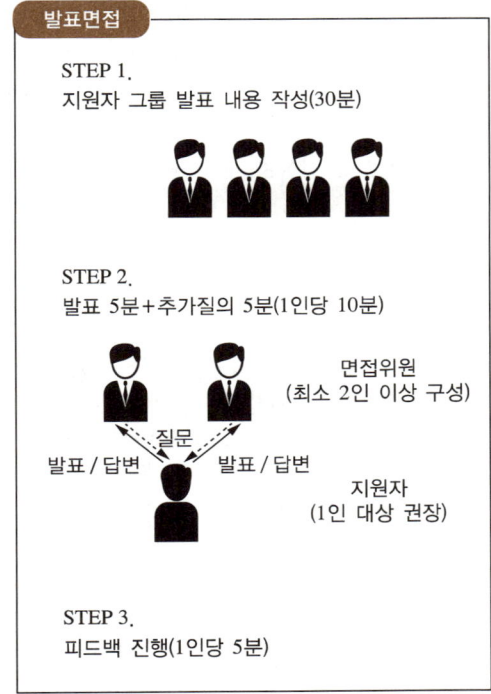

1. 면접 유형 확인 필수
   - 기업마다 면접 유형이 상이하기 때문에 해당 기업의 면접 유형을 확인하는 것이 좋음
   - 일반적으로 실무진 면접, 임원면접 2차례에 거쳐 면접을 실시하는 기업이 많고 실무진 면접과 임원 면접에서 평가요소가 다르기 때문에 유형에 맞는 준비방법이 필요
2. 후속 질문에 대한 사전 점검
   - 블라인드 채용 면접에서는 주요 질문과 함께 후속 질문을 통해 지원자의 직무능력을 판단
     → STAR 기법을 통한 후속 질문에 미리 대비하는 것이 필요

CHAPTER

05 인천교통공사 면접 기출질문

인천교통공사의 면접시험은 1차 면접(집단 대면면접)과 2차 면접(PT면접)으로 이루어져 있다. 집단 대면면접에서는 품행 · 예의 · 전문지식 · 발표력 등을 평가하며, PT면접에서는 면접 당일 부여되는 지원분야별 주제에 따라 개인별로 PT를 작성하여 발표하고 지원분야 직무능력과 관련된 지식 등을 평가한다. 특히 PT면접에서는 인천교통공사 내에서 진행하는 사업과 관련된 내용의 출제가 예상되기 때문에, 미리 홈페이지를 통해 어느 정도 사전 지식을 쌓아두는 것이 좋다.

1. 과년도 기출질문

- 회사원으로서의 사익(社益) 창출과 시민으로서의 공익 보호 중에서 어느 것이 더 우선이라고 생각하는가? 그 이유는 무엇인가?
- 본인을 하나의 단어로 표현해 보시오.
- 종점에서 취객이 열차에서 내리지 않고 버틴다면 어떻게 할 것인가?
- 인천 지하철 이용하면서 불편했던 점이 있는가?
- 무인 운전과 무인 운영을 위해 가장 필수적인 요소는 무엇이라고 생각하는가?
- 열차 고장의 주요 발생 원인과 조치 과정을 설명할 수 있겠는가?
- 열차 신호 설비를 개선할 때 인공지능(AI) 기술을 어떻게 적용할 수 있겠는가?
- 수익 악화 현상을 극복하고 매출을 증대시킬 수 있는 방안이 있다면 설명해 보시오.
- 인천교통공사에 지원한 이유는 무엇인가? 다른 철도 관련 기업에도 지원했는가?
- 만일 원하지 않은 직무에 배치된다면 어떻게 하겠는가?
- 상사나 동료가 안전수칙을 무시한다면 어떻게 대처하겠는가?
- 열차 운행 중에 주고받는 수신호에 대해 알고 있는 것이 있는가?
- 현장에서 이루어지는 실제 업무 방식이 업무 매뉴얼과 다르다면 어떻게 하겠는가?
- 자유전하와 정전하의 차이점을 설명할 수 있는가?
- 출퇴근 시간에 열차 탑승객의 수를 증가시킬 수 있는 방안이 있다면 설명해 보시오.
- 4차 산업혁명과 관련한 첨단 기술을 지하철 서비스 개선에 어떻게 적용할 수 있겠는가?
- 누군가를 도와준 경험이 있다면 말해 보시오.
- 본인 성격의 장단점에 대해 말해 보시오.
- 공사에 입사한다면 어떻게 공사를 발전시킬 수 있는지 말해 보시오.
- 타인과 갈등이 발생할 때 해결한 경험이 있다면 말해 보시오.
- 현재 공사에서 진행하고 있는 사업 내용에 대해 아는 대로 말해 보시오.
- 사람을 대할 때 어떻게 대해야 하는지 생각한 대로 말해 보시오.
- 공기업 직원으로서 갖춰야 할 덕목에 대해 생각한 대로 말해 보시오.
- 상사의 입장에서 후배가 조언한다면 어떻게 받아들이는가?

- 최근 읽은 뉴스 기사에 대해 아는 대로 말해 보시오.
- 왜 자신을 뽑아야 하는지 구체적으로 설명해 보시오.
- 안전이 우선인가 속도가 우선인가?
- 지하철을 타면서 느꼈던 장·단점에 대해 아는 대로 말해 보시오.
- 자신이 제일 중요하게 생각하는 가치는 무엇인가?
- 자신의 아이디어를 이용하여 공모전 같은 것을 도전해 본 적이 있는가?
- 직무기술서에 제시된 직무역량과 관련한 자신의 경험을 말해 보시오.
- 인공지능이란 무엇인가?
- 차량에 대해 아는 대로 말해 보시오.
- 코로나에 대처한 월미바다열차 활성화 방안에 대해 토론하시오.
- 지원직렬과 연관하여 자기소개를 해 보시오.
- 인천교통공사의 수송실적이나 운수수입에 대해 아는 대로 말해 보시오.
- 직무역량을 위해 무엇을 노력했는가?
- 가장 감명 깊게 읽은 책에 대해 말해 보시오.
- 철도안전법상 열차란 무엇인가?
- 자신의 장점에 대해 말해 보시오.
- 험한 일을 해 본 경험이 있는가?
- 본인의 직무적합성 두 가지를 말해 보시오.
- 인천교통공사에 지원한 이유가 무엇인가?
- 이전에 다니던 회사에서 상사와의 갈등을 해결해 본 경험이 있는가?
- 지원한 직무와 관련된 경험은 어떤 것이 있는가?
- 다른 사람과 협업했던 경험에 대하여 설명하시오.
- 지원자 본인을 한마디로 어떻게 표현하겠는가?
- 지원자가 무언가를 잘못했을 때, 인정했던 경험에 대하여 말해 보시오.
- 현재 인천교통공사의 철도 시스템에 대한 지원자의 생각을 말해 보시오.
- 인천교통공사의 사훈에 대하여 알고 있는가?
- 지원자는 지원한 직렬에 대한 기초지식이 어느 정도까지 있다고 생각하는가?
- 1분 동안 자기소개를 해 보시오.
- ATO가 무엇인지 알고 있는가?
- 어떻게 적응력을 키워왔나?
- 무임승차에 대해서 어떻게 생각하는가?
- 공공부문과 공공성의 의미가 무엇인가?
- 자신을 성실하다고 말했는데, 성실함을 알 수 있는 사례가 있는가?
- 열차가 들어오는데 열차 내에서 승객이 난동을 부리고 있고, 열차에서 폭음이 난다면 어떻게 대처할 것인가?
- 공기업과 사기업의 차이점이 무엇이라고 생각하는가?
- 원하지 않았던 곳에 배정받았던 경험이 있는가?
- 직무를 위해 어떤 것을 준비했는가?
- 교통직에 지원한 이유가 무엇인가?
- 교통이란 무엇인가?
- 신호와 도로의 차이점은 무엇인가?
- 문제를 미리 예상하고 해결한 경험이 있는가?

- 수익성 증진 방안에 대해 말해 보시오.
- 깨진 유리창의 법칙이란 무엇인가?
- SWOT 법칙으로 회사의 전망을 말해 보시오.
- 뫼비우스의 띠가 무엇인지 아는가?
- 자신이 어떤 업무를 할 것 같은가?
- 친환경공조시스템이 무엇인가?
- BEP가 무엇인가?
- 마케팅전략의 정의와 적용방안에 대해 말해 보시오.

시대에듀

M E M O

M E M O

답안채점 • 성적분석 서비스

모바일 OMR

도서 내 모의고사 우측 상단에 위치한 QR코드 찍기 → 로그인 하기 → '시작하기' 클릭 → '응시하기' 클릭 → 나의 답안을 모바일 OMR 카드에 입력 → '성적분석 & 채점결과' 클릭 → 현재 내 실력 확인하기

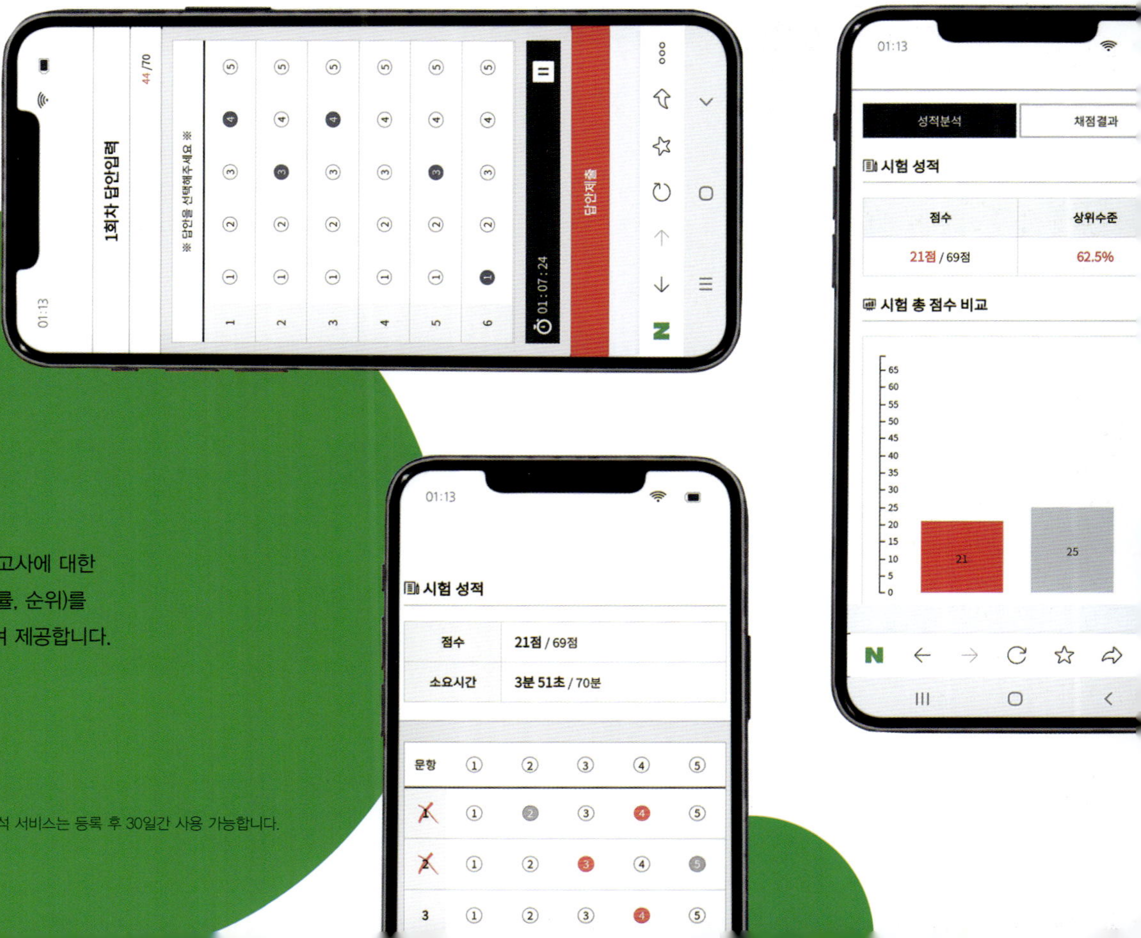

도서에 수록된 모의고사에 대한
객관적인 결과(정답률, 순위)를
종합적으로 분석하여 제공합니다.

※OMR 답안채점 / 성적분석 서비스는 등록 후 30일간 사용 가능합니다.

2026

최신판

인천 교통공사

통합기본서

편저 | SDC(Sidae Data Center)

판매량 1위 인천교통공사 YES24

정답 및 해설

기출복원문제부터
대표기출유형 및
모의고사까지

한 권으로 마무리!

SDC
SDC는 시대에듀 데이터 센터의 약자로 약 30만 개의 NCS · 적성 문제 데이터를 바탕으로 최신 출제경향을 반영하여 문제를 출제합니다.

시대에듀

Add+

2025년
주요 공기업 NCS
기출복원문제

2025년 주요 공기업 NCS 기출복원문제

01	02	03	04	05	06	07	08	09	10	11	12	13	14	15	16	17	18	19	20
⑤	①	④	②	⑤	①	②	③	②	②	②	③	③	④	④	③	①	⑤	⑤	③
21	22	23	24	25	26	27	28	29	30	31	32	33	34	35	36	37	38	39	40
③	③	①	①	③	③	①	④	③	④	③	②	②	①	①	②	②	④	①	③
41	42	43	44	45	46	47	48	49	50										
②	③	①	②	③	②	③	③	④	③										

01

정답 ⑤

두 번째 문단 첫째 줄에서 언급되고 있다.

오답분석

① 거대 기계는 그 자체로 비인간화와 억압의 구조를 강화하기 쉽다고 하였다.
② 간디는 인간적 규모를 넘어선 거대 기계의 인간 소외 현상에 주목했지만, 기계 자체를 반대한 적은 없다.
③ 근대 산업 문명은 사람들을 병들게 하고 내면적인 평화와 명상의 생활을 불가능하게 만든다.
④ 간디는 경제 성장이 참다운 인간의 행복에 기여한다고 생각하지 않았다.

02

정답 ①

제시된 수열은 홀수 항은 $\times 3$, 짝수 항은 $+4$인 수열이므로 (A)는 -2, (B)는 10이다.
따라서 (A)+(B)의 값은 $-2+10=8$이다.

03

정답 ④

할인받기 전 종욱이가 내야 할 금액은 $25,000\times 2+8,000\times 3=74,000$원이다.
통신사 할인과 이벤트 할인을 적용한 금액은 $(25,000\times 2\times 0.85+8,000\times 3\times 0.75)\times 0.9=54,450$원이다.
따라서 종욱이가 할인받은 금액은 $74,000-54,450=19,550$원이다.

04

정답 ②

작년 매출액을 x만 원, 올해 매출액을 y만 원이라고 하면 다음과 같은 식이 성립한다.

$1.2x=y$ … ㉠

$y-0.5x=14,000$ … ㉡

㉠, ㉡를 연립하면

$1.2x-0.5x=14,000$

$\rightarrow 0.7x=14,000$

$\therefore x=20,000$

따라서 올해 매출액은 $1.2x=1.2\times 20,000=$2억 4천만 원이다.

05

정답 ⑤

세 번째와 다섯 번째 조건으로부터 A사원은 야근을 3회, 결근을 2회 하였고, 네 번째와 여섯 번째 조건으로부터 B사원은 지각을 2회, C사원은 지각을 3회 하였다. C사원의 경우 지각을 3회 하였으므로 결근과 야근을 각각 1회 또는 2회 하였는데, 근태 총 점수가 −2점이므로 지각에서 −3점, 결근에서 −1점, 야근에서 +2점을 얻어야 한다. 마지막으로 B사원은 결근을 3회, 야근을 1회 하여 근태 총 점수가 −4점이 된다. 이를 표로 정리하면 다음과 같다.

(단위 : 회)

구분	A	B	C	D
지각	1	2	3	1
결근	2	3	1	1
야근	3	1	2	2
근태 총 점수(점)	0	−4	−2	0

따라서 C사원이 지각을 가장 많이 하였다.

06

정답 ①

05번의 결과로부터 A사원과 B사원이 지각보다 결근을 많이 하였음을 알 수 있다.

07

정답 ②

「=MOD(17,−5)」는 17을 −5로 나누었을 때 나오는 나머지의 값을 뜻하므로 −3이 나와야 한다.

08

정답 ③

보기는 '의장'에 대한 설명으로 이러한 의장은 최근에는 의류나 문구류 등 패션제품은 물론이고 자동차에까지 소비자의 관심을 끌기 위해 등장하고 있다.

오답분석

① 특허 : 발명한 사람이 자기가 발명한 기술을 독점적으로 사용할 수 있는 권리이다.
② 실용신안 : 기술적 창작 수준이 소발명 정도인 물품의 형상·구조 및 조합에 대한 실용적인 창작을 보호하기 위한 제도로, 특허제도와 보호대상은 다르나 전체적으로 특허제도와 유사한 제도이다.
④ 상표 : 제조회사가 자사제품의 신용을 유지하기 위해 제품이나 포장 등에 표시하는 표장으로서의 상호나 마크이다.
⑤ 영업비밀 : 기업의 지식 자산권 중 하나로, 공유된 공공의 정보를 기반으로 하지 않은 제조법, 도안, 데이터 수집방법 등 비즈니스에 사용되는 지적 생산품이다.

09

정답 ②

기술관리자의 능력

- 기술을 운용하거나 문제해결을 할 수 있는 능력
- 기술직과 의사 소통을 할 수 있는 능력
- 혁신적인 환경을 조성할 수 있는 능력
- 기술적·사업적·인간적인 능력을 통합할 수 있는 능력
- 시스템적인 관점
- 공학적 도구나 지원방식에 대한 이해 능력
- 기술이나 추세에 대한 이해 능력
- 기술팀을 통합할 수 있는 능력

10

정답 ②

ㄱ・ㄹ. 임파워먼트는 책임과 권한을 구성원에게 위임함으로써 구성원이 과업을 적극적으로 책임있게 수행하려는 것이므로, 학습 혹은 성장의 기회가 되지 않는 단순 업무의 위임 및 분산, 지시는 임파워먼트에 해당하지 않는다.

오답분석

ㄴ. 업무에 관한 결정을 위임함으로써 조직 내 성과 향상을 끌어낼 수 있으므로 임파워먼트로 적절한 사례이다.
ㄷ. 실무자에게 권한을 위임함으로써 직접적이고 적실한 업무 추진이 가능하므로 바람직한 임파워먼트 사례에 해당한다.

11

정답 ②

빨리빨리 유형을 상대할 경우 여러 가지 일을 신속하게 처리하는 모습을 보이면서 응대해야 한다.

12

정답 ③

2024년 설날 노쇼 비율은 46%이지만, 이 중 19만 매가량이 재판매가 되지 않아 공석으로 운행되었다.

오답분석

① 첫 번째 문단에서 명절에 예매 경쟁률이 수십 배에 달하는 경우도 흔하다고 하였다.
② 세 번째 문단에서 노쇼 문제는 사회적 비용 증가로 연결되며, 이에 따른 비용이나 정책 변경은 국민의 부담으로 돌아올 것이라고 하였다.
④ 네 번째 문단에서 노쇼 문제를 해결하기 위해 코레일은 2025년부터 명절 특별수송기간에 출발 후 20분까지의 위약금을 기존 15%에서 30%로 상향 조정한다고 하였다.
⑤ 마지막 문단에서 노쇼 문제는 단순히 코레일의 노력만으로 해결될 수 없고, 근본적인 제도 개선과 국민 인식 변화가 함께 이루어져야 함을 이야기하고 있다.

13

정답 ③

K시 전철의 기본요금은 1회 1,500원이고, 오전에 20% 할인을 받으면 $1,500\times0.8=1,200$원이다. A씨의 전철 이용 횟수는 총 $22\times2=44$회이며, 할인은 출근 시간에만 적용된다. 그러므로 퇴근 시 이용하는 전철 요금은 $1,500\times22=33,000$원이다.
한 달 전철 요금을 62,000원 이하로 유지하고자 하므로 출근 시 지불 가능한 전철 요금은 $62,000-33,000=29,000$원이다.
할인을 받은 일수를 x일이라 하면, 할인을 받지 않은 일수는 $(22-x)$일이므로 다음과 같은 식이 성립한다.

$1,200x+1,500(22-x)\le29,000$

$\rightarrow 1,200x+33,000-1,500x\le29,000$

$\rightarrow -300x\le-4,000$

$\therefore\ x\ge13.33\cdots$

따라서 최소 14일은 할인을 받아야 한 달 전철 요금을 62,000원 이하로 유지할 수 있다.

14

정답 ④

ㄱ. A차장은 노인 이용자 대표와 논리적 토론을 통해 합리적 타협점을 찾고 있다. 이는 상이한 문화적 토양을 가지고 있는 구성원을 가정하여 서로의 생각을 직설적으로 주장하고 논쟁이나 협상을 통해 의견을 조정하는 하드 어프로치에 해당한다.
ㄴ. A센터장은 역할극과 브레인스토밍 기법을 통하여 직원들이 자발적으로 의견을 제시하고, 창의적인 해결방법을 도모할 수 있도록 촉진하고 있다. 이는 어떤 그룹이나 집단이 자발적으로 창의적인 문제해결을 할 수 있도록 촉진하는 퍼실리테이션에 해당한다.
ㄷ. A팀장은 B사원에게 실수에 대한 결과를 시사하여 실수를 줄일 수 있도록 넌지시 제안하였으며, 다른 팀원들에게도 B사원을 잘 도와줄 것을 요청하였다. A팀장은 중재자로서 같은 문화적 토양을 가지고 있는 팀원들이 서로를 이해할 수 있도록 돕고, 권위와 공감에 의지하여 의견을 중재하고 있으므로 소프트 어프로치에 해당한다.

15

정답 ④

제시문은 원자력 발전소에서 방사성 물질의 차단과 외부 오염물질 유입 방지를 위해 강력한 공기조화시스템이 필요함을 주장하며, 이 시스템의 핵심 장치인 헤파필터에 대해 상세히 설명하고, 원자력 발전소에서 헤파필터의 역할과 중요성에 대해 서술하고 있다. 따라서 글의 주제로 가장 적절한 것은 '원자력 발전소에서의 헤파필터의 역할'이다.

16

정답 ③

빈칸에 들어갈 단어의 대상은 앞의 애민주의이므로 '어떤 명목을 붙여 주의나 주장 또는 처지를 앞에 내세움'을 의미하는 '표방(標榜)'이 가장 적절한 단어이다.

오답분석

① 표징(表徵) : 겉으로 드러나는 특징이나 상징
② 표집(標集) : 사회 조사에서 모집단의 특성을 잘 반영할 수 있는 표본을 추출하는 방법
④ 표류(漂流) : 물 위에 떠서 정처 없이 흘러감
⑤ 표리(表裏) : 물체의 겉과 속 또는 안과 밖을 통틀어 이르는 말

17

정답 ①

메뉴별 손익분기점을 구하면 다음과 같으며, 손익분기점을 넘기 위해서 필요한 판매량은 이보다 1단위 더 많아야 한다.

- 제육볶음 : 2,800,000÷(10,000−2,000)=350 → 351인분
- 오징어볶음 : 3,300,000÷(12,000−2,000)=330 → 331인분
- 돈가스 : 2,600,000÷(9,000−1,500)≒346.7 → 347인분
- 라면 : 1,800,000÷(6,000−800)≒346.2 → 347인분
- 고등어구이 : 3,100,000÷(11,000−2,000)≒344.4 → 345인분

따라서 손익분기점을 넘기 위해 필요한 판매량이 가장 많은 메뉴는 제육볶음이다.

18

정답 ⑤

B지점에서 C지점까지의 거리를 $x$km라고 하고 식을 세우면 다음과 같다.

$(x+110)+x=190$

$\rightarrow 2x=80$

$\therefore x=40$

즉, A지점에서 B지점까지의 거리는 150km, B지점에서 C지점까지의 거리는 40km이다.

K주임은 A지점에서 B지점까지 150km를 100km/h의 속력으로 이동하였으므로 소요된 시간은 1.5시간이고, B지점에서 C지점까지 40km를 80km/h의 속력으로 이동하였으므로 소요된 시간은 0.5시간이다.

그러므로 A지점에서 C지점까지 이동하는 데 걸린 시간은 2시간이다. 단, B지점에서 1시간 동안 업무를 수행하였으므로 C지점에 도착한 시간은 오후 3시이다.

따라서 이동할 때의 평균 속력의 경우 총 190km를 2시간 동안 이동하였으므로 평균 속력은 $\frac{190}{2}$=95km/h이다.

19

정답 ⑤

본회의 시간이 1시간이고, 전후 30분간 회의 준비 및 회의록 작성을 진행해야 하므로 모두 2시간이 필요하다. 제시된 조건에 따라 회의가 불가능한 시간을 표시하면 다음과 같다.

<table>
<tr><th colspan="2">9시</th><th colspan="2">10시</th><th colspan="2">11시</th><th colspan="2">12시</th><th colspan="2">13시</th><th colspan="2">14시</th><th colspan="2">15시</th><th colspan="2">16시</th><th colspan="2">17시</th></tr>
<tr><td></td><td></td><td>예약</td><td></td><td></td><td></td><td colspan="2">점심시간</td><td></td><td></td><td>예약</td><td></td><td colspan="2">외부일정</td><td></td><td></td><td></td><td></td></tr>
</table>

30분 간격으로 칸을 나누었으므로 회의를 진행하기 위해서는 총 4칸이 필요하다.

따라서 16시부터 회의 준비를 할 수 있으므로 본회의를 시작할 수 있는 가장 빠른 시각은 오후 4시 30분(=16시 30분)이다.

20

정답 ③

약술형에서 48점을 득점하여 과락이 된 D를 제외하고 나머지 4명의 필기시험 점수의 평균과 가점을 더한 값은 다음과 같다.

- A : {(85+52+61+57)÷4}+6=69.75점 → 불합격
- B : (75+71+67+81)÷4=73.5점 → 합격
- C : {(67+81+72+54)÷4}+2=70.5점 → 합격
- E : (66+82+58+78)÷4=71점 → 합격

따라서 J국가자격 필기시험에 합격한 사람은 B, C, E 3명이다.

21

정답 ③

HDD(Hard Disk Drive)는 회전하는 자기 디스크와 기계적인 헤드를 사용해 데이터를 저장하고 읽는 저장장치로 플래시 메모리를 사용해 전자적으로 데이터를 저장하는 SSD(Solid State Drive)에 비해 가격이 저렴하다.

오답분석

① HDD는 움직이는 자기 디스크나 헤드가 필요하므로 SSD에 비해 무겁고, 소형화가 어렵다.

② HDD는 자기 디스크와 헤드를 움직이는 모터 및 회전 부품으로 인해 전력 소모가 SSD에 비해 더 많다.

④ SSD는 읽고 쓰는 데 물리적인 움직임이 필요 없으나, HDD는 회전하는 자기 디스크와 헤드가 데이터 위치를 찾기 위해 움직여야 하므로 데이터 접근이 SSD에 비해 느리다.

⑤ 플래시 드라이브로 구성되어 있는 SSD는 움직이는 부품이 없으나, HDD는 움직이는 기계적 부품이 많으며, 충격으로 인해 헤드가 자기 디스크에 닿아 스크래치가 생기는 등의 심각한 손상이 발생할 수 있다. 따라서 HDD는 SSD보다 외부 충격에 대한 내구력이 낮다.

22

정답 ③

제시된 상황은 조건이 참인지 거짓인지에 따라 서로 다른 값을 반환해야 하므로 IF 함수를 활용해야 한다. IF 함수의 함수식은 「=IF(조건,“참일 때의 값”,“거짓일 때의 값”)」이며, 조건은 참조 대상의 값이 90 이상이어야 하므로 “참조 대상>=90”이어야 한다. 따라서 옳은 함수식은 「=IF(참조 대상>=90,“합격”,“불합격”)」이다.

오답분석

① 90점을 초과해야 합격으로 값이 나온다.

② 90점 이상이면 불합격, 90점 미만이면 합격으로 값이 나온다.

④·⑤ CHOOSE 함수는 지정된 인덱스 번호를 기준으로 목록에서 특정 값을 선택하여 반환하는 함수로, 제시된 상황에는 옳지 않은 함수이다.

23

정답 ①

제시문은 허리 통증을 유발하는 직업적 요인에 대해 서술하고 있다. 따라서 글의 주제로 가장 적절한 것은 ‘허리 통증의 직업적 요인’이다.

오답분석

② 제시문은 허리 통증이나 질환이 어떻게 발생하는지만 서술하고, 관리 방법에 대해서는 서술하고 있지 않다.

③ 허리 질환의 원인을 여러 직업적 요인을 나누어 설명하지만, 직업에 따라 질환이 달라진다고는 서술하고 있지 않다. 오히려 허리 질환의 직업적 요인들이 대부분 추간판탈출증, 척추협착증 같이 비슷한 질환을 유발하는 것을 알 수 있다.

④ 세 번째 문단에서 허리 구부림 자세가 많은 업종이 허리 통증 관련 산재 신청이 많음에 대해 서술하고는 있지만, 글 전체를 포괄하는 주제로 적절하지 않다.

24

정답 ①

A교수의 발표 주제는 사람이 제공하던 서비스를 인공지능 기술로 대체하자는 것이 아닌, 인공지능 기술이 건강보험 가입자의 데이터를 기반으로 가입자에게 필요한 맞춤형 서비스를 제공해 주는지에 대한 것이다. 따라서 제시된 자료의 내용과 일치하지 않는다.

오답분석

② B교수의 발표 주제는 sLLM(소형 언어 모델)을 사용한 고객 서비스의 향상과 공단 근로자의 업무 효율성을 증대 사례이므로 이에 대한 고객과 공단 근로자의 의견이 필요하다.
③ D교수의 발표 주제는 야간 인공조명이 인간의 건강에 미치는 영향에 대한 것이므로, 야간 인공조명을 받은 사람과 이를 받지 않은 사람과의 건강상의 차이에 대한 구분되는 수치가 필요하다.
④ F팀장의 발표 주제는 병원 내에서 발생하는 폐렴의 데이터 분석을 통해 감염관리 체계 마련이 필요함을 제시하는 것이므로, 병원 내 감염병에 대한 데이터 정보가 필요하다. 따라서 병원 내 어느 병동에서 어떠한 상황에서 발생하였는지, 또 어느 연령대에서 주로 발생하는지 등에 대한 데이터가 필요하다.

25

정답 ③

네 번째 문단에 따르면 천식 환자는 심장박동 및 호흡수를 증가시키는 운동은 발작을 일으킬 수 있으므로 피해야 하고, 건조하지 않고 심장 박동이나 호흡수가 급격히 증가하지 않는 수영과 같은 운동이 좋다고 하였다. 따라서 등산의 경우 가파른 오르막이나, 건조한 환경 등 천식 환자에게 좋지 않은 운동 환경일 가능성이 높다.

오답분석

① 세 번째 문단에 따르면 당뇨는 인슐린이 제 기능을 하지 못해 혈당을 낮추지 못하는 질환으로, 유산소 운동을 통해 혈당을 낮출 수 있다.
② 세 번째 문단에 따르면 당뇨 환자와 심장병 환자는 유산소 운동이 좋다고 하였으며, 특히 심장병 환자의 경우 규칙적인 유산소 운동은 심혈관계를 향상시킨다고 하였다.
④ 마지막 문단에 따르면 허리 통증 환자는 유산소 운동보다는 척추를 지지하는 근육을 발달시킬 수 있는 코어 운동이 도움이 된다고 하였다.

26

정답 ③

제시된 문단은 국민건강보험공단이 담배 소송 변론에서 적극적으로 입장을 표명했다고 서술하고 있다. 그러므로 이어질 문단으로 공단의 주장이 포함된 (나) 문단 또는 (다) 문단이 와야 한다. 이 중 (다) 문단은 '마지막으로'로 시작하므로 글의 가장 마지막에 오는 것이 적절하다. 그러므로 첫 문단 뒤에 이어질 문단으로 가장 적절한 것은 (나) 문단이다. 다음 (가) 문단과 (라) 문단을 살펴보면, (가) 문단은 담배와 암 사이에는 인과관계가 있다는 주장, (라) 문단은 담배와 암 사이의 인과관계에 대한 뒷받침 자료로 제출한 증거의 목록에 대한 것이므로 (가) – (라) 순으로 이어져야 한다. 따라서 (나) – (가) – (라) – (다) 순으로 나열하는 것이 적절하다.

27

정답 ①

조사 지역별 법인 기업에서 사단법인이 차지하는 비율은 다음과 같다.

- 수도권 : $\frac{50,000}{60,000}\times 100 \fallingdotseq 83.33\%$
- 강원권 : $\frac{500}{1,000}\times 100 = 50\%$
- 충청권 : $\frac{2,500-800}{2,500}\times 100 = 68\%$
- 호남권 : $\frac{3,000-1,000}{3,000}\times 100 \fallingdotseq 66.67\%$
- 영남권 : $\frac{1,500}{2,500}\times 100 = 60\%$

따라서 수도권, 충청권, 호남권, 영남권, 강원권 순으로 높으므로 세 번째로 높은 지역은 호남권이다.

오답분석

② 5대 업종의 대기업 중 IT업이 아닌 기업의 수는 11,000−6,000=5,000개소이며, 수도권의 기타 기업도 5,000개소로 같다.

③ 조사 지역에서 대기업이 20% 증가하면 13,500×0.2=2,700개소 증가하고, 중소기업이 10% 감소하면 25,000×0.1=2,500개소 감소하므로 전체 기업 수는 증가한다.

④ 조사 지역의 재단법인 중 강원권 재단법인이 차지하는 비율은 $\frac{1,000-500}{13,300}\times100≒3.76\%$이고, 조사 지역의 대기업 중 강원권 대기업이 차지하는 비율은 $\frac{500}{13,500}\times100≒3.7\%$이므로 옳은 설명이다.

28

정답 ④

조사 지역의 전체 기업 중 운송업에 해당하는 중소기업 및 5인 미만 기업의 비율은 다음과 같다.

- 중소기업 : $\frac{9,000}{25,000}\times100=36\%$
- 5인 미만 : $\frac{100,000}{290,000}\times100≒34.48\%$

따라서 5인 미만 기업의 운송업 비율은 중소기업보다 낮다.

오답분석

① 조사 지역의 전체 기업 중 5인 미만인 기업의 비율은 $\frac{290,000}{405,000}\times100≒71.6\%$로 70% 이상이다.

② 조사 지역의 5인 미만 기업 중 수도권이 차지하는 비율은 $\frac{200,000}{290,000}\times100≒68.97\%$로 60% 이상이다.

③ 조사 지역 전체 기업 중 5대 업종에 해당하지 않는 기업의 수는 다음과 같다.
- 대기업 : 13,500−11,000=2,500개소
- 중소기업 : 25,000−22,000=3,000개소
- 5인 미만 : 290,000−235,000=55,000개소
- 사단법인 : 55,700−20,000=35,700개소
- 재단법인 : 13,300−9,000=4,300개소

이에 따라 대기업보단 중소기업이, 중소기업보단 5인 미만이 많고, 사단법인이 재단법인보다 많다.

29

정답 ③

제시된 자료는 7대 주요 범죄 현황이므로 한 해의 전체 범죄 현황은 알 수 없다. 따라서 옳지 않은 설명이다.

오답분석

① 살인이 가장 많이 발생한 해는 1995년이며, 절도 역시 1995년에 가장 많이 발생하였다.

② K국 교도소의 잔여 형량별 복역자 수 자료를 통해 잔여 형량이 많을수록 복역자 수가 적음을 알 수 있다.

④ 잔여 형량이 1년 미만인 복역자의 수가 가장 많은 교도소는 F교도소이며, 전체 복역자 수 역시 F교도소가 가장 많다.

30

정답 ④

교도소별 잔여 형량이 1년 미만인 복역자 수 대비 3년 이상 5년 미만인 복역자 수의 비율은 다음과 같다.

- A : $\frac{400}{3,000}\times100≒13.3\%$
- B : $\frac{400}{4,000}\times100=10\%$
- C : $\frac{500}{5,000}\times100=10\%$
- D : $\frac{600}{6,000}\times100=10\%$

• E : $\frac{800}{7,000}\times 100 \fallingdotseq 11.43\%$

• F : $\frac{1,000}{8,000}\times 100 = 12.5\%$

따라서 A교도소가 가장 높으므로 옳지 않은 해석이다.

오답분석

① 1990년부터 1995년까지 전년 대비 살인 사건 발생 건수는 100건씩 일정하게 증가하고 있다. 그러나 기준이 되는 전년의 수치가 점점 커지기 때문에 전년 대비 변화율은 점점 감소한다(1990년 20% 증가, 1991년 약 16.6% 증가, …).

② K국 전체 교도소 복역자 수는 5,300+5,700+7,800+10,000+10,300+11,600=50,700명이므로 D교도소에 복역하는 비율은 $\frac{10,000}{50,700}\times 100 \fallingdotseq 19.72\%$이다. 따라서 20% 이하이다.

③ 1993년부터 1995년까지 7대 주요 범죄 중 절도가 차지하는 비율을 구하기 위해 연도별 7대 주요 범죄 발생 건수를 계산하면 다음과 같다.

   • 1993년 : 900+3,000+10,000+10,000+20,000+3,000+1,000=47,900건
   • 1994년 : 1,000+2,000+20,000+10,000+27,000+5,000+900=65,900건
   • 1995년 : 1,100+3,500+17,000+9,000+34,000+2,000+1,100=67,700건

   절도가 차지하는 비율을 계산하면 다음과 같다.

   $\frac{20,000+27,000+34,000}{47,900+65,900+67,700}\times 100$

   $\rightarrow \frac{81,000}{181,500}\times 100 \fallingdotseq 44.63\%$

   따라서 절도가 차지하는 비율은 45% 이하이다.

31

정답 ③

계란 가격은 2024년 7월부터 9월까지 증가하다가, 10월부터 감소한 후 12월에 다시 증가 추세를 보이고 있으므로 옳지 않다.

오답분석

① • 2024년 8월 대비 9월 쌀 가격 증가율 : $\frac{1,970-1,083}{1,083}\times 100 \fallingdotseq 81.90\%$

   • 2024년 11월 대비 12월 무 가격 증가율 : $\frac{2,474-2,245}{2,245}\times 100 \fallingdotseq 10.20\%$

   따라서 2024년 8월 대비 9월 쌀 가격의 증가율이 2024년 11월 대비 12월 무 가격의 증가율보다 크다.

② 국산, 미국산, 호주산 소 가격 모두 2024년 7월부터 9월까지 증가하다가 10월에 감소하였다.

④ 쌀 가격은 2024년 7월 1,992원에서 8월 1,083원으로 감소했다가, 9월 1,970원으로 증가한 후 10월부터는 감소하고 있다.

32

정답 ②

식재료별 2024년 12월 대비 2025년 1월 증감률을 계산하면 다음과 같다.

• 쌀 : $\frac{1,805-1,809}{1,809}\times 100 \fallingdotseq -0.22\%$

• 양파 : $\frac{1,759-1,548}{1,548}\times 100 \fallingdotseq 13.63\%$

• 무 : $\frac{2,543-2,474}{2,474}\times 100 \fallingdotseq 2.78\%$

• 건멸치 : $\frac{25,200-25,320}{25,320}\times 100 \fallingdotseq -0.47\%$

따라서 증감률이 가장 큰 재료는 양파이다.

33

정답 ②

신입사원 선발 조건에 따라 각 지원자에게 점수를 부여하면 다음과 같다.

(단위 : 점)

구분	학위점수	어학점수	면접점수	실무경험점수	총점
A	18	20	30	18	86
B	25	17	24	18	84
C	18	17	24	18	77
D	30	14	18	12	74

따라서 최고득점자는 A이고, 최저득점자는 D이다.

34

정답 ①

A씨의 소규모 카페는 잘못된 위치 선정, 치열한 경쟁, 운영 경험 부족 등 여러 위기를 겪게 되었지만, A씨는 위기를 기회로 삼아 성공한 컨설팅 업체라는 좋은 결과를 얻었다. 따라서 '화를 바꾸어 복이 되게 하다.'의 의미를 지닌 '전화위복(轉禍爲福)'이 가장 관련 있는 한자성어이다.

오답분석

② 사필귀정(事必歸正) : 모든 일은 반드시 바른길로 돌아감
③ 일취월장(日就月將) : 나날이 다달이 자라거나 발전함
④ 우공이산(愚公移山) : 어떤 일이든 끊임없이 노력하면 반드시 이루어짐

35

정답 ①

①의 '차원'은 '물리학적 구성 요소인 시간'을 의미한다. 반면 나머지는 '사물을 보거나 생각하는 처지. 또는 어떤 생각이나 의견 따위를 이루는 사상이나 학식의 수준'을 의미한다.

36

정답 ②

큐비트는 양자 중첩 특성을 가지고 있기 때문에 0과 1의 상태를 동시에 가진다. 반면 기존의 고전적 컴퓨터는 비트(Bit)를 통해 정보를 0과 1의 형태로 나타낸다.

오답분석

①·③ 큐비트는 측정하기 전에는 0과 1의 값을 동시에 지니지만, 측정과 동시에 하나의 값으로 확정된다.
④ 4개의 큐비트를 활용하면 $2^4=16$번의 상태를 동시에 표현할 수 있다.

37

정답 ②

SMR은 다양한 입지 조건에서 설치가 가능하여 전력망이 없는 지역이나 해상에서도 활용할 수 있다. 또한 크기가 작고 유연한 설계 덕분에 다양한 환경에서 활용이 가능하다.

오답분석

① SMR은 방사성 물질의 저장 및 관리 측면에서 유리하지만, 폐기물이 발생하지 않는다고는 서술되어 있지 않다.
③ SMR은 공장에서 모듈화된 기기를 제작하고, 현장으로 운송해 조립하는 방식이다.
④ 한국을 포함한 여러 국가가 SMR 개발에 적극적으로 나서고 있지만, 현재 기존 원전이 SMR로 전환되었는지는 확인할 수 없다.

38

정답 ④

J공사의 비밀번호 규칙을 정리하면 다음과 같다.

• 첫 번째와 아홉 번째 숫자 : 직원 종류별 코드(1 ~ 3)
• 두 번째 ~ 일곱 번째 숫자 : 입사 연, 월, 일(YYMMDD)
• 여덟 번째 문자 : 앞의 숫자를 모두 더하고 2를 뺀 값에 해당하는 알파벳 대문자

위의 규칙에 맞지 않는 비밀번호를 고르면 다음과 같다.

• 1942131S1 : 월 부분의 숫자가 21로 존재할 수 없다.
• 1241215N2 : 첫 번째와 아홉 번째 숫자가 동일하게 부여되지 않았다.
• 2210830P2 : 여덟 번째 문자가 2+2+1+0+8+3+0−2=14번째 알파벳인 N이 부여되어야 한다.
• 4200817T4 : 4는 없는 직원 종류별 코드이다.
• 2191229Z2 : 여덟 번째 문자가 2+1+9+1+2+2+9−2=24번째 알파벳인 X가 부여되어야 한다.

따라서 J공사 비밀번호 규칙에 맞지 않는 비밀번호는 모두 5개이다.

39

정답 ①

A씨는 고향 친구의 말끔한 정장을 보고, 부자일 확률보다 부자이면서 좋은 차도 끌고 다닐 확률이 높다고 생각하고 있다. 이는 두 사건(부자, 좋은 차 소유)이 동시에 일어날 확률이 실제로는 각 사건 중 하나가 단독으로 일어날 확률보다 항상 작거나 같음에도 불구하고, 두 사건이 동시에 일어날 확률이 더 높다고 잘못 판단하는 인지적 편향이다. 따라서 A씨의 사례는 결합의 오류에 해당한다.

오답분석

② 무지의 오류 : '담배가 암을 일으킨다는 확실한 증거가 없으므로 정부의 금연 정책은 잘못된 것이다.'처럼 어떤 논리가 증명되지 않았다고 해서 그 반대의 주장이 참이라고 단정하는 오류이다.
③ 연역법의 오류 : 'TV를 많이 보면 눈이 나빠진다.', '철수는 TV를 많이 보지 않는다.', '따라서 철수는 눈이 나빠지지 않는다.'처럼 대전제와 주장이 잘못 연결되었지만, 삼단논법에 의하기 때문에 참이라고 단정하는 오류이다.
④ 과대해석의 오류 : '퇴근길에 조심하세요.'라는 말을 퇴근길에만 조심하라는 의미로 받아들이는 것처럼 문맥을 무시하고 과도하게 문구에만 집착하여 발생하는 오류이다.

40

정답 ③

고속국도를 제외하면 본사와 이어지는 길은 A공장과 B공장밖에 없으므로 S대리는 A공장을 처음 방문하고 마지막으로 B공장을 방문하거나, B공장을 처음 방문하고 A공장을 마지막으로 방문해야 한다. 그러므로 S대리는 'A → D → C → E → B' 순서로 방문하거나, 그 반대인 'B → E → C → D → A' 순서로 방문해야 한다.

두 경로의 길이는 같으므로 '본사 → A → D → C → E → B → 본사'의 이동 거리를 구하면 8+14+12+20+10+16=80km이다.

따라서 S대리가 일반국도만을 이용하여 본사에서 출발해서 모든 부속 공장을 방문하고 본사로 돌아오는 최단거리는 80km이다.

41

정답 ②

고속국도를 이용한다면 본사에서 출발하거나 본사에 도착할 때, 반드시 E공장을 거쳐야 한다. 그러므로 S대리는 'E → B → C → D → A' 또는 'A → D → C → B → E' 순서로 방문해야 한다.

두 경로의 길이는 같으므로 '본사 → E → B → C → D → A → 본사'의 이동거리를 구하면 20+10+8+12+14+8=72km이다.

따라서 S대리가 고속국도를 이용할 때의 최단거리는 고속국도를 이용하지 않을 때와 80−72=8km 차이가 난다.

42

정답 ③

문단별 J기업의 기술시스템 발전 단계를 살펴보면 다음과 같다.

- (가) : J기업의 종합관리 시스템이 경쟁에서 승리하여 기술표준이 되었으므로 기술 공고화 단계에 해당한다.
- (나) : J기업의 종합관리 시스템이 실무적 안정성을 인정받아 다른 분야에서도 차용하였으므로 기술 이전의 단계에 해당한다.
- (다) : J기업의 종합관리 시스템이 다른 기술시스템과 경쟁하고 있으므로 기술 경쟁의 단계에 해당한다.
- (라) : J기업의 종합관리 시스템이 개발되고 발전한 것이므로 발명, 개발, 혁신의 단계에 해당한다.

기술시스템 발전 단계의 순서는 발명, 개발, 혁신의 단계 → 기술 이전의 단계 → 기술 경쟁의 단계 → 기술 공고화 단계로 진행되므로 J기업 종합관리 시스템을 기술시스템의 발전 단계에 따라 순서대로 나열하면 (라) – (나) – (다) – (가)이다.

43

정답 ①

상사가 A주임에게 요청한 작업과 이에 대한 엑셀 단축키는 다음과 같다.

- [F12] 셀에서 왼쪽에 있는 값을 모두 선택하기 : 〈Shift〉+〈Home〉
- 차트 만들기 : 〈Alt〉+〈F1〉
- 오늘 날짜 입력하기 : 〈Ctrl〉+〈;〉

따라서 A주임이 사용하지 않은 단축키는 셀 서식의 단축키인 〈Ctrl〉+〈1〉이다.

44

정답 ②

'맹아(萌芽)'는 '풀이나 나무에 새로 돋아 나오는 싹, 사물의 시초가 되는 것'을 뜻하는 말이다.

오답분석

① 호도(糊塗) : 풀을 바른다는 뜻으로, 명확하게 결말을 내지 않고 일시적으로 감추거나 흐지부지 덮어 버림을 비유적으로 이르는 말

③ 무마(撫摩) : 분쟁이나 사건 따위를 어물어물 덮어 버림

④ 은폐(隱蔽) : 덮어 감추거나 가리어 숨김

45

정답 ③

③에 쓰인 '불이 붙었다'는 비유적으로 어떤 일이나 감정 따위가 치솟기 시작함을 의미한다.

오답분석

①·②·④ '물체에 불이 붙어 타기 시작하다'의 의미로 사용되었다.

46

정답 ②

등변 사다리꼴의 가장자리(변)를 따라 2m 간격으로 의자를 배치하므로 둘레를 구해야 한다. K고등학교의 운동장은 20m의 정사각형 공간에 양쪽에 밑변이 15m, 높이가 20m인 직각삼각형이 붙어있는 형태이므로 피타고라스 정리에 따라 빗변의 길이 xm는 다음과 같다.

$x^2=15^2+20^2=625$

$\therefore\ x=\sqrt{625}=25$

그러므로 K고등학교 운동장의 둘레는 $20+25+50+25=120$m이며, 2m 간격으로 의자를 배치하므로 $120\div2=60$개의 의자를 배치할 수 있다(시작점과 끝점이 같은 폐곡선의 형태이므로 1을 더하지 않음).

따라서 의자에 앉을 수 있는 학생의 수는 60명이다.

47

정답 ③

오답분석

① 2021년의 값이 서로 바뀌었다.
② 2024년 충주댐의 발전량 값이 잘못되었다.
④ 2023년 소양강댐의 발전량 값이 잘못되었다.

48

정답 ③

현대사회에서 기업은 일을 수행하는 데 소요되는 시간을 줄이기 위해 많은 노력을 기울이고 있다. 기업의 입장에서 작업 소요 시간의 단축으로 인해 볼 수 있는 효과는 다음과 같다.

- 생산성 향상 : 시간당 산출량이 증가하여 같은 시간 안에 더 많은 제품이나 서비스를 제공할 수 있으므로 노동 생산성이 향상된다.
- 가격 인상 : 일을 수행할 때 소요되는 시간을 단축함으로써 비용이 절감되고, 상대적으로 이익이 늘어남으로써 사실상 가격 인상 효과가 있다.
- 위험 감소 : 위험에 노출되는 시간을 줄이고, 계획적 작업 운영을 통해 불확실성이 감소하므로 위험이 감소하는 효과가 있다.
- 시장 점유율 증가 : 빠르고 효율적인 생산은 납기 준수 능력 향상, 원가 절감, 품질 유지로 이어지므로 고객 만족도를 높이고, 결과적으로 경쟁사보다 유리한 조건을 만들며 시장 점유율 확대에 기여한다.

한편, 정확한 예산 분배는 효율적인 예산관리를 통하여 기업이 얻을 수 있는 효과이다.

49

정답 ④

효율적이고 합리적인 인사관리 원칙

- 적재적소 배치의 원칙 : 해당 직무 수행에 가장 적합한 인재를 배치해야 한다.
- 공정 보상의 원칙 : 근로자의 인권을 존중하고 공헌도에 따라 노동의 대가를 공정하게 지급해야 한다.
- 공정 인사의 원칙 : 직무 배당, 승진, 상벌, 근무 성적의 평가, 임금 등을 공정하게 처리해야 한다.
- 종업원 안정의 원칙 : 직장에서 신분이 보장되고 계속해서 근무할 수 있다는 믿음을 갖게 하여 근로자가 안정된 회사 생활을 할 수 있도록 해야 한다.
- 창의력 계발의 원칙 : 근로자가 창의력을 발휘할 수 있도록 새로운 제안, 건의 등의 기회를 마련하고, 적절한 보상을 하여 인센티브를 제공해야 한다.
- 단결의 원칙 : 직장 내에서 구성원들이 소외감을 갖지 않도록 배려하고, 서로 유대감을 가지고 협동, 단결하는 체제를 이루도록 한다.

50

정답 ③

회전대응의 원칙은 입·출하의 빈도가 높은 품목은 출입구 가까운 곳에 보관하는 것으로, 활용빈도가 상대적으로 높은 물품을 가져다 쓰기 쉬운 위치에 먼저 보관하는 방식을 말한다.

오답분석

① 동일성의 원칙 : 같은 품종은 같은 장소에 보관하는 원칙이다.
② 유사성의 원칙 : 유사품은 인접한 장소에 보관하는 원칙이다.
④ 기호화의 원칙 : 바코드, QR코드 등 물품을 기호화하여 관리하는 것을 의미한다.

M E M O

PART 1

직업기초능력평가

CHAPTER

01 의사소통능력

대표기출유형 01 기출응용문제

01

정답 ⑤

평균 비용이 한계 비용보다 큰 경우, 공공요금을 평균 비용 수준에서 결정하면 수요량이 줄면서 거래량이 따라 줄고, 결과적으로 생산량도 감소한다. 이는 사회 전체의 관점에서 볼 때 자원이 효율적으로 배분되지 못하는 상황이다.

오답분석

① · ④ 첫 번째 문단을 통해 확인할 수 있다.
② 마지막 문단을 통해 확인할 수 있다.
③ 첫 번째와 두 번째 문단을 통해 확인할 수 있다.

02

정답 ⑤

네 번째 문단에 따르면 2000년대 초 연준의 금리 인하는 국공채에 투자했던 퇴직자들의 소득을 감소시켰고, 노년층에서 정부로, 정부에서 금융업으로 부의 대규모 이동이 이루어져 불평등을 심화시켰다. 따라서 금융업으로부터 정부로 부가 이동하였다는 ⑤는 제시문의 내용으로 적절하지 않다.

오답분석

① 두 번째 문단에 따르면 부동산 거품 대응 정책에서는 주택 담보 대출에 대한 규제가 금리 인상보다 더 효과적인 정책이다.
② 2000년대 초 연준의 저금리 정책으로 주택 가격이 상승하여 주택 시장의 거품을 초래하였고, 주식 가격 역시 상승하였지만 이에 대한 이득은 대체로 부유층에 집중되었다.
③ 세 번째 문단에 따르면 2000년대 초는 대부분의 부문에서 설비 가동률이 낮은 상황이었기 때문에 당시의 저금리 정책이 오히려 주택 시장의 거품을 초래하였다.
④ 마지막 문단에 따르면 2000년대 초 연준이 고용 증대를 기대하고 시행한 저금리 정책은 노동을 자본으로 대체하는 투자를 증대시킴으로써 오히려 실업률이 떨어지지 않는 구조를 만들었다.

03

정답 ⑤

담수 동물은 육상 동물과 같이 몸 밖으로 수분을 내보내고 있지만, 육상 동물의 경우에는 수분 유지를 위한 것이 아니므로 수분 유지는 공통점이 아니다.

04

정답 ②

마지막 문단에서 과거제 출신의 관리들이 공동체에 대한 소속감이 낮고 출세 지향적이었다는 내용을 확인할 수 있다.

오답분석

① 첫 번째 문단에서 황종희가 '벽소'와 같은 옛 제도를 되살리는 방법으로 과거제를 보완하자고 주장했다는 내용을 볼 수 있다. 따라서 벽소는 과거제를 없애고자 등장한 새로운 제도가 아니라 과거제를 보완하고자 되살린 옛 제도이므로 적절하지 않다.
③ 두 번째 문단에서 과거제는 학습 능력 이외의 인성이나 실무 능력을 평가할 수 없다는 이유로 시험의 익명성에 대한 회의도 있었다고 하였으므로 적절하지 않다.
④ 마지막 문단에서 과거제를 통해 임용된 관리들은 승진을 위해서 빨리 성과를 낼 필요가 있었기에, 지역 사회를 위해 장기적인 전망을 가지고 정책을 추진하기보다 가시적이고 단기적인 결과만을 중시하는 부작용을 가져왔다고 하였으므로 적절하지 않다.
⑤ 첫 번째 문단에서 고염무는 관료제의 상층에는 능력주의적 제도를 유지하되, 지방관인 지현들은 그 지위를 평생 유지시켜 주고 세습의 길까지 열어 놓는 방안을 제안했다고 했으므로 적절하지 않다.

PART 1

05

정답 ⑤

마지막 문단의 '정부도 규제와 의무보다는 사업자의 자율적인 부분을 인정해주고 사업자를 위한 지원책을 마련하여야 한다.'라는 내용을 통해 정부는 OTT 플랫폼에 장애인 편의 기능과 관련한 규제와 의무를 지어줬지만, 이에 대한 지원책은 없었음을 유추할 수 있다.

오답분석

① 세 번째 문단의 '재생 버튼에 대한 설명이 제공되는 넷플릭스도 영상 재생 시점을 10초 앞으로, 또는 뒤로 이동하는 버튼은 이용하기 어렵다.'라는 내용을 통해 국내 OTT 플랫폼보다는 장애인을 위한 서비스 기능이 더 제공되고 있지만, 여전히 충분히 제공되고 있지 않음을 알 수 있다.
② 세 번째 문단을 통해 장애인들의 국내 OTT 플랫폼의 이용이 어려움을 짐작할 수는 있지만, 제공하는지의 유무는 확인하기 어렵다.
③ 외국 OTT 플랫폼은 국내 OTT 플랫폼보다 상대적으로 장애인 편의 기능을 더 제공하고 있는 것으로 보아 장애인을 수동적인 시혜자가 아닌 능동적인 소비자로 보고 있음을 알 수 있다.
④ 제시문에서는 우리나라 장애인이 외국의 장애인보다 OTT 플랫폼의 이용이 어렵다기보다는 우리나라 OTT 플랫폼이 외국의 OTT 플랫폼보다 장애인이 이용하기 어렵다고 말하고 있다.

대표기출유형 02 기출응용문제

01

정답 ①

제시문의 첫 번째 문단에서는 사회적 자본이 늘어나면 정치 참여도가 높아진다는 주장을 하였고, 두 번째 문단에서는 사회적 자본의 개념을 사이버공동체에 도입하였으나 현실과 잘 맞지 않는다고 하면서 사회적 자본의 한계를 서술했다. 그리고 마지막 문단에서는 사회적 자본만으로는 정치 참여가 늘어나기 어렵고 정치적 자본의 매개를 통해서 정치 참여가 활성화된다는 주장을 하고 있다. 따라서 글의 주제로 가장 적절한 것은 ①이다.

02

정답 ②

제시문의 중심 내용은 나이 계산법 방식이 3가지가 혼재되어 있어 그로 인한 '나이 불일치'로 행정 서비스 및 계약상의 혼선과 법적 다툼이 발생해 이를 해소하고자 나이 방식을 하나로 통합하자는 것이다. 또한 이에 덧붙여 나이 방식이 통합되어도 일상에는 변화가 없으며 일부 법에 대해서는 기존 방식이 유지될 수 있다고 하였다. 따라서 제시문의 주제로 가장 적절한 것은 ②이다.

오답분석

① 마지막 문단의 '연 나이를 채택해 또래 집단과 동일한 기준을 적용하는 것이 오히려 혼선을 막을 수 있고 법 집행의 효율성이 담보'라는 내용에서 일부 법령에 대해서는 연 나이 계산법을 유지한다는 것을 알 수 있으나, 해당 내용이 제시문 전체를 다루고 있다고 보기는 어렵다.

③ 세 번째 문단에 따르면 나이 불일치가 야기한 혼선과 법적 다툼이 우리나라 나이 계산법으로 인한 문제가 아니라 나이 계산법 방식 세 가지가 혼재되어 있어 발생하는 문제라고 하였다.

④ 제시문은 나이 계산법 혼용에 따른 분쟁 해결 방안을 다루기보다는 이러한 분쟁이 발생하지 않도록 나이 계산법을 하나로 통일하자는 내용을 다루고 있다.

⑤ 다섯 번째 문단의 '법적·사회적 분쟁이 크게 줄어들 것으로 기대하고 있지만, 국민 전체가 일상적으로 체감하는 변화는 크지 않을 것'이라는 내용으로 보아 나이 계산법의 변화로 달라지는 행정 서비스는 크게 없을 것으로 보이며, 이를 글 전체의 주제로 보기는 적절하지 않다.

03

정답 ⑤

제시문에서는 우리 민족과 함께해 온 김치의 역사를 비롯하여 김치의 특징과 다양성 등을 함께 이야기하고 있으며, 복합 산업으로 발전하면서 규모가 성장하고 있는 김치산업에 관해서도 이야기하고 있다. 따라서 글의 제목으로 가장 적절한 것은 ⑤이다.

오답분석

①·④ 첫 번째 문단이나 두 번째 문단의 소제목은 될 수 있으나, 글 전체 내용을 나타내는 제목으로는 적절하지 않다.

② 마지막 문단에서 김치산업에 관한 내용을 언급하고 있지만, 이는 현재 김치산업의 시장 규모에 대한 내용일 뿐이므로 산업의 활성화 방안과는 거리가 멀다.

04

정답 ②

제시문은 한국인 하루 평균 수면 시간과 수면의 질에 대한 기사로, 짧은 수면 시간으로 현대인 대부분이 수면 부족에 시달리며, 낮은 수면의 질로 다양한 합병증이 발생할 수 있음을 설명하고 있다. 그러나 '수면 마취제의 부작용'에 대한 내용은 언급되어 있지 않다. 따라서 ②는 글의 주제로 적절하지 않다.

05

정답 ②

제시문은 텔레비전의 언어가 개인의 언어 습관에 미치는 악영향을 경계하면서 올바른 언어 습관을 길들이기 위해 문학 작품의 독서를 강조하고 있다.

대표기출유형 03 기출응용문제

01

정답 ②

제시문은 일본의 라멘과 한국 라면의 차이점에 대해 설명하는 글이다. 따라서 (가) 라면의 유래와 일본의 라멘에 대한 설명 – (라) 한국의 라면에 대한 설명 – (나) 일본의 라멘 맛과 한국의 라면 맛의 차이 – (다) 한국의 라면의 독자성의 순으로 나열해야 한다.

02

정답 ①

제시문은 인간의 도덕적 자각과 사회적 의미를 강조하는 윤리인 '충'과 '서'가 있음을 알리고, 각각의 의미를 설명한다. 따라서 (가) 인간의 도덕적 자각과 사회적 실천을 강조하는 윤리인 '충서' – (다) '충'의 의미 – (나) '서'의 의미 – (라) '서'가 의미하는 역지사지의 상태 순으로 나열해야 한다.

03

정답 ⑤

먼저 귀납에 대해 설명하고 있는 (나) 문단이 오는 것이 적절하며, 특성으로 인한 귀납의 논리적 한계가 나타난다는 (라) 문단이 그다음으로 오는 것이 자연스럽다. 이후 이러한 한계에 대한 흄의 의견인 (다) 문단과 구체적인 흄의 주장과 이에 따라 귀납의 정당화 문제에 대해 설명하는 (가) 문단이 차례로 오는 것이 적절하다.

04

정답 ②

제시문은 가격을 결정하는 요인과 이를 통해 일반적으로 할 수 있는 예상을 언급한다. 하지만 현실적인 여러 요인으로 인해 '거품 현상'이 나타나기도 하며 '거품 현상'은 무엇인지를 구체적으로 설명한다. 따라서 (가) 수요와 공급에 의해 결정되는 가격 – (마) 상품의 가격에 대한 일반적인 예상 → (다) 현실적인 가격 결정 요인 → (나) 이로 인해 예상치 못하게 나타나는 '거품 현상' – (라) '거품 현상'에 대한 구체적인 설명 순으로 나열해야 한다.

05

정답 ④

먼저 다문화정책의 두 가지 핵심을 밝히고 있는 (다)가 가장 앞에 와야 하고, (다)의 내용을 뒷받침하기 위해 프랑스를 사례로 든 (가)를 두 번째에 배치하는 것이 자연스럽다. 그다음으로는 이민자에 대한 지원 촉구 및 다문화정책의 개선 등에 대한 내용이 이어지는 것이 글의 흐름상 적절하므로 이민자에 대한 배려의 필요성을 주장하는 (라)가 와야 하며, 다문화정책의 패러다임 전환을 주장하는 (나)가 이어져야 한다. 따라서 (다) – (가) – (라) – (나)의 순으로 나열해야 한다.

01

정답 ⑤

네 번째 문단에서 정부가 수입을 규제하는 경우에 '수입 상품의 국내 가격이 상승하면서 수입 상품에 대한 소비를 억제하는 한편 해당 품목의 국내 생산을 촉진하는 효과'가 있다고 하였으므로 이때 수입 상품의 가격 상승은 국내 생산자와 소비자 모두에게 영향을 끼친다.

02

정답 ⑤

맷 스폰하이머와 줄리아 리소프의 연구는 오스트랄로피테쿠스가 육식을 하였음을 증명하였으므로, 육식 여부로 오스트랄로피테쿠스와 사람을 구분하던 과거의 방법이 잘못되었음을 증명한 것이라 볼 수 있다.

오답분석

① 두 번째 문단의 마지막 문장에서 오스트랄로피테쿠스의 식단에서 풀을 먹는 동물이 큰 부분을 차지했다는 결론을 내렸다고 했을 뿐, 풀을 전혀 먹지 않았는지는 알 수 없다.
② 오스트랄로피테쿠스의 진화 과정과 육식의 관계를 알 수 있을 만한 부분은 없다.
③ 단일 식품을 섭취하는 것이 위험하다고 했을 뿐, 단일 식품을 섭취하는 동물은 없다고 보기는 어렵다.
④ 마지막 문단에서 동물 뼈에 이로 씹은 흔적 위에 도구로 자른 흔적이 겹쳐 있고 무기를 가진 인간의 흔적이라고 한 것으로 보아 무기로 사냥을 했음을 알 수 있다.

03

정답 ①

허용형 어머니는 오로지 아이의 욕망에만 관심을 갖지만, 방임형 어머니는 아이의 욕망에 무관심하다고 하였다.

오답분석

ㄴ. 허용형 어머니의 아이는 도덕적 책임 의식이 결여된 경우가 많다고 하였으며, 독재형 어머니의 아이는 공격적 성향과 파괴적 성향을 보인다고 하였다. 그러나 이것과 도덕적 책임 의식이 어떠한 상관관계가 있는지에 대해서는 알 수 없으므로 적절하지 않은 내용이다.
ㄷ. 방임형 어머니의 아이는 정서적으로 차단되어 있는 어머니의 욕망을 전혀 파악할 수 없다고 하였으나, 독재형 어머니는 자신의 욕망을 아이에게 공격적으로 강요한다고 하였다. 즉, 독재형 어머니의 아이는 어머니의 욕망을 파악할 수 있을 것이므로 적절하지 않은 내용이다.

04

정답 ④

첫 번째와 두 번째 문단에서 EU가 철제 다리 덫 사용을 금지하는 나라의 모피만 하기로 결정한 내용과 동물실험을 거친 화장품의 판매 금지 법령이 WTO의 영향을 받아 실행되지 못한 예가 제시되고 있다. 따라서 ④를 추론할 수 있다.

05

정답 ③

보기는 독립신문이 일반 민중들을 위해 순 한글을 사용해 배포됐고, 상하귀천 없이 누구나에게 새로운 소식을 전달해 준다는 내용이다. 따라서 ③을 추론할 수 있다.

대표기출유형 05 기출응용문제

01

정답 ③

빈칸 뒤의 문장은 최근 선진국에서는 스마트팩토리로 인해 해외로 나간 자국 기업들이 다시 본국으로 돌아오는 현상인 '리쇼어링'이 가속화되고 있다는 내용이다. 따라서 빈칸에는 스마트팩토리의 발전이 공장의 위치를 해외에서 본국으로 변화시키고 있다는 내용의 ③이 가장 적절하다.

02

정답 ④

제시문은 절차의 정당성을 근거로 한 과도한 권력, 즉 무제한적 민주주의에 대해 비판적인 논조를 취하고 있는 글이다. 따라서 빈칸에는 무제한적 민주주의의 문제점을 보완할 수 있는 해결책이 제시되어야 하므로 ④가 가장 적절하다.

오답분석

① 모든 것에 자유를 부여하는 것은 무제한적 민주주의와 같으므로 필자의 견해가 아니다.
② 다수의 의견을 그대로 수용하는 것은 필자의 견해가 아니다.
③ 사회적 불안의 해소는 언급되지 않았다.
⑤ 무제한적 민주주의를 제한적으로 수용하자는 견해도 아니다.

03

정답 ②

빈칸 앞에서는 제3세계 환자들과 제약회사 간의 신약 가격에 대한 딜레마를 이야기하며 제3의 대안이 필요하다고 한다. 빈칸 뒤에서는 그 대안이 실현되기 어려운 이유는 '자신의 주머니에 손을 넣어 거기에 필요한 비용을 꺼내는 순간 알게 될 것'이라고 하였으므로 개인 차원의 대안을 제시했음을 추측할 수 있다. 따라서 빈칸에는 ②가 가장 적절하다.

04

정답 ③

제시문은 태양의 온도를 일정하게 유지해 주는 에너지원에 대한 설명이다. 태양의 온도가 일정하게 유지되는 이유는 태양 중심부의 온도가 올라가 핵융합 에너지가 늘어나면 에너지의 압력으로 수소를 밖으로 밀어내어 중심부의 밀도와 온도를 낮춰주기 때문이다. 즉, 태양 내부에서 중력과 핵융합 반응의 평형상태가 유지되기 때문에 태양은 50억 년간 빛을 낼 수 있었고, 앞으로도 50억 년 이상 더 빛날 수 있는 것이다. 따라서 빈칸에 들어갈 내용으로 '태양이 오랫동안 안정적으로 빛을 낼 수 있게 된다.'가 가장 적절하다.

05

정답 ①

갑돌이는 성품이 곧고 자신감이 충만하며, 다수의 옳지 않은 행동에 대하여 비판의 목소리를 낼 것이고 그렇게 하는 데에 별 어려움을 느끼지 않을 것이므로 성품이 탁월하다고 볼 수 있다. 또한 탁월한 성품은 올바른 훈련을 통해 올바른 일을 바르고 즐겁게 그리고 어려워하지 않으며 처리할 수 있는 능력을 뜻한다. 따라서 아리스토텔레스의 입장에서는 '엄청난 의지를 발휘'하고 자신과의 '힘든 싸움'을 해야 했던 병식이보다는 잘못된 일에 '별 어려움' 없이 '비판의 목소리'를 내는 갑돌이의 성품을 탁월하다고 볼 것이다.

대표기출유형 06 기출응용문제

01

정답 ①

㉠에서 다섯 번째 줄의 접속어 '그러나'를 기준으로 앞부분은 사물인터넷 사업의 경제적 가치 및 외국의 사물인터넷 투자 추세, 뒷부분은 우리나라의 사물인터넷 사업 현황에 대하여 설명하고 있다. 따라서 두 문단으로 나누는 것이 적절하다.

오답분석

② 문장 앞부분에서 '통계에 따르면'으로 시작하고 있으므로, 이와 호응되는 서술어를 능동 표현인 '예상하며'로 바꾸는 것은 어색하다.
③ 우리나라의 사물인터넷 시장이 선진국에 비해 확대되지 못하고 있는 것은 사물인터넷 관련 기술을 확보하지 못한 결과이다. 따라서 수정하는 것은 적절하지 않다.
④ 문맥상 '기술력을 갖추다.'라는 의미가 되어야 하므로 '확보'로 바꾸어야 한다.
⑤ 사물인터넷의 의의와 기대효과로 글을 마무리하고 있는 문장이므로 삭제할 필요는 없다.

02

정답 ②

한글 맞춤법에 따르면 지난 일을 나타내는 어미는 '-던'으로 적고, 물건이나 일의 내용을 가리지 아니하는 뜻을 나타내는 어미는 '-든'으로 적는다. ㉡의 경우 과거의 경험이 아닌 선택의 의미로 사용되었으므로 '-든'이 올바른 표기이다.

03

정답 ④

한글 맞춤법에 따르면 '초점(焦點)'은 고유어가 들어 있지 않으므로 사이시옷이 들어가지 않는다. 따라서 '초점'이 옳은 표기이다. 두 음절로 된 한자어 중에서 사이시옷 표기를 인정하는 단어는 '곳간(庫間), 셋방(貰房), 숫자(數字), 찻간(車間), 툇간(退間), 횟수(回數)' 등의 6개뿐이다(한글 맞춤법 제30항).

04

정답 ①

㉠ 앞의 문장에서 '향토 음식'에 대한 일반적인 통념을 제시하고 ㉠에서 전통 음식과 구별되는 향토 음식의 '좁은 개념'을 제시하기 때문에 자연스러운 흐름이다. 또한 ㉡의 '해당 지역에서 생산된 재료'는 ㉠의 '각 지역의 특산물'과 연결되며, ㉡은 '향토 음식은 그 지역 고유의 음식 문화를 이룬다고 할 수 있다.'라며 ㉠을 보충 설명한다. 따라서 ㉠과 ㉡의 순서를 바꾸지 않는 것이 적절하다.

오답분석

② ㉢ 앞의 문단은 향토 음식의 개념과 가치를, ㉢을 포함한 문단은 향토 음식에 대한 청소년들의 무관심을 다룬다. 따라서 앞뒤 문단을 연결하려면 화제를 앞의 내용과 관련시키면서 다른 방향으로 전환할 때 쓰는 접속 부사 '그런데'가 필요하다.
③ ㉣에서 '주말에 친구들과 함께 시간을 내는 것은 쉽지 않다.'라는 것은 ㉣을 포함한 문단에서 말하는 '향토 음식 요리 교실'에 참여해 '그 지역에서 이어져 온 문화와 정신'을 배우는 경험과 직접적인 관련이 없으므로 삭제한다.
④ ㉤ 앞의 '양념을 많이 쓰지 않은 자연 그대로의 담백한 맛'은 꾸밈이나 거짓이 없고 수수하다는 뜻의 '소박하다'와 잘 어울린다.
⑤ '참여'의 사전적 의미는 '어떤 일에 끼어들어 관계함'이다. ㉥ 앞의 '향토 음식에 대한 관심은 지역 공동체의 조화를 이루어 내는 데에' 이바지하겠다는 의미가 자연스러우므로 ㉥은 '참여'를 '기여'로 바꾸는 것이 적절하다.

05

정답 ⑤

문서의 마지막에 반드시 '끝.'자를 붙여서 마무리해야 하는 문서는 공문서이다.

대표기출유형 07 기출응용문제

01

정답 ③

'선연(鮮然)하다'는 '실제로 보는 것같이 생생하다.'는 의미의 단어이다. 따라서 이와 유사한 단어는 '엉클어지거나 흐리지 않고 아주 분명하다.'는 의미를 가진 '뚜렷하다'이다.

02

정답 ⑤

'담백하다'는 '욕심이 없고 마음이 깨끗하다.'는 뜻으로 바르게 사용되었다.

오답분석

① 결제 → 결재
② 갱신 → 경신
③ 곤혹 → 곤욕
④ 유무 → 여부

03

정답 ⑤

'대로'는 주로 어미와 결합하는 의존명사 '대로'와 체언 뒤에 붙는 보조사 '-대로'로 구분할 수 있다. 한글 맞춤법에 따라 의존명사 '대로'는 앞말과 띄어 써야 하고, 보조사 '-대로'는 붙여 써야 한다. 따라서 ⑤는 '약속한'의 어미 '-ㄴ'과 결합한 의존명사이므로 '약속한 대로'로 띄어 써야 한다.

대표기출유형 08 기출응용문제

01

정답 ④

제시문에서는 중국발 위험이 커짐에 따라 수출 시장의 변화가 필요하고, 이를 위해 정부는 신흥국과의 꾸준한 협력을 추진해야 한다고 주장한다. 따라서 제시문과 관련 있는 한자성어로는 '우공이 산을 옮긴다.'는 뜻의 '어떤 일이든 끊임없이 노력하면 반드시 이루어짐'을 의미하는 '우공이산(愚公移山)'이 가장 적절하다.

오답분석

① 안빈낙도(安貧樂道) : 가난한 생활을 하면서도 편안한 마음으로 도를 즐겨 지킴
② 호가호위(狐假虎威) : 여우가 호랑이의 위세를 빌려 호기를 부린다는 뜻으로, 남의 권세를 빌려 위세를 부리는 모습을 이르는 말
③ 각주구검(刻舟求劍) : 칼이 빠진 자리를 배에 새겨 찾는다는 뜻으로, 어리석고 미련해서 융통성이 없다는 의미
⑤ 사면초가(四面楚歌) : 사방이 초나라(적군)의 노래라는 뜻으로, 아무에게도 도움을 받지 못하는 외롭고 곤란한 지경에 빠진 형편을 이르는 말

02

정답 ②

모든 일에는 지켜야 할 질서와 차례가 있음에도 불구하고 이를 무시한 채 무엇이든지 빠르게 처리하려는 한국의 '빨리빨리' 문화는 일의 순서도 모르고 성급하게 덤빔을 비유적으로 이르는 ②와 가장 관련이 있다.

오답분석

① 모양이나 형편이 서로 비슷하고 인연이 있는 것끼리 서로 잘 어울리고, 사정을 보아주며 감싸 주기 쉬움을 비유적으로 이르는 말
③ 속생각은 전혀 다르면서도 말로만 그럴듯하게 인사치레함을 비유적으로 이르는 말
④ 한 마디 말을 듣고도 여러 가지 사실을 미루어 알아낼 정도로 매우 총기가 있다는 말
⑤ 작은 힘이라도 꾸준히 계속하면 큰일을 이룰 수 있음을 비유적으로 이르는 말

CHAPTER

02 수리능력

대표기출유형 01 기출응용문제

01

정답 ①

퍼낸 소금물의 양을 xg이라고 하면 다음과 같은 식이 성립한다.

$$\left(\frac{6}{100}\times700\right)-\frac{6}{100}x+\frac{13}{100}x=\frac{9}{100}\times700$$

$\rightarrow 4,200-6x+13x=6,300$

$\rightarrow 7x=2,100$

$\therefore x=300$

따라서 퍼낸 소금물의 양은 300g이다.

02

정답 ①

수진이가 1층부터 6층까지 쉬지 않고 올라갈 때 35초가 걸린다고 하였으므로, 한 층을 올라가는 데 걸리는 시간은 $\frac{35}{5}=7$초이다. 6층부터 12층까지 올라가는 데 $7\times6=42$초가 걸리고, 6층부터는 한 층을 올라갈 때마다 5초씩 쉰다고 했으므로, 쉬는 시간은 $5\times5=25$초이다(단, 6층에서는 쉬지 않는다). 따라서 수진이가 1층부터 12층까지 올라가는 데 걸린 시간은 $35+42+25=102$초이다.

03

정답 ④

1～6학년까지의 학년별 대표는 총 6명이므로 각 대표가 설 수 있는 경우의 수는 $6!=6\times5\times4\times3\times2\times1=720$가지이다. 모든 경우의 수에서 아래의 조건에 해당되는 두 가지 경우의 수를 제외하면 된다.

- 1학년 대표 다음에 2학년 대표가 서는 경우
  1학년 대표와 2학년 대표를 한 묶음으로 두면 $5!=5\times4\times3\times2\times1=120$가지
- 2학년 대표 다음에 3학년 대표가 서는 경우
  2학년 대표와 3학년 대표를 한 묶음으로 두면 $5!=5\times4\times3\times2\times1=120$가지

두 경우 모두 1・2・3학년 대표가 차례대로 서는 경우가 각각 포함되어 있기 때문에 1・2・3학년 대표가 차례대로 서는 경우를 한 번 더해 준다. 따라서 차례로 줄을 서는 방법은 모두 $720-(120+120)+4!=504$가지이다.

04

정답 ⑤

- 내일 비가 오고 모레 비가 안 올 확률 : $\frac{1}{5}\times\frac{2}{3}=\frac{2}{15}$
- 내일 비가 안 오고 모레 비가 안 올 확률 : $\frac{4}{5}\times\frac{7}{8}=\frac{7}{10}$

따라서 구하고자 하는 확률은 $\frac{2}{15}+\frac{7}{10}=\frac{5}{6}$이다.

05

정답 ④

전체 일의 양을 1이라 하고, 선규가 혼자 일을 끝내는 데 걸리는 시간을 x일, 승룡이 혼자 일을 끝내는 데 걸리는 시간을 y일이라 하자.

둘이 함께 5일 동안 일을 끝내는 경우는

$\left(\frac{1}{x}+\frac{1}{y}\right)\times5=1 \cdots$ ㉠

선규가 먼저 4일 일하고, 승룡이가 7일 일하여 끝내는 경우는

$\frac{4}{x}+\frac{7}{y}=1 \cdots$ ㉡

㉠과 ㉡을 연립하면 $y=15$이다.

따라서 승룡이 혼자서 일을 끝내려면 15일이 걸린다.

PART 1

06

정답 ④

아버지의 나이를 x세, 형의 나이를 y세라고 하자.

동생의 나이는 $(y-2)$세이므로

$y+(y-2)=40$

$\therefore\ y=21$

어머니의 나이는 $(x-4)$세이므로

$x+(x-4)=6\times21$

$\rightarrow 2x=130$

$\therefore\ x=65$

따라서 아버지의 나이는 65세이다.

07

정답 ②

학교에서 도서관까지의 거리를 $x$km라고 하자.

$\frac{x}{40}=\frac{x}{45}+\frac{1}{6}$

$\rightarrow 9x-8x=60$

$\therefore\ x=60$

따라서 학교에서 도서관까지의 거리는 60km이다.

08

정답 ②

영희가 집에서 할머니를 기다린 10분을 제외하면, 학교에서 병원까지 총 이동시간은 1시간 40분이다.

1시간 40분은 $1+\frac{40}{60}=1+\frac{2}{3}=\frac{5}{3}$시간이고, 집과 병원 사이의 거리를 $x$km라고 하면 다음 식이 성립한다.

$\frac{2x}{4}+\frac{x}{3}=\frac{5}{3}$

$\rightarrow \frac{5}{6}x=\frac{5}{3}$

$\therefore\ x=2$

따라서 병원에서 집까지의 거리는 2km이다.

09

정답 ④

1월과 6월의 전기요금을 각각 $5k$, $2k$라고 하자(단, $k>0$).
1월 전기요금에서 6만 원을 빼면 비율이 3 : 2이므로 다음과 같은 식이 성립한다.
$(5k-60,000):2k=3:2$
$\rightarrow 10k-120,000=6k$
$\rightarrow 4k=120,000$
$\therefore k=30,000$
따라서 1월의 전기요금은 $5k=5\times30,000=150,000$원이다.

대표기출유형 02 기출응용문제

01

정답 ③

2021년 직장 어린이집의 교직원 수는 3,214명이고 2024년 직장 어린이집의 교직원 수는 5,016명이다.
따라서 2021년 대비 2024년 교직원의 증가율은 $\frac{5,016-3,214}{3,214}\times100 \fallingdotseq 56\%$이다.

02

정답 ②

A세트는 B세트보다 매월 30개 더 많이 팔렸으며, G세트는 F세트보다 매월 40개 더 많이 팔렸다.
따라서 8월의 A세트 판매 개수(㉠)는 184+30=214개이고, 11월 G세트 판매 개수(㉡)는 211+40=251개이다.

03

정답 ③

- E : 220,000(개회식)+160,000(알파인 스키)=380,000원
- F : 220,000(폐회식)+150,000(피겨 스케이팅)+350,000(쇼트트랙)=720,000원

04

정답 ⑤

2024년 전체 실적은 45+50+48+42=185억 원이며, 1～2분기와 3～4분기가 차지하는 비율을 각각 구하면 다음과 같다.

- 1～2분기 : $\frac{45+50}{185}\times100 \fallingdotseq 51.4\%$
- 3～4분기 : $\frac{48+42}{185}\times100 \fallingdotseq 48.6\%$

두 비율의 합은 100%이므로 하나만 계산하고, 나머지는 100%에서 빼면 빠르게 풀 수 있다.

05

정답 ⑤

영업팀별 연간 매출액을 구하면 다음과 같다.

- 영업 A팀 : $50\times0.1+100\times0.1+100\times0.3+200\times0.15=75$억 원
- 영업 B팀 : $50\times0.2+100\times0.2+100\times0.2+200\times0.4=130$억 원
- 영업 C팀 : $50\times0.3+100\times0.2+100\times0.25+200\times0.15=90$억 원
- 영업 D팀 : $50\times0.4+100\times0.5+100\times0.25+200\times0.3=155$억 원

따라서 연간 매출액이 큰 순서로 팀을 나열하면 D－B－C－A이고, 이때 매출 1위인 영업 D팀의 연 매출액은 155억 원이다.

대표기출유형 03 기출응용문제

01

정답 ④

2024년 이전 신문 선호에서 2024년 이후 인터넷으로 바꾼 구성원은 20명이다.

오답분석

① 2024년 이후에 가장 선호하는 언론매체는 TV이다.
② 2024년 전·후로 가장 선호하지 않는 언론매체는 신문이다.
③ 2024년 이후 인터넷을 선호하는 구성원 수는 145명이고, 2022년 이전은 100명이라고 하더라도 2024년 이후의 구성원 수가 2024년 이전의 구성원 수를 모두 포함한다고 보기는 어렵다.
⑤ TV에서 라디오를 선호하게 된 구성원 수는 15명으로, 인터넷에서 라디오를 선호하게 된 구성원 수인 10명보다 많다.

02

정답 ②

오존전량의 증감 추이는 '감소 – 감소 – 감소 – 증가 – 증가 – 감소'이므로 옳지 않은 설명이다.

오답분석

① 이산화탄소의 농도는 계속해서 증가하고 있는 것을 확인할 수 있다.
③ 2024년 오존전량은 2018년 대비 $335-331=4$DU 증가했다.
④ 2024년 이산화탄소의 농도는 2019년 대비 $395.7-388.7=7$ppm 증가했다.
⑤ 2024년의 전년 대비 오존전량 감소율은 $\frac{343-335}{343}\times 100 \fallingdotseq 2.33$%p이므로 2.5%p 미만이다.

03

정답 ⑤

생산이 증가한 해에는 수출과 내수 모두 증가했다.

오답분석

① 표에서 ▽는 감소 수치를 나타내고 있으므로 옳은 설명이다.
② 내수가 가장 큰 폭으로 증가한 해는 2022년으로 생산과 수출 모두 감소했다.
③ 수출이 증가한 해는 2020, 2023, 2024년으로 내수와 생산 모두 증가했다.
④ 2022년이 이에 해당한다.

04

정답 ⑤

2021년의 인구성장률은 0.63%, 2024년의 인구성장률 0.39%이다. 2024년의 인구성장률은 2021년의 인구성장률에서 40% 감소한 값인 $0.63\times(1-0.4)=0.378$%보다 값이 크므로 40% 미만으로 감소하였다.

오답분석

① 자료를 보면 2021년 이후 인구성장률이 매년 감소하고 있으므로 옳은 설명이다.
② 2019년부터 2024년까지의 인구성장률이 가장 낮았던 해는 2024년이며, 합계출산율도 2024년에 가장 낮았다.
③ 인구성장률과 합계출산율은 모두 2020년에는 전년 대비 감소하고, 2021년에는 전년 대비 증가하였으므로 옳은 설명이다.
④ 인구성장률이 높은 순서로 나열하면 2021년 – 2022년 – 2019년 – 2020년 – 2023년 – 2024년이다. 합계출산율이 높은 순서로 나열하면 2019년 – 2022년 – 2021년 – 2020년 – 2023년 – 2024년이다. 따라서 인구성장률과 합계출산율이 두 번째로 높은 해는 모두 2022년이다.

05

정답 ④

온실가스 배출량 총량은 2022년에 감소했다가 다시 증가했다.

오답분석

① 이산화탄소는 2020 ~ 2024년 동안 가장 큰 비중을 차지한다.

②·③ 연도별 가계와 산업 부문의 배출량 차이 값은 다음과 같다.

- 2020년 : 58,168.8−25,449.1=32,719.7ppm
- 2021년 : 59,160.2−26,182.8=32,977.4ppm
- 2022년 : 60,030.0−24,984.3=35,045.7ppm
- 2023년 : 64,462.4−21,875.9=42,586.5ppm
- 2024년 : 65,491.6−22,769.8=42,721.8ppm

따라서 2024년에 가장 큰 값을 가지며, 해가 지날수록 지속적으로 증가하고 있다.

⑤ 언제나 메탄은 아산화질소보다 가계·산업 부문을 통틀어 더 많이 배출되고 있다.

06

정답 ④

제시된 자료의 원자력 소비량 수치를 보면 증감을 반복하고 있는 것을 확인할 수 있다.

오답분석

① 2015년 석유 소비량을 제외한 나머지 에너지 소비량의 합을 구하면 54.8+30.4+36.7+5.3=127.2백만 TOE이다. 즉, 석유 소비량인 101.5백만 TOE보다 크다. 2016 ~ 2024년 역시 석유 소비량을 제외한 나머지 에너지 소비량의 합을 구해 석유 소비량과 비교하면, 석유 소비량이 나머지 에너지 소비량의 합보다 적음을 알 수 있다.

② 석탄 소비량은 2015 ~ 2021년까지 지속적으로 상승하다가 2022년 감소한 뒤 2023년부터 다시 상승세를 보이고 있다.

③ 제시된 자료를 보면 기타 에너지 소비량은 지속적으로 증가하고 있다.

⑤ 2019년에는 LNG 소비량이 감소했으므로 증가 추세가 심화되었다고 볼 수 없다.

대표기출유형 04 기출응용문제

01

정답 ④

제시된 수열은 −2, ×2, −3, ×3, −4, ×4 …인 규칙으로 이루어진 수열이다.

따라서 (　)=35×4=140이다.

02

정답 ③

제시된 수열은 앞의 항에 (×3+1)을 적용하는 수열이다.

따라서 (　)=121×3+1=364이다.

03

정답 ④

제시된 수열은 n을 자연수라 하면 $(n+1)$항에서 n항을 더하고 +2를 한 값이 $(n+2)$항이 되는 수열이다.

따라서 (　)=48+29+2=79이다.

CHAPTER

03 문제해결능력

대표기출유형 01 기출응용문제

01

정답 ③

제시된 조건에 따르면 밀크시슬을 월요일에 복용하는 경우와 목요일에 복용하는 경우로 정리할 수 있다.

구분	월	화	수	목	금
경우 1	밀크시슬	비타민B	비타민C	비타민E	비타민D
경우 2	비타민B	비타민E	비타민C	밀크시슬	비타민D

따라서 수요일에는 항상 비타민C를 복용한다.

오답분석

① 월요일에는 밀크시슬 또는 비타민B를 복용한다.
② 화요일에는 비타민B 또는 비타민E를 복용한다.
④ 경우 1에서는 비타민E를 비타민C보다 나중에 복용한다.
⑤ 비타민D는 밀크시슬보다 나중에 복용한다.

02

정답 ③

B가 위촉되지 않는다면 조건 1의 대우에 의해 A는 위촉되지 않는다. A가 위촉되지 않으므로 조건 2에 의해 D가 위촉된다. D가 위촉되므로 조건 5에 의해 F도 위촉된다. 조건 3과 조건 4의 대우에 의해 C나 E 중 한 명이 위촉된다. 따라서 위촉되는 사람은 모두 3명이다.

03

정답 ③

주어진 조건을 정리하면 다음과 같다.

구분	A	B	C	D
경우 1	호밀식빵	우유식빵	밤식빵	옥수수식빵
경우 2	호밀식빵	밤식빵	우유식빵	옥수수식빵

따라서 항상 참인 것은 ③이다.

오답분석

①·②·④·⑤ 주어진 조건만으로는 판단하기 힘들다.

04

정답 ①

한 번 배정받은 층은 다시 배정받을 수 없기 때문에 A는 3층, B는 2층에 배정받을 수 있다. C는 1층 또는 4층에 배정받을 수 있지만, D는 1층에만 배정받을 수 있기 때문에, C는 4층, D는 1층에 배정받는다. 이를 정리하면 다음과 같다.

A	B	C	D
3층	2층	4층	1층

따라서 항상 참인 것은 ①이다.

오답분석

②·③·④ 주어진 조건만으로는 판단하기 힘들다.
⑤ 매년 새롭게 층을 배정받기 때문에 B 또한 3년 이상 기숙사에 살았을 것이다.

05

정답 ④

주어진 조건을 정리하면 다음과 같다.

구분	첫 번째	두 번째	세 번째	네 번째	다섯 번째	여섯 번째
경우 1	교육	보건	농림	행정	국방	외교
경우 2	교육	보건	농림	국방	행정	외교
경우 3	보건	교육	농림	행정	국방	외교
경우 4	보건	교육	농림	국방	행정	외교

따라서 항상 참인 것은 ④이다.

오답분석

① 경우 3, 4에서 보건복지부는 첫 번째로 감사를 시작한다.
② 외교부보다 늦게 감사를 받는 부서는 없다.
③ 경우 1, 3에서 국방부는 행정안전부보다 감사를 늦게 받는다.
⑤ 농림축산식품부보다 늦게 감사를 받는 부서는 3개, 일찍 받는 부서는 2개로, 늦게 감사를 받는 부서의 수가 많다.

06

정답 ③

을과 무의 진술이 모순되므로 둘 중 한 명은 참, 다른 한 명은 거짓이다. 여기서 을의 진술이 참일 경우 갑의 진술도 거짓이 되어 두 명이 거짓을 진술한 것이 되므로 문제의 조건에 위배된다. 따라서 을의 진술이 거짓, 무의 진술이 참이다. 그러므로 A강좌는 을이, B와 C강좌는 각각 갑과 정 중 한 명이, D강좌는 무가 담당하고, 병은 강좌를 담당하지 않는다.

대표기출유형 02 기출응용문제

01

정답 ①

2023년 8월 23일부터는 난각코드를 6자리로 표시하고, 이후 2024년 2월 23일부터는 10자리로 변경되었다. 5자리 난각코드는 2023년 4월 25일부터 2023년 8월 22일까지 사용되었으므로 ①은 2023년 8월 23일 이후 생산된 달걀로 볼 수 없다.

02

정답 ⑤

오답분석

① W3은 (3, 5)와 (10, 2)에 위치해 있다.
② B3은 (2, 2)와 (9, 4)에 위치해 있다.
③ W5는 (3, 10)과 (12, 10)에 위치해 있다.
④ B6은 (6, 6)과 (13, 6)에 위치해 있다.

03

정답 ①

조건에 따라 소괄호 안에 있는 부분을 순서대로 풀이하면 다음과 같다.
'1 A 5'에서 A는 좌우의 두 수를 더하는 것이지만, 더한 값이 10 미만이면 좌우에 있는 두 수를 곱해야 한다. 1+5=6으로 10 미만이므로 두 수를 곱하여 5가 된다.
'3 C 4'에서 C는 좌우의 두 수를 곱하는 것이지만, 곱한 값이 10 미만이면 좌우에 있는 두 수를 더한다. 이 경우 3×4=12로 10 이상이므로 12가 된다.
중괄호를 풀어보면 '5 B 12'이다. B는 좌우에 있는 두 수 가운데 큰 수에서 작은 수를 빼는 것이지만, 두 수가 같거나 뺀 값이 10 미만이면 두 수를 곱한다. 12−5=7로 10 미만이므로 두 수를 곱해야 한다. 따라서 60이 된다.
'60 D 6'에서 D는 좌우에 있는 두 수 가운데 큰 수를 작은 수로 나누는 것이지만, 두 수가 같거나 나눈 값이 10 미만이면 두 수를 곱해야 한다. 따라서 이 경우 나눈 값이 60÷6=10이므로 답은 10이다.

04

정답 ②

한글 자음을 순서에 따라 바로 뒤의 자음으로 변환하면 다음과 같다.

ㄱ	ㄴ	ㄷ	ㄹ	ㅁ	ㅂ	ㅅ
ㄴ	ㄷ	ㄹ	ㅁ	ㅂ	ㅅ	ㅇ
ㅇ	ㅈ	ㅊ	ㅋ	ㅌ	ㅍ	ㅎ
ㅈ	ㅊ	ㅋ	ㅌ	ㅍ	ㅎ	ㄱ

한글 모음을 순서에 따라 알파벳으로 변환하면 다음과 같다.

ㅏ	ㅐ	ㅑ	ㅒ	ㅓ	ㅔ	ㅕ
a	b	c	d	e	f	g
ㅖ	ㅗ	ㅘ	ㅙ	ㅚ	ㅛ	ㅜ
h	i	j	k	l	m	n
ㅝ	ㅞ	ㅟ	ㅠ	ㅡ	ㅢ	ㅣ
o	p	q	r	s	t	u

ㄴ=ㄱ, u=ㅣ, ㅂ=ㅁ, ㅋ=ㅊ, u=ㅣ, ㅊㅊ=ㅉ, u=ㅣ, ㄴ=ㄱ, b=ㅐ
따라서 김대리가 말한 메뉴는 김치찌개이다.

05

정답 ③

ㅈ=ㅊ, ㅗ=i, ㄴ=ㄷ, ㅈ=ㅊ, ㅜ=n, ㅇ=ㅈ, ㄱ=ㄴ, ㅘ=j, 공백=0, ㅂ=ㅅ, ㅐ=b, ㄹ=ㅁ, ㅕ=g

대표기출유형 03 기출응용문제

01

정답 ③

ㄴ. WO전략은 약점을 보완하여 기회를 포착하는 전략으로, ㄴ에서 말하는 원전 운영 기술력은 강점에 해당되므로 적절하지 않다.
ㄷ. ST전략은 강점을 살려 위협을 회피하는 전략으로, ㄷ은 위협 회피와 관련하여 정부의 탈원전 정책 기조를 고려하지 않았으므로 적절하지 않다.

오답분석

ㄱ. SO전략은 강점을 살려 기회를 포착하는 전략으로, 강점인 기술력을 활용해 해외 시장에서 우위를 점하려는 ㄱ은 SO전략으로 적절하다.
ㄹ. WT전략은 약점을 보완하여 위협을 회피하는 전략으로, 안전우려를 고려하여 안전점검을 강화하고, 정부의 탈원전 정책 기조에 협조하는 ㄹ은 WT전략으로 적절하다.

02

정답 ⑤

WO전략은 약점을 극복함으로써 기회를 활용할 수 있도록 내부 약점을 보완해 좀 더 효과적으로 시장 기회를 추구한다. 따라서 바로 옆에 유명한 프랜차이즈 레스토랑이 생겼다는 사실을 이용하여 홍보가 미흡한 점을 보완할 수 있도록 레스토랑과 제휴하여 레스토랑 내에 홍보물을 비치하는 전략은 적절하다.

03

정답 ①

SWOT 분석은 내부 환경요인과 외부 환경요인의 2개의 축으로 구성되어 있다. 내부 환경요인은 자사 내부의 환경을 분석하는 것으로 자사의 강점과 약점으로 분석된다. 외부 환경요인은 자사 외부의 환경을 분석하는 것으로 기회와 위협으로 구분된다.

04

정답 ①

고급 포장과 스토리텔링은 모두 수제 초콜릿의 강점에 해당되므로 SWOT 분석에 의한 마케팅 전략으로 볼 수 없다. SO전략과 ST전략으로 보일 수 있으나, 기회를 포착하거나 위협을 회피하는 모습을 보이지 않기에 적절하지 않다.

오답분석

② 수제 초콜릿의 스토리텔링(강점)을 포장에 명시하여 소비자들의 요구를 충족(기회)시키는 SO전략에 해당된다.
③ 수제 초콜릿의 존재를 모르는(약점) 점을 마케팅 강화로 보완해 대기업과의 경쟁(위협)을 이겨내는 WT전략에 해당된다.
④ 수제 초콜릿의 풍부한 맛(강점)을 알리고, 맛을 보기 전에는 알 수 없는 일반 초콜릿과의 차이(위협)도 알리는 ST전략에 해당된다.
⑤ 값비싼 포장(약점)을 보완하여 좋은 식품에 대한 인기(기회)에 발맞춰 홍보하므로 WO전략에 해당된다.

01

정답 ⑤

제시된 조건에 따라 경제적 효율성을 계산하면 다음과 같다.

- A자동차 : $\left(\frac{2,000}{11\times500}+\frac{10,000}{51,000}\right)\times100 \fallingdotseq 55.97\%$
- B자동차 : $\left(\frac{2,000}{12\times500}+\frac{10,000}{44,000}\right)\times100 \fallingdotseq 56.06\%$
- C자동차 : $\left(\frac{1,500}{14\times500}+\frac{10,000}{29,000}\right)\times100 \fallingdotseq 55.91\%$
- D자동차 : $\left(\frac{1,500}{13\times500}+\frac{10,000}{31,000}\right)\times100 \fallingdotseq 55.33\%$
- E자동차 : $\left(\frac{900}{7\times500}+\frac{10,000}{33,000}\right)\times100 \fallingdotseq 56.02\%$

경제적 효율성이 가장 높은 자동차는 B자동차이지만 외부 손상이 있으므로 선택할 수 없고, B자동차 다음으로 효율성이 높은 자동차는 E자동차이며, 외부 손상이 없다. 따라서 S사원이 매입할 자동차는 E자동차이다.

02

정답 ④

노선별 건설비용과 사회손실비용은 다음과 같이 구할 수 있다.

- (건설비용)=(각 구간 길이)×(1km당 건설비용)
  - A노선 : (1.0km×1,000억 원)+(0.5km×200억 원)+(8.5km×100억 원)=1,950억 원
  - B노선 : 20km×100억 원=2,000억 원
  - C노선 : (0.5km×1,000억 원)+(1km×200억 원)+(13.5km×100억 원)=2,050억 원
- (사회손실비용)=(노선 길이)×$\frac{1,000\text{원}}{10\text{km}}$×(연간 평균 차량 통행량)×15년
  - A노선 : 10km×$\frac{1,000\text{원}}{10\text{km}}$×2백만 대×15년=300억 원
  - B노선 : 20km×$\frac{1,000\text{원}}{10\text{km}}$×2백만 대×15년=600억 원
  - C노선 : 15km×$\frac{1,000\text{원}}{10\text{km}}$×2백만 대×15년=450억 원
- 환경손실비용
  - A노선 : 15억 원×15년=225억 원
  - B노선 : 5억 원×15년=75억 원
  - C노선 : 10억 원×15년=150억 원
- 건설비용과 사회손실비용을 고려한 노선별 비용 비교
  - A노선 : 1,950억+300억=2,250억 원
  - B노선 : 2,000억+600억=2,600억 원
  - C노선 : 2,050억+450억=2,500억 원

따라서 A노선의 비용이 가장 저렴하므로 C노선이 적합하다는 ④의 설명은 옳지 않다.

03

정답 ③

• (가) : 부산에서 서울로 가는 버스터미널은 2개이므로 고객에게 바르게 안내해 주었다.
• (다) : 소요 시간을 고려하여 도착 시간에 맞게 출발하는 버스 시간을 바르게 안내해 주었다.
• (라) : 도로 교통 상황에 따라 소요 시간에 차이가 있다는 사실을 바르게 안내해 주었다.

오답분석

• (나) : 고객의 집은 부산 동부 버스터미널이 가깝다고 하였으므로 출발해야 되는 시간 등을 물어 부산 동부 버스터미널에 적당한 차량이 있는지 확인하고, 없을 경우 부산 버스터미널을 권유하는 것이 적절하다. 단지 배차가 많다는 이유만으로 부산 버스터미널을 이용하라고 안내하는 것은 적절하지 않다.
• (마) : 우등 운행 요금만 안내해 주었고, 일반 운행 요금에 대한 안내를 하지 않았다.

04

정답 ⑤

ㄷ. 온라인은 복지로 홈페이지, 오프라인은 읍면동 주민센터에서 보조금 신청서를 작성 후 제출하면 되며, 카드사의 홈페이지에서는 보조금 신청서 작성이 불가능하다.
ㄹ. 오프라인으로 신청한 경우, 읍면동 주민센터 또는 해당 카드사 지점을 방문하여 카드를 발급받을 수 있다.

오답분석

ㄱ. 어린이집 보육료 및 유치원 학비는 신청자가 별도로 인증하지 않아도 보조금 신청 절차에서 인증된다.
ㄴ. 오프라인과 온라인 신청 모두 연회비가 무료임이 명시되어 있다.

05

정답 ④

I공사의 구매 담당자는 기계의 성능을 모두 같다고 보는데 E사 제품이 성능 면에서 뒤처진다고 설득하는 내용이므로 ④의 설명은 적절하지 않다.

CHAPTER

04 정보능력

PART 1

대표기출유형 01 기출응용문제

01

정답 ②

정보처리는 기획 – 수집 – 관리 – 활용 순서로 이루어진다. 따라서 ②의 설명은 옳지 않다.

02

정답 ⑤

구체적이고 정확한 정보 수집을 위하여 정보 수집 대상과 종류 등을 명확하게 지정하여야 한다.

오답분석

① 전략적 기획은 정보 수집을 수행하기 이전에 수집할 정보의 내용, 수집 방안 등을 결정하는 것을 말한다.
② 정보 수집 기한에 대한 계획도 필수적이다.
③ 전략적 기획 단계에서는 정보 수집의 비용성과 수집한 정보의 품질을 모두 고려해야 한다.
④ 전략적 기획은 정보 수집 계획을 수립하는 과정으로, 정보 수집의 원천을 파악하는 과정을 포함하여야 한다.

03

정답 ①

"나/NP 는/JXS 밥/NNG 을/JKO 먹/VV 는다/EFN ./SF"는 파이썬에 있는 '꼬꼬마 형태소 분석기(KKMA)'를 사용하여 형태소 분석을 실행했을 때 출력되는 결과로(NP는 주어, JXS는 조사 등) 문장성분을 표시한 것이다. 따라서 제시문은 문장을 최소 의미 단위인 형태소로 분절하는 과정이다.

오답분석

② 구문 분석 : 문장구조를 문법적으로 분석하는 과정이다.
③ 의미 분석 : 문법을 넘어 문장이 내포하는 의미를 해석하는 과정이다.
④·⑤ 특성 추출, 단어 분석 : 자연어처리 과정에 해당되지 않는다.

대표기출유형 02 기출응용문제

01

정답 ②

「=SMALL(B3:B9,2)」은 [B3:B9] 범위에서 2번째로 작은 값을 구하는 함수이므로 7이 출력된다. 「=MATCH(7,B3:B9,0)」는 [B3:B9] 범위에서 7의 위치 값을 나타내므로 값은 4가 나온다. 따라서 「=INDEX(A3:E9,4,5)」의 결괏값은 [A3:E9]의 범위에서 4행, 5열에 위치한 대전이다.

02

정답 ②

SEQUENCE 함수는 규칙을 가진 배열을 형성하는 함수이며 「=SEQUENCE(ROWS,[COLUMNS],[START],[STEP])」 형식으로 쓴다. 여기서 ROWS는 행의 수, COLUMN은 열의 수, START는 시작하는 수, STEP은 늘어나는 규칙이며 COLUMNS, START, STEP은 생략 시 기본값 1로 배열을 만든다. 행이 10,000개이고 열이 1, 0부터 시작하여 1씩 늘어나는 배열을 만들어야 하므로 SEQUENCE 함수를 이용하여 「=SEQUENCE(10000,1,0,1)」를 써야 한다.

03

정답 ③

LEFT 함수는 LEFT(데이터가 있는 셀 번호,왼쪽을 기준으로 가져올 자릿수)로 구성되므로 주민등록번호가 있는 [C2] 셀을 선택하고 왼쪽을 기준으로 생년월일은 6자리이기 때문에 「=LEFT(C2,6)」가 옳은 함수식이다.

04

정답 ①

「VLOOKUP(SMALL(A2:A10,3),A2:E10,4,0)」을 해석해 보면, 우선 SMALL(A2:A10,3)은 [A2:A10]의 범위에서 3번째로 작은 숫자이므로 그 값은 '3'이 된다. VLOOKUP 함수는 VLOOKUP(첫 번째 열에서 찾으려는 값,찾을 값과 결과로 추출할 값들이 포함된 데이터 범위,값이 입력된 열의 열 번호,일치 기준)으로 구성되므로 VLOOKUP(3,A2:E10,4,0) 함수는 A열에서 값이 3인 4번째 행 그리고 4번째 열에 위치한 '82'가 옳다.

05

정답 ③

SUM 함수는 인수들의 합을 구할 수 있다.

- [B12] : SUM(B2:B11)
- [C12] : SUM(C2:C11)

오답분석

① REPT : 텍스트를 지정한 횟수만큼 반복한다.
② CHOOSE : 인수 목록 중에서 하나를 고른다.
④ AVERAGE : 인수들의 평균을 구한다.
⑤ DSUM : 지정한 조건에 맞는 데이터베이스에서 필드 값들의 합을 구한다.

06

정답 ①

최댓값을 구하는 함수는 MAX이고, [F3] 셀을 구하기 위해서는 (B2:B11)의 범위에서 최댓값을 구해야 한다. 따라서 [F3]셀을 구하는 함수식으로 옳은 것은 ①이다.

대표기출유형 03 기출응용문제

01

정답 ①

문자열을 할당할 때 배열의 크기를 생략하면 문자열의 길이(hello world)와 마지막 문자(₩0)가 포함된 길이가 배열의 크기가 되므로 11(hello world)+1(₩0)=12가 출력된다.

02

정답 ②

for 반복문은 i값이 0부터 9보다 작을 때까지 1씩 증가하면서 배열의 요소를 순회한다. 조건문에 의해 배열의 요수가 B, D, F, H인 경우는 continue문에 의해 그 이후 코드의 실행을 무시하고 for 반복문의 조건을 검사하게 된다. 따라서 B, D, F, H의 경우에는 printf 출력문이 수행되지 않아 ACEGI만 출력된다.

CHAPTER

05 기술능력

대표기출유형 01 기출응용문제

01

정답 ③

기술교양을 지닌 사람들의 특징

- 기술학의 특성과 역할을 이해한다.
- 기술체계가 설계되고, 사용되고, 통제되어지는 방법을 이해한다.
- 기술과 관련된 이익을 가치화하고 위험을 평가할 수 있다.
- 기술에 의한 윤리적 딜레마에 대해 합리적으로 반응할 수 있다.

02

정답 ①

노하우는 경험적이고 반복적인 행위에 의해 얻게 되는 것이며, 이러한 성격의 지식을 흔히 Technique 혹은 Art라고 부른다.

오답분석

②·⑤ 노하우에 대한 설명이다.
③ 노와이에 대한 설명이다.
④ 기술은 원래 노하우의 개념이 강했으나, 시간이 지나면서 노와이와 노하우가 결합하게 되었다.

03

정답 ①

기술시스템(Technological System)은 개별 기술이 네트워크로 결합하는 것을 말한다. 인공물의 집합체만이 아니라 투자회사, 법적 제도, 정치, 과학, 자연자원을 모두 포함하는 것으로, 사회기술시스템이라고도 한다.

대표기출유형 02 기출응용문제

01

정답 ②

가정에 있을 경우 전력수급 비상단계를 신속하게 극복하기 위해 전력기기 등의 전원을 차단하거나 사용을 중지하는 것이 필요하나, 4번 항목에 따르면 안전, 보안 등을 위한 최소한의 조명까지 소등할 필요는 없다.

오답분석

① 공장에서는 비상발전기의 가동을 점검하여 가동을 준비해야 한다.
③ 전력수급 비상단계가 발생할 경우, 컴퓨터, 프린터 등 긴급하지 않은 모든 사무기기의 전원을 차단하여야 하므로 한동안 사무실의 업무가 중단될 수 있다.
④ 가정에 있을 경우, TV, 라디오 등을 통해 재난상황을 파악하여 대처하라고 하였으므로, 전력수급 비상단계 발생 시 대중매체를 통해 재난상황에 대한 정보를 파악할 수 있다는 것을 알 수 있다.
⑤ 사무실에 있을 경우 즉시 사용이 필요하지 않은 사무기기의 전원을 차단하여야 한다.

02

정답 ④

결과가 가장 큰 값을 구해야 하므로 최대한 큰 수가 있는 구간으로 이동해야 하며, 세 번째 조건에 따라 총 10번의 이동이 가능하다. 반복 이동으로 가장 커질 수 있는 구간은 D－E 구간이지만 음수가 있으므로 왕복 2번을 이동하여 값을 양수로 만들어야 한다. D－E 구간에서 4번 이동하고 마지막에 E－F 구간 1번 이동하는 것을 제외하면 출발점인 A에서 D－E 구간을 왕복하기 전까지 총 5번을 이동할 수 있다. D－E 구간으로 가기 전 가장 큰 값은 C에서 E로 가는 것이므로 C－E－D－E－D－E－F로 이동한다.
또한 출발점인 A에서 C까지 4번 이동하려면 A－B－B－B－C밖에 없다.
따라서 A－B－B－B－C－E－D－E－D－E－F 순서로 이동한다.
$\therefore 1\times2\times2\times2\times3\times(-2)\times3\times(-2)\times3\times1=864$

03

정답 ②

1～2월 이앙기 관리방법에 모두 방청유를 발라 녹 발생을 방지하는 내용이 있다.

오답분석

① 트랙터의 브레이크 페달 작동 상태는 2월의 점검 목록이다.
③ 트랙터의 유압실린더와 엔진 누유 상태의 점검은 트랙터 사용 전 점검이 아니라 보관 중 점검 목록이다.
④ 매뉴얼에 없는 내용이다.
⑤ 이앙기에 커버를 씌워 먼지 및 이물질에 의한 부식을 방지하는 것은 1월의 점검 목록이다.

04

정답 ④

벽걸이형 난방기구를 설치하기 위해서는 거치대를 먼저 벽에 고정시킨 뒤, 평행을 맞춰 제품을 거치대에 고정시키고, 거치대의 고정나사를 단단히 조여 흔들리지 않도록 한다.

오답분석

① 벽걸이용 거치대의 상단에 대한 내용은 설명서에 나타나 있지 않다.
② 스탠드는 벽걸이형이 아니라 스탠드형 설치에 필요한 제품이다.
③ 벽이 단단한 콘크리트나 타일일 경우 전동드릴로 구멍을 내어 거치대를 고정시킨다.
⑤ 스탠드가 아니라 거치대의 고정나사를 조여 흔들리지 않도록 고정시킨다.

05

정답 ③

실내온도가 설정온도보다 약 2～3°C 내려가면 히터가 다시 작동한다. 따라서 실내온도가 20°C라면 설정온도를 20°C보다 2～3°C 이상 낮게 조절해야 히터가 작동한다.

CHAPTER

06 대인관계능력

대표기출유형 01 기출응용문제

01

정답 ⑤

팀워크 저해요인
- 조직에 대한 이해 부족
- 자기중심적인 이기주의
- '내가'라는 자아의식의 과잉
- 질투나 시기로 인한 파벌주의
- 그릇된 우정과 인정
- 사고방식의 차이에 대한 무시

02

정답 ③

시험 준비는 각자 자신의 성적을 위한 것으로 팀워크의 특징인 공동의 목적으로 보기 어렵다. 또한 상호 관계성을 가지고 협력하는 업무로 보기 어려우므로 팀워크의 사례로 적절하지 않다.

03

정답 ③

B사원의 업무방식은 그의 성격으로 나타나는 것이며, B사원의 잘못이 아님을 알 수 있다. 따라서 A대리는 업무방식에 대해 서로 다른 부분을 인정하는 상호 인정에 대한 역량이 필요하다고 볼 수 있다.

대표기출유형 02 기출응용문제

01

정답 ②

현상 유지 및 순응은 반(反) 임파워먼트 환경이 만드는 현상이다.

높은 성과를 내는 임파워먼트 환경의 특징
- 도전적이고 흥미 있는 일
- 학습과 성장의 기회
- 높은 성과와 지속적인 개선을 가져오는 요인들에 대한 통제
- 성과에 대한 지식
- 긍정적인 인간관계
- 개인들이 공헌하며 만족한다는 느낌
- 상부로부터의 지원

02

정답 ③

리더는 조직 구성원들 중 한 명일 뿐이라는 점에서 파트너십 유형임을 알 수 있다. 독재자 유형과 민주주의에 근접한 유형은 리더와 집단 구성원 사이에 명확한 구분이 있으나, 파트너십 유형에서는 그러한 구분이 희미하고, 리더가 조직에서 한 구성원이 되기도 하는 것을 볼 수 있다.

오답분석

① 독재자 유형 : 독재자에 해당하는 리더가 집단의 규칙하에 지배자로 군림하며, 팀원들이 자신의 권위에 대한 도전이나 반항없이 순응하도록 요구하고, 개개인들에게 주어진 업무만을 묵묵히 수행할 것을 기대한다.

② 민주주의에 근접한 유형 : 리더는 팀원들이 동등하다는 것을 확신시키고 경쟁과 토론, 새로운 방향의 설정에 팀원들을 참여시킨다. 비록 민주주의적이긴 하지만 최종 결정권은 리더에게 있음이 특징이다.

④ 변혁적 유형 : 변혁적 리더를 통해 개개인과 팀이 유지해 온 업무수행 상태를 뛰어넘으려 한다. 변혁적 리더는 특정한 카리스마를 통해 조직에 명확한 비전을 제시하고, 그 비전을 향해 자극을 주고 도움을 주는 일을 수행한다.

⑤ 자유방임적 유형 : 리더가 조직의 의사결정과정을 이끌지 않고 조직 구성원들에게 의사결정 권한을 위임해 버리는 리더십 유형이다. 자유로운 회의를 통해 다양한 의견을 제시할 수 있으나, 리더의 지시나 명령이 영향력을 발휘하지 못하고, 구성원의 역량이 낮을 때 의사결정을 내리기 어려운 단점을 볼 수 있다.

대표기출유형 03 기출응용문제

01

정답 ②

동료에 대한 편견에서 생긴 적대적 감정은 불필요한 유형의 갈등일 뿐 해결이 불가능한 것은 아니다.

오답분석

① 절차 혹은 책임에 대한 인식의 불일치로 발생하는 갈등은 핵심 문제에 해당한다.
③ 욕망 혹은 가치의 차이에 의한 갈등은 서로에 대한 이해를 통해 해결할 수 있는 유형의 갈등이다.
④ 문제를 바라보는 시각의 차이에서 발생하는 갈등은 서로에 대한 이해 또는 관점의 전환을 통해 해결할 수 있는 유형의 갈등이다.
⑤ 상호 간에 인식하는 정보의 차이로 인해 발생하는 갈등은 불필요한 유형의 갈등이다.

02

정답 ⑤

여섯 번째 단계에 따라 해결 방안을 확인한 후에는 혼자서 해결하는 것이 아니라 책임을 분할함으로써 다 같이 협동하여 실행해야 한다.

오답분석

① 네 번째 단계에 해당하는 내용이다.
② 첫 번째 단계에 해당하는 내용이다.
③ 세 번째 단계에 해당하는 내용이다.
④ 두 번째 단계에 해당하는 내용이다.

03

정답 ②

상황 2는 통합형 갈등해결 방법이지만, ②는 타협형 갈등해결 방법에 대한 설명을 하고 있다.

오답분석

① 회피형 갈등해결 방법 : 회피형은 자신과 상대방에 대한 관심이 모두 낮은 경우로서, 갈등 상황에 대하여 상황이 나아질 때까지 문제를 덮어두거나 위협적인 상황에서 피하고자 하는 경우를 말한다. 회피형은 개인의 갈등상황으로부터 철회 또는 회피하는 것으로, 상대방의 욕구와 본인의 욕구를 모두 만족시킬 수 없게 된다. 이 전략은 '나도 지고, 너도 지는 방법(I Lose – You Lose)'을 말한다.
③ 수용형 갈등해결 방법 : 수용형은 자신에 대한 관심은 낮고 상대방에 대한 관심은 높은 경우로서 '나는 지고, 너는 이기는 방법(I Lose – You Win)'을 말한다.
④ 경쟁형 갈등해결 방법 : 경쟁형은 지배형(Dominating)이라고도 하는데, 자신에 대한 관심은 높고 상대방에 대한 관심은 낮은 경우로서 '나는 이기고, 너는 지는 방법(I Win – You Lose)'을 말한다. 경쟁형은 상대방의 목표 달성을 희생시키면서 자신의 목표를 이루기 위해 전력을 다하는 전략이다. 이 방법은 제로섬(Zero – Sum) 개념을 의미한다.
⑤ 타협형 갈등해결 방법 : 자신에 대한 관심과 상대방에 대한 관심이 중간 정도인 경우로서, 서로가 받아들일 수 있는 결정을 하기 위하여 타협적으로 주고받는 방식(Give and Take)을 말한다. 즉, 갈등 당사자들이 반대의 끝에서 시작하여 중간 정도 지점에서 타협하여 해결점을 찾는 것이다. 그러나 갈등 당사자 간에 불신이 클 때에는 이 방법은 성공하기 어렵다.

04

정답 ④

곽재우 과장과 김성태 과장의 갈등의 원인은 원칙상 택시비는 비용청구 대상이 되지 않는다는 출장비 지급 규정 및 절차에 대한 이견 때문이다.

오답분석

①・②・③・⑤ 갈등의 쟁점 중 감정적 문제에 해당한다.

05

정답 ①

상황 2와 같은 통합형 갈등해결 방법에서는 문제해결을 위하여 서로 간에 정보를 교환하면서 서로의 차이를 인정하고 배려하는 신뢰감과 공개적인 대화를 필요로 한다.

①은 수용형 갈등해결 방법으로 상대방이 거친 요구를 해오는 경우에 전형적으로 나타나는 반응이다. 자신의 관심이나 요구는 희생함으로써 상대방의 의지에 따르는 경향을 보인다.

06

정답 ④

갈등을 발견하고도 즉각적으로 다루지 않는다면 나중에는 팀 성공을 저해하는 장애물이 될 것이다. 그러나 갈등이 존재한다는 사실을 인정하고 해결을 위한 조치를 취한다면, 갈등을 해결하기 위한 하나의 기회로 전환할 수 있다.

대표기출유형 04 기출응용문제

01

정답 ④

ㄴ. Win－Lose전략은 강압전략으로, 상호 간에 신뢰가 없고, 협상력의 우위에 있을 때 효과적인 전략이다.
ㄹ. 협력전략의 한 형태에 해당한다.

오답분석

ㄱ. 회피전략을 취하는 경우, 회피전략을 통한 압박에 실패하면 상대방도 협상에서 철수할 수 있다. 이러한 경우에 다른 방안이 필요하므로 회피전략을 위해서는 반드시 다른 대안이 있어야 한다.
ㄷ. 유화전략은 협상의 결과로 인한 이득보다 상대방과의 우호적 관계를 통해 협력관계를 이어가는 것을 중시하는 전략으로, 결과보다는 상대방과의 인간관계 유지를 선호하는 경우, 상대방과의 충돌을 피하고자 하는 경우, 자신의 이익보다는 상대방의 이익을 고려해야 하는 경우 등에 사용된다.

02

정답 ②

A씨는 두 딸이 오렌지를 왜 원하는지에 대한 갈등 원인을 확인하지 못해 협상에 실패한 것으로 볼 수 있다. 따라서 협상하기 전에는 반드시 이해 당사자들이 가지는 갈등 원인을 파악해야 한다.

03

정답 ③

K대리가 부서장의 신임을 얻으려 노력한다는 점을 볼 때, 사람의 호의를 쟁취하기 위한 '지식과 노력의 차원'의 협상 사례로 볼 수 있다. 즉, 지식과 노력의 차원에서 협상은 승진, 돈, 안전, 자유, 사랑, 지위, 명예, 정의, 애정 등 우리가 얻고자 원하는 것을 어떻게 다른 사람들보다 더 우월한 지위를 점유하면서 얻을 수 있을 것인가 등에 관련된 지식이며 노력의 장으로 볼 수 있다.

04

정답 ⑤

과학적인 논리보다 동료나 사람들의 행동에 의해서 상대방을 설득하는 사회적 입증 전략의 사례로 적절하다.

오답분석

① 상대방 이해 전략 : 상대방에 대한 이해를 바탕으로 갈등해결을 용이하게 하는 전략이다.
② 권위 전략 : 직위나 전문성, 외모 등을 활용하여 협상을 용이하게 하는 전략이다.
③ 희소성 해결 전략 : 인적·물적자원 등의 희소성을 해결함으로써 협상 과정상의 갈등 해결을 용이하게 하는 전략이다.
④ 호혜관계 형성 전략 : 서로에게 도움을 주고받는 관계 형성을 통해 협상을 용이하게 하는 전략이다.

05

정답 ②

최선의 대안에 대해서 합의하고 선택하는 것은 '해결 대안'에 해당하는 내용이다.

대표기출유형 05 기출응용문제

01

정답 ②

제시문의 빈칸에 들어갈 용어는 '고객접점 서비스'이다. 고객접점 서비스는 짧은 순간의 서비스를 통해 고객의 인상이 달라질 수 있으며, 이로 인해 서비스 직원의 첫인상은 매우 중요하다고 볼 수 있다. 따뜻한 미소와 친절한 한마디 역시 중요하지만, 서비스 직원의 용모와 복장은 친절한 서비스를 제공하기 전에 첫인상을 좌우하는 첫 번째 요소이므로 고객접점 서비스에서 중요하다.

02

정답 ⑤

고객과 금융상품의 개설을 상담하는 과정에서 해당 상품과 관련된 부가 서비스를 권유할 때, 고객이 거절한다면 은행 직원은 이를 극복할 수 있는 화법을 사용하는 것이 필요하다. 특히, 고객이 얻을 수 있는 혜택을 강조하거나, 혹은 이용상의 불편함을 해소할 수 있도록 회유하는 것이 중요하다. 그러나 ⑤와 같이 고객이 입게 되는 불이익을 강조하여 어쩔 수 없이 가입하도록 하는 강요는 적절하지 않다.

03

정답 ⑤

고객이 요청한 업무를 처리함에 있어 수수료 발생 등과 같이 고객이 반드시 알아야 하는 사항은 업무를 처리하기 전에 고객에게 확인을 받고 진행하는 것이 적절하다.

04

정답 ⑤

화가 난 고객을 대응하는 데 있어서는 먼저 고객을 안정시키는 것이 최우선이며, 이후에 고객이 이해할 수 있는 수준의 대응을 제시한다.

05

정답 ④

전화를 다른 부서로 연결할 때 양해를 구하지 않았으며, 다른 부서의 사람이 전화를 받을 수 있는 상황인지를 사전에 확인하지 않았다.

06

정답 ②

고객정보는 타인에게 유출되지 않도록 조심하고 소중하게 다루어야 한다. 따라서 고객과의 상담 중에 되도록 큰 소리로 말하지 않도록 주의하는 것이 좋다. 물론 고객정보를 정확하게 수집하는 것도 중요하지만, 큰 소리로 대화하는 것과는 큰 연관성이 없다.

M E M O

PART 2

최종점검 모의고사

제1회 최종점검 모의고사(사무 / 승무)

제2회 최종점검 모의고사(전기전자 / 시설환경 / 차량)

제1회 최종점검 모의고사

01	02	03	04	05	06	07	08	09	10	11	12	13	14	15	16	17	18	19	20
③	①	③	②	②	②	②	④	②	④	④	④	③	⑤	②	②	②	③	①	⑤
21	22	23	24	25	26	27	28	29	30	31	32	33	34	35	36	37	38	39	40
②	⑤	③	③	①	⑤	④	②	⑤	④	②	④	①	④	⑤	③	③	②	④	③

01 맞춤법

정답 ③

- 재생사업 추진 기본방양을 정리하면~ : 기본방양 → 기본방향
- 산업단지 장소이미지 제창출 : 제창출 → 재창출
- 노후산업단지 장소이미지 게선을~ : 게선 → 개선

02 한자성어

정답 ①

제시문에서는 대형마트와 백화점 중 판매되는 곳에 따라 나타나는 상품에 대한 구매 선호도의 차이를 이야기하고 있다. 따라서 제시문과 관련 있는 한자성어로는 '회남의 귤을 회북에 옮겨 심으면 탱자가 된다.'는 뜻의 '환경에 따라 사람이나 사물의 성질이 변함'을 의미하는 '귤화위지(橘化爲枳)'가 가장 적절하다.

오답분석

② 좌불안석(坐不安席) : 앉아도 자리가 편안하지 않다는 뜻으로, 마음이 불안하거나 걱정스러워서 한군데에 가만히 앉아 있지 못하고 안절부절못하는 모양을 이르는 말
③ 불문가지(不問可知) : 묻지 아니하여도 알 수 있음
④ 전화위복(轉禍爲福) : 재앙과 근심, 걱정이 바뀌어 오히려 복이 됨
⑤ 일망타진(一網打盡) : 한 번 그물을 쳐서 고기를 다 잡는다는 뜻으로, 어떤 무리를 한꺼번에 모조리 다 잡음을 이르는 말

03 글의 제목

정답 ③

(나)의 내용에서 자동차의 통행수요를 줄임으로써 미세먼지를 감소시키고 대기오염을 줄이자고 언급되어 있지만, 친환경 자동차의 공급에 대한 내용은 언급되어 있지 않다.

04 문서 내용 이해

정답 ②

먼지의 지름이 $2.5\mu m$ 이상 $10\mu m$ 이하일 경우 미세먼지라고 칭한다. 또한 지름이 $2.5\mu m$ 이하일 경우에는 초미세먼지라고 칭한다. 따라서 지름이 $3\mu m$ 이하인 경우를 모두 초미세먼지라고 분류하지 않는다.

05 문단 나열

정답 ②

제시문은 문화재 가운데 가장 가치 있는 것으로 평가받는 국보에 대하여 설명하는 글이다. 따라서 (가) 문화재의 종류와 국보에 대한 설명 – (다) 국보의 선정 기준 – (나) 국보 선정 기준으로 선발된 문화재의 종류 – (라) 국보 선정 기준으로 선발된 문화재가 지니는 의미의 순으로 나열해야 한다.

06 빈칸 삽입

정답 ②

제시문은 '직업안전보건국이 제시한 1ppm의 기준이 지나치게 엄격하다고 판결하였다.'와 '직업안전보건국은 노동자를 생명의 위협이 될 수 있는 화학물질에 노출시키는 사람들이 그 안전성을 입증해야 한다.'의 논점의 대립이다. 따라서 빈칸에는 ②와 같이 '벤젠의 노출 수준이 1ppm을 초과할 경우 노동자의 건강에 실질적으로 위험하다는 것을 직업안전보건국이 입증해야 한다.'는 내용이 오는 것이 적절하다.

PART 2

07 속담

정답 ②

제시문의 마지막 문장을 통해 핀테크는 보는 관점에 따라 금융업에 있어서 해체 요인, 또는 통합 요인으로 작용됨을 알 수 있다. 따라서 어떤 원칙이 있는 것이 아니라 이렇게도 저렇게도 해석될 수 있음을 설명하는 ②가 가장 적절한 내용이다.

08 문서 내용 이해

정답 ④

색채를 활용하여 먼 거리에서 더 잘 보이게 하거나 뚜렷하게 보이도록 해야 할 때가 있다. 그럴 경우에는 배경과 그 앞에 놓이는 그림의 속성 차를 크게 해야 한다.

오답분석

① 색채의 대비는 2개 이상의 색을 동시에 보거나, 계속해서 볼 때 일어나는 현상이다. 전자를 '동시대비', 후자를 '계속대비'라고 한다.
② 어떤 색을 계속 응시하면, 시간의 경과에 따라 그 색의 보이는 상태가 변화한다.
③ 색채가 어떠하며, 우리 눈에 그것이 어떻게 보이고, 어떤 느낌을 주는지는 색채심리학이 다루는 연구대상 중 가장 주요한 부분이다.
⑤ 멀리서도 잘 보여야 하는 표지류 등은 대비량이 큰 색을 사용한다.

09 내용 추론

정답 ②

두 색이 서로의 영향으로 색상 차가 나는 현상은 색상대비로 볼 수 있다.

오답분석

① 명도대비에 대한 설명이다.
③ 색순응에 대한 설명이다.
④ 보색잔상에 대한 설명이다.
⑤ 채도대비에 대한 설명이다.

10 문서 작성

정답 ④

중요한 내용을 두괄식으로 작성함으로써 보고받은 자가 해당 문서를 신속하게 이해하고 의사결정을 하는 데 도움을 주는 것이 중요하다.

11 명제 추론

정답 ④

제시된 조건을 정리해 보면 다음과 같다.

구분	미국	영국	중국	프랑스
올해	D	C	B	A
작년	C	A	D	B

따라서 항상 참인 것은 ④이다.

12 명제 추론

정답 ④

제시된 조건을 정리해 보면 다음과 같다.

구분	A	B	C	D	E
갑		×		×	
을				×	
병			○		
정		×			
무		×		×	×

병은 C를 제안하였으므로 D는 정이, B는 을이 제안하였음을 알 수 있다. 또한 A는 무가, 나머지 E는 갑이 제안하였음을 알 수 있다. 따라서 제안자와 그 제안이 바르게 연결된 것은 을 B, 갑 E이다.

13 규칙 적용

정답 ③

- 702 나 2838 : '702'는 승합차에 부여되는 자동차 등록번호이다.
- 431 사 3019 : '사'는 운수사업용 차량에 부여되는 자동차 등록번호이다.
- 912 라 2034 : '912'는 화물차에 부여되는 자동차 등록번호이다.
- 214 하 1800 : '하'는 렌터카에 부여되는 자동차 등록번호이다.
- 241 가 0291 : '0291'은 발급될 수 없는 일련번호이다.

따라서 보기에서 비사업용 승용차의 자동차 등록번호로 잘못 부여된 것은 모두 5개이다.

14 규칙 적용

정답 ⑤

직원명단 순서대로 직원코드를 생성하면 다음과 같다.

명단	입사 연도	퇴사 연도	재직기간	채용전형	생년월일 · 성명
최지율	1980년대 : A8	2016년 : Y	20년 초과 30년 이내 : ㄷ	공채 : a	650802ㅊㅈ
강이나라	2000년대 : B0	재직자 : Z	재직자 : ㅁ	공채 : a	720201ㄱㅇ
김자영	1980년대 : A8	1999년 : X	10년 초과 20년 이내 : ㄴ	특채 : b	580119ㄱㅈ
이아름	2010년대 : B1	재직자 : Z	재직자 : ㅁ	공채 : a	930605ㅇㅇ
유소정	2020년대 : B2	재직자 : Z	재직자 : ㅁ	특채 : b	981220ㅇㅅ

위 명단 순서대로 직원코드를 정리하면 다음과 같다.

- 최지율 : A8Yㄷa650802ㅊㅈ
- 강이나라 : B0Zㅁa720201ㄱㅇ
- 김자영 : A8Xㄴb580119ㄱㅈ
- 이아름 : B1Zㅁa930605ㅇㅇ
- 유소정 : B2Zㅁb981220ㅇㅅ

따라서 ⑤는 유소정의 직원코드와 다르다.

15 규칙 적용

정답 ②

입사 연도 A6 ~ A9를 A, B0 ~ B2를 B로 수정하고, 세 번째 코드인 재직기간에서 재직자의 코드를 'ㅁ'에서 '–'로 수정해 준다. 마지막으로 생년월일·성명 코드에서 성명의 모든 초성을 적어 변경사항을 적용하면 다음과 같다.

- 최지율 : AYㄷa650802ㅊㅈㅇ
- 강이나라 : BZ–a720201ㄱㅇㄴㄹ
- 김자영 : AXㄴb580119ㄱㅈㅇ
- 이아름 : BZ–a930605ㅇㅇㄹ
- 유소정 : BZ–b981220ㅇㅅㅈ

따라서 ②는 강이나라의 직원코드와 다르다.

16 SWOT 분석

정답 ②

ㄱ. LNG 구매력이 우수하다는 강점을 이용해 북아시아 가스관 사업이라는 기회를 활용하는 것은 SO전략에 해당한다.
ㄷ. 수소 자원 개발이 고도화되고 있는 기회를 이용하여 높은 공급단가라는 약점을 보완하는 것은 WO전략에 해당한다.

오답분석

ㄴ. 북아시아 가스관 사업은 강점이 아닌 기회에 해당되므로 ST전략에 해당한다고 볼 수 없다.
ㄹ. 높은 LNG 확보 능력이라는 강점을 이용해 높은 가스 공급단가라는 약점을 보완하려는 것은 WT전략에 해당한다고 볼 수 없다.

17 SWOT 분석

정답 ②

ㄱ. 한류의 영향으로 한국 제품을 선호한다면 적극적인 홍보 전략을 추진한다.
ㄷ. 빠른 제품 개발 시스템이 있기 때문에 소비자 기호를 빠르게 분석하여 제품 생산에 반영한다.

오답분석

ㄴ. 인건비 상승과 외국산 저가 제품 공세 강화로 인해 적절한 대응이라고 볼 수 없다.
ㄹ. 선진국은 기술 보호주의를 강화하고 있으므로 적절한 대응이라고 볼 수 없다.

18 자료 해석

정답 ③

B안의 가중치는 전문성인데 자원봉사제도는 (–)이므로 적절하지 않은 판단이다.

오답분석

① 전문성 면에서는 유급법률구조제도가 (+), 자원봉사제도가 (–)이므로 옳은 설명이다.
② A안에 가중치를 적용할 경우 접근용이성과 전문성에 가중치를 적용하므로 두 정책목표 모두에서 (+)를 보이는 유급법률구조제도가 가장 적절하다.
④ B안에 가중치를 적용할 경우 전문성에 가중치를 적용하므로 (+)를 보이는 유급법률구조제도가 가장 적절하며, A안에 가중치를 적용할 경우 ②에 의해 유급법률구조제도가 가장 적절하다. 따라서 어떤 것을 적용하더라도 결과는 같다.
⑤ 비용저렴성을 달성하려면 (+)를 보이는 자원봉사제도가 가장 유리하다.

19 자료 해석

정답 ①

2층 이상의 건물이므로 1층인 C건물은 제외되고, 엘리베이터가 없는 E건물과 장애인시설이 없는 D건물도 조건에 맞지 않아 I공사는 A, B건물 중에 계약해야 한다. 두 건물은 현장과의 거리도 모두 12km 이내이므로 환산점수 합을 비교하면 A건물이 145점으로 110점인 B건물보다 높아 I공사는 A건물로 사무실을 이전한다.

20 자료 해석

정답 ⑤

건물별 항목마다 적용되는 환산점수 합을 구하면 다음과 같다.

건물	층수	면적(건물+주차장)	거리	시설	월임대료
A	3×10=30	(40×3)+(5×3)=120+15	10(6km)	−	30점 감점(300만 원)
B	2×10=20	(50×2)+(10×3)=100+30	10(10km)	−	50점 감점(500만 원)
C	1×10=10	(90×1)+(15×3)=90+45	20(4km)	−	40점 감점(400만 원)
D	2×10=20	(60×2)+(15×3)=120+45	5(14km)	5점 감점(장애인시설 없음)	50점 감점(500만 원)
E	2×10=20	(55×2)+(20×3)=110+60	10(8km)	10점 감점(엘리베이터 없음)	40점 감점(400만 원)

- A건물 : 30+(120+15)+10+(−30)=145점
- B건물 : 20+(100+30)+10+(−50)=110점
- C건물 : 10+(90+45)+20+(−40)=125점
- D건물 : 20+(120+45)+5+(−5)+(−50)=135점
- E건물 : 20+(110+60)+10+(−10)+(−40)=150점

따라서 I공사는 점수가 가장 높은 E건물로 사무실을 이전한다.

21 협상 전략

정답 ②

거래처의 관리에 있어서 최초 선정 시 또는 임원이나 동료의 추천 시에는 추천된 업체와 그렇지 않은 업체와의 가격, 서비스 비교를 통해 결정한다. 결정된 업체와는 일정 기간을 유지하여 장기 거래처로서의 이점을 활용하지만, 오래된 거래업체라고 해도 가끔 다른 업체와의 비교·분석으로 교차점검을 하는 것이 바람직하다.

22 갈등 관리

정답 ⑤

사람 사이에서는 갈등이 없을 수 없다. 회피하는 것보다는 갈등 그대로를 마주하고 해결을 위해 노력해야 한다. 대부분의 갈등은 어느 정도의 시간이 지난 뒤 겉으로 드러나기 때문에 갈등이 인지되었다면 해결이 급한 상황일 가능성이 높다. 따라서 시간을 두고 지켜보는 것은 옳지 않다.

23 팀워크

정답 ③

대인관계는 이해와 양보의 미덕을 기반으로 이루어진다. 신입사원 A는 팀원들과 교류가 없는 선임과 같이 일을 하면서 그를 이해하게 되고 적극적으로 다가가면서 관계가 가까워졌다.

24 팀워크

정답 ③

제시된 상황은 다른 팀원들이 선임과 개방적으로 의사소통을 하지도 않고, 건설적으로 해결하려는 모습을 보여주고 있지 않기 때문에 신입사원 A는 팀에 좋은 영향을 미치지 못할 것이라고 판단하고 있다.

25 협상 전략

정답 ①

인간은 누구나 반대되는 의견이나 생각에 부딪히게 되면 자연스럽게 반대의견을 펴게 된다. 하지만 상대방을 자기의견에 따르도록 유도하는 것이 아니라 굴복시키게 되면 그의 자아에 심대한 타격을 주게 된다. 결과적으로 적대감을 품게 되며 복수의 기회를 엿보게 만들기 때문에 적절하지 않다.

26 리더십

정답 ⑤

현상을 유지하고 조직에 순응하려는 경향은 반 임파워먼트 환경에서 나타나는 모습이다.

임파워먼트 환경의 특징
- 업무에 있어 도전적이고 흥미를 가지게 된다.
- 학습과 성장의 기회가 될 수 있다.
- 긍정적인 인간관계를 형성할 수 있다.
- 개인들이 조직에 공헌하며 만족하는 느낌을 가질 수 있다.
- 자신의 업무가 존중받고 있음을 느낄 수 있다.

27 갈등 관리

정답 ④

올바른 갈등해결 방법
- 다른 사람들의 입장을 이해한다.
- 사람들이 당황하는 모습을 자세하게 살핀다.
- 어려운 문제는 피하지 말고 맞선다.
- 자신의 의견을 명확하게 밝히고 지속적으로 강화한다.
- 사람들과 눈을 자주 마주친다.
- 마음을 열어놓고 적극적으로 경청한다.
- 타협하려 애쓴다.
- 어느 한쪽으로 치우치지 않는다.
- 논쟁하고 싶은 유혹을 떨쳐낸다.
- 존중하는 자세로 사람들을 대한다.

28 고객 서비스

정답 ②

고객은 대출 이자가 잘못 나갔다고 생각하고 일처리를 잘못한다고 의심하는 상황이기 때문에 의심형 불만고객이다.

불만 표현 유형
- 거만형 : 자신의 과시욕을 드러내고 싶어 하는 사람으로, 보통 제품을 폄하하는 고객
- 의심형 : 직원의 설명이나 제품의 품질에 대해 의심을 많이 하는 고객
- 트집형 : 사소한 것으로 트집을 잡는 까다로운 고객
- 빨리빨리형 : 성격이 급하고, 확신 있는 말이 아니면 잘 믿지 않는 고객

29 고객 서비스

정답 ⑤

ㄷ. 빠른 해결을 약속하지 않으면 다른 불만을 야기하거나 불만이 더 커질 수 있다.
ㄹ. 고객의 불만인 대출과 관련된 내용에 대해 답변을 해야 한다.

오답분석

ㄱ. 해결 방안은 고객이 아닌 I기관에서 제시하는 것이 적절하다.
ㄴ. 불만을 동료에게 전달하는 것은 고객의 입장에서는 알 필요가 없는 정보이다.

30 리더십

정답 ④

반복적인 업무로 지친 팀원들에게 새로운 업무의 기회를 부여하는 것은 팀원들에게 동기를 부여할 수 있는 효과적인 방법이다. 팀원들은 매일 해왔던 업무와 전혀 다른 일을 처리하면서 새로운 도전이 주는 자극과 스릴감을 가지게 될 것이며, 나아가 자신의 능력을 인정받았다는 뿌듯함과 성취감을 느낄 수 있다.

오답분석

① 자신의 책임을 전가하는 팀원들에게 필요한 방법이다.
② 코칭은 문제를 함께 살피고, 지원하며, 지도 및 격려하는 활동을 말한다.
③ 지속적인 교육은 팀원들에게 성장의 기회를 제공하는 방법이다.
⑤ 칭찬과 격려는 팀원들에게 동기를 부여하는 긍정적 강화법으로 볼 수 있다.

| 사무직(정보능력) |

31 정보 이해

정답 ②

컴퓨터 시스템의 구성요소

- 중앙처리장치(CPU) : 컴퓨터의 시스템을 제어하고 프로그램의 연산을 수행하는 처리장치이다.
- 주기억장치 : 프로그램이 실행될 때 보조기억장치로부터 프로그램이나 자료를 이동시켜 실행시킬 수 있는 기억장치이다.
- 보조저장장치 : 2차 기억장치, 디스크나 CD-ROM과 같이 영구 저장 능력을 가진 기억장치이다.
- 입출력장치 : 장치마다 별도의 제어기가 있어 CPU로부터 명령을 받아 장치의 동작을 제어하고 데이터를 이동시키는 일을 수행한다.

32 정보 이해

정답 ④

특정 값의 변화에 따른 결괏값의 변화를 알아보는 경우는 '시나리오'와 '데이터 표' 2가지가 있는데, 이 중 표 형태로 표시해 주는 것은 '데이터 표'에 해당한다. 또한 비슷한 형식의 여러 데이터 결과를 요약해 주는 경우는 '부분합'과 '통합'이 있으며, 이 중 통합하여 요약해 주는 것은 '통합'(데이터 통합)에 해당한다. 참고로 '부분합'은 하나로 통합하지 않고 그룹끼리 모아서 계산한다.

33 정보 이해

정답 ①

Windows [제어판]의 [접근성 센터]에는 돋보기, 내레이터, 화상 키보드, 고대비 설정과 같은 시각 장애에 도움을 줄 수 있는 기능이 포함되어 있다.

34 엑셀 함수

정답 ④

[F3] 셀에 입력된 「=IF(AVERAGE(B3:E3)>=90,"합격","불합격")」 함수식에서 'AVERAGE(B3:E3)'는 [B3:E3] 범위의 평균을 나타낸다. 또한, IF 함수는 논리 검사를 수행하여 TRUE나 FALSE에 해당하는 값을 반환해주는 함수로, 정리하면 「=IF(AVERAGE(B3:E3)>=90,"합격","불합격")」 함수식은 [B3:E3] 범위의 평균이 90 이상일 경우 '합격'을, 그렇지 않을 경우 '불합격'의 값을 출력한다. [F3]~[F6]의 각 셀에 나타나는 [B3:E3], [B4:E4], [B5:E5], [B6:E6]의 평균값은 83, 87, 91, 92.5이다. 따라서 [F3]~[F6] 셀에 나타나는 결괏값은 ④이다.

35 엑셀 함수

정답 ⑤

「=SUM(합계를 구할 처음 셀:합계를 구할 마지막 셀)」으로 표시해야 한다. 판매수량과 추가판매를 더하는 것은 비연속적인 셀을 더하는 것이므로 연속하는 영역을 입력하고 ','로 구분해준 뒤 다음 영역을 다시 지정해야 한다. 따라서 [B6] 셀에 들어갈 함수식은 「=SUM(B2:B5,C2,C5)」이다.

36 엑셀 함수

정답 ③

'MAX(B7:E7)' 함수 값은 [B7:E7] 범위에서 가장 큰 값인 91이며, COUNTA 함수는 범위에서 비어있지 않은 셀의 개수를 세주는 함수로 'COUNTA(B6:E6)'의 함수 값은 4가 된다. 따라서 'AVERAGE(91,4)'가 되며 91과 4의 평균인 47.5가 된다.

오답분석

① 'MAX(B3:E3)' 함수 값은 [B3:E3] 범위에서 가장 큰 값인 95이며, 'MIN(B7:E7)' 함수 값은 [B7:E7] 범위에서 가장 작은 값인 79이다. 따라서 'SUM(95,79)'이 되며 95와 79의 합인 174가 된다.
② MAXA 함수는 논리값과 텍스트도 포함하여 최댓값을 나타내는 함수로 'MAXA(B4:E4)'의 함수 값은 [B4:E4] 범위의 최댓값인 94가 된다. COUNT 함수는 범위에서 숫자가 포함된 셀의 개수를 세주는 함수로 'COUNT(B3:E3)'의 함수 값은 4가 된다. 따라서 'SUM(94,4)'이 되며 94와 4의 합인 98이 된다.
④ 'LARGE(B2:E2,3)' 함수 값은 [B2:E2] 범위에서 3번째로 큰 값인 80이며, 'SMALL(B5:E5,2)' 함수 값은 [B5:E5] 범위에서 2번째로 작은 값인 79이다. 따라서 'AVERAGE(80,79)'가 되며 80과 79의 평균인 79.5가 된다.
⑤ 'SMALL(B3:E3,3)' 함수 값은 [B3:E3] 범위에서 3번째로 작은 값인 93이며, 'LARGE(B7:E7,3)' 함수 값은 [B7:E7] 범위에서 3번째로 큰 값인 80이다. 따라서 'AVERAGE(93,80)'가 되며 93과 80의 평균인 86.5가 된다.

37 엑셀 함수

정답 ③

세액은 공급가액의 10%이므로 (수기종이계산서의 공급가액)×0.1이다. 따라서 [F4] 셀에는 「=E4*0.1」을 입력해야 한다.

38 엑셀 함수

정답 ②

[G5] 셀을 채우기 위해서는 함수식 「=SUM(G3:G4)」 또는 「=SUM(E5:F5)」이 입력되어야 하고, 총합계는 12,281,889이다.

오답분석

③·④·⑤ AVERAGE는 평균을 구할 때 사용하는 함수이다.

39 프로그램 언어(코딩)

정답 ④

증감 연산자(++, --)는 피연산자를 1씩 증가시키거나 감소시킨다. 수식에서 증감 연산자가 피연산자의 뒤에 사용되었을 때는 값을 먼저 리턴하고 증감시킨다. temp=i++;은 temp에 i를 먼저 대입하고 난 뒤 i 값을 증가시키기 때문에 temp는 10, i는 11이 된다. temp=i--; 역시 temp에 먼저 i 값을 대입한 후 감소시키기 때문에 temp는 11, i는 10이 된다.

40 프로그램 언어(코딩)

정답 ③

최댓값을 구하는 메소드는 max이고, 최솟값을 구하는 메소드는 min이다. data 리스트에 있는 값들에서 최댓값과 최솟값을 구하므로 max(data)와 min(data)을 사용한다.

| 승무직(기술능력) |

31 기술 적용 정답 ②

본 제품에는 배터리 보호를 위하여 과충전 보호회로가 내장되어 있어 적정 충전시간을 초과하여도 큰 손상이 없으므로 고장의 원인으로 적절하지 않다.

32 기술 적용 정답 ④

청소기 전원을 끄고 이물질 제거 후 전원을 켜면 파워브러시가 재작동하며 평상시에도 파워브러시가 멈추었을 때는 전원 스위치를 껐다 켜면 재작동한다.

33 기술 적용 정답 ①

제품사양에 따르면 '에듀프렌드'는 내장 500GB, 외장 500GB 총 1TB의 메모리를 지원하고 있다. 1TB까지 저장이 가능하므로 500GB를 초과하더라도 추가로 저장할 수 있다.

오답분석

② 학습자 관리 기능으로 인적사항을 등록할 수 있다.
③ 교사 스케줄링 기능으로 일정을 등록할 수 있고, 중요한 일정은 알람을 설정할 수 있다.
④ GPS를 지원하여 학습자 방문지와의 거리 및 시간 정보와 경로를 탐색할 수 있다.
⑤ 커뮤니티에 접속해 공지사항을 확인할 수 있다.

34 기술 적용 정답 ④

주의사항에 따르면 기기에 색을 칠하거나 도료를 입히면 안 되며, 이를 위반하였을 경우 제품손상이 발생할 수 있다. 그러나 ④와 같이 기기가 아닌 보호 커버 위에 매직펜으로 이름을 쓰는 것은 제품손상과 관계없다.

오답분석

① 기기를 떨어뜨리는 것은 고장의 원인이 될 수 있다.
② 출력 커넥터에 허용되는 헤드셋 또는 이어폰을 사용해야 한다.
③ 물 또는 빗물에 던지거나 담그는 것은 고장의 원인이 될 수 있다.
⑤ 자성을 이용한 제품을 가까이 두어서는 안 된다.

35 기술 적용 정답 ⑤

[세부절차 설명] (2)에서 공유기의 DHCP 서버 기능을 중지하도록 안내하고 있다. 또한 [안내]에서도 공유기에 내부 IP 주소 변경과 DHCP 서버 기능을 중단하도록 알려주고 있다.

36 기술 적용 정답 ③

[세부절차 설명] (3)을 살펴보면 스위치로 동작하는 〈공유기 2〉의 WAN 포트에는 아무것도 연결하지 않도록 안내하고 있으므로, WAN 포트에 연결하라는 답변은 옳지 않다.

37 기술 이해

정답 ③

근로자가 업무에 관계되는 건설물, 설비, 원재료, 가스, 증기, 분진 등에 의하거나, 직업과 관련된 기타 업무에 의하여 사망 또는 부상하거나 질병에 걸리게 되는 것을 산업재해로 정의하고 있다. 따라서 휴가 중 일어나 사고는 업무와 무관하므로 산업재해가 아니다.

38 기술 이해

정답 ②

OJT(On the Job Training)는 조직 안에서 피교육자인 종업원이 직무에 종사하면서 받게 되는 교육 훈련 방법이다. 집합교육으로는 기본적·일반적 사항 밖에 훈련시킬 수 없다는 것을 바꾸기 위해 나온 방법으로 피교육자인 종업원이 '업무수행이 중단되는 일 없이 업무수행에 필요한 지식·기술·능력·태도를 교육훈련 받는 것'을 말하며, 직장훈련·직장지도·직무상 지도 등이라고도 한다.

39 기술 이해

정답 ④

벤치마킹은 특정 분야에서 뛰어난 업체나 상품, 기술, 경영 방식 등을 배워 합법적으로 응용하는 것으로, 비교 대상에 따라 내부·경쟁적·비경쟁적·글로벌 벤치마킹으로 분류되고, 수행 방식에 따라 직접적·간접적 벤치마킹으로 분류된다. 제시문에 나타난 S사의 사례는 같은 기업 내의 다른 지역, 다른 부서, 국가 간의 유사한 활용을 비교 대상으로 한 내부 벤치마킹이다.

오답분석

① 글로벌 벤치마킹 : 프로세스에 있어 최고로 우수한 성과를 보유한 동일 업종의 비경쟁적 기업을 대상으로 하는 벤치마킹이다.
② 경쟁적 벤치마킹 : 동일 업종에서 고객을 직접적으로 공유하는 경쟁기업을 대상으로 하는 벤치마킹이다.
③ 비경쟁적 벤치마킹 : 제품, 서비스 및 프로세스의 단위 분야에 있어 가장 우수한 실무를 보이는 비경쟁적 기업 내의 유사 분야를 대상으로 하는 벤치마킹이다.
⑤ 직접적 벤치마킹 : 벤치마킹 대상을 직접 방문하여 자료를 입수하고 조사하는 벤치마킹이다.

40 기술 이해

정답 ③

㉠ 드론(Drone) : 무인항공기(UAV; Unmanned Aerial Vehicle)로도 불리며, 조종사가 탑승하지 않고 무선 원격 조종하는 비행체이다. 모형항공기와 비교되곤 하는데 드론과 모형항공기의 가장 큰 차이는 자동비행장치의 탑재 유무이다. 자동비행이 가능하면 드론의 일종으로 보고, 자동비행이 불가능하여 수동 조작이 필요하면 모형항공기의 일종으로 본다.
㉡ 사물인터넷(IoT; Internet of Things) : 물체에 인터넷 등의 네트워크를 적용하여 물체와 사용자와의 커뮤니케이션은 물론 연결된 기기 간의 상호작용을 통해 자동으로 기기를 제어하는 기술이다.
㉢ 빅데이터(Big data) : 기존 데이터 처리 능력으로는 감당이 안 되는 매우 크고 복잡한 비정형 데이터이다. 흔히 빅데이터의 3대 중요 요소로 크기(Volume), 속도(Velocity), 다양성(Variety)을 꼽으며 빅데이터를 통한 가치 창출이 중요해지면서 정확성(Veracity), 가치(Value)까지 포함하여 빅데이터의 5대 중요 요소로 꼽는 사람들도 있다.

제2회 최종점검 모의고사

01	02	03	04	05	06	07	08	09	10	11	12	13	14	15	16	17	18	19	20
①	③	②	①	②	①	⑤	③	③	④	③	④	⑤	③	②	①	②	⑤	①	④
21	22	23	24	25	26	27	28	29	30	31	32	33	34	35	36	37	38	39	40
④	③	④	④	①	④	④	⑤	③	②	③	④	①	④	②	③	①	①	②	②

01 문서 수정 정답 ①

'역활'은 '역할'의 잘못된 표기로, 자기가 마땅히 하여야 할 맡은 바 직책이나 임무'를 뜻하는 말은 '역할(役割)'이다.

02 빈칸 삽입 정답 ③

• (가) : 빈칸 뒤 문장에서 '물론 과도한 지방 섭취는 안 좋다.'라는 내용을 통해 지방 섭취에 관한 부정적인 이야기가 나와야 함을 알 수 있다. 따라서 ㉡이 적절하다.
• (나) : 빈칸 뒤 문장을 보면 '이러한 축적 능력'이라는 어구가 보인다. 따라서 빈칸에는 축적 능력에 관한 내용이 있어야 한다. 따라서 ㉢이 적절하다.
• (다) : 빈칸 앞 문장은 살아남은 자들의 후손인 현대인들이 달거나 기름진 음식을 본능적으로 좋아하게 된 것은 진화의 당연한 결과이고, 뒤 문장은 지방이 풍부한 음식을 찾는 경향은 지나치게 지방을 축적하게 했고, 결국 부작용으로 이어졌다고 했으므로, 빈칸에는 진화가 부작용으로 이어졌다는 내용이 들어가야 한다. 따라서 ㉠이 적절하다.

03 어휘 정답 ②

제시문에 따르면 현대사회를 살아가는 사람들은 외모에 대해 주변인들의 평가, 학교 교육, 대중매체, 광고, 문화 이데올로기 등의 담론을 통해 이상자아를 형성하고, 실제 자신 사이의 불일치가 일어날 때 고통을 받는다고 한다. 이러한 외모 문화에는 대중매체, 가부장적 이데올로기, 시각문화, 자본주의 등 수많은 요소들이 개입하고 있음을 설명하고 있다. 따라서 빈칸에는 '다층적인'이 들어가는 것이 가장 적절하다.

04 글의 주제 정답 ①

제시문은 유전자 치료를 위해 프로브와 겔 전기영동법을 통해 비정상적인 유전자를 찾아내는 방법을 설명하고 있다.

05 내용 추론 정답 ②

제시문에는 두 개의 판이 만나고 있으며 서로 멀어지고 있다는 정보만 있을 뿐, 어느 판이 더 빠르고 느린지 절대 속도에 대한 자세한 정보는 없다.

오답분석

① 마지막 문단의 '열점이 거의 움직이지 않는다는 것을 알아내고, 그것을 판의 절대 속도를 구하는 기준점으로 사용하였다. 과학자들은 지금까지 지구상에서 100여 개의 열점을 찾아냈는데, 그 중의 하나가 바로 아이슬란드에 있다.'는 내용으로 알 수 있다.
③ 두 번째 문단의 '지구에서 판의 경계가 되는 곳은 여러 곳이 있다. 그러나 아이슬란드는 육지 위에서 두 판이 확장되는 희귀한 지역이다.'라는 내용으로 알 수 있다.
④ 첫 번째 문단의 '지구의 표면은 크고 작은 10여 개의 판으로 이루어져 있다. 아이슬란드는 북아메리카판과 유라시아판의 경계선인 대서양 중앙 해령에 위치해 있다.'는 내용으로 알 수 있다.
⑤ 두 번째 문단의 '아이슬란드의 중심부를 지나는 대서양 중앙 해령의 갈라진 틈이 매년 약 15cm씩 벌어지고 있다.'는 내용으로 알 수 있다.

06 맞춤법

정답 ①

'나뉘다'는 '나누다'의 피동형으로 피동을 만드는 접사인 '-어지다'를 결합할 경우 이중피동이 된다. 따라서 옳은 표현은 '나뉘어'이다.

07 문단 나열

정답 ⑤

제시문은 사회 윤리의 중요성과 특징, 향후 발전 방법에 대하여 설명하고 있다. 이때 글의 구조를 파악해 보면, (가)는 대전제, (다)는 소전제, (나)는 결론의 구조를 취하고 있으며, (마)는 (다)에 대한 보충 설명, (라)는 (마)에 대한 보충 설명을 하고 있다. 따라서 (가) 현대 사회에서 대두되는 사회 윤리의 중요성 – (다) 개인의 윤리와 다른 사회 윤리의 특징 – (마) 개인 윤리와 사회 윤리의 차이점 – (라) 개인과 사회의 차이와 특성 – (나) 현대 사회의 특성에 맞는 사회 윤리의 정의의 순으로 나열해야 한다.

08 한자성어

정답 ③

동족방뇨(凍足放尿)는 '언 발에 오줌 누기'라는 뜻으로, 그때 상황만 모면하고자 바로 뒤에 올 결과는 생각을 안 하여 일시적인 효과만 있고 결과는 나빠지는 것을 말한다.

오답분석

① 유비무환(有備無患) : '미리 준비가 되어 있다면 근심이 없다.'는 뜻으로, 미리 대비가 되어있다면 어떤 어려움이 닥쳐도 걱정할 일이 없다는 것을 말한다.
② 근주자적(近朱者赤) : '붉은빛에 가까이 하면 반드시 붉게 된다.'는 뜻으로, 주위 환경이 중요하다는 것을 말한다.
④ 세불십년(勢不十年) : '권세는 10년을 넘지 못한다.'는 뜻으로, 권력은 오래가지 못하고 변한다는 것을 말한다.
⑤ 타산지석(他山之石) : '다른 산의 나쁜 돌이라도 자신의 산의 옥돌을 가는 데에 쓸모가 있다.'는 뜻으로, 남의 허물이나 언행을 교훈으로 삼는다는 것을 말한다.

09 문서 작성

정답 ③

보고서의 '출장의 배경 및 세부 일정' 항목을 통해 해외 출장 세부 일정 관련 정보가 포함되어야 함을 알 수 있다. 또한, 보고서의 '출장 배경'에 따르면 1998년 이후 2년 주기로 협력회의를 개최해 오고 있으므로 과거 협력 회의 시 다루었던 내용도 함께 포함되어야 한다. 따라서 보고서에 반드시 포함되어야 할 내용으로 ③이 가장 적절하다.

10 문서 내용 이해

정답 ④

제시문에 따르면 이사들의 전원일치로 강ㅁㅁ이 대표이사로 선임되었다고 나와 있으므로 ④는 적절한 내용이 아니다.

11 수열 규칙

정답 ③

제시된 수열은 홀수 항은 ×3+1, 짝수 항은 +5, +6, +7, …을 적용하는 수열이다.

11 → 10 → (34) → 15 → 103 → (21) → 310 → 28

따라서 A=34, B=21이므로, A−B=13이다.

12 응용 수리

정답 ④

빈자리가 있는 버스는 없으므로 한 대에 45명씩 n대 버스에 나누어 탈 때와 한 대에 40명씩 $(n+2)$대 버스에 나누어 탈 때의 전체 학생 수는 같기 때문에 다음과 같은 식이 성립한다.

$45n=40(n+2)$

→ $5n=80$

$\therefore\ n=16$

따라서 이 학교의 학생 수는 16×45=720명이다.

13 응용 수리

정답 ⑤

예성이의 분당 속력을 xm/min라 하면 소희의 속력은 30km/h=$\frac{30}{60}$km/min=500m/min이므로 500×12+500×20=20x m/min이다.

따라서 예성이의 분당 속력은 $\frac{500\times12+500\times20}{20}$=800m/min이다.

14 응용 수리

정답 ③

두 사람은 이번 주 토요일 이후에 각각 15일, 20일마다 미용실에 간다. 15와 20의 최소공배수를 구하면 60이므로 60일마다 두 사람은 미용실에 함께 가게 된다. 처음으로 다시 두 사람이 미용실에 같이 가는 요일은 60÷7=7×8+4이므로 토요일의 4일 후는 수요일이다.

15 자료 계산

정답 ②

$\frac{(\text{대학졸업자 중 취업자})}{(\text{전체 대학졸업자})}\times100=(\text{대학졸업자 취업률})\times(\text{대학졸업자의 경제활동인구 비중})\times\frac{1}{100}$

따라서 OECD 평균은 $50\times40\times\frac{1}{100}=20\%$이고, 이보다 높은 국가는 B, C, E, F, G, H이다.

16 자료 계산

정답 ①

2024년의 수리답 면적을 $x$ha라 하면,

$\frac{x}{934,000}\times100=80.6$

→ $\frac{x}{934,000}=0.806$

$\therefore\ x=752,804$

따라서 2024년의 수리답 면적은 752,804ha이므로 약 753천ha이다.

17 자료 이해

정답 ②

ㄱ. 해당 연도별 전체 경지 면적에서 밭이 차지하는 비율은 다음과 같다.

- 2017년 : $\frac{712}{1,782}\times100 ≒ 39.96\%$
- 2018년 : $\frac{713}{1,759}\times100 ≒ 40.53\%$
- 2019년 : $\frac{727}{1,737}\times100 ≒ 41.85\%$
- 2020년 : $\frac{731}{1,715}\times100 ≒ 42.62\%$
- 2021년 : $\frac{738}{1,698}\times100 ≒ 43.46\%$
- 2022년 : $\frac{764}{1,730}\times100 ≒ 44.16\%$

따라서 전체 경지 면적에서 밭이 차지하는 비율은 계속 증가하고 있다.
2022년까지 전체 경지면적은 줄어들고 있는 반면 밭의 면적은 계속 늘어나고 있으므로, 경지면적에서 밭의 비율은 일일이 계산해 보지 않더라도 증가함을 알 수 있다.

ㄴ. 2017 ~ 2024년 논 면적의 평균은 $\frac{1,070+1,046+1,010+984+960+966+964+934}{8}=991.75$천ha이므로 이보다 논 면적이 줄어들기 시작한 해는 2020년부터이므로 옳은 설명이다.

오답분석

ㄷ. 전체 논 면적 중 수리답 면적을 제외한 면적만 줄어들고 있다면 수리답 면적은 그대로이거나 증가해야 한다. 그런데 이는 2017년과 2018년 수리답 면적만 확인해 보아도 사실이 아님을 알 수 있다.

2017년 수리답 면적을 x천ha라 하면, $\frac{x}{1,070}\times100=79.3 \rightarrow x=848.51$이고,

2018년 수리답 면적을 y천ha라 하면, $\frac{y}{1,046}\times100=79.5 \rightarrow y=831.57$이다.

따라서 논 면적이 감소하면서 수리답 면적도 함께 감소하였으므로 수리시설로 농업용수를 공급받지 않는 면적이 증가하고 있다.

18 자료 이해

정답 ⑤

2020 ~ 2024년까지 전체 이혼건수 증감추이는 계속적으로 증가했으며, 이와 같은 추이를 보이는 지역은 경기 지역 한 곳이다.

오답분석

① 2022 ~ 2024년 인천의 총이혼건수는 35+32+39=106천 건, 서울의 총이혼건수는 34+33+38=105천 건으로 인천이 많다.
② 2020 ~ 2024년까지 전체 이혼건수가 가장 적은 해는 2020년이고, 2024년은 이혼건수가 가장 많은 해이다.
③ 수도권(서울, 인천, 경기)의 이혼건수가 가장 많은 해는 2024년이다.

(단위 : 천 건)

구분	2020년	2021년	2022년	2023년	2024년
서울	28	29	34	33	38
인천	22	24	35	32	39
경기	19	21	22	28	33
합계(수도권)	69	74	91	93	110

④ 전체 이혼건수 대비 수도권의 이혼건수 비중은 2020년에 $\frac{69}{132}\times100 ≒ 52.3\%$, 2024년에는 $\frac{110}{178}\times100 ≒ 61.8\%$이다.

19 자료 이해

정답 ①

2024년 한국, 중국, 일본 모두 원자재 수출액이 수입액보다 적으므로 원자재 무역수지는 적자이다.

오답분석

ㄴ. 2024년 한국의 소비재 수출액은 138억 달러로 2004년 수출액의 1.5배인 117×1.5=175.5억 달러보다 적다.

ㄷ. 2024년 자본재 수출경쟁력은 일본이 한국보다 낮다.

- 일본 : $\frac{4,541-2,209}{4,541+2,209} \fallingdotseq 0.35$
- 한국 : $\frac{3,444-1,549}{3,444+1,549} \fallingdotseq 0.38$

20 자료 이해

정답 ④

고속국도 일평균 버스 교통량의 증감추이는 '증가 – 감소 – 증가 – 감소'이고, 일반국도 일평균 버스 교통량의 증감추이는 '감소 – 감소 – 감소 – 감소'이다. 따라서 고속국도와 일반국도의 일평균 버스 교통량의 증감추이는 같지 않다.

오답분석

① 2020 ~ 2024년의 일반국도와 국가지원지방도의 일평균 승용차 교통량의 합을 구하면 다음과 같다.

- 2020년 : 7,951+5,169=13,120대
- 2021년 : 8,470+5,225=13,695대
- 2022년 : 8,660+5,214=13,874대
- 2023년 : 8,988+5,421=14,409대
- 2024년 : 9,366+5,803=15,169대

따라서 고속국도의 일평균 승용차 교통량은 일반국도와 국가지원지방도의 일평균 승용차 교통량의 합보다 항상 많음을 알 수 있다.

② 제시된 자료를 통해 확인할 수 있다.

③ 전년 대비 교통량이 감소한 2021년을 제외하고 국가지원지방도의 연도별 일평균 버스 교통량의 전년 대비 증가율을 구하면 다음과 같다.

- 2022년 : $\frac{226-219}{219} \times 100 \fallingdotseq 3.20\%$
- 2023년 : $\frac{231-226}{226} \times 100 \fallingdotseq 2.21\%$
- 2024년 : $\frac{240-231}{231} \times 100 \fallingdotseq 3.90\%$

따라서 2024년에 국가지원지방도의 일평균 버스 교통량의 전년 대비 증가율이 가장 컸다.

⑤ 2024년 일반국도와 국가지원지방도의 일평균 화물차 교통량의 합은 2,757+2,306=5,063대이고, 5,063×2.5=12,657.5<13,211이다. 따라서 2024년 고속국도의 일평균 화물차 교통량은 2024년 일반국도와 국가지원지방도의 일평균 화물차 교통량의 합의 2.5배 이상이다.

21 명제 추론

정답 ④

주어진 조건에 부합하는 경우의 수를 나타내면 다음 표와 같다.

구분	농구	축구	족구
1	A, C, E	D, H	B, F, G
2	A, B, C, F	D, H	E, G
3	A, C	D, E	B, F, G, H
4	A, C, H	D, E	B, F, G
5	B, F, H	D, E	A, C, G
6	A, B, C, F	D, E	G, H
7	A, C	B, D, F, H	E, G

따라서 팀을 배치하는 방법은 7가지이다.

22 명제 추론

정답 ③

주어진 조건을 통해 다음과 같은 표를 만들 수 있다.

구분	영어	불어	독어	일어
정희		○ / ×	○ / ×	○
철수		○ / ×	○ / ×	○
순이	○			
영희		○	○	○
인원(8명 이상)	1명	2명	2명 이상	3명

6번째, 7번째 조건에 따라 순이가 배우는 언어는 정희, 철수, 영희와 겹치지 않으므로 순이는 영어를 배운다. 다음으로 일어는 3명이 배워야 하므로 정희, 철수, 영희가 배운다. 마지막으로 정희가 배우면 영희도 무조건 배워야 하는데, 불어는 2명, 독어는 2명 이상이 배워야 하므로 영희와 정희가 모두 배우거나, 영희는 배우고 정희는 배우지 않는다. 항상 영희는 반드시 불어, 독어, 일어를 배운다.

23 규칙 적용

정답 ④

'KS901012'는 아동용 10kg 이하의 자전거로, 109동 101호 입주민이 2번째로 등록한 자전거이다.

오답분석

① 등록순서를 제외한 일련번호는 7자리로 구성되어야 하며, 종류와 무게 구분 번호의 자리가 서로 바뀌어야 한다.
② 등록순서를 제외한 일련번호는 7자리로 구성되어야 한다.
③ 자전거 무게를 구분하는 두 번째 자리에는 L, M, S 중 하나만 올 수 있다.
⑤ 등록순서는 한 자리 숫자로 기재한다.

24 규칙 적용

정답 ④

마지막의 숫자는 동일 세대주가 자전거를 등록한 순서를 나타내므로 해당 자전거는 2번째로 등록한 자전거임을 알 수 있다. 따라서 자전거를 2대 이상 등록한 입주민의 자전거이다.

오답분석

① 'T'를 통해 산악용 자전거임을 알 수 있다.
② 'M'을 통해 자전거의 무게는 10kg 초과 20kg 미만임을 알 수 있다.
③ 104동 1205호에 거주하는 입주민의 자전거이다.
⑤ 자전거 등록대수 제한에 대한 정보는 나타나 있지 않다.

25 규칙 적용

정답 ①

입사순서는 해당 월의 누적 입사순서이므로 'W05180401'은 4월의 첫 번째 입사자임을 나타낼 뿐, 생산부서 최초의 여직원인지는 알 수 없다.

26 규칙 적용

정답 ④

M01240903	W03241005	M05240912	W05240913	W01241001	W04241009
W02240901	M04241101	W01240905	W03240909	M02241002	W03241007
M03240907	M01240904	W02240902	M04241008	M05241107	M01241103
M03240908	M05240910	M02241003	M01240906	M05241106	M02241004
M04241101	M05240911	W03241006	W05241105	W03241104	M05241108

따라서 여성(W) 입사자 중 기획부(03)에 입사한 사원은 모두 5명이다.

27 SWOT 분석

정답 ④

㉡ 특허를 통한 기술 독점은 기업의 내부환경으로 볼 수 있다. 따라서 내부환경의 강점(Strength) 사례이다.
㉢ 점점 증가하는 유전자 의뢰는 기업의 외부환경(고객)으로 볼 수 있다. 따라서 외부환경에서 비롯된 기회(Opportunity) 사례이다.

오답분석

㉠ 투자 유치의 어려움은 기업의 외부환경(거시적 환경)으로 볼 수 있다. 따라서 외부환경에서 비롯된 위협(Threat) 사례이다.
㉣ 높은 실험비용은 기업의 내부환경으로 볼 수 있다. 따라서 내부환경의 약점(Weakness) 사례이다.

28 SWOT 분석

정답 ⑤

㉢ 이미 우수한 연구개발 인재를 확보한 것이 강점이므로, 추가로 우수한 연구원을 채용하는 것은 WO전략으로 적절하지 않다. WO전략은 기회인 예산을 확보하여 약점인 낮은 전력 효율성이나 국민적 인식 저조를 해결하는 전략을 세워야 한다.
㉣ 세계의 신재생 에너지 연구(O)와 전력 효율성 개선(W)을 활용하므로 WT전략이 아닌 WO전략에 대한 내용이다. WT전략은 위협인 높은 초기 비용에 대한 전략을 세워야 한다.

29 자료 해석

정답 ③

최은빈을 제외한 대학 졸업자 중 (서류 점수)+(필기시험 점수)+(개인 면접시험 점수)를 구하면 다음과 같다.

- 이선빈 : 84+86+35=205점
- 유미란 : 78+88+32=198점
- 김지은 : 72+92+31=195점
- 이유리 : 92+80+38=210점

따라서 이선빈과 이유리가 영업본부에 채용된다.
영업본부 채용 후 나머지 세 사람(유미란, 김지은, 최은빈)의 그룹 면접시험 점수와 영어시험 점수 합을 구하면 다음과 같다.

- 유미란 : 38+80=118점
- 김지은 : 40+77=117점
- 최은빈 : 39+78=117점

따라서 유미란이 경영본부에 채용되며, 불합격자는 김지은, 최은빈이다.

30 자료 해석

정답 ②

변경된 직원 채용 규정에 따른 환산점수를 계산하면 다음과 같다.

- 이선빈 : (84×0.5)+86+35=163점
- 유미란 : (78×0.5)+88+38=165점
- 김지은 : (72×0.5)+92+40=168점
- 최은빈 : (80×0.5)+82+40=162점
- 이유리 : (92×0.5)+80+38=164점

따라서 가장 점수가 낮은 응시자 2명인 이선빈, 최은빈이 불합격자가 된다.

31 기술 이해

정답 ③

오답분석

① 빅데이터 : 디지털 환경에서 발생하는 대량의 모든 데이터에서 가치를 추출하고 결과를 분석하는 기술이다.
② 블록체인 : 네트워크에 참여하는 모든 사용자가 모든 데이터를 분산 및 저장하는 기술이다.
④ 로봇공학 : 로봇을 설계 개발 후 생산 및 응용하는 분야의 집합체이다.
⑤ 알고리즘 : 문제 해결을 위한 일련의 단계적 절차 및 처리 과정의 순서이다.

32 기술 이해

정답 ④

A씨가 공황장애를 진단받은 원인은 엘리베이터의 고장(시설물 결함)으로 인한 것이므로, 이는 산업재해 중 기술적 원인으로 볼 수 있다.

오답분석

① 교육적 원인 : 해당 산업재해가 안전 지식이나 경험, 작업 방법 등에 대해 충분히 교육이 이루어지지 않아 발생한 것이어야 한다.
② 불안전한 행동 : 재해 당사자가 위험 장소에 접근했거나, 안전장치 기능을 제거했거나, 보호장비를 미착용 또는 잘못된 착용을 하는 등의 행위를 함으로써 산업재해가 발생한 것이어야 한다.
③ 불안전한 상태 : 시설물이 구조적으로 불안정하거나 충분한 안전장치를 갖추지 못하는 등의 이유로 인해 산업재해가 발생한 것이어야 한다.
⑤ 작업 관리상 원인 : 해당 산업재해가 안전 관리 조직의 결함 또는 안전 수칙이나 작업 준비의 불충분 및 인원 배치가 부적당한 이유로 인해 발생한 것이어야 한다.

33 기술 적용

정답 ①

공기청정기를 약하고 기울어진 바닥에 두면 이상 소음 및 진동이 생길 수 있으므로 단단하고 평평한 바닥에 두어야 한다. 따라서 공기청정기를 부드러운 매트 위에 놓는 것은 적절하지 않다.

34 기술 적용

정답 ④

프리필터는 청소주기에 따라 1개월에 2회 이상 청소해야 한다.

오답분석

① 프리필터는 반영구적으로 사용하는 것이므로 교체할 필요가 없다.
②・③ 탈취필터와 헤파필터의 교체주기는 6개월 ~ 1년이나 사용 환경에 따라 차이가 날 수 있으며, 필터 교체 표시등을 확인하여 교체해야 한다.
⑤ 냄새가 심하게 날 경우 탈취필터를 확인하여 교체해야 한다.

35 기술 적용

정답 ②

'수시'는 '일정하게 정하여 놓은 때 없이 그때그때 상황에 따름'을 의미한다. 즉, 하루에 한 번 청소할 수도 있고, 아닐 수도 있다. 따라서 정수기 청소는 하루에 1곳만 할 수도 있다.

오답분석

① 설치 시 주의사항에 설명되어 있다.
③ '제품 이상 시 조치방법' 맨 마지막에 설명되어 있다.
④ 10mm=1cm이므로, 외형치수를 환산하면 옳은 설명임을 알 수 있다.
⑤ 적정 시기에 필터를 교환하지 않으면 물이 나오지 않거나 정수물이 너무 느리게 채워지는 문제가 발생한다.

36 기술 적용

정답 ③

ㄱ. 정수기에 사용되는 필터는 세디먼트 필터, 프리카본 필터, UF중공사막 필터, 실버블록카본 필터이다.
ㄹ. 설치 시 주의사항으로 벽면에서 20cm 이상 띄워 설치하라고 언급했다. 따라서 지켜지지 않을 경우 문제가 발생할 수 있다.

오답분석

ㄴ. 시너 및 벤젠은 제품의 변색이나 표면이 상할 우려가 있으므로 사용하지 말라고 명시되어 있다. 따라서 급한 경우라도 사용하지 않는 것이 옳다.
ㄷ. 프리카본 필터의 교환주기는 약 8개월이다. 3년은 36개월이므로, 4번 교환해야 한다.

37 기술 적용

정답 ①

필터 수명이 종료됐을 때와 연결 호스가 꺾였을 때 물이 나오지 않는다. 이때 연결 호스가 꺾였다면 서비스센터에 연락하지 않고 해결이 가능하다.

38 기술 이해

정답 ①

시스템적인 관점에서 인식하는 능력은 기술적 능력에 대한 것으로 기술경영자의 역할이라기보다는 기술관리자의 역할에 해당하는 내용이다.

오답분석

②·③·④·⑤ 기술경영자의 능력에 대한 것으로, 이 밖에도 다음과 같은 것이 포함된다.

- 빠르고 효과적으로 새로운 기술을 습득하고 기존의 기술에서 탈피하는 능력
- 기술 이전을 효과적으로 할 수 있는 능력
- 크고 복잡하고 서로 다른 분야에 걸쳐 있는 프로젝트를 수행할 수 있는 능력
- 기술 전문 인력을 운용할 수 있는 능력

39 기술 이해

정답 ②

제시문은 기술혁신 예측의 어려움, 즉 불확실성에 대해 설명하고 있으므로 ②가 가장 적절하다.

오답분석

① 기술개발로부터 이로 인한 기술혁신의 가시적인 성과가 나타나기까지는 비교적 장시간이 필요하다.

③ 인간의 지식과 경험은 빠른 속도로 축적되고 학습되는데 반해, 기술개발에 참가한 엔지니어의 지식은 문서화되기 어렵기 때문에 다른 사람들에게 쉽게 전파될 수 없어, 해당 엔지니어들이 그 기업을 떠는 경우 기술과 지식의 손실이 크게 발생하여 기술개발을 지속할 수 없는 경우가 종종 발생하는데, 이는 기술혁신의 지식 집약적 활동이라는 특성 때문이다.

④ 기술혁신은 기업의 기존 조직 운영 절차나 제품구성, 생산방식, 나아가 조직의 권력구조 자체에도 새로운 변화를 야기함으로써 조직의 이해관계자 간의 갈등을 유발하는데 이는 기술혁신으로 인해 조직 내에서도 이익을 보는 집단과 손해를 보는 집단이 생기기 때문이다

⑤ 기술혁신은 연구개발 부서 단독으로 수행될 수 없다. 예를 들어 새로운 제품에 관한 아이디어는 마케팅 부서를 통해 고객으로부터 수집되었을 것이며, 원재료나 설비는 구매 부서를 통해 얻어졌을 것이기 때문이다. 이처럼 기술혁신은 부서간의 상호의존성을 갖고 있다.

40 기술 이해

정답 ②

K씨가 이용자들의 화상을 염려해 화상 방지 시스템을 개발하였다는 점을 볼 때, 기술이 필요한 이유를 설명하는 노와이(Know-why)의 사례로 가장 적절하다.

인천교통공사 NCS 답안카드

성 명

지원 분야

문제지 형별기재란	
( )형	Ⓐ Ⓑ

수 험 번 호						
⓪	⓪	⓪	⓪	⓪	⓪	⓪
①	①	①	①	①	①	①
②	②	②	②	②	②	②
③	③	③	③	③	③	③
④	④	④	④	④	④	④
⑤	⑤	⑤	⑤	⑤	⑤	⑤
⑥	⑥	⑥	⑥	⑥	⑥	⑥
⑦	⑦	⑦	⑦	⑦	⑦	⑦
⑧	⑧	⑧	⑧	⑧	⑧	⑧
⑨	⑨	⑨	⑨	⑨	⑨	⑨

감독위원 확인
㊞

1	①	②	③	④	⑤	21	①	②	③	④	⑤		
2	①	②	③	④	⑤	22	①	②	③	④	⑤		
3	①	②	③	④	⑤	23	①	②	③	④	⑤		
4	①	②	③	④	⑤	24	①	②	③	④	⑤		
5	①	②	③	④	⑤	25	①	②	③	④	⑤		
6	①	②	③	④	⑤	26	①	②	③	④	⑤		
7	①	②	③	④	⑤	27	①	②	③	④	⑤		
8	①	②	③	④	⑤	28	①	②	③	④	⑤		
9	①	②	③	④	⑤	29	①	②	③	④	⑤		
10	①	②	③	④	⑤	30	①	②	③	④	⑤		
11	①	②	③	④	⑤	31	①	②	③	④	⑤		
12	①	②	③	④	⑤	32	①	②	③	④	⑤		
13	①	②	③	④	⑤	33	①	②	③	④	⑤		
14	①	②	③	④	⑤	34	①	②	③	④	⑤		
15	①	②	③	④	⑤	35	①	②	③	④	⑤		
16	①	②	③	④	⑤	36	①	②	③	④	⑤		
17	①	②	③	④	⑤	37	①	②	③	④	⑤		
18	①	②	③	④	⑤	38	①	②	③	④	⑤		
19	①	②	③	④	⑤	39	①	②	③	④	⑤		
20	①	②	③	④	⑤	40	①	②	③	④	⑤		

※ 본 답안카드는 마킹연습용 모의 답안카드입니다.

〈절취선〉

성 명

지원 분야

문제지 형별기재란	
(　　　)형	Ⓐ Ⓑ

수 험 번 호						
⓪	⓪	⓪	⓪	⓪	⓪	⓪
①	①	①	①	①	①	①
②	②	②	②	②	②	②
③	③	③	③	③	③	③
④	④	④	④	④	④	④
⑤	⑤	⑤	⑤	⑤	⑤	⑤
⑥	⑥	⑥	⑥	⑥	⑥	⑥
⑦	⑦	⑦	⑦	⑦	⑦	⑦
⑧	⑧	⑧	⑧	⑧	⑧	⑧
⑨	⑨	⑨	⑨	⑨	⑨	⑨

감독위원 확인
㊞

인천교통공사 NCS 답안카드

1	①	②	③	④	⑤	21	①	②	③	④	⑤	
2	①	②	③	④	⑤	22	①	②	③	④	⑤	
3	①	②	③	④	⑤	23	①	②	③	④	⑤	
4	①	②	③	④	⑤	24	①	②	③	④	⑤	
5	①	②	③	④	⑤	25	①	②	③	④	⑤	
6	①	②	③	④	⑤	26	①	②	③	④	⑤	
7	①	②	③	④	⑤	27	①	②	③	④	⑤	
8	①	②	③	④	⑤	28	①	②	③	④	⑤	
9	①	②	③	④	⑤	29	①	②	③	④	⑤	
10	①	②	③	④	⑤	30	①	②	③	④	⑤	
11	①	②	③	④	⑤	31	①	②	③	④	⑤	
12	①	②	③	④	⑤	32	①	②	③	④	⑤	
13	①	②	③	④	⑤	33	①	②	③	④	⑤	
14	①	②	③	④	⑤	34	①	②	③	④	⑤	
15	①	②	③	④	⑤	35	①	②	③	④	⑤	
16	①	②	③	④	⑤	36	①	②	③	④	⑤	
17	①	②	③	④	⑤	37	①	②	③	④	⑤	
18	①	②	③	④	⑤	38	①	②	③	④	⑤	
19	①	②	③	④	⑤	39	①	②	③	④	⑤	
20	①	②	③	④	⑤	40	①	②	③	④	⑤	

※ 본 답안카드는 마킹연습용 모의 답안카드입니다.

인천교통공사 NCS 답안카드

성 명

지원 분야

문제지 형별기재란	
(　　　)형	Ⓐ Ⓑ

수 험 번 호						
⓪	⓪	⓪	⓪	⓪	⓪	⓪
①	①	①	①	①	①	①
②	②	②	②	②	②	②
③	③	③	③	③	③	③
④	④	④	④	④	④	④
⑤	⑤	⑤	⑤	⑤	⑤	⑤
⑥	⑥	⑥	⑥	⑥	⑥	⑥
⑦	⑦	⑦	⑦	⑦	⑦	⑦
⑧	⑧	⑧	⑧	⑧	⑧	⑧
⑨	⑨	⑨	⑨	⑨	⑨	⑨

감독위원 확인
㉐

1	① ② ③ ④ ⑤	21	① ② ③ ④ ⑤	
2	① ② ③ ④ ⑤	22	① ② ③ ④ ⑤	
3	① ② ③ ④ ⑤	23	① ② ③ ④ ⑤	
4	① ② ③ ④ ⑤	24	① ② ③ ④ ⑤	
5	① ② ③ ④ ⑤	25	① ② ③ ④ ⑤	
6	① ② ③ ④ ⑤	26	① ② ③ ④ ⑤	
7	① ② ③ ④ ⑤	27	① ② ③ ④ ⑤	
8	① ② ③ ④ ⑤	28	① ② ③ ④ ⑤	
9	① ② ③ ④ ⑤	29	① ② ③ ④ ⑤	
10	① ② ③ ④ ⑤	30	① ② ③ ④ ⑤	
11	① ② ③ ④ ⑤	31	① ② ③ ④ ⑤	
12	① ② ③ ④ ⑤	32	① ② ③ ④ ⑤	
13	① ② ③ ④ ⑤	33	① ② ③ ④ ⑤	
14	① ② ③ ④ ⑤	34	① ② ③ ④ ⑤	
15	① ② ③ ④ ⑤	35	① ② ③ ④ ⑤	
16	① ② ③ ④ ⑤	36	① ② ③ ④ ⑤	
17	① ② ③ ④ ⑤	37	① ② ③ ④ ⑤	
18	① ② ③ ④ ⑤	38	① ② ③ ④ ⑤	
19	① ② ③ ④ ⑤	39	① ② ③ ④ ⑤	
20	① ② ③ ④ ⑤	40	① ② ③ ④ ⑤	

※ 본 답안카드는 마킹연습용 모의 답안카드입니다.

〈절취선〉

인천교통공사 NCS 답안카드

성 명

지원 분야

문제지 형별기재란	
(　　　)형	Ⓐ Ⓑ

수 험 번 호						
⓪	⓪	⓪	⓪	⓪	⓪	⓪
①	①	①	①	①	①	①
②	②	②	②	②	②	②
③	③	③	③	③	③	③
④	④	④	④	④	④	④
⑤	⑤	⑤	⑤	⑤	⑤	⑤
⑥	⑥	⑥	⑥	⑥	⑥	⑥
⑦	⑦	⑦	⑦	⑦	⑦	⑦
⑧	⑧	⑧	⑧	⑧	⑧	⑧
⑨	⑨	⑨	⑨	⑨	⑨	⑨

감독위원 확인
㊞

1	①	②	③	④	⑤	21	①	②	③	④	⑤		
2	①	②	③	④	⑤	22	①	②	③	④	⑤		
3	①	②	③	④	⑤	23	①	②	③	④	⑤		
4	①	②	③	④	⑤	24	①	②	③	④	⑤		
5	①	②	③	④	⑤	25	①	②	③	④	⑤		
6	①	②	③	④	⑤	26	①	②	③	④	⑤		
7	①	②	③	④	⑤	27	①	②	③	④	⑤		
8	①	②	③	④	⑤	28	①	②	③	④	⑤		
9	①	②	③	④	⑤	29	①	②	③	④	⑤		
10	①	②	③	④	⑤	30	①	②	③	④	⑤		
11	①	②	③	④	⑤	31	①	②	③	④	⑤		
12	①	②	③	④	⑤	32	①	②	③	④	⑤		
13	①	②	③	④	⑤	33	①	②	③	④	⑤		
14	①	②	③	④	⑤	34	①	②	③	④	⑤		
15	①	②	③	④	⑤	35	①	②	③	④	⑤		
16	①	②	③	④	⑤	36	①	②	③	④	⑤		
17	①	②	③	④	⑤	37	①	②	③	④	⑤		
18	①	②	③	④	⑤	38	①	②	③	④	⑤		
19	①	②	③	④	⑤	39	①	②	③	④	⑤		
20	①	②	③	④	⑤	40	①	②	③	④	⑤		

※ 본 답안카드는 마킹연습용 모의 답안카드입니다.

2026 최신판 시대에듀 인천교통공사 통합기본서

개정9판1쇄 발행	2025년 12월 15일 (인쇄 2025년 11월 27일)
초 판 발 행	2018년 04월 20일 (인쇄 2018년 03월 29일)
발 행 인	박영일
책 임 편 집	이해욱
편 저	SDC(Sidae Data Center)
편 집 진 행	여연주 · 강병수
표지디자인	현수빈
편집디자인	유가영 · 장성복
발 행 처	(주)시대고시기획
출 판 등 록	제10-1521호
주 소	서울시 마포구 큰우물로 75 [도화동 538 성지 B/D] 9F
전 화	1600-3600
팩 스	02-701-8823
홈 페 이 지	www.sdedu.co.kr

I S B N	979-11-434-0540-1 (13320)
정 가	24,000원